儿童青少年
教育心理学
孩子厌学怎么办?

韦志中　周治琼◎著

西苑出版社
XIYUAN PUBLISHING HOUSE
·北京·

图书在版编目（CIP）数据

儿童青少年教育心理学：孩子厌学怎么办？ / 韦志中，周治琼著 . -- 北京：西苑出版社 , 2020.6
ISBN 978-7-5151-0728-8

Ⅰ . ①儿… Ⅱ . ①韦… ②周… Ⅲ . ①青少年一学习心理学 Ⅳ . ① G442

中国版本图书馆 CIP 数据核字 (2020) 第 075836 号

儿童青少年教育心理学：孩子厌学怎么办？

ERTONG QINGSHAONIAN JIAOYU XINLIXUE：HAIZI YANXUE ZENMEBAN ?

责任编辑　陶永学　刘　崴
封面设计　张合涛
出版发行　西苑出版社 XIYUAN PUBLISHING HOUSE
地　　址　北京市朝阳区和平街 11 区 37 号楼 邮政编码：100013
电　　话　010-88636419
印　　刷　天津旭非印刷有限公司
经　　销　全国各地新华书店
开　　本　880mm×1230mm　1/32
字　　数　210 千字
印　　张　10
版　　次　2020 年 6 月第 1 版
印　　次　2020 年 6 月第 1 次印刷
书　　号　ISBN 978-7-5151-0728-8
定　　价　49.80 元

前　言

某一天，当我整理自己的案例记录时，我突然发现，厌学的问题竟然占到了我所接案例中的绝大多数。我忽然意识到厌学问题之普遍，之严重，已经超出了我的想象。

每个厌学孩子背后都是一个焦虑无助，濒临崩溃的家庭，这是一项任重而道远的工作。

多年接触厌学孩子和父母的过程中，我见过无数父母焦虑、无助的目光，带着热切的期盼，等待着孩子恢复上学的时刻。记得一个爸爸曾跟我说：“我在我父亲去世的时候，都没有感到像孩子厌学时的这种无助，好多时候都害怕自己坚持不下去了。”而“我的孩子什么时候能正常上学？”这样的问题我更是回答了无数遍。孩子不上学，上不了学，就像家庭的一枚“重磅炸弹”，打破家庭全部的生活秩序，让整个家庭都被笼罩在压抑、无助的气氛中，步履维艰。

因为对厌学原因的不了解，家长容易简单地归结为孩子懒、逃避、手机上瘾，很多孩子在学校遭遇挫折之后，回家不但无法得到支持和鼓励，反而遭遇更多的打骂和指责，因此变得孤立无援。

很多父母坚信“手机是罪魁祸首”，对孩子的手机“围追堵截”，既破坏了彼此的关系，又没有达到解决问题的目的。

也有很多家长误以为“厌学”就是不想上学而已，只要回到学校，可以不要求孩子成绩，不给孩子压力，如此便万事大吉。有孩子无奈地跟我说：“家长总以为我们上学了就什么问题都解决了，其实根本不是这样。我心里真正的苦恼他们根本不知道。”

厌学的原因究竟有哪些，了解厌学的孩子真实的内心想法，揭示处理厌学问题中的误区，分享厌学问题处理经验，提供有效的厌学问题处理方法，变得紧迫而有意义。这便是我写这本书的初衷。

全书共分三十六章，取“三十六计”之意，这个三十六是个虚数，实际上是“六六”的意思，是古代代表多的数字含义。希望通过这些探讨，能够让读者对于厌学有更深的理解，并且提供厌学问题解决的方向和途径。

在此，仍然要感谢所有为我提供故事，分享他们心路历程的孩子和家长，陪伴他们走出厌学泥潭，对我而言弥足珍贵。

文中涉及的所有人物和故事，都依据专业伦理做了处理，诚望读者不要对号入座。

本书对厌学问题的探讨更多的是抛砖引玉，如有不当之处，请同行和读者批评指正。

2020 年 4 月 1 日于广州

目 录

CONTENTS

Story01

厌学，都是手机的错？

在厌学的若干原因中，手机一定是排在第一位的，几乎到了“罄竹难书”的程度，任何一个厌学孩子的家长，提起手机来都是恨得牙痒痒。要是能通过投票让手机消失在孩子的生活中，大部分家长会争先恐后去表达自己的赞同与体会。

手机，在孩子的教育过程中，一直是“背锅侠”。“孩子成绩下降都是因为玩手机。”人际关系差，“还不是因为天天玩手机，都不出去交朋友”。情绪低落，心情不好，“天天抱着手机，也不出去运动，去呼吸呼吸新鲜空气，不抑郁才怪”。说脏话，“都是在手机上看那些乱七八糟的，该学的不学”……

如果所有这一切的问题，家长们都尚且能够忍受，当手机遇上厌学，就必定会爆发一场大战。

有个孩子升入初中，需要住宿，因为没有完全适应住宿生活，打扫卫生不符合要求，导致宿舍被扣分，但他坚持认为是舍友栽赃自己，跟舍友的关系由此闹僵。他所在的学校是当地最好的初中，父母从小到大对他的成绩期望都非常高，随着学习压力逐渐增大，他学习也越来越力不从心，到初一下半学期，他的成绩已经下降至中下游。他也曾经有过一段时间发奋努力，每天只睡三四个小时拼命学习，但是收效甚微。他根本记不住东西，背过的内容转头就会忘记，上课也渐渐难以集中注意力。一段时间之后，他给自己盖上“能力不行”的确认章，对学习彻底丧失信心。同时受打击的还有人际关系，他用“很假”来形容同学。我问他：“怎么个假法呢？”他撇撇嘴，失落地说：“我成绩好的时候他们都和我玩，成绩下降了他们都疏远排斥我。”在他眼中，同班同学竟然“现实”至如此。

上初二之后，他开始沉迷手机游戏，玩游戏的时间越来越长，不愿意做作业，周末他可以不间断地玩游戏十来个小时。后来，他干脆不上学了，“全职”玩游戏。这期间，他与家人的冲突不断升级，无论是谁，只要限制他玩游戏时间，念叨让他休息一下之类的，他就无比烦躁。父母尝试过没收他的手机，他当即大发脾气，摔东西，甚至要动手打爸爸。

一家人剑拔弩张，他与家人的关系降至冰点。

他第一次见我的时候，摆了一个很特别的沙盘。沙盘是有一整块区域的，他却只摆放自己面前的一小块地方，仅占用了一个小角落，留出一大片空白。他精挑细选了一个精美的房子，摆在自己选好的角落里，周围都用栅栏围起来，在栅栏周围用花草做了精心装饰，看起来很精美。我问他：“这个房子是做什么用的呢？”他说：“希望自己一个人住在这个房子里，带着自己的手机，养一个宠物，不希望父母再干涉我的生活。”说完又补充一句：“他们真的好烦。”他跟我详细表述了自己厌学的整个过程：自己小学成绩较好，初中进入重点初中，学习有点跟不上，同时，第一次住校，与宿舍同学的关系出现问题，宿舍同学将扣分的责任都推到自己身上，他们非常虚伪，自己再也不想跟他们接触了。介绍完这些，他低着头，用低沉的声音说：“他们在这种状况下没有给我恰当的支持，只知道事无巨细地管教我，监督我玩手机，在家里没有一点自由。”我知道，他说的“他们”是指他的父母。他很少用“爸爸妈妈”这样的称呼，特别是提到爸爸的时候，都是直呼其名。

第二次过来的时候，他情绪很不好，说是因为爸爸没收了自己的手机，连续几天都没办法玩游戏。他勉强进入治疗室，找了很久的沙具，最后选择了一个喜欢的动漫形象代表自己，接着就将那个人物放进笼子中，告诉我：“这就像现在的我，没有自由。”后来他又找了一个动画形象代表爸爸，把自己和爸爸摆成相对站立，随时准备攻击的姿势，嘴里都是狠话：“要把他钉在十字架上打，我恨死他了。”我问：“那么恨你爸爸吗？”他没有接话，只是自顾自地说：“从很小的时候就只有握着手机才有安全感，手机能给我带来快乐，而且手机里有人，可以陪伴我，父母没办法给予我想要的陪伴。”他低声说着，也不看我，仿佛只是自己在无聊地追忆往事，说的时候也不带明显的悲伤，只是幽幽地、缓缓地说。

接着，他又带着讽刺的语气说：“爸爸觉得继续给我手机我就会疯掉。”又故作无所谓地说：“反正全家人都不信任我，无论做什么都要被严密监控，我也不信任任何人，只相信我自己。”只相信自己的他，造了一栋房子，想一个人住在里面，拒绝外界的任何支持，不愿意相信任何人。说这话的时候，他顺手用沙子把代表爸爸的公仔埋了，并在上面压上耶稣，一边无所谓地说：“父母什么的我都不在乎，只要给我手机就可以了。”

我见过他妈妈一次，妈妈在说到他的时候用的表达是“有了手机就六亲不认”“手机比父母还亲”，说的时候情绪很激动，眼泪在眼眶里打转。实际情况是这个家庭有一个无比强势的奶奶，孩子自幼成长过程全程有奶奶参与，孩子与奶奶的相处才是最多的。妈妈在他的照顾方面插不上手，加上自己身体不好，十几年的时间里，大部分时间用在照顾自己的身体，寻找各种养生妙方。另外，妈妈还养了十几只流浪猫狗，每天都需要花很多的时间喂食、清理，她尽心尽力，从不假手于人。直接跟孩子之间的相处和互动，其实少得可怜，她似乎把母爱全都给了流浪猫狗，没有多余的，也没有机会再分给自己孩子。

而他记忆中的爸爸，从小最关心的就是他的成绩，只要考不好，或者因为心情不好，就会动手打自己。有些时候爸爸也会对他很好，几乎是有求必应的，但一般就只持续一两天，很快就会翻脸。他解释给我听：“你看，只有手机是最真诚的，是不会变的，它一直让我觉得安心。”我竟想不到合适的表达去反驳他，只是略微想了想，抱着冰冷的手机来打发时间，获得安慰的孩子，会有多么孤独。

父母不关心这些，他们只关心有什么方法可以让他戒掉手机，在他们眼中：戒掉手机 + 正常上学 = 万事大吉。每次父母都殷切期盼：“老师，您给我们点建议，怎样才能让他不玩手机，我们真的什么方法都试过了，都没有用。”我无言以对，只能隐隐在心里叹息。

我们不时会看到这样的新闻：

“熊孩子玩游戏充值上万，父母申讨游戏公司赔偿。”

“13 岁小孩跳楼，家长称都是暴力游戏的影响。”

“12 岁男孩玩游戏，偷花父母积蓄 30 万元。”

一字字一句句，无不令人触目惊心。

可这些真的全是游戏的“锅”吗？

曾经听过这样一个说法：“我们不需要知道电子游戏是什么，它会不会造成近视，它会不会上瘾，我们只需一个‘背锅侠’，一个可以掩盖家庭教育失败、学校教育失败、社会教育失败的东西。现在它叫游戏，15 年前它是早恋，30 年前它是偶像，35 年前它是香港电影，40 年前它是武侠小说。”

当我们无法面对，或者不愿面对现实的时候，总是需要一个挡箭牌。

在早年，这个挡箭牌是武侠小说。

那个时候，看武侠小说是被看作不学无术，不务正业的。武侠小说也被称为不入流的文学作品。那时候金庸不是大家心目中的文学大家，人们心目中的作家还只是老舍、鲁迅这样的人物。谁想到几十年过后，武侠竟然也成了一个非常大的文学流派，金庸、古龙这样的武侠作家更是被捧上神坛，其作品也被翻拍成了一部部经典的影视作品，受人追捧。

后来，这个挡箭牌就成了“早恋”。

老师们严防死守，一对又一对的小情侣被棒打鸳鸯。现在回想起来，那时候的环境就是大多数人认为早恋是有害的，就像是看待害虫一样。而“早恋”学生的家长更是操碎了心。

再后来，这个挡箭牌就成了“网瘾”。

可能很多年轻的朋友都无法理解，竟然会有一个上网都会被当成病的年代。甚至，社会上还出现了专门“治疗网瘾”的所谓的医疗机构，而治疗方法就是电击，一直电到人乖乖地不敢做任何反抗为止。想想人人都在上网的今天，对比当时的视“网络为猛虎”，实在是过于滑稽可笑。

而现在，这个挡箭牌成了“手机游戏”。

小学生玩手机已经不是什么少见的现象，很多小学生玩起手机来比三四十岁的成年人还熟练，懂得的技巧还多。而手机游戏更是成了教育问题的“重灾区”。家长担心，老师也担心，手机就是会吃人的老虎，看到孩子拿着手机就气不打一处来。

确实，问题孩子一旦休学，大部分都会过上日夜颠倒、以手机为伴的生活。手机成了他们的精神寄托，只要拿着手机，就可以什么都不想，什么都不管，时间也过得很快。因为手机问题爆发家庭大战的比比皆是。

有的父母不敢管，生怕孩子发脾气。有的父母一见到孩子拿着手机就拉长脸，期待孩子不碰手机才好，口头禅就是：“整天就知道看手机，什么事都不干。”

我们盯着手机，关注与手机相关的一举一动，手机成了所有家长、老师的死敌，偏偏原本应该是“战友”的孩子却拼了命保护着手机的安全，誓与手机共存亡、共进退。长期的拉锯战解决不了任何问题，只是不断消磨彼此的信任，最后，没有人在解决真正的问题，只是全家的所有话题都围绕着手机，不再袒露自己的内心想法，不再关心彼此的感受。

每个厌学的孩子，其实都处于内心极度脆弱，特别需要关心和支持的阶段，而手机成功转移了家长注意力的同时，被忽略的孩子的内心就只剩下孤独和失落。

所以，最需要你关心的是孩子，是他的感受，他的想法，他的挫败，而不是附加在他身上的成绩，他手里拿的手机。

厌学的孩子，也是孩子呀！

Story02

从云端掉到泥里，如何不厌学？

有人说，真正的悲剧不是从头到尾都悲伤惨烈，而是将美好的、幸福的、成功的一切都当面一片片撕碎给你看，相比一直待在泥里，从云端跌到云里的痛苦更让人难以接受。就像失明的人，若是从小就看不见，悲伤不会那么强烈而冲击，而当一个人从拥有光明到不得不终日面对无休无止的黑暗的时候，扑面而来的绝望会将人彻底淹没。

而对孩子而言，学习成绩的下降，在学校处境的彻底改变所带来的打击，也可能会瞬间将他们击垮，让他们一蹶不振。

我接待过一个高中的女孩子，她第一次见我的时候就明确跟我说："我不想好起来，稍微好一点我就会很恐惧，稍微好一点我就会害怕要回去上学，就会做自己坐在教室里的噩梦，然后被吓醒。"不想上学的孩子，或者说通过生病来逃避上学的孩子很多，但是毫不掩藏地说出来的并不多，按照人们一般的交流习惯了，可能会回怼一句："既然你都知道自己生病是为了逃避学习，怎么还不改正，还不好起来，还这么自甘堕落？"当时的我，更想知道的是究竟发生了什么事让她如此害怕学习和去学校，要知道，她不单是情绪抑郁，她还尝试过自杀，换句话说，在她眼中，上学在某种程度上比死还要痛苦和折磨。然而，据我了解，她并不是那种不求上进的孩子，她的父母都是老师，她的成绩在班上也并不算差，班级的老师和同学也都很关心她，不时鼓励她回学校，表达对她的想念。这一切都丝毫不能消减她对学习的恐惧。

她告诉我，她小学时成绩一般，初中很努力学习，成绩一直维持在班级前几名，老师对自己很欣赏，同学甚至有些崇拜自己，认为自己各方面都很优秀，还会弹钢琴，父母又是老师，教养又好。初中三年，是她过得最开心的三年，尽管学习压力很大，但每天都干劲十足，完全感觉不到累。不承想，她中考发挥失常，没有考进理想的高中，只进了普通高中的重点班。虽然接受起来有点困难，但一段时间之后，她还是调整好状态，正常投入高中生活，在这个班级中崭露头角，是她给自己定下的目标。

高一时她在班上成绩不错，不断进步，也交到几个朋友，当时信心很足。高一下学期考试分班，她选了文科，进了文科最顶尖的重点班，跟原来所在的重点班不一样，这个班几乎集中了整个年级最优秀的文科生，她发现班上的同学都很厉害，压力陡增。第一次月考前，她几乎花了所有的时间来准备考试，反复背诵可能要考的内容，就差不眠不休了，结果成绩出来只是班上的中等水平，而且没有具有明显优势的学科。这次月考像一个转折点，她突然不知道自己成绩到底是好还是不好，能力到底是强还是不强，还能不能提高成绩。她每天都反复问自己这样的问题，不断自我怀疑，时时刻刻处于焦虑状态，无法安心学习。每到考试前她就更加紧张，睡不着觉，严重的时候甚至通宵失眠，明明背得很熟的知识，一上考场就什么都想不起来，手发抖到根本写不了字。

在新班级中没有朋友，她也将原因归结于自己的成绩不够好，很多时候会不吃饭，一个人安静地待在宿舍发呆，有时候就哭，静静地流眼泪。这样的状况持续一段时间之后，有一次她被班主任发现在教室里用刀片割手，并通知家长，父母才知道她这段时间的状态，觉察到她的抑郁，带她过来治疗。

她告诉我，从小到大，只有自己身体不舒服才能不做不想做的事情，上学也能请假。其他时候，无论自己多么不想做，不想上学，都会坚持上学，努力学习。父母都是老师，对她的成绩期待很高，自己也觉得只有成绩好才能证明自己的价值。自从发现她有抑郁的问题之后，父母彻底改变了对她的要求："没关系，只要你开心就好，学习的事情先不要想。"自己确实觉得轻松了很多，每天玩玩手机，刷刷视频，也很放松。另一方面的改变是控制不住地想买东西，跟父母提很多要求，很多东西想要，一旦父母不答应，她就会忍不住大发脾气，但买了之后又觉得愧疚，知道父母不容易，觉得拖累了父母。除了父母，她中断了和所有人的联系，同学给她发消息她都不回复，她几乎不出门，用她的话说："我不知道该怎么面对其他人，我谁都不想见。"

愧疚、丢脸，以及弥漫在生活中的焦虑，所有的情绪都让她措手不及，她不知道如何应对，只想往后逃，往后退。

奇怪的是，两个星期后，她又完全变成了另一种状态，似乎完全想通了，说想马上就回学校，而且已经完全接受成绩不是人生的全部，也不能衡量一个人的价值，以前都是自己太执着了。她淡定地说："回校后我不打算学习，寄情于穿时尚的衣服鞋子，把自己打扮得漂漂亮亮的，这也是一种生活方式。"直觉告诉我，这么快的转变和"想通"，甚是蹊跷，毕竟"顿悟"发生的可能性其实并不高。

果然，下一周见我的时候，她完全换了样子，不住地叹气，说自己现在其实完全看不进去书，以前看书是一目十行，而且天生记忆好，看几遍就能完全记住。现在只能一个字一个字地看，而且那些字只是在眼前飘，根本进不了脑袋。她一点都不想思考，也思考不了，只想看手机，一个接一个地刷视频，看朋友圈，并不觉得开心，只是无聊打发时间。待在家的日子就像躺在一个"软垫”上，什么都让妈妈帮忙做，也暂时不用面对压力，很舒服，但内心也很恐慌，不知道这个“软垫”某一天被拿走了，自己该怎么站起来。她做梦都没有想到，有一天成绩会成为自己无法面对的困难,从小到大的考试,她基本都是只要定下目标就都能达到，没有受过大的挫折。高二这一年，她不断体会自己对学习的无力感，无论怎么努力，成绩都没有起色，不只是学习，她甚至觉得对整个生活都完全失去了兴趣。她很想快点抓住一个东西来寄托，但却绝望地发现什么都抓不住。

我还接待过一个高考失利的孩子。

她从小到大都是“别人家的孩子”,省重点小学、省重点初中、省重点高中一路读上来，学习对她来说简直就是易如反掌，她并不觉得比其他人努力，但成绩却一直非常好。高考前，她虽然有些紧张，但还是自信满满的，觉得可以考入自己理想的大学。没想到最后只被录取到一个比专科稍微好一点的本科学校，学校位置很偏，周围环境不好。看学校的时候，她都不愿意去，是父母代她去的，用她的话说：“如果我去了，就代表我接受去这个学校了，我是死也接受不了的。”要知道，她读的学校是省重点，班上藏龙卧虎，同学们认为某些“211”大学都很普通，是轻轻松松就可以考上的。一个不入流的本科，对她而言是难以启齿的。

她反复跟我说：“班上有很多成绩比我差很多的同学都比我多考了几十分，考上比我好很多的学校，我都不知道以后如何面对他们。”她有意隔绝老师和同学，不想跟任何人联系。

她坚信人是分三六九等的，去到不同的学校就代表不同的等级，去了这个不入流的学校，从此之后就跟同学们不是同一个世界的人了。

于是，她坚持选择复读。没想到去了复读学校才一周，便坚持不下去了。复读班的进度非常快，气氛紧张得让她窒息，她突然发现，一直以为学得很好的科目跟其他人比起来，完全不值得一提。更要命的是，她发现自己无法全身心投入学习。对她而言，这是一次只能成功，不能失败的赌注：下一届高考就要改革，她没有退路。她发狠说："如果不是高考改革，我一次考不好就考第二次，一定要考入理想的学校为止。"然而，不知是不是上天故意跟她作对，她没办法这么任性地一直考下去。

复读了两周之后，她实在读不下去，只能休学在家。

她每天一醒来就哭，一哭就是好几个小时，不断自责，抱怨自己高三的时候没有全力以赴，有时候学累了，或者觉得学习没有进展的时候，会玩一下手机，放松一下。她理科综合成绩不好，有一段时间她放下其他科目专门来学习理综，花了很多时间，收效甚微。她不断假设：如果当时不是偷懒玩手机，如果把全部的时间都用来学习，结果可能会不一样，我就能跟其他同学一样，去理想的学校。

我没办法回答她的这些假设，也不可能开口劝她要振作起来。要接受现实，从云端跌落的打击到底有多痛，恐怕只有她自己知道。

这样的打击，并不会等你准备好的时候才来到，也不会因为你年龄还小就心慈手软。我接待过一个在四年级就严重厌学的孩子，印象最深刻的场景是他叹口气，无奈地说："我以前还是很优秀的。"看着这个满脸稚气的孩子，心事重重地追忆往事，心里莫名地"咯噔"一下。

在上四年级之前，他的成绩一直很好，在班级名列前茅，学习对他来说是"小菜一碟"，他只要稍微用点心，很轻松就能学会。加上他运动很好，是学校里足球队的主力，经常代表学校到各地去参加比赛，学校的绿茵场上时时都有他驰骋的身影。那时候，他是同学艳羡的对象。老师看他的眼神里都是温柔和疼爱，并且常常号召同学们向他学习。对那时候的他来说，上学是最开心的事情，生活没有烦恼，时间过得飞快。

这一切，在上四年级之后戛然而止。四年级时课业变难，开始要写长作文，有着"随便学学"习惯的他，慢慢有些力不从心，成绩直线下降。以前从来不管他学习的爸爸，开始每天蹲守，督促他完成作业。莫名地，他觉得自己好像变笨了，有时候爸爸一道题讲十几遍，他还是不会，换来的当然就是一顿臭骂："你怎么这么笨，这么简单都不会？"每天回到家，看着爸爸等着自己做作业，他就开始紧张，有时候拿笔的手都有点抖。当然，爸爸并没有注意到这一点，他总是气不打一处来："就是你自己不认真，这么简单的题都做不出来。"随着成绩下降，老师对他的态度也有了明显的变化，点到他名字的时候，不再是表扬，而变成了："×××，认真点，你看看你最近的成绩！"十来岁的小学生当然是看老师的态度行事的，原本关系很好的同学，都有意无意地疏远着他。

短短几个月里，他经历了坐过山车一般的落差，他接受不了，解释不通，也消化不了："我觉得大家都嫌弃我了，都希望我从这个世界消失。"想了想又追忆过去："我以前其实不错的，挺优秀的。"不知是为了自我安慰，还是为了给我留下一个好印象。十来岁孩子的小脑袋，大概很难想通世界和人们的态度竟然会变化这么快，他们以为生活会一直如自己喜欢的样子过下去，没想过有意外，没想过有一天会从云端掉下来。

是世界变了还是他变了？他回答不了。

成年人经历"锦上添花"和"雪中无人送炭""落井有人下石"的落差时，尚且会怀疑人生，更何况涉世未深的孩子。遗憾的是，大部分时候，我们都只在乎"掉到泥里"这个事实本身，着力于用尽全力把孩子从泥里拉起来，或者让他自己从泥里爬出来，至于掉下来的过程中，他经历了什么，我们都无暇顾及。

在这个充满竞争的社会，整个教育过程都弥漫着焦虑，"孩子落后了"永远比"孩子难受了"更吸引眼球。于是，落差带来的影响就只能由孩子自己慢慢消化，将这个新的经历整合到他的认知体系中，包括对自己能力的评价，对周围人的信任程度，对自己的价值的认识。这是个复杂的工作，也是个高危的工作，出现偏差的概率非常高。

自暴自弃，与父母反目成仇，消减对身边人的信任……都可能是整个教育工作过程中的副作用。而这些，相比于是否快速提高成绩，应该是重要得多，深远得多的影响。处理情绪，处理感受，永远应当优先于处理事情，问一下孩子："摔得痛不痛？""是不是觉得很丢脸？”告诉孩子：“没关系，爸妈相信你。”告诉孩子：“成绩不是一切。”

学校是孩子由家庭向社会过渡的地带，可以现实，可以见风使舵，但至少，在家里，让孩子感受到父母的爱、支持与接纳。

Story03

得不到认同，我为何还要上学？

对教育而言，发现每个人的价值，让每个人都有被认同、被看见、被肯定的机会，不正是教育的价值所在吗？当今的教育更多的是“选择性关注”，能被认同的也是少部分按照世俗的观念评价的“优秀孩子”，其他的孩子更像是陪衬者、旁观者。

每个孩子都渴望被看见、被认同，这是大部分孩子努力学习、坚持学习的主要动力来源。看见更多的孩子，找到更多孩子身上值得被认可的地方，或许是减少厌学的可行途径之一。

有个女孩是自己一个人找到我的。她因中考失利，没有考上自己理想的学校，自信心受到较大打击，对现在的高中非常不满意，没有学习动力，大部分时间处于情绪低落状态，长期失眠，焦虑异常。她找到我的时候，正上高一，基本无法正常上学和听课，在班上没有朋友，每天虽然勉强到校，但几乎什么也学不进去。她想尽各种办法请假，老师对她基本是放弃的态度。

女孩最亲密的人是母亲。母亲小学没毕业，有着所有朴实又强势的母亲的观念和要求。母亲认为自己没文化，吃了很多苦，拼命挣钱是为了女儿能考上好大学。她没有自己的生活，所有的付出都是为了孩子，理所当然地，她对孩子也有很多期待：希望孩子能听话、努力，把所有时间都花在学习上；希望孩子体谅父母的辛苦，不要总是气父母和奶奶。作为一个普通家庭的孩子，她从上小学开始就接受一对一的家教辅导，每一学期仅仅补习的学费就要好几万元，父母和奶奶眼都不眨一下，只要她愿意去，便立即掏钱。随之而来的是高期待。女孩稍不听话，母亲便会立刻发火，长时间骂她，一边骂一边哭，数落她的不是，数落她的不孝，数落她嫌弃自己的妈妈，好几次甚至哭晕过去。母亲深信女儿嫌弃自己，将来肯定不会赡养自己，现在就已经是“白眼狼”了。奶奶的性格跟妈妈很相似，无条件地对女孩好，自己舍不得花钱，都存起来给女孩买手机，买书，然而，一旦孩子不顺自己的意，就感觉仿佛天塌下来一般，崩溃大哭。与母亲和奶奶的争吵成了家常便饭，她有时也会变成一个泼妇一般跟妈妈对骂，自己会被愤怒充斥到全身发抖，愤而离家出走，但出走后又会孤独，最后又自己乖乖回家。

她在朋友面前大多数时候都是扮演倾听者的角色，多是对方滔滔不绝地说，自己有时候想表现一下，对方便会说自己太张扬，想炫耀。她对我说："只有你会认真听我说话。"她跟我讲述初中时认识了一个自己非常崇拜的女生，成绩好，家庭经济好，看的书多，说起话来也都是头头是道、富有哲理的。她称这个女孩为"信仰"，闪闪发光，高不可攀。相比之下，她就像丑小鸭一般，貌不惊人、成绩普通、家庭普通，看的书少得可怜。于是，从认识对方开始，她就下定决心要努力学习，提高成绩，在她的概念里，成绩好了，也就代表离对方更近，更有资格跟对方做朋友。初中时她的努力很有效，成绩不断进步，然而，随着中考的临近，她整个人变得焦虑异常，过度在意每次考试的分数，经常失眠，尽管如此，她还是将所有的理由都归结于是自己不够努力，应该花更多的时间，应该睡得更少一点。没日没夜地学习，换来的是中考的"滑铁卢"，她考得比所在的重点班最后一名的成绩还要差，只能去一个非常普通的高中。而她的"信仰"如愿考入了省重点，她再也不敢联系对方。

高一时，她将眼睛放在头顶上走进了新班级，看不惯班上的每个人："他们都是差生，要不是我考试失利，怎么可能来这里？"她不主动跟班上任何人接触，别人来找她她也是爱答不理，渐渐地，她在班上进入自我孤立状态。同学们觉得她很怪，背后说她

“自以为了不起”、高冷、目中无人。她表面毫不在意，将全部时间都投入学习，心无旁骛一般，但实际上效率很低，很多时候根本集中不了注意力。她选择性地忽略这部分事实，每天都跟在老师身后问问题，看起来无比积极，老师也器重她，对她寄予厚望。然而，第一次月考成绩出来，全班都大跌眼镜，她只拿到中等水平的名次，而她的目标，是拿全班第一，并且要超第二名一百分！成绩出来，将她表面武装的信心彻底摧垮了，她从此一蹶不振。高一一整年，逃课、请假、不交作业都是家常便饭，上课听不进去，作业不会做，最差的时候她几乎是全班倒数。她在班上没有朋友，没有人同情、支持她，她感觉待在学校的每一分钟都是煎熬。她每天都在琢磨怎么请假、逃学，借口编得越来越顺，母亲被请到学校的次数越来越多，对她的信任也逐渐下降。“你已经废了，就是个废人了，我们还指望以后靠你，你将来能养活自己就不错了。”

她是在这样的情况下找到我的。

她对于心理治疗带给她的价值毫不隐藏，直白地表达：“我的身边没有人认可我。”虽然，我心里很清楚，对很多青少年而言，获得认同、被倾听、被看见是他们愿意做心理治疗最主要的动力所在，但几乎没有孩子会如此坦诚地表达出来，我倒觉得有些忐忑起来，我能做到不辜负她的期望吗？能做到一直发自内心地欣赏她吗？她很积极主动，每次都至少提前半小时到，默默地等，自己一个人坐在我办公室外的凳子上，不会提前打扰我。每次她都至少带着一本书，有时带着两三本，一本看，一本垫着坐，一本放旁边，经过的人能够明显地判断出这是一个热爱看书、很有内涵的女孩子。她带的都是深奥难懂的科学或者心理学书籍，比如，《时间简史》《乌合之众》等，直白一点讲，都是看上去很高大上，很有品位的书。每次谈话的开始，她都要首先跟我展示她最近看的书，细细地跟我分享书的内容，她的感想，她联想到自己的现状得出的结论。女孩的表达能力很好，谈起来滔滔不绝，好多她提到的书我都没读过，有时只能听着，随声附和。她每表达一个观点都会望着我，眼睛里都是等待和渴望，怯怯地问："你说对吧？"我看着她，真诚地点头，谨慎地回应我能回应的部分，保证她能感受到我的认同，但又知道我不是"假大空"地在夸她。此时的她，像抓救命稻草一般抓着每一个对她有所认同的人，她太需要一些肯定的目光和微笑，来证明自己存在的价值和意义，为此，可以不惜代价。

然而，这样建立起来的信心和价值感是无比脆弱的。高二换到新班级，她期待能一切从头开始，她希望给同学留下的印象是喜欢看书，好学，上进，这样同学们会更愿意跟她相处。她的座位上堆满了书，而且都是课外书，她将课本都放在书桌里，以此来展示和表达内心的渴望。恰好临近坐的一个男孩子也非常喜欢看书，特别是历史书，而且是从小积累，对很多历史人物都如数家珍，对于历史事件背后的故事比老师知道得还要多，而且有自己的观点和想法。双方有相见恨晚之感，很快攀谈起来，很快，女孩就受挫了。她是看过很多书，知道很多观点，但没有一个领域是精通的，男孩谈到的很多内容她都一无所知，她接不上话所以大部分时间只能听。听的时间长了，男孩也会问她的想法，也想跟她谈谈心理学，她如临大敌，战战兢兢，很快败下阵来。

她说：“我觉得自己好假，那个男同学才是真的知识渊博，我就是个冒牌的。”我答：“你不是假，你太希望快速得到认同了，来自外部的认同。”要有外界的认同，她才能在这个班级待下去，才不会时时恐惧，担心再一次被同学看不起、被疏远和被排挤。每当恐惧的时候，她就会威逼利诱母亲帮她请假，她想逃回家里，哪怕逃半天，逃一个晚自习都好。

状况稳定之后，她不再需要每周找我。后面每次约我，都跟成绩考得差有关，只要成绩没有达到预期的目标，她便会陷入无休止的自我怀疑中，彻底否定自己。一开始，她还是将目标定在全班第一，希望在班级中能够一鸣惊人，几次考试下来，她渐渐接受现实，数学成绩一直在几十分徘徊，让她十分沮丧。她慢慢调整自己的目标，希望每个月的努力都能在月考中有所体现。然而，失望的时候占大多数。每次，听她一刻不停歇地说完自己的缺点之后，我会习惯性地问她一句：“你真的这么差吗？”她才能稍稍从完全的自我否定中抽离出来，看到自己的付出和努力，但仍无比气馁：“我就是不甘心，为什么我那么努力，在成绩上一点体现都没有！”冷静下来的时候，她也知道并非完全没有体现，她的数学成绩从原来的二三十分提高到七八十分，文科综合在班上的成绩已经名列前茅，只是她太需要来自成绩的价值肯定，恨不得一夜之间成为全年级第一，因此，很难看到自己的进步。

难能可贵的是，这个孩子的反思能力很强，她发自内心地想改变自己现状，想摆脱一切依靠他人肯定的信心魔咒。在新班级里，她一直留意着、思考着自己跟人相处的方式，尽量做到“不卑不亢”，尝试不再那么“讨好”。比如，有人坐在她的位置上，看到她回来还是纹丝不动，她竭力掩饰自己的紧张，一边用尽量淡定的口吻说：“不好意思，我不喜欢别人坐我的位置。”她心里生怕得罪了对方，没想到对方从此对她毕恭毕敬，再也不敢如以前一般对她呼来喝去。她努力在改变的过程中不断积累底气。有时候她跟同学打招呼，同学的反应比较冷淡，她仍然会第一时间胡思乱想：她是不是不喜欢我，我是不是得罪她了。冷静下来，又自己分析给自己听：我跟她也没什么接触，我不可能得罪她，可能是因为我们不熟，对方不太习惯我这么热情吧。后来事实证明，对方在她需要帮助的时候同样会施以援手，只是因为并不熟悉，平时交流比较冷淡。她把这些经历都认真地记在心里，每当自己再次慌乱、恐惧的时候，便提取这些记忆安慰自己。

目前，这个孩子已经上高三了，需要来见我的次数越来越少，我想，她肯定是找到了很多自我认同的方式，不再那么迫切地需要来自外界的肯定和认同，我发自内心地为她高兴。

然而，大部分的孩子做不到这样的反思，也基本不具备自我认同能力，在一个长期被忽略，几乎得不到任何肯定的大环境中，最容易的选择就是渐渐放弃自己，自暴自弃。

曾经在一次面对家长的讲座中，我询问家长们，怎样才能让自己的孩子自信一些，大部分家长的回答都是“发现孩子的优点”，我于是问：“有没有孩子在世俗眼光中真的没有优点？”家长们先是一愣，接着陷入沉默，其实我们都清楚，在现今的评价体系之下，每个班级都有一些永远不会被表扬，甚至几乎不会被看到的孩子，这些孩子要靠什么在学校里有尊严地待下去，是被我们习惯性忽略的问题。

然而，对教育而言，发现每个人的价值，让每个人都有被认同、被看见、被肯定的机会，不正是教育的价值所在吗？当今的教育更多的是“选择性关注”，能被认同的也是少部分按照世俗的观念评价的“优秀孩子”，其他的孩子更像是陪衬者、旁观者。

每个孩子都渴望被看见、被认同，这是大部分孩子努力学习、坚持学习的主要动力来源。看见更多的孩子，找到更多孩子身上值得被认可的地方，或许是减少厌学的可行途径之一。

Story04

乖孩子就不会厌学吗？

乖孩子厌学的最大特点是什么？是大部分一发现就是崩溃性的，都是轻描淡写的表面下撕心裂肺的长久积累。懂事、听话、什么事情都能自己搞定、为别人着想，是他们身上的标签，也是身边人以为他们拥有的全部特质。乖孩子的父母总是很省心，也习惯了一直如此省心，因此，接受孩子厌学的现实变得尤为困难。

很抱歉，乖孩子一旦厌学，比“熊孩子”“坏孩子”更麻烦，更难处理。原因是什么？或许我们在看了“乖孩子”为何会这么乖之后会更容易找到答案。

这个女孩来到我的咨询室，我对她的印象，用几个词可以概括：从未被看见，一直懂事，什么都自己承担，别人的事自己也要承担。

她人际关系极好，几乎全班同学都是她的朋友。她抑郁一年多，但在外人面前从来都是笑着的，从来不表达负面情绪。我问她：“你的父母没有发现吗？”她表情复杂地笑：“没有，可能我演技比较好吧。”父母总是很忙，加上还要照顾弟弟，几乎没有多余的时间管她。经常是父母回到家的时候她已经睡着。我问：“你的爸妈从来没有跟你静下来聊过天吗？”她说：“没有，完全没有。会这样做的父母应该是有问题，有点神经质吧？”我又问：“那周末呢？你们一家人会出去玩吗？”她又以奇怪的眼神看着我，一脸难以置信，我于是明白，她是在表达：“有家庭会周末一起去玩吗？”

她说：“我就是想搞清楚我为什么会抑郁。”她想不到具体的事情，对上初中之后的事情甚至有选择性遗忘，基本都只有模糊的记忆。上初二之后，她就开始频繁请假，期中考试之后，只要提到上学她便会剧烈呕吐。她说：“我不觉得自己焦虑，我也不觉得成绩那么重要，就是不太明白这些身体症状是怎么回事。”

对父母突然的关心和关注，她很不适应：“总觉得他们变得有点神经质，小心翼翼的，我的一举一动他们都看着，我有点瘆得慌。”她接着解释道：“他们只是觉得关心我，我的病就能快点好起来，而不是发自内心地关心我这个人。”

想作为一个完整的人被看到，却选择了只会让父母看到好的一面的方式，这是“乖孩子”最大的悲哀。

还有一个在升入高中之后不久就厌学的女孩。在她出现状况之前，家庭的运行一直是这样的：妈妈忙工作，爸爸忙着逍遥地生活，经常跟自己的朋友出去运动和消遣。父母都是老师，都奉行强势管理，不容反驳，渐渐地她不再敢说话，有委屈都压抑在心里。

升入高中，她有一个非常霸道、自我的同桌，会经常带着鄙视评价她的行为习惯。比如说，她追星但不买明星的周边，不加入粉丝群在里面花钱，同桌会当着全宿舍的人的面说她“白嫖”。她心里不认同，认为大家现在花的都是父母的钱，不应该铺张浪费，追星也不是以花钱来评价是否用心的，可她却一句话也说不出来，眼泪只能往肚子里咽。她高中生活适应遇到困难，经常会委屈地哭，同桌又说她：“哭什么哭，有什么好哭的，动不动就哭，这么作。”眼神和语气里都满是不屑。她实在受不了，去找老师调座位，老师又去向她座位周围的同学调查原因，发现并没有人欺负她，也没有吵架或者针对她。于是老师本着负责任的态度一顿教训：“这个同学只是大大咧咧，有什么说什么，主要还是你自己的问题，是你自己想太多，太斤斤计较。”漫漫长夜里，她也开始自我怀疑，是不是真的是自己的问题？是自己不舍得花钱，是自己脆弱，是自己多事？她常常辗转难眠，渐渐地，在班上就不再说话，不敢轻举妄动。

她越来越害怕去上学，怕遇到自己的同桌，一想到上学整个人就紧张、焦虑，甚至出现躯体症状，呕吐、月经不调，整个人暴瘦。她时常请假，但在家里也并不平静，经常自己一个人哭。

她找到我的时候，我只做一件事：帮她重塑信心。跟她一起客观地分析目前遇到的情况的客观原因：到一个新环境需要一个适应的过程，强势的同桌带给她信心的打击……凡此种种。她眉头紧锁的脸上，渐渐有了隐约的笑容。第一次治疗之后她便正常回去上学了，父母以为我有灵丹妙药，惊叹得不得了。其实我自己知道，她不过是渴望一个人听她讲，给予她尊重和认同罢了，这些基本的部分，在她的心中缺失已久。

父母也做了深刻的自我反思，自责自己之前陪伴太少，不了解孩子内心的想法。爸爸在孩子这么大以来，第一次带着她去运动。她跟我强调："是带着我，跟我一起去，我很愿意去。"我问她："以前呢？"她想了想："以前他们都很忙，最多就是叫我出去走走，叫我要多运动，从来不会陪我。爸爸喜欢踢足球，每次都是我坐在旁边看着他踢，也很无聊的，我不喜欢去。"她也开始尝试跟父母讲自己的想法和心事、跟同学的矛盾、自己的困惑和冲突。父母认真听，站在她这边替她说话，说同学这样的做法太过分。她说："我终于能感觉到父母是跟我站在一起的。"又带着幸福的笑跟我说："我觉得他们现在变得很好。"我问："会不习惯吗？"她腼腆地笑："还好。"想了想，又不好意思地说："就是怕他们等我好了，又像以前一样不怎么管我了。”这个瘦瘦弱弱的女孩，表达着大部分不受关注的孩子的心声，我于是问她：“你希望父母以后怎么跟你相处呢？”她抬起头，又笑一笑：“只要听我说话就可以了。”

原来如此简单。

乖孩子厌学的最大特点是什么？是大部分一发现就是崩溃性的，都是轻描淡写的表面下撕心裂肺的长久积累。懂事、听话、什么事情都能自己搞定、为别人着想，是他们身上的标签，也是身边人以为他们拥有的全部特质。乖孩子的父母总是很省心，也习惯了一直如此省心，因此，接受孩子厌学的现实变得尤为困难。

“我的孩子也会厌学？”这是他们做梦也没想过的问题，而对这些孩子而言，厌学只是最终的表现形式，如果不厌学，他们可能就直接厌世，甚至招呼都不打一声就放弃生命了。我时常庆幸，这些孩子在把自己逼到绝境之前，还会在最后保护自己一下，不强迫自己去承担超过承受能力的压力。

“懂事、听话”的亲子教育标准在最近几年异常受批判，然而，谁不喜欢听话的孩子呢？谁不喜欢不用自己操心的孩子呢？难道有人喜欢整天跟自己抬杠，动不动就离家出走的孩子吗？乖孩子有着天然的“讨人喜欢”的本领，而且这样的特质就像是长在他们身上一样，做起来是那么自然而习惯，他们感受不到委屈，也不觉得难受，关心别人、为别人着想就像一种条件反射，所有的需要和情绪都在不经意间被转化得无影无踪。父母便有这样的误会：“我的孩子天生就是这么懂事，天生就会为他人着想。”或者认为孩子就是这么独立坚强，什么事都能自己搞定。“她很多时候比我们还有主见，什么事交给她我们都放心。她自己的事也从来不用我们操心。”十几岁的孩子，在不知不觉间，成了家人的依靠，父母却全然不觉得奇怪，认为是孩子能力强、懂事、成熟，毕竟，这都是社会鼓励的积极品质。

这就造就了“乖孩子”另一个特点：往往习惯拒绝外界的帮助。习惯什么事情都自己承担，甚至承担家人的压力和情绪。一方面，这让他们对外界并不信任，只相信自己。另一方面，他们无法袒露脆弱和压抑，坚持靠自己调节来证明自己的能力。

这样无奈的状况，对我而言是家常便饭。

有个刚上高中，看起来却像大人模样的男孩子，坐下来第一句话便是：“我自己不愿意来，就是为了让我父母安心，我才来的。”我问他：“你父母让你来，如果你不来会怎么样呢？他们会很受打击吗？”他不看我，点点头：“特别是我妈，她可能会崩溃，会哭。”我无奈地笑笑，告诉他之后不想来我可以跟他父母说明，今天既然来了我们就大概谈一谈。他甚是配合，几乎有问必答，只是不断强调着他的中心思想：“主要是我自己现在心态没调整好，还是我自己的心态问题，还是主要靠自己调节。”事实是，他一到学校就胸闷、头痛，经常整晚失眠。他不敢说自己不想上学，只能想各种办法找老师请假。在家里，他表面上很正常，大部分时间都是把自己关在房间里睡觉。他说：“我表面看起来好一点，可能我的父母就不会那么担心了。”

他在中考之前也出现过类似的情况，晚上失眠，在学校便紧张、胸闷，但那时候班上有几个好朋友，平时玩玩闹闹，转移注意力，心情也能稍微放松一些。升入高中后，陌生的环境于他而言是一个冰冷的地方，跟同学不熟悉，陡增的学习压力让他措手不及。第一次月考之后，他说："从来没考过这么差的成绩。"至此之后，他上课总觉得自己听不懂，跟不上，特别是自己不擅长的科目，紧张、心慌的情况更严重。不过这些情况父母都不知道，父母只知道他不愿去学校，拼命努力在做他的思想工作，告诉他学习的重要性，让他要调整好心态。他一直在照做。

我问他："想跟你的父母一起谈谈吗？让他们更了解你的情况。"他想都没想就拒绝了："我不想让他们担心，不想让他们知道我的情况。"我问他："你怎么确定他们一点都不知道你的情况呢？就像你会担心他们一样，他们会真的若无其事吗？"他沉默良久，没有回应。会谈快结束的时候，他提了一个请求："你能不能跟我的父母谈一谈，让他们不要那么担心，让他们放松一点。"这是乖孩子最常提出的请求，不是为了自己，是为了他人。确实，减轻父母的压力是帮助他们的方式之一。

不出意外，父母是将焦虑和担忧都写在脸上的类型。爸爸沉默得更像是背着千斤重担，妈妈眉头紧锁，欲言又止。刚开始没说几句，妈妈便哽咽着说："这个孩子就是太懂事，太为别人着想了。"的确，有时我们希望孩子懂事，有时我们又抱怨孩子太懂事，人心果然是最难以满足的。就如面对压力、困难想不通，走不出来的时候，我们羡慕别的孩子大大咧咧、神经大条；而当我们觉得太操心、太累的时候，当然是希望孩子懂事、细腻，最好还能替我们分担，那当然是人人艳羡的“别人家的孩子”。只可惜，孩子的个性和行为方式并不如我们希望的那般收放自如，可以任意调节。事实上，乖孩子对于自己的处理方式往往是最坚守、最固执的，这是他们抵御内在自己不够有力量的强大焦虑的唯一方式。

“乖孩子”的父母相比成天跟“熊孩子”斗智斗勇的父母而言，更无法适应孩子出问题之后家庭生活的巨大变化，不习惯整天要围绕孩子的问题去想办法，不习惯要替孩子担心。曾经见过一个妈妈面色蜡黄得吓人，一个月内瘦了十几斤，经常通宵失眠，半夜哭醒，只要一开口说话便收不住，语气又急又快，焦虑得整个人都仿佛要失控。然而，她坚持：“我挺好的，只要我的孩子好起来，我就没事，我是成年人，我自己可以调节。”我只能无奈地笑笑。就如前文提到的女孩所说的一样，为了让自己从无助和焦虑中走出来，父母会不惜一切代价地去对孩子好，恨不得二十四小时陪着孩子。为了什么？除了内心的愧疚，还有最直接的愿望：“你赶快好起来吧，你好了我们一家人就都好了。”我常给这样的父母泼冷水：“越是想孩子快点好，孩子越可能恢复不了。”

只能“一直好好的”“永远好好的”，这样的孩子该是有多累？因此，出乎很多人意料，“乖孩子”一旦厌学，不想好起来的比例其实超出很多其他类型的厌学。在他们的潜意识里，好起来就意味着要重新去承担沉重的负担；重新去疲于应付各种各样的要求；重新去揣摩每个人的内心需要，再以恰当的方式去给予回应；重新去努力让自己德智体美全面发展，每天为了变得优秀而奋斗……一旦休息下来，就像跑完马拉松的选手，想拉他们起来再接着跑，难以登天。当然，还有一个隐形的顾虑：父母现在对我这么好，等我好起来了，他们又回到从前的样子了，怎么办？

只有生病的时候，才能心安理得地满足自己的内心需要，这何尝又不是一种悲哀。

以如此悲观的角度写这篇文章的目的是：不要等到“乖孩子”出问题才慌了手脚，才去祈祷上苍让自己的孩子赶紧好起来。与其如此，不如在日常生活中更多地关注孩子的内心需要，鼓励孩子表达自己内心的想法，多一些陪伴。孩子的天性都是差不多的，你的孩子不会因为“懂事”，就能靠着墙壁自己长大。另外，要成为让孩子信任的父母，正如著名心理学家温尼科特所说，这是每一对父母都具有的潜能，只是在于你是否足够信任自己的能力，能够调整好自己的情绪，不为焦虑和恐惧所累，除此之外，每个人都能成为“足够好的父母”。

孩子不愿意接受，不愿意交流怎么办？有句话我觉得放之四海而皆准：给一些时间，给一些耐心，慢慢来。

Story05

过度保护与厌学有关吗？

父母以保护的名义提出的要求，隐含着父母对未来巨大的担忧、强烈的焦虑，这种焦虑会让全家人都寸步难行。因为，随着孩子的成长，父母会面临“无助”和“失控”感，无法再像孩子小时候一样有能力替孩子摆平一切，无法帮孩子安排好未来，而原来那个小小的人儿，也不再事事都听自己的，开始叛逆、反抗，或者无视父母的意见。越是这样，父母便越想干预，孩子就越逃避和对抗，最终两败俱伤。

孩子需要保护，需要建立安全感，这是天经地义的。如果没有父母的细心保护，孩子就会像失去母鸟的雏鸟，很难长大。然而，到某个阶段之后，“保护”可能就会演变成“逼迫”，适得其反。

一个妈妈跟孩子说：“我们没有逼你学习，我们已经很忍耐了，我们只是担心你，想保护你。”显然，孩子一点都不领情。

这个高三孩子的妈妈异常焦虑，谈到孩子的时候三句话不离手机：“你看她现在哪有高三孩子的样子，回到家从来不做作业，都是抱着手机在看，连吃饭都是戴着耳塞，在玩游戏的。”“那天我说她天天看手机，不学习，她还很委屈，在那里哭，赌气一句话不说，递纸巾也不接……”“我们心里真是着急，你说能不急吗？我现在看她已经好了，没有抑郁了，还不努力就追不上了。我们不敢逼她，万一她做出什么极端的行为来，我们也很怕。”“我觉得她就是玩手机玩得不想学习了，学不好又有压力，所以情绪出现问题，还是手机惹的祸。”

说了大概十分钟，妈妈一直围绕着手机反反复复地表达自己的观点，恨不得立马把手机从女儿手里抢过来。好像只要把手机抢过来，女儿就能恢复积极上进，努力学习。

这个女孩子很特别，第一次见我的时候，显得很拘谨。交谈过程中我习惯性地询问了解她的家庭情况，问到了她的父母，一瞬间，眼泪便顺着她的脸颊流了下来。我以为自己看错了，为了不显得过于大惊小怪，我没有马上回应，顿了顿，我问她：“不想谈这个话题，是吗？”她点点头，眼泪流得更凶了，我递了纸巾，叹了口气，心中满是疑惑。因为跟父母相处带来各种情绪的案例也算是常见的，但像这样提到“父母”二字便情绪触发如此明显的情况，确实少见。她的眼泪中，到底包括什么情绪呢？可惜，她不愿谈论。

又一次，谈到高三的紧张氛围，她说现在记忆力很差，当时选择理科，主要是因为记忆力不好，却发现理科也有很多需要背的东西，学习起来越来越吃力，理综和数学都不太跟得上，只有英语稍微好一点。我想了解一下她对目前自己的学习是否满意，以及接下来的打算，便问：“那你有什么计划或者打算吗？”话一脱口，便看到她的表情有了变化，她脸瞬间沉下来，不再说话，一直用牙齿咬着嘴唇，气氛很尴尬。鉴于之前对她的了解，我补充了一句：“我不是逼你一定要有计划，我只是想了解一下你目前的情况。”说完这句话，她眼泪又止不住地往下流，她不要纸巾，只用手擦。仿佛满心的委屈又被人触动，眼泪不停地流。良久，她才说：“我不想谈学习的事情。”

这是个棘手的案例了，学习不能谈，父母也不能提，那什么能聊呢？进入她内心的大门似乎是完全关闭的，她又在门口贴上警示，告诉你所有的钥匙都不能用，我望着紧锁的门，有些进退两难。究竟是怎样的成长经历，会让一个孩子防御如此之强，我又如何才能进入她的内心呢？

好几次，在谈话过程中，她突然不说话，接着眼泪便流下来，因为她以为我又在逼她，比如，逼她去说她不愿意说的话题，逼她去学习。我无比困惑，我确实没有这样的意思，只是想了解她的情况，想知道她为何会对“被逼迫”如此敏感。她在找我之前，曾经有一段时间天天睡觉，在课堂上睡觉，回到家继续睡觉，无时无刻不想睡觉，父母快要急疯了，但又什么都做不了。

有一次，爸爸很焦虑地找到我，滔滔不绝地陈述他的观点：“她现在这样没有动力怎么行呢？现在一定要计划一下未来才行啊，到底是要考大学还是休学，要不要转成艺考，大学毕业之后要工作还是继续读书，将来是找份稳定的工作还是创业，这些都要考虑清楚啊，她现在这样什么都不想怎么行呢？”我默默地听着，有些哭笑不得，按照爸爸的意思，孩子应该将未来十年二十年的道路都想清楚，并从现在就开始做准备、铺路，这样才能保证万无一失，稳妥安全。

而确实，这是爸爸妈妈从小到大教育孩子的原则，为孩子未来铺的路。到孩子差不多成年了，周末去找同学还是不被允许的，自己出远门更是不可能。这个女孩子喜欢运动，打篮球，性格大大咧咧，喜欢跟男孩子交流，女生的很多细腻心思她无法理解，也不想花时间去揣摩，她更喜欢跟男孩子相处。这在父母那里是大忌，他们不相信男女之间有纯友谊，因此，她平时想跟男孩子联系是不被允许的，更不用说要跟异性周末约出去打场球了。从小到大，父母几乎将工作之余的全部精力都放在她的学习上，从小学开始，每一次考完都会第一时间打电话给她，了解她的考试情况：“考得如何？考得不好要总结经验，要更努力。”她很多时候不知道怎么回答，只能听着。中考的时候，她对于考上市重点高中是完全没有信心的，认为自己的水平达不到，父母不甘心，给她安排满了补习班，让她认真努力，争取有所突破。可惜，最后还是没有考上父母希望的高中。

作为家里唯一的女孩子，父母恨不得把她抚养在真空中，零食完全不能吃，因为她肠胃不好，父母对她更加保护，她平时吃得清淡而无聊。奇怪的是，她的肠胃并未因此变好。高中之前，她都没有能上网的手机，用的是只能打电话的手机，现在她手上拿的是一个只能用2G网络的手机，所以大部分时间只能用来听歌、打电话。她说自己好像跟同学活在不同的世界里，小学的时候好不容易申请到QQ，跟同学聊天却因为不合适的用语被指责，比如说，“呵呵”“哦”这一类文字是代表敷衍和不屑的，她完全不懂得。最新的娱乐新闻、流行趋势、热门话题，她都不知道，很难跟同学沟通。她仿佛是一个异类，格格不入。

和她关系好一些之后，我问她为什么抗拒谈论关于父母的话题，凭借职业直觉，我知道这背后一定有难言之隐。她告诉我不知道什么原因，只要一谈到父母便会忍不住掉眼泪，她讨厌流眼泪的自己，显得很软弱。而从小，她只要哭便会被父母骂：“哭什么哭，哭就有用吗？哭能解决问题吗？”她从小就讨厌哭，更不在父母面前哭。她不想谈，不想流眼泪，说很讨厌自己动不动就哭，比如，有人惹到她，她想去找对方理论，结果还没骂出口，眼泪就掉下来了，所以现在即使被不公平对待，心里很不爽，她也只是忍着，不说话，不争辩，因为不想露出软弱的一面。从小，只要她想反驳父母，表达自己的意见，只要开口说两三个字，妈妈便劈头盖脸一顿骂，理由很简单：“父母教育你不是为了你好吗？难道父母会害你吗？”久而久之，她便放弃争执和表达，全部听从父母的安排。

她很喜欢画画，也有老师说过她画画还算有些天赋，高二的时候，她鼓起勇气跟父母提出想学美术，想去参加艺考，父母二话没说，直接否定了：“你以为靠画画养活自己那么容易吗？你画画都是模仿别人，没有创意，没有灵气，这条路走不通的。”无奈，她只能放弃，选择读理科。

这是一对传统的父母，像我们常见的父母一般，竭尽全力保护自己的孩子，让她避开所有的伤害和危险。关于她的未来，父母也异常焦虑，希望早早帮孩子找到人生方向，找到一条稳妥的路，让孩子一帆风顺地好好生活下去。只要稍有偏离，稍有危险显现，父母便觉大难临头，想方设法让孩子脱离“危险”处境，为此不惜使用一切方法，用得最多的就是——骂。就像常见的父母见到孩子出去玩，弄伤了膝盖，哭哭啼啼地回来，父母见到的第一反应自是心疼，但转念之间，便觉需严厉教导孩子，让她不敢再犯，于是便一顿臭骂：“谁让你自己出去乱走，看你下次还敢不敢！”我能感受到这个女孩的父母对她的关心，可惜的是，这份心意没有传达到孩子心中。

这样的保护，换不来理解和感激，只会引来被压抑的愤怒和理所当然的索取。

保护怎么变成“逼迫”了呢？过度保护孩子的家长，似乎从来没时间认真地看看自己的孩子：多大了？长多高了？哪些事情可以自己做了？哪些能力可能已经超过家长了？他们闷着头，一往无前，按照自己心中孩子应该的样子去跟孩子相处，去代替孩子做决定："你还小，你还不懂事，等你以后长大了就明白了。"

所谓逼迫，就是勉强对方做不愿意做的事情，当然，很多时候这种勉强是出于保护，出于爱，"埋头苦爱"，从不抬头看看身边，关注一下孩子的反馈和情绪；执着而悲情，不撞南墙不回头，甚至撞了南墙还要一意孤行，一腔孤勇，可叹可悲。

遗憾的是，大部分时候是父母越逼，孩子越退缩，甚至越叛逆。父母以保护的名义提出的要求，隐含着父母对未来巨大的担忧、强烈的焦虑，这种焦虑会让全家人都寸步难行。因为，随着孩子的成长，父母会面临"无助"和"失控"感，无法再像孩子小时候一样有能力替孩子摆平一切，无法帮孩子安排好未来，而原来那个小小的人儿，也不再事事都听自己的，开始叛逆、反抗，或者无视父母的意见。越是这样，父母便越想干预，孩子就越逃避和对抗，最终两败俱伤。

另一方面，被父母过度保护的孩子，很少有自己实践和体验的机会，成功的体验更是少之又少，难以建立对自己能力的客观评估，遇到困难更易逃避。

我总是告诉父母："你不可能代替孩子完成所有的任务，这不现实。"父母也需要接受自己的无能为力，不可能永远为孩子保驾护航，享受由此而来的成就感和掌控感。孩子需要长出羽翼，才能应对风雨，而不是父母不断催促、全面规划，就能让孩子一帆风顺。

很多哺乳动物在这方面都是榜样。比如“帝企鹅”：当小企鹅的食量增大，企鹅父母不得不双双离开冰面去海里寻找食物的时候，会推小企鹅离开自己温暖的怀抱，当小企鹅因为寒冷想再次回到母亲身边时，母亲会用自己的嘴再次推开小企鹅，小企鹅再跑回来，母亲会再次将其推开，直到小企鹅放弃向父母寻找温暖，自己颤颤巍巍地站在冰面上为止。人类因为具有更多智慧和能力，能够为幼小的子孙提供更多的便利，因为更易“心软”“担忧”，更易不自觉地去保护，孩子也就习惯一遇到危险就躲回父母身边。他们永远不相信自己有独当一面的能力，总是在不断纠结、怀疑、焦虑中蹉跎时光。

放手，大约是很多父母都明白的道理，然而，父母真的明白这一举动的重要性吗？真的做到了吗？

Story06

孩子不上学，骂醒他？

每个厌学的孩子，总少不了挨骂，或早或晚，或是持续地低强度攻击，每天都挨上一小顿数落、抱怨；或是长久忍耐的集中爆发，父母在耐着性子等待几周几个月之后，发现孩子无法正常上学，而且天天手机不离手，忍无可忍之下，在某天相约来到孩子的房间，集中火力骂上一两个小时；抑或是家中永远不爆发战争，但持续着低气压，每个人都小心翼翼、没有笑容地过着每一天，用孩子的话说：“你还不如骂我一顿。”

一个初二的女孩子，跟我控诉了很久父母在她刚休学那段期间对她的“折磨”。女孩爸爸长期不在家，主要由妈妈来照顾她。小时候她是众人眼中的乖乖女，但会经常装病请假，但对妈妈很照顾，出门都是自己保护妈妈。父母对其成绩要求极严格，小学时考了 99 分都要被责问：“那一分是怎么丢的！”好在小学时学习简单，加上天性聪明，她学习成绩一直比较好。

上初中后可谓诸事不顺。她先是住校不习惯，跟舍友相处不好，三天两头打电话给妈妈，要回家，妈妈只能安慰鼓励，偶尔也接她回家。某一次她直接从教室里出来，在保安室坐了近一天，谁劝都没用，老师没办法，只能打电话让妈妈来接。她眼泪汪汪地好不容易盼来了妈妈，正想得到妈妈的安慰，但当着老师的面妈妈没怎么理会她，只是一直跟老师道歉。等老师一走，回家的路上，她被骂了一路，“不懂事，不懂得体谅父母的辛苦，自私自利……”几乎所有能想到的负面评价都扣在了她的头上。逐渐地，她学习也吃力起来，成绩达不到父母的期望，再怎么用功学习也起色不大，再加上小学时习惯随便学学、随便听听的方式，对于初中深入思考的学习方式，完全不适应。她特地说了一件事：有一次她发奋努力，几乎就要不眠不休了，考试成绩从年级一千多名进步到七百多名，家人只是让自己继续努力，也没有夸奖和鼓励自己。父母后来的解释是：“我们当时觉得以她的能力，全年级七百多名其实不算什么，她还可以考得更好。”她想要的肯定和支持没有得到。

后来，情况更糟了。在学校跟老师发生冲突，体育老师冤枉她讲话，她就跟体育老师顶嘴，被班主任教训。她经常因为在宿舍讲话、不交作业等原因被请家长，妈妈每周要被叫到学校两三次。常年不在家的爸爸指责妈妈："什么都不用干，就带个孩子还把孩子教成这样！"经济大权掌握在爸爸手里，妈妈一声也不敢吭。接着，家里出现了很多"热心人"，所有亲人都洞明一切地指出：妈妈不会教孩子，是太宠孩子才把孩子弄成这样的。面对亲戚、长辈，妈妈依然不敢吭声。妈妈每次接到老师电话，都会心跳加速，但也只能硬着头皮去学校，要么接孩子回家，要么领教一番老师的数落，痛陈孩子的种种堕落。

妈妈着急、羞愤之下，便多次动手打孩子，孩子性格倔强，打得再重都一声不吭，也不认错，不过事后会自己偷偷躲在被子里哭，也经常在学校、厕所和宿舍里哭。家里人完全不知道，只是觉得孩子颓废了，自暴自弃，想尽快骂醒、打醒她。她说："我在小学是风云人物，到初中也还是风云人物，只是当风云人物的方式不太一样。"小学的时候她是老师和家长的宠儿，现在是人人嫌弃的对象。成绩下降之后，她也不再敢跟学习上进的同学玩，只是结交年级里不学习，整天谈恋爱的一帮同学。因为仗义，肯帮助人，她在这个群体里颇有威望，渐渐找到了久违的归属感和认同感。父母生气的时候会经常说："不管你了，你想怎样就怎样吧。"她面无表情地听，然后说："心理上知道他们不会不管我，但是已经心寒了，自己就慢慢放弃自己了。"

这是一个恶性循环，一个死胡同。想要骂醒一个孩子，原本就是目标和方式南辕北辙的徒劳旅途，不可能到达目的地。

当然，骂是一种满含愤怒的表达方式，而这种愤怒，其实可以有多种呈现形式，除了破口大骂，也有不断地唠叨指责，看似不带情绪，却句句如刀，伤人不见血。为了增加杀伤力，可以配以眼泪和满脸愁苦，此种方式所引起的愧疚、自责之深刻、之持久，超乎想象。

不止一个孩子告诉我，当他们的父母痛苦绝望地望着他们，眼睛里都是泪水，却又拼命掩饰着痛苦，有气无力地细细述说："你到底想怎样？你是不是要把我们全家都逼死了你就开心了！不就是上个学吗？有那么难吗？别人都可以，为什么你不可以呢？"他们告诉我，听到这样的话的时候，在某一瞬间会很懵："我想怎么样？我没想怎么样啊？"接着会有蚀骨的寒冷和绝望："很多时候会想，是不是我消失了就好了，就不会给他们增加负担了，大家都轻松了。"整个过程，完全看不见刀光剑影，却字字入心。

也有一种进攻方式是"以退为进"，主攻防守，最有利的武器是自己精心打造的盾牌。

为了自保，父母随时随地准备着盾牌，盾牌会自动识别危险，而且这种识别往往过度敏感，经常将飞过的鸟儿、蚊子、昆虫都当成危险和攻击，因而立即启动防御机制，拼命往外挡。在往外挡的过程中，为了确保防御完全，将攻击物远远弹开，必然会增加力量。于是，对面的人被误伤的可能性会非常大。而最容易受伤的，通常是没有任何保护措施和工具，又对父母绝对信任的——孩子。

这个女孩子跟我说，爸爸对她的成绩要求非常高，没有上过大学的爸爸，将成绩看成一个解决所有问题的万能药，将大学校门看得神圣无比，誓要将孩子顺利送入大学校门，光耀门楣。因此，她告诉爸爸自己人际关系出现问题，在学校被孤立、排斥，爸爸给她的回应是："你好好学习，成绩好了自然就有很多人请教你，自然就能交到很多朋友。"她觉得数学老师不喜欢自己，忽略自己，得到的回复当然也是："你努力学习，把成绩提上去，老师自然对你刮目相看。"遗憾的是，女孩子并不是一个擅长学习的孩子，到初中之后，拼命努力成绩也不见起色，被责骂，甚至因为成绩而被打。

后来，她被查出抑郁症，一开始爸爸很难受，哭着跟她说："你没有病，都是爸爸的错。"然而，虽然做了这样的表达，却没有任何的改变，还是天天盯着她学习，她只要没有学习，无论做什么事情都会被骂。而一两个月之后，爸爸仿佛想通了：原来自己没有问题，都是孩子的问题。他找到了两个有力的证据：不认真上学和玩手机。孩子抑郁休学，他每天跟孩子说的最多的话便是："你要自己调整，恢复正常的生活，不要给我添麻烦。"并且坚定地相信："你有什么病？都是玩手机害的。"确实，在休学期间，她几乎不出门，每天躲在自己的房间里，看喜欢的漫画。她说："漫画里是美好但不真实的世界。"我以为是因为里面有这个年龄的孩子喜欢看的爱情故事，于是便问："是因为书里面有美好的爱情吗？”她摇摇头：“不是。”接着解释：“里面的人物错了会说是自己错了，是真诚地承认，而现实中的人不会这样。”

她对爸爸有很多的愤怒，几乎不跟爸爸说话，觉得他说话从不算话。然而，在她非常抑郁，对什么事情都不感兴趣，情绪长时间处于麻木状态，哭都哭不出来的时候，仍想尝试看看能不能回去上学。她说在想上学的第二天晚上，便做噩梦自己去上学。坐在教室里便觉得喘不上气来，胸口压抑得不行，梦里跑到办公室找妈妈，接着便吓醒了。我感到奇怪，她明明几周前刚办了休学一年的手续，大部分孩子在这样的时候都会完全安下心来，不再想上学的事情，反正一年的时间很长，而她却仍在纠结，这很特别。她说：“我想恢复正常的生活，不想成为家里的累赘和麻烦。”我恍然大悟，她表面反感和疏远爸爸，其实仍在意他说的话，并且全盘接受。

她说：“既然他们都说不是他们的错，我想了想，那就应该是我的错了。”我发现这个推理过程没有明确的逻辑，再三询问，她也无法描述，她像自动转化一般，将爸爸因为自保放出的箭，不加阻挡地完全接到自己身上。她说：“不管我跟爸爸说什么委屈，最后的结果都会变成是我自己的错。”真是一种神奇的阻挡和转换的能力。比如，要是她告诉爸爸同学们对自己不友好，爸爸便会说：“谁让你成绩不够好，你成绩再好一点，就会有很多同学向你请教，人际关系自然也就好了，学渣是肯定没有朋友的。”久而久之，爸爸这种意识演变成她的思维模式。

俗话说：“伤敌一千，自损八百。”主动发起进攻，或者靠着悲戚哀愁弱弱地进攻，多少对自己都会造成略微损伤。自保，却是光明正大、名正言顺的：“本来就是你自己的问题，不要拉到我身上。”家长一身轻松行走于家庭江湖之中，潇洒而从容，当然，也就无暇顾及那个弱小的孩子是否会被误伤。即使发现孩子被误伤了，也大可以解释为：“我又不是故意的，是你自己要接的。”合情合理，无可反驳。

然而，你的孩子跟你互动的目的真的是要证明你是错的，让你跟她低头认错吗？这是一个面临外界种种困难，无法回校的孩子最深层的需要吗？是一个遍体鳞伤，却仍然对家人抱着期待的孩子真正想要的结果吗？你服输，你跟她道歉：“我错了。”对她真的有意义吗？

换个角度讲，面对至亲的骨肉，真的有必要时时拿着盾牌，保持着警戒吗？她会刻意伤害你吗？还是我们只是习惯了防御，习惯了自保。

不断自责是自己错了的孩子，或者只是希望你看一眼她的伤口，抱起她安慰一番，感受一下她身上的痛，让她感觉到家人是跟她在一起的，是会保护她、心疼她的，便足矣。当然，如果下次你再举起盾牌的时候能够稍稍犹豫一下，思考一下，关注一下对面那个弱小的孩子的反应，将是“善莫大焉”。

放下你的盾牌，以心换心地去与孩子真诚沟通，去倾听她内心的想法和感受，去无条件地接纳她的无助和羞愧，真的没有那么难。

无论是直接攻击的“打骂”，还是隐形攻击的“悲伤”，又或者是无心之失的“挡箭”，从本质而言，都是把孩子当成敌人，当成要攻克的堡垒，当成不可沟通、不思进取、顽固不化的对象，是隔着距离的推测、试探，没有真正蹲下来听听孩子的心声。

这样的斗争，赢了又如何？孩子真的去上学了又如何？

Story07

孩子不想上学，尊重他？

这也是困扰很多家长的问题，一旦孩子不想上学，身边就会莫名出来很多热心人，积极地出主意，表达观点：“孩子不上学就算了，你自己不也就是个初中毕业吗？”“还是要尊重孩子，逼他要是逼出问题来了怎么办？”“人生也不是就上学一条出路，你看很多名人也不都是高才生，也有很多辍学的。”“不上学就让他在家里待着，等他某一天想通了自己就会去找出路了。”还真有家长认为大家说得有道理，干脆就让自己的孩子休学在家，彻底地放松放松，静待花开。

不是提倡民主，提倡尊重孩子的个性，尊重孩子的想法吗?为什么要反复谈厌学问题，谁规定每个孩子都必须上学?孩子难道不能有自己选择人生道路的权利吗?

这也是困扰很多家长的问题，一旦孩子不想上学，身边就会莫名出来很多热心人，积极地出主意，表达观点："孩子不上学就算了，你自己不也就是个初中毕业吗?""还是要尊重孩子，逼他要是逼出问题来了怎么办?""人生也不是就上学一条出路，你看很多名人也不都是高才生，也有很多辍学的。""不上学就让他在家里待着，等他某一天想通了自己就会去找出路了。"还真有家长认为大家说得有道理，干脆就让自己的孩子休学在家，彻底地放松放松，静待花开。

的确，有很多名人都中途退学了。

三毛算是其中的典型代表。说起三毛退学这件事，还得从三毛初二时的一堂数学课说起。三毛是一个偏科的孩子，文科类的成绩要明显好过理科。但在面对数学这个"拦路虎"时，幼小的三毛没有想过退缩。为了把数学考试分数提上去，三毛把课本后的习题一道道背出来：因为她发现数学老师每次出的考试题目，都来源于课本后面的习题。发现这个秘密后的三毛，凭借惊人的记忆力，把课本后所有的习题包括答案都背了出来。

结果，三毛那段时间一连考了 6 个 100 分。

平时连及格线都难以达到的三毛，引起了数学老师的注意。

有一天，在两节数学课之间的休息时间，老师把三毛叫到了办公室，叫她临场做一张全新的数学试卷，规定她10分钟内把一些习题演算出来。且不说这张试卷是初三的，就凭三毛死记硬背的数学功力，她也只能束手无策。在干坐了10分钟后，三毛告诉老师：她不会做。可是，回到教室后，数学老师并没有罢休，她拿着墨汁和毛笔在三毛的两只眼睛周围画上了两个大圆圈！意思是三毛只会吃鸭蛋（即零分）！这样还不够，整整一节课，三毛就一直站在教室的角落，直到下课，更要命的是，这位数学老师下了课还叫三毛“带妆”到操场上绕一圈再回教室。小小的三毛哪有反抗老师的意识和勇气？众目睽睽之下，三毛乖乖绕操场一圈后回到教室。

这件事对三毛的打击相当沉重，它成了迫使三毛彻底离开校园的最后一根稻草，原本三毛也经常逃学不愿去上课。自此之后，三毛无法再在学校正常上课，每天早上想到自己要去上学，三毛就条件反射似的昏倒并失去知觉。

因为这样的状态，13岁的三毛只能退学。

退学后的三毛也自我封闭了很长时间，甚至想到以极端的方式结束生命，在手腕上留下了28针的伤口。三毛的父母都是非常有涵养的文化人，不仅给她转入美国的学校学习一些才艺，还带她向各路名家学习画山水花鸟之类的画。在三毛退学后的求学生涯中，对她人生轨迹影响最大的，其实并不是她父母带她拜师求艺的这些名家，而是一位年轻的画家，名叫顾福生。这个人对三毛有莫大的影响，不仅对她有知遇之恩，更有疗愈创伤之效。在师从顾福生门下的这些日子，一直封闭在自我世界里的三毛开始变得开朗爱笑起来。同时，找到了她的缪思女神——文学写作。

讲这个例子的目的主要有以下几个方面。

第一，退学对于任何一个孩子都是巨大的打击，即使是对于三毛这样从小便很有个性和想法，早早展露文科天分的孩子而言也是如此。与众不同，对孩子而言是沉重的负担，需要极大的信心和能量才能承担。见过那么多休学的孩子和家庭，真的在家里过得如鱼得水，有理想有目标，合理安排时间、生活和学习，走上另外一条自我实现之路的几乎没有。厌学，常常伴随着明显的情绪和行为问题，会是很多孩子成长过程中最大的挫败。休学、退学，很难成为真正解决问题的方式，它更像是在掩盖、逃避问题，这样的应对模式一旦形成，会直接影响孩子未来的人生发展。

第二，是否每个孩子都像三毛一般拥有过人的天赋？三毛除了文字能力了得，画画也非常有天分。

第三，三毛的父母是文化人，有经济条件，有人脉，有思想，能够带三毛去美国学习，去拜访各路名师学习。试问，有多少普通家长有这样的能力？面对一个学龄期天天在家的孩子，该怎么安排他的时间，怎么让他继续坚持学习，不至于在基本能力上落后于同龄人？可能有人会说现在是网络时代，大把网上学习的课程和资源经济实惠，大可以让孩子在网上学习自己感兴趣的课程。不可否认，这是时代的进步，然而，网上学习最大的缺陷是无法考查和督导，学与不学，学的效果如何，根本不可能评估，更不要提师生之间其实需要情感的连接，这些都是无法实现的。

接受应试教育的孩子，大多都已经习惯由学校安排学习时间，有的学校几乎精确到分钟地去规划孩子在校的安排，孩子不需要自主学习，不需要规划时间，不需要安排学习进度。孩子在家有家长安排和督促，在学校只要跟着老师的节奏和进度就万事大吉。休学之后，面对大量的空闲时间，很多孩子一开始都觉得新奇和兴奋，通宵游戏，日夜颠倒，但一两个月之后，游戏玩厌了，觉也睡够了，空虚感随之扑面而来。想自学技能，大多都是三分钟热度，难以坚持。缺乏良好规划能力和习惯的孩子，面对每天的时间空白是不知所措的，不知道如何过才有意义，怎么做才能让自己觉得“光阴不虚度”。

第四，休学的孩子真的会在某一天顿悟，进而奋不顾身去追寻自己的理想和未来吗？很遗憾，我们看到的大部分都是节节败退的例子。比如，一开始只是去不了学校，渐渐就可能变成出不了门，接着就是基本不出房门，后来干脆就天天窝在自己的床上，日夜颠倒，生活混乱。逃避、退缩，让青少年欲罢不能，越逃避越自责，越自责越无法改变，陷入恶性循环。青少年群体是尚在成长中的人群，必要的引导和教育对其是十分必要的，也是他们需要和期待的。上不了学，是他们遇到的困难，他们需要的是成人帮助他们一起去解决，而不是直接带着他们逃回家里。

也许有人会说，以前的人那么多小学没毕业，初中没毕业，十来岁就待在家里，玩了一两年不也都出去工作了吗？还不是照样养活自己？也不是每个孩子都能出人头地的，只要养活自己，不成为社会的负担就行！现实是，随着社会经济的发展，现在的孩子已经完全没有生存压力，在他们的成长过程中从未经历过物质的短缺，没有过吃不饱饭的生存恐惧，没有最原始的动力推动他去学习和振作起来寻找其他出路。父辈积累的物质财富，父辈吃过的苦，让他们本能地去保护孩子，为孩子提供最大的支持，这一代孩子为了解决生存问题而去工作的动力，已经明显下降。待在家里，最后沦为“啃老族”的可能性会更大。

我再谈一个 7 岁孩子的例子。这个孩子在上一年级时出现明显的适应问题，一到上学的时间就呕吐，还在家里不停哭闹，一路上都干呕，一直到走进教室里，才能稍微平静下来。父母从没遇到过这样的情况，几乎六神无主了，“热心”的朋友在这时候就及时地出现了。这个朋友的观点非常开放民主，一方面他跟夫妻俩痛陈逼迫孩子的种种恶果，还举出新闻上抑郁症之类的例子；另一方面，大谈特谈民主、尊重的重要性，表明现在的孩子都非常有想法，小学生已经比以前的高中生更有想法，更有主见了，并且再三强调：“尊重，一定要尊重，明白吗？”本来就不知所措的父母听了这一番话，哪里还敢不照做，当即就给孩子请了一周的假，告诉孩子千万不要有太大压力，好好放松，什么都不要想。这一周时间里孩子简直到了天堂，每天在家玩游戏，睡到自然醒，父母好吃好喝地伺候着，想要什么父母也都尽量满足。当然，他也答应得非常好：“下周一一定去学校。”父母满怀期待，等着他休息好之后正常回归学校。

从表面上看，给孩子请了假，他不呕吐了，也不哭不闹了，家庭似乎恢复了和谐，氛围也不再那么紧张。这样的转变，对处于焦虑紧张中的父母而言，也是必要的放松。每天跟孩子纠结上学的事情，也是非常令父母崩溃的，做出这样的选择，有时候也是父母的内心需要：寄希望于奇迹出现，孩子说话算话，只是稍微放松一下，一切就迎刃而解。就像很多父母一遇到孩子心情不好，就带他们出去旅游一样，期待着短暂的放松能解决根本性的问题。然而，这充其量只是一个转移注意力的方式，不可能真正起到改变现状的目的。

一周之后，原本只是偶尔请请假的孩子，完全去不了学校，一走到校门口就大哭大闹，谁劝都没用，校长在校门口接他，老师在校门口等他，让他最好的朋友带他一起进校门，都没用。他一到校门口就抱着那个大柱子，死也不放手，恨不得跟柱子长在一起。软的不听，硬的反抗，每天早晨上学的时候都像打仗一般，一番抗争之后，父母只能再次妥协，于是他得以回到家里，再次获得一天的假期。如此这般，整整一个月只去了两三天学校，父母着急得不行，各处求医，孩子却像没事人一般，过得非常逍遥自在。

在这里，我们要说的是，当孩子体验到了逃避困难的轻松和愉悦，知道有人会想办法帮助他阻挡压力的时候，这就会成为一种欲罢不能的经典模式，他会想方设法维持这样的模式，而不是像我们理想状态中那样去主动挑战自己，战胜困难。趋利避害是人之常情，而对认知发展尚未成熟的孩子而言，舒舒服服地待在家里，肯定比去面对学校的压力要来得舒服，至于未来和前途，一个几岁的孩子是很难看得那么长远的。

综上而言，如果你不是已经具备足够好的条件，可以保证安排好孩子在家里的时间，能够帮孩子联系足够多的资源，有信心陪伴孩子在一次次不断的退缩中不放弃前进的希望……最好不要轻易松口同意孩子不上学，特别是年龄尚小，几乎没有发展出足够的判断力和思考能力的孩子。孩子是需要父母帮助他们指引大的方向，引导他们去进步和克服自身弱点的。

这是成长的一部分，也是作为父母责任的一部分，与尊重无关，与民主无关。

Story08

孩子厌学，都是父母的错？

不知道从什么时候开始，父母成了孩子所有问题的“罪魁祸首”。孩子有抑郁症，肯定是父母教育方式不恰当，没有关心孩子的内心感受，父母太自私、太功利，只要求孩子学习成绩。孩子学习成绩不好，肯定是父母没有认真辅导、严格要求孩子，没有帮助孩子养成好的学习习惯，没有找好的辅导班，天天忙自己的工作，根本不关心孩子。孩子不懂礼貌、不孝顺，父母更加难辞其咎，什么样的父母教出什么样的孩子，父母是“原件”，孩子是“复印件”，没有素质的父母，怎么能教出高素质的孩子？

这一代的父母果然难当，为了能让别人满意，为了做一个称职的父母，拼尽全力，投入的时间、精力、金钱，超出以往任何时候。养育一个孩子，比以前养育十个孩子还要累。为了养好孩子，放弃了休息时间，放弃了自己的梦想，放弃了自己的生活，真正算得上“鞠躬尽瘁”。然而，结果也只能祈祷上天保佑，毕竟，养孩子不是种庄稼，只要控制好土壤、湿度、温度和阳光，就能保证长出好的庄稼。

在厌学的问题上，父母更是百口莫辩：为什么别人的孩子都不厌学，只有我家孩子厌学？焦虑、自责、相互指责，弥漫在每个厌学家庭的任何一个角落。

我见过太多这样的家长。

一个小升初时出现情绪问题，休学一年的孩子，无时无刻不在指责妈妈：“都是你当时报了那么多补习班，不断逼我学习，最后才把我逼崩溃了，现在我学不了，你满意了吧？”除了耿耿于怀上学的事情，妈妈的一举一动儿子都不满意：“说话犹犹豫豫的，不知道心里在想什么？”“整天板着一张脸，不知道有什么不开心的，我都这样了，还对我不满意！”说到激动的时候，还砸东西、捶墙、踢门，家里谁劝都没用，谁都不敢靠近，有时一闹就是一两个小时。妈妈也不断自责，深以为都是自己的错，都是自己当时不断逼孩子，不断给孩子报补习班，不断要求孩子考更好的学校，害了孩子。在儿子面前头都不敢抬，每说一句话都小心翼翼的，要深思熟虑，生怕惹孩子不高兴。妈妈带着自责对孩子百般弥补，跟孩子说话轻言细语的，原本知道不该答应的要求都答应下来。

做家庭治疗的时候，妈妈每当想开口说话的时候都会先看看我，用询问的眼神望着我，像一个因为做错事而不知所措的孩子。我对她点点头，说："你想说什么就说，没关系的。"妈妈才鼓起勇气，咽咽口水，思索再三，说一两句话。当然，很多时候话还没说完，就被孩子抢过去："看看，说个话都说不清楚。"妈妈便立刻停下来，不敢再继续说下去。

一个上初二的孩子因为分班之后在新班级不适应，加上严重的社交恐惧，休学在家之后，父母经历着炼狱般的生活。孩子不上学，三姑六婆、七大姑八大姨、左邻右舍都不闲着，热心到让人有些无法接受。一个说："是他们太宠孩子，不逼孩子去上学，孩子不能什么都宠着、顺着，该逼就要逼。"又说："不上学就让他去打工啊，让他天天在家闲着打游戏，太不像话了。"又说："还是你们不忍心，要是我的孩子，早送他去打工了，让他吃吃苦，就知道上学的好了。"连妈妈的姐姐也抱着同样的观点："我早就说过你们夫妻俩，对孩子要严格一点，什么都迁就他，要买电脑就买电脑，想打游戏就打游戏，现在长大了，管不了了吧？"甚至有亲戚直接说："这样的孩子，就是欠打，多打几顿，我看他还敢不听话，小小年纪不上学，成何体统！"……

总之，每句话听来都像是关心，却又都暗含着指责。指责父母教子无方，指责夫妻俩太心软，指责他们不忍心孩子吃苦。言下之意，这样的孩子落在他们手里，保管早就收拾得服服帖帖的。

是的，在指导他人的时候，每个人都是“专家”。

这对父母每隔一段时间就希望跟我交谈一次，名义上是了解孩子的情况，交谈的时候就滔滔不绝地表达他们的担忧，妈妈有时候忍不住便偷偷转身哭。妈妈说：“只有当着医生能说这些话，身边没有人会理解，都以为是我们不忍心、太宠，人家又都是好心，我们也不能说什么，只能听着。”时间长了之后，孩子会主动提出让我隔一段时间跟父母谈一下：“我觉得他们比我压力还大，还焦虑，你安慰一下他们吧。”

我认识一个全职妈妈，上初三的女儿休学之后，全家人都将矛头指向了妈妈，毫不掩饰地指责妈妈没把孩子教好。爸爸一直在外地做生意，妈妈带着两个女儿，小女儿没办法上学之后，各种指责、建议几乎要将妈妈淹没。爸爸几乎一年只回家几次，但是事业有成，在金钱方面保证给家里最大的支持，孩子厌学之后，爸爸第一个跳出来指责妈妈：“慈母多败儿，看你把孩子教成这无法无天的样子，想怎么样就怎样。”女儿看不过去，替妈妈出头，指责爸爸，爸爸不敢跟女儿正面对峙，变本加厉地骂妻子：“什么都不用你干，就带个孩子还教成这样，我真是倒了八辈子霉才娶了你！”妈妈只是哭，一句都不敢反驳。

承受着巨大的焦虑和委屈的妈妈，将愤怒和委屈全都倾倒在孩子身上，孩子休学在家的期间，妈妈动不动就发脾气，严重的时候就直接打孩子一顿，家里的衣架都打断了好几个。打完了孩子，看着孩子身上的伤，妈妈自己就哭，看着孩子腿肿得不行，不忍心，要给女儿擦药，女儿不愿意，妈妈更是哭得厉害。妈妈虽自责后悔，然而过几天，又再次情绪失控，同样的事情再次上演。原本遇到困难第一时间想到妈妈的女儿，在休学期间，跟母亲相处发展到水火不容，觉得自己彻底孤立无援，好几次有轻生的举动。

除了他人批评，也有主动展开全面自我批评的，全家人都在比谁自我检讨得更狠。有个摆沙盘追求绝对整齐，反复调整的 7 岁男孩，他的爸爸在看到他摆的沙盘之后，不断感慨："这摆得太整齐了，这太累了，我以前完全不知道他过得这么累，都是我的错，以前对他要求太严格，总是要求他什么都要做到最好，还动不动就对他发脾气，把自己工作上的压力发泄到他的身上，我真的太不应该了。"我跟他反馈孩子积极的方面："也不全是不好的，一个 7 岁的孩子，能够站一个多小时，反复调整，坚持把自己的沙盘摆到满意为止，这份耐心和毅力不是这个年龄的孩子都有的，而且他的思路很清晰，很早就规划好了自己沙盘的结构，这些都是优势。"爸爸点了点头，眉头仍然紧锁着，接着说："但是太工整了，太追求完美了，太累了，都是我造成的。"我无奈地笑笑，不清楚爸爸是否有听到我的话，他的全部意识和无意识都在拼命自责，深刻检讨，恨不得把自己放到批斗台上，让大家都唾骂一番。在他的眼中，自己对孩子犯下了不可饶恕的错误，自己有罪，孩子现在不愿意上学，都是自己一手造成的，自己应该负全责。

然而，孩子邀请父母看他的沙盘，其实是希望向父母展示他一个多小时认真创作的成果，希望听到父母的赞叹和肯定，爸爸却只能勉强说一两句："摆得很漂亮，摆得好认真。"之后，就再也找不到其他的词语。大概他满脑子都是"太完美""太累""太整齐""都是我的错"……

与此相对应的是行为上的改变。原本对儿子处处挑剔，稍有洁癖，比较追求细节的爸爸，在跟儿子相处的时候完全走向了另一个极端。虽算不上有求必应，但只要孩子稍一不高兴，爸爸就会变得不知所措，不断地问孩子："怎么了？怎么不开心？爸爸说错了什么吗？"儿子一言不发。爸爸接着说："如果我有说得不对的地方你就告诉爸爸，爸爸改，爸爸一定改，都改。"儿子还是不说话，爸爸几乎要抓狂，坐立不安起来。有时候要求得不到满足，儿子不高兴，又哭又闹，甚至动手打父母，打妈妈的时候妈妈还会抓住儿子，表达说："好痛。"并且稍微教育一番。打爸爸的时候是另一番样子，爸爸只是坐着，不动也不躲，就任凭孩子一直打，打到他解气为止。有时候实在被打得太痛，对儿子说了一两句重话，也后悔得不行："对不起，爸爸没有控制好自己的情绪，说话又大声了。"眼看着这个长相清秀、斯文的孩子变成了家里的小霸王，夫妻俩除了叹息，别无他法。

也许有人会说："孩子上不了学，难道父母没有责任，家庭没有责任吗？"当然不是。自始至终，我都无意去做替父母开脱和免责的工作，不是要证明父母没错，不是要高举"保护父母"的大旗，鼓励家庭不要改变，支持父母不要反思，更多的是期望为人们呈现可能出现的不同极端，无论是"父母永远是对的"，还是"父母应该承担所有的责任"，走向极端的归因，都是百害而无一利。

这样一来，父母越来越焦虑，越来越不知所措，遍地都是“失败的父母”“无能的家长”“罪恶的双亲”，父母开始怀疑自己作为合格父母的能力，陷入深深的自我挫败之中。强大的自我挫败，只会造就小心翼翼，造就“家庭霸王孩子”，并不会提供适合孩子成长的理想家庭环境。

我始终相信，每一对父母，都具备一些作为父母的基本特质以及天性，这是所有哺乳动物繁衍的本能。出现偏差，只是因为一些东西，例如情绪，例如父母成长经历中的创伤，例如外界大环境的影响，造成潜力无法发挥，能力无法体现。多年的心理研究证实，除非万不得已，父母依然是孩子最理想的抚养人，至于父母需要被引导，需要成长，需要培训，并不是否定父母之前所有的努力和付出，这是时代进步对于父母提出的更高要求。

对父母多一分宽容和理解，才是对厌学孩子真正的帮助。

Story09

孩子不上学，用激将法？

激将法是中国传统教育方式中独具特色，又经久不衰的方法之一。孩子就是要刺激，就是要骂，不然会自满，会骄傲，会止步不前。刺激得越狠，孩子就会绝地反击，证明给父母看：“我行！”

是的，有这样的孩子，心理韧性强，不服输，百折不挠。遗憾的是，大部分孩子并不属于这一类。

这个厌学的孩子已经好几个月没有去学校了，在家里过得非常颓废，做什么事情都没有动力。她的手臂上都是伤痕，正在上初三的她，不甘心去读职高，但是做任何事都难以行动起来。

“现在的班主任也只看成绩，不像以前的班主任把同学当自己的孩子一样，现在的老师都怕担责任，发现我状态不好就建议我休学。父母一直对我学习期望较高，爸爸曾经是老师，所结交的朋友都是老师，他们的孩子学习成绩都很好，中考都上的是当地的重点学校。只有我中考失利，初三毕业的暑假，我基本没有过过一天安静日子，爸爸只要在家，就盯着骂，不管我做什么都能招来一顿责骂。”她说，爸爸基本不带她出去，仿佛她是什么丢人的东西，见不得人。偶尔碰到熟人，对方问起她上的高中，爸爸总是支支吾吾，好像她是因为犯了什么错，要去那个高中接受劳动改造一般。而每次不小心碰到熟人，回到家爸爸总会挑到一些毛病将她又骂一通，弄得她莫名其妙。别人“初升高”的暑假是解放，是放松，她的暑假过得是炼狱般的日子。

她发现自己有明显的烦躁，做事完全静不下心来，看书更看不进去，学习力不从心。眼看中考临近，心中着急，好不容易鼓起勇气，跟父母说了上学无法集中注意力的事情，只是希望他们能够帮自己，告诉自己提高注意力的方法，或者帮自己找到无法集中注意力的原因，并不是真的不想上学。谁知自己刚说完上课总是走神，无法集中注意力，父母二话没说，劈头盖脸就一顿骂：

“那还不是因为你不认真！你就是想吃了睡睡了吃，像猪一样，没追求没动力，都不知道怎么养了你这样的女儿！”跟妈妈说一些感受的时候，妈妈的回应总是：“你就是个白眼儿狼，一点都不懂得感恩。”“你还觉得我不够辛苦吗？你这样说是不是想逼死我？”她无言以对，不知道为何说一下自己的感受，会让父母反应这么大，说话这么激烈。她失落地说：“可能在他们眼中，我就是这么差，这么好吃懒做。”

爸爸是老师，对她学习期望较高，坚持认为成绩好是唯一的出路，希望她考上重点高中，总是拿她跟朋友的孩子作比较，得出的结论当然是别人的孩子多么优秀，她多么不好。爸爸对她的评价就是一个字：懒。而且爸爸找了许多论据来证明自己的观点：学习一直不够努力，懒得动脑筋，懒得做练习，不懂的也懒得问老师同学，在家里也是一样懒，从来不做家务，桌子乱得一团糟也懒得收拾……总之就是比猪还懒，已经懒得无可救药了。爸爸跟她的相处时间不多，但只要在一起，就一定是不停碎碎念：“你看你懒成什么样子了？书也不看，作业也不写！”“你看你这房间乱成什么样子，跟猪窝差不多，动手收拾一下都懒得动，我真是服了你了。”“你看你这题做得，这么简单的都错，还不是因为你懒得动脑筋，我看你这样下去怎么办，到时连职高都没得读。”总之，“懒”成了爸爸万能的表达，无论什么情况都能跟懒挂上钩，并且表达得有理有据，不容反驳。她说：“我长这么大，基本没有听到过我爸表扬我。在他眼中，我大概就跟猪差不多了。”

爸爸对学习成绩一直要求很高，无论她考得多好都从来不会肯定她，只会要求她考得更好。现在爸爸仍然要求她考重点高中，但她中段考差两名进入重点班，她所在的学校高中升学率不高，上高中基本没有希望，更不要说重点高中了。爸爸好像看不到这些现实，坚持认为是她不够努力、不认真、懒，所以才学不好。从小爸爸在家里的时间很少，在家也是玩手机、电脑，最近一年多有时陪她学习，就又说："都花了这么多时间陪着学了，成绩还是不好，都不知道有没有带脑子！"

妈妈会在孩子说自己感受的时候，表达不耐烦和委屈："总记得不好的事情，不体谅我的苦心。"

有一次她说起前两天爸爸给她补习，她只是试探性地表达万一考不上高中，可以读中专或者职高，爸爸表示完全不接受，反复强调一定要考上高中，只要她努力就一定能上高中。"你就是怕辛苦，就是不想努力，懒得像猪一样，你这样能上高中吗？我看你职高都上不了……"她进退两难，担心考不上父母会非常失望，但自己对上高中确实没有把握。爸爸觉得还没有达到教育目的，继续说："整天好吃懒做，像猪一样，国家是养有用的人，而不是养你这样的废人。"三句话不离"猪""废人"，好像要想方设法让她记住自己的身份，认可自己的废人标签似的。

然而，我后来得知，这对夫妻其实对孩子爱得非常深切，生下这个孩子也非常不易。

妈妈是在非常艰难的情况下，完全靠保胎保下了这个孩子。在怀小女孩之前，妈妈已经流产了两个孩子，每一次都是千辛万苦好不容易怀上，小心翼翼地保护，不敢多走一步路，多劳累半分，遗憾的是孩子还是毫无征兆地流产了。怀小女孩的时候子宫并没有恢复，完全是意外，去了好几家医院，医生都一致劝妈妈将小女孩打掉，勉强生下来风险非常大。这个孩子的生命力似乎非常顽强，稳稳地待在妈妈的子宫里。妈妈不舍，不顾家人朋友的劝阻，坚持冒着生命危险生下来，直到小女孩安全降生，妈妈仍觉得不真实，不敢相信自己真的当了妈妈。妈妈晚上经常做噩梦，梦到女孩生病或生下来发现不健康，有缺陷，在睡梦中惊醒。妈妈将孩子当成心肝宝贝，又紧张又保护，能帮孩子做的基本都包办代替，完全不让孩子经历任何挫折。妈妈说起这些，眼泪不停往下掉，那眼泪中似乎有很复杂的含义。妈妈那么疼爱的孩子，冒着生命危险生下的孩子，却总是忍不住在愤怒的时候打骂她，用最贬低的语言去评价她，妈妈自己也无法理解。

这样的"爱之深，责之切"，这样坚持以贬低的方式来督促、刺激孩子进步，真的能达到预期的效果吗？大部分都是事与愿违的。孩子不但没感受到父母的"激将"，只接收到父母对自己的贬低、厌恶，对自己更加没有信心，最后终于连站起来的力量都没有了。

我常问父母：在孩子到一定年龄之后，你们有试过像对待成人一样跟他对话吗？有试过以平等的地位，真诚地交流彼此的感受吗？

不上学，一顿吼，一顿骂，甚至一顿打。孩子缩在壳里，把头深深地埋进土里，充耳不闻。另一个已经休学一年，两次尝试回校的初二孩子便是其中的典型。每当他上学遇到困难，比如，学习压力或者人际交往的问题，他便回家将这些问题告诉父母，说自己害怕，应对不了，要求父母帮他请假。接着，他便跟没事人一样坐到电脑前不分白天黑夜地玩手机，问他什么都不吭声。父母着急得要命，每天跟我说他的动向，问我该怎么办？只要他一不去学校，便想约我给他做心理辅导，恨不能我天天给他上一堂课，让他能够回心转意，乖乖回学校。只要他不上学，父母便轮番上阵问他："到底是什么原因呢？""有什么需要我们帮助的吗？""不上学怎么行呢？不上学你将来怎么办呢？你初中都没毕业，将来怎么找得到工作呢？我们不可能养你一辈子呀。"不过，他自始至终都没有表态说自己不上学，他只是不停找理由，让父母给他编各种借口来跟老师请假。很多时候我有一种冲动想告诉父母："这是他自己的事情，让他自己去跟老师请假！"话却从未说出口，我知道我面前的家长一定都是不忍心的，会无比担心孩子给老师留下不好的印象，担心会被记旷课，旷课太多会被退学……

父母每天早上会不遗余力地叫孩子起床，生怕孩子迟到。当然，每天早上都像一场战争，为了保障孩子按时起床，如果可以，我估计有些家长会想拿枪顶着孩子的头逼着他立马起来。我接过一个最有意思的案例是孩子坚定地相信："闹钟叫不醒我，多少个都没用。"因此，直到他上高中，都是父母特别是妈妈担任"闹钟"工作，孩子每天早上因为起床挨一顿骂是很正常的事。有意思的是，因为孩子总是睡得"太死"，为了叫醒他，妈妈会动用家里所有能够敲得响的东西，锅、碗、瓢、盆、桌子、椅子。于是每天早晨家里都会上演戏剧性的一幕：焦虑着急的妈妈，一手拿着筷子，一手拿着盆，嘴里念叨着："起床了，迟到了！"妈妈使尽浑身解数要让孩子起来，孩子却泰然自若躺在温暖的大床上做美梦，邻居估计都被叫起来了，孩子依然仿佛处于无人之境，继续跟周公谈经论道。要知道，这么多年，孩子上学从来没有迟到过，我发自内心地无比佩服这个妈妈。

同样的道理，没有一个家长能够忍心让孩子被老师批评和面临被退学的危险，便总是一边抱怨，一边绞尽脑汁想各种理由，全身上下能生病的地方都生了，家里能出的事也都出了，总之无论如何，要保证孩子安然在家待着玩游戏，老师还以为他正经受痛苦的折磨。搞定了老师，立刻马不停蹄给孩子上“政治课”，动之以情，晓之以理，总之用心至极。孩子呢？仿佛跟游戏长在一起，眼睛都不抬一下，一言不发，不反驳，不赞同，逼得父母要抓狂。“明知道他听不进去，怎么不换个时间说呢？”父母很无奈：“他任何时间都是这样，怎么换时间？”我答道：“那就等他想清楚，愿意谈的时候再谈？”父母更是慌了神：“你不催着他，他肯定一辈子都想不清楚。”我继续鼓励：“你可以试试看嘛，不用很长时间，一天也行。”父母半信半疑。

几天之后，妈妈给我发消息，说她实在没办法了，说也不听，就干脆一整天除了叫吃饭，不再理孩子，只是告诉他：“你自己想清楚你到底想怎么选择。”没想到下午五点多的时候孩子就主动打电话给她，问妈妈今天怎么不理他。趁着机会，妈妈终于能静下心来语重心长地跟孩子谈内心的想法，也听孩子说他的想法。妈妈说了自己的为难和担忧，表达了上学是父母没办法代替的事情，只能他自己想清楚，自己去面对。孩子很久没有说话，第二天便早早起床，去了学校。

还有一个长期跟孩子玩“捉迷藏”游戏的妈妈，跟我分享她的一段经历：有一天上学原本应该6：30起床的，孩子自己说再睡会儿，6：45再起，爸爸满足了他的要求，但6：45叫他起床时，他依旧不愿起，后来是拉他才起的，刷牙洗脸又慢吞吞，洗漱完又回房呆呆坐着。劝了好久他才出客厅，妈妈拉着他到车库，整个过程孩子都故意做出一副目光呆滞的样子。妈妈开车，孩子本来应该坐后排，结果孩子只是把书包扔上车，自己却没有上车。妈妈当时没注意到，结果车开出小区才发现孩子没有上车，妈妈那个气愤啊，恨不得回去把那小子撕碎才罢休。回到家，却发现孩子跟没事人一样在吃爷爷煮的面条，妈妈刚要发作，想了一下，还是克制住，平静了十来分钟。见孩子已回房间，妈妈便进去平静地对他说：“你总是这样不上学，我很担心，也很为难，因为不知道如何向老师请假，如果你确实不想上学，那我只能给你三个选择：①跟我一个修行的朋友修行、云游；②去军训或以劳作为主的全宿学校；③去山东的国学学校接受传统文化教育。总之不能待在家里。”孩子后来选择让妈妈送他去学校，这是一种前所未有的沟通方式，妈妈从未试过如此平心静气地去跟孩子谈话，她没想到孩子会乖乖回学校。当然，她也深知这不是一次一劳永逸的尝试，但却给了她巨大的信心。

像这个案例一样，我发现很多厌学孩子的家长包办了很多本应孩子承担的任务，无论是“责任”还是“情绪”，父母总是焦虑担心在孩子前面，孩子不用思考未来，也不用去静心面对自己的情绪，父母的焦虑已经将他们淹没，他们慌不迭地用自己的方式去屏蔽、隔离，父母越侵入，他们越隔离，就像一场拉锯战，彼此都忘记了初衷。

父母总是着急地要方法：“我怎样才能搞定孩子？怎样才能刺激他努力？”却很少去想，如何才能让孩子真正有动力去承担属于自己的责任，不是靠激将，不是靠推，不是靠催，事实上确实有很多这样的方法。

Story10

孩子厌学，为何不向父母求助？

现在的父母都知道培养孩子的自主能力，让他们凡事都自己动手，学会自己解决问题，不要去依赖他人。但与此同时，很多父母都忽视了告诉孩子一个重要的道理——“当你觉得你无法完成一件事，记得去求助”。

为何我总是最后一个知道的人？为什么他有事从来不跟我说？他在学校遇到困难为什么不跟我说呢？

很多家长感到困惑的问题是，自己明明每天陪着孩子，每天照顾他的饮食起居，总是告诉孩子："有什么事一定要告诉父母。"为什么孩子就是不说呢？为什么他们宁愿去跟老师说，跟同学说呢？

我发现，很大一部分孩子，第一次看心理医生是同学或者老师陪着来的，被问到父母知情吗？大部分都是摇头："不想让他们知道。"老师很多时候是最先发现孩子问题的人，家长在接到老师的通知之前对孩子的印象是：一切都很正常啊。

为何孩子不愿向家长求助呢？上不了学，这么大的事，为什么他们不愿意跟父母说呢？

有一类是家庭成员间从来不说心里话，表达内心感受在家庭中会显得很别扭，就像下面这个案例。

她大部分时间都是跟妈妈相处，双方情感交流较少，大部分都是聊生活琐事。跟她的沉默内向相反，妈妈却是一个习惯通过说话来缓解自身焦虑的人，话匣子一打开就收不住，不过她从不表达自己的感受，只是一遍又一遍地念叨、重复。孩子休学以来，她总是不停地重复："你这样不行，天天待在家里，这样下去，人会废的。你不上学，高中都没毕业，将来能做什么呢？妈妈也不能养你一辈子，你这样继续下去可不行，你要振作一点，多出去走走，人也精神一些……"翻来覆去，大概就是类似的意思。

孩子每次想开口说话，刚说了一句，就被妈妈接过话头“长篇大论”地展开，孩子也就放弃，不再继续说了。

妈妈很困扰：“她什么都不跟我说，我也不知道该怎么帮她，我心里急得不得了。”但孩子依然是问什么都嘻嘻哈哈地糊弄过去，不跟她说心里话。

老师在她状态不好的时候曾经多次找她谈话，每次都问她到底遇到了什么事情，心里是什么感受，让她说出来，大家好帮她。她总是大脑一片空白，不知道怎么去说自己的感受，只能简单地回答：“好”“是”。老师只能阐述一番自己的观点，讲一番道理后作罢。有一次老师着急了，便说：“你要别人帮你，拉你一把，你也要首先伸出手来才行啊。”她跟我说的时候，把双手抱在胸前，笑着说：“可我是残疾人，没有手，你拉我的头发不行吗？”她当然不是残疾人，我一时没有理解她的意思，便下意识地问了一句：“拉头发不痛吗？”她声音沉下来：“我不知道该怎么去求助。”

她不知道怎么表达对方才能理解她内心的感受，让对方的支持给予她安慰，在她跟妈妈的互动中，这个过程总是徒劳的。她总是喜欢在妈妈开车的时候跟她说话，因为妈妈似乎只有在开车的时候才是安静的，其他时候总是不停地说话。开车的人都知道，除非技术无比娴熟，不然有人跟自己说话，一直分心是很危险的事情。所以妈妈每次的回应都是：“你说什么？我听不懂，我要开车，你不要烦我。”她于是只能收回想说的话。

她在学校连吃不吃饭这样的小事都要纠结很久。饭堂人很多，要排很久的队，她很怕碰到熟人，因为不知道怎么跟对方打招呼。同学们大部分都是三三两两一起吃饭，自己不知道该坐在哪里，一个人吃饭又很奇怪。有时候她就挑一个其他人也是一个人吃饭的区域，隔一定距离坐在旁边，看着对方也是一个人吃饭，心里就踏实一些。有时候对方对面突然坐下来一个人，她瞬间就很气馁。在学校，连上厕所都要手拉手去的环境中，一个人吃饭会被看作很奇怪的举动，引人侧目。

她说她很小就习惯遇到问题自己处理，处理不了的就想办法逃避。所以，当她在学校待不下去，便想办法逃回家里。起初，并不是因为家里有妈妈陪伴，只是在家里没有在学校的压力，她觉得在家里能够轻松一些。

很多家庭都是如此，看似热热闹闹，永远有说不完的话，然而说的都是日常琐事，都是张家长李家短，不习惯说自己的事情，更不习惯表达自身感受。这样的家庭氛围之下，孩子也没办法开口说自己的感受，“大脑一片空白”“什么也说不出来”“话到嘴边就是说不出来”，特别是面对父母的时候。很多孩子跟父母坐在家庭治疗室里都显得无比紧张，如果不问他们，他们基本不会说话，或者装作若无其事地玩手机，或者抠着沙发，浑身都写着“不自在”三个字。

还有一类是习惯了自己的问题自己解决，从小就被培养成了“万事靠自己”的孩子。

现在的父母都知道培养孩子的自主能力，让他们凡事都自己动手，学会自己解决问题，不要去依赖他人。但与此同时，很多父母都忽视了告诉孩子一个重要的道理——“当你觉得你无法完成一件事，记得去求助”。

独立固然很重要，但是孩子在独立之前，总是需要很多次的帮助，才能慢慢习得一个技能。不是父母凭空树立一个观念孩子就能做到的。如果孩子从小就羞于求助他人，那么有一天，他们需要面对一个根本无法凭一己之力完成的任务，就会格外艰难。

不善于求助的孩子，也会为了隐藏自己的弱点而逞强，可是面对难题他们又无法想到解决的方法，很可能导致情绪问题，更有甚者，会酿成悲剧。个人的能力永远是有限的，承认人与人之间的能力差异，引导孩子正视自己的优势，也认清自己的不足，这样孩子才能一方面正确认清自己的价值，另一方面虚心学习，让自己的能力得到提升。

求助，其实是善于协调和利用资源的表现。然而，就像看心理医生被看作心理有病一样，很多人在骨子里会看不起向他人求助的人，认为那代表懦弱无能。有困难自己解决，自己扛不住也要扛，这样的“傻瓜”精神好像才是大家更认可的独立自强。然而，在当今社会，分工日益精细，对人的能力要求越来越高，单靠一个人的力量很难完成全部的任务，也无法保证自己永远不会遇到面对不了的困难。不会求助，在这样的情况下可能会把自己逼上绝路。

而厌学的孩子中，其实有相当大一部分是处于心理崩溃的边缘，在这时，能够去求助，特别是向自己最亲近的父母求助，同时换来父母的支持和理解，对于他们走出当下的困境有不同凡响的意义。

还有一类，是家庭关系不是彼此信任的关系，甚至是表面看起来相互敌对的关系，全家人都忙着战斗，根本无暇去了解对方内心的真实想法和感受。

我见过一个因为被诊断患糖尿病而完全变成了一个“斗士”，辗转多所学校都无法继续学习的孩子，他厌学的状况里，透着深深的绝望。

我与这个孩子接触的时间并不长，但印象非常深刻，听介绍的时候以为是一个非常凶恶强壮的孩子，但没想到见到的是一个瘦瘦的，很配合，甚至有点无助的孩子。这个孩子从小父母离异，一直跟着爸爸生活，后来爸爸再婚，继母无法生育，因此，对他也还算好。爸爸脾气非常不好，动不动就打骂他，从来没有肯定过他，总是说他这不好那不好。生母对他比较好，但生母再婚后只能在假期接他去住一段时间，平时也指望不上。刚开始他并不知道自己的病有多严重，以为只是比较容易低血糖，后来身体症状越来越明显，发作时他连水杯都拿不起来，因此备受打击。他说得很清楚：“这种无助、无能的感觉让我无法接受，我恨死这个病了。”要知道，他以前是篮球健将，虽然成绩不好，篮球却一直是他的精神寄托，他长得不高，但体力不错，技术也好，经常在篮球场上收获掌声和喝彩。他不甘心，还是想方设法继续去打球，但是经常跑几圈就精疲力竭，同学们知道他的情况后，也基本不再主动找他打球。

有时候同学只是无心的一句话，他就能火冒三丈，跟对方直接打起来。每所学校都待不长，几乎都是这样的原因。

治疗的巨大花费也让他心有不安，爸爸天天念叨因为这个病花了这么多钱，以后都要一直用钱，他还不争气，还到处惹事。他的糖尿病是比较严重的，无法靠吃药抑制症状，需要每天打胰岛素。后来爸爸咬咬牙花了6万元买了一个可以随身带着的机器，不用每天打针，但要带着留置针头。他带着这个针头去上学，同学都小心翼翼地，生怕碰到他的针头。打球的时候更加明显，老远见他过来，同学就让开，生怕撞到他，每当这个时候，他就很想拔下针头，干脆放弃治疗。

他有一天跟爸爸吵架，一气之下就将那个6万元的仪器砸了。爸爸气得脸都绿了，直接跟他说："你不想治疗就算了，自己想死不要怪其他人！"他说，当时是因为跟爸爸吵起来，爸爸动手打他，他想还手的时候低血糖，没有力气，瞬间觉得非常绝望。等状态稍微好一点，有一点力气的时候，他就站起来砸了机器："还不了手，只能选择砸掉机器来报复爸爸了。"他的理由似乎也挺充分的。不知情的人，绝对想象不到这是父子之间的互动和对话。

他很反感爸爸总是将自己的糗事告诉其他人，他在学校打架，他生病也告诉其他人，他只要稍微做得有一点不好，爸爸就会说得很夸张，跟别人说他不吃饭，不吃药，等等，他很讨厌爸爸这样。他每次在学校闯了祸爸爸就给他换学校，不问他的想法，也不了解他在学校打架的原因，直接动用各种关系帮他找新学校，并且直接通知他原学校的领导。他说："我其实挺喜欢学校的同学，不想频繁地换学校。"只是爸爸似乎并不在意他的想法。

在重重的打击之下，这个极度无助的孩子，以完全相反的暴力攻击的方式来掩饰自己内心的恐惧、无助。遗憾的是，爸爸并没有看到这些，只看到了孩子攻击的一面，并且采用以暴制暴的方式，导致双方的矛盾愈演愈烈。

做厌学孩子的工作，我会常常采用家庭治疗的方式。建立家庭面对困难的同盟，是优先于说服孩子回校上学的。厌学不是一个品德问题、意识问题，而是一个坎，一个难关，一个需要家庭共同面对的难题。孩子能当着父母的面说出自己的压力和困难，只有家庭关系朝着互信的方向前进，才是解决问题的关键。

还是那句话，厌学，看似只跟上学有关，实则是很多问题的集中反映。不是孩子能回到学校就万事大吉，不是这所学校读不下去，转到另一所学校就一劳永逸。让孩子告诉你他背后的恐惧和无助，比解决问题更有意义。

Story11

孩子真的接受他必须上学吗？

男孩上初二时因为分班到陌生的班级后适应不了，第一天上学在无比紧张的情况下勉强度过，第二天被父母架上车送去学校，在车上的时候男孩就开始手脚发抖，父母想尽了各种办法，依然没办法把他送进学校。回家之后，男孩便开始没日没夜地打游戏，不说话，甚至几乎不吃饭。父母骂也骂了，哄也哄了，都无济于事。找到我的时候，孩子不仅上不了学，情绪也有很大的问题，对父母也有明显的敌对情绪，认为父母是在逼自己上学，根本不了解自己，把一切的问题都归结到游戏上，双方没办法沟通。

我们这里谈的不只是上学的问题，更希望讨论孩子在自己必须承担的责任方面，是否全心接受这是自己必须面对的问题，不逃避，不幻想有人为自己善后。

这里我有两个状况相反的案例，让我思考良多。

两个孩子，男孩子上初中，女孩子上高中，两个孩子都有一些社交恐惧症，在回校之前都同样忐忑，在第一周回校的时候都困难重重，好不容易熬完第一天，之后都想尽办法耍赖，找各种借口想请假回家。

然而，上学一个月之后的适应状态却截然不同。

男孩上初二时因为分班到陌生的班级后适应不了，第一天上学在无比紧张的情况下勉强度过，第二天被父母架上车送去学校，在车上的时候男孩就开始手脚发抖，父母想尽了各种办法，依然没办法把他送进学校。回家之后，男孩便开始没日没夜地打游戏，不说话，甚至几乎不吃饭。父母骂也骂了，哄也哄了，都无济于事。找到我的时候，孩子不仅上不了学，情绪也有很大的问题，对父母也有明显的敌对情绪，认为父母是在逼自己上学，根本不了解自己，把一切的问题都归结到游戏上，双方没办法沟通。

第一次见我的时候，孩子异常紧张，背挺得直直的，一问一答，只有谈到游戏，他神情才放松下来，侃侃而谈地跟我介绍自己喜欢的游戏。我问他："你打游戏很厉害吗？"他没有正面回答我的问题，而是问我："老师，你觉得打游戏是不务正业吗？"

我没有直接回答他的问题，只是跟他讲了我听过的别的小朋友告诉我的关于游戏带给他们的感受和意义，有的孩子是将游戏当作宣泄情绪的途径，只有打游戏的时候才可以什么都不想，甚至感受到快乐；有的孩子是觉得在网络世界里自己可以放得开，能够自在地跟别人交流，还有人真的认识了游戏里的好朋友；有的孩子纯粹是为了逃避，躲进游戏的世界里，像“驼鸟”一样，不肯面对现实。这个孩子加入了多个游戏群，但基本不说话，只是静静地看着大家聊天，这样他觉得很热闹 没那么孤单。

这个孩子和家属都非常配合，前后大约有一年的时间都规律地来咨询，很少请假，基本不迟到。孩子从一开始除了提要求基本不说话，妈妈一说起他便忍不住流眼泪，爸爸总是不住地叹气，到后面一家人可以坐下来好好谈话。爸爸的工作很轻松，因此，有时也会玩游戏，他很坦诚地说：“我并不是说完全反对他玩游戏，我们只是担心他会没办法控制时间，为了玩游戏不去上学。”然而，父母完全不知道他无法继续上学的原因是人际交往方面遇到了较大的问题，之前家人怎么问他都不肯说。他坚持：“反正他们都不相信我，也不会帮我，说了也没用。”跟进了几个月之后，我问他：“你现在相信父母是真心想帮你吗？”他看了看父母，点了点头，没有说话。妈妈的眼泪已经流下来了。

眼看着他慢慢放开自己，自信心也渐渐增加，从之前大部分是我来找话题，到后面每次他都有很多希望跟我分享的内容，也会把一些新买的特别的键盘、耳机、钥匙扣带过来给我看。上学也由原来的不能谈、不想谈，到后面可以坦然地跟我说上学的压力和担忧，一起讨论解决方法。

新学期开学，在做了充分的准备之后，上学前一天他来见我，坦诚地说："我心里还是莫名地有点慌。"我问他："那是一种怎样的情绪呢？"他想了想说："想到上学还是有压力，好像有点害怕。"我没有再做更多的鼓励，休学一年之后再回校，紧张和压力都是正常的，除了鼓励他表达之外，更多地需要他自己去接纳情绪，面对困难。

开学当天，妈妈从早上开始上学，到晚上他放学，几乎是实时跟我汇报他的情况："早上准时起床，顺利去上学了。""没有打电话给我们，不知道在学校情况怎么样。""我们好希望他能坚持上下去。""他快要放学了，我们该怎么跟他说，说点什么好呢？""你能教教我怎么鼓励他、赞扬他坚持上学了吗？"我被妈妈弄得也有些紧张起来。很遗憾，孩子放学回来，第一件事就是跟妈妈说："我明天想请假。"接着又回房间玩游戏了，仿佛什么都没发生过。妈妈情绪几近崩溃，夫妻俩在家里急得团团转，不能骂，不能说，又担心他请假之后又不去上学。家里的气氛仿佛要凝固一般。

第二天他不起床，没有上学，妈妈联系我，希望马上给他安排咨询，我没有答应，我鼓励父母自己去跟孩子谈，跟孩子表达他们的感受。我提示爸爸妈妈，他没有说他不上学，而且上学第一周原本就是最困难的，需要做好心理准备。夫妻俩讨论了无数次，商量了各种方案，预演了各种突发情况，才终于鼓起勇气去找孩子谈。具体谈论的内容我并不清楚，大约是父母表达了他们的担忧，希望孩子能够克服上学中的困难，当然，也肯定提到如果不上学也不能在家打游戏，肯定要找事做。重要的是，这次谈话非常有用，孩子第二天就去上学了，并且坚持上完了那一周的课。然而，事情并不是一帆风顺的，一波三折才是常态。过了一个周末后，再上学的时候，他再次耍赖：“不想去。”妈妈再次崩溃，强忍住情绪，静静等待。好在，第二天孩子还是上学了。

接着，他过来见我，告诉我他遇到的困难：第一，没有交到朋友，虽然同学都很热情，但是除了简单的交流，不知道该如何继续互动，所以大部分时间还是独来独往。第二，最大的困扰来自他的特殊习惯：一年四季，无论多冷，都只穿凉鞋，从不穿球鞋，在学校里，这无疑是一种另类，常会有同学指指点点，好奇又嘲讽。第三，每当周一返校的时候，心理上就莫名地抗拒，不想去，想逃避。第四，因为休学太久，学习进度跟不上也是问题之一。这一次，我认真地反馈了他做得好的地方，给予他最大限度的鼓励，并且跟他谈论解决方案，建议他可以跟爸爸妈妈说，家人一起想办法。

开学大约一个多月之后，他已经可以基本正常去学校，紧张还是有，而且为了不被别人取笑鞋子的问题，他几乎不出教室门，为了不上厕所，他在学校基本不喝水。可能有人会认为这样的方式很不健康，但在我看来，这也是他自己想到的应对方式，在没有更好的方式替代之前，也是他自己在积极尝试。我最感动的地方是，他告诉我：“虽然还是紧张，但已经比之前好多了，在我可以忍受的范围。”尔后，开心地跟我说：“周末有几个同学要来我家，不过他们只是路过。”当天晚上，我看到妈妈发过来一大桌丰盛饭菜的照片，不知道的还以为是过年的团圆饭，配文是“哥哥的朋友来家里吃饭”（注：因为家里还有一个妹妹，所以妈妈习惯叫男孩“哥哥”）。一个母亲的欣慰和自豪在字里行间表现得淋漓尽致。

咱们再说说那个上高中的女孩。

这是一个在上高二的女孩，在高二上学期时因为班级人际关系问题，几个好朋友都莫名其妙地疏远她，在学校形单影只的日子让她情绪出现问题，成绩一落千丈，自信心受到很大的打击，渐渐无心学习。她每天准时出现在教室里，发呆或者干脆睡觉，基本没有听过课。时间长了，老师也渐渐放弃了她，只要她不影响课堂纪律几乎不管她。一次上课，新来的政治老师不清楚情况，见她心不在焉，连连打瞌睡，便让她站起来，反复叫了好几声名字，她都装没听到。她后来跟我说：“不知道什么原因，我当时就是不想站起来。”老师觉得面子受损，就直接走下讲台，提着她的衣领，把她一把拉起来。可是，老师仍不消气，当着全班同学的面，劈头盖脸地骂了她一顿，大意就是她“自以为是”“目无尊长”，她强忍着眼泪，跑出教室。坐在走廊上哭了整整一个小时，无论谁劝都不肯回教室，老师没办法，只能通知家长来接回家。此后，她说什么都不愿再回校上学。妈妈失望地把她接回家，她基本闭门不出，每天拿着手机不停地刷，打发时间，日夜颠倒的作息导致她脸色苍白。

她第一次见我，便怯生生地说：“我怕我说不好。”相比于她的沉默寡言，说话小心翼翼，妈妈却是一开口就停不下来。当然，焦虑的妈妈说得更多的还是孩子的不好："天天不出门，就在家里躺着玩手机，这样下去怎么行？家务也不帮忙做，别人的孩子都很懂得感恩，我的孩子就只会考虑自己……""你这样下去怎么得了，我在家待一天就受不了，你天天都待在家，人没病也会待出病来的。你还这么小，不上学怎么办？生活很不容易的，你没有学历，以后能干什么？"如果不打断，妈妈能连续说一个小时不停歇。在这样的数落之下，女孩的头一直往下低，一言不发。妈妈会想尽办法带她出去，跟妈妈的朋友一起吃饭，或者是泡温泉之类的，可孩子总是沉着脸，基本不说话，妈妈更加不满意，认为她没有礼貌，不尊重妈妈的朋友。

跟很多不太擅长人际交往的孩子一样，每次见我，她最担心的就是"不知道说什么""怕回答得不好"。为了打消她的顾虑，我每次都会尽可能跟她解释，鼓励她想到的都可以说。她说的时候我一般都静静地听，不时点头，鼓励她多说一些。渐渐地，便发现她其实有很多话想说，在说话的过程中，她的表现会更自信，而且她自己能够总结和思考。她很在意我对她的看法，因此，我会尽可能真实地多给她肯定的回应，鼓励她去尝试不敢尝试的事情。

休学期间她能主动约以前的好朋友出去玩，回来跟我分享一起去看电影或者逛街的经历，很开心。同学开学之后，她又恢复到宅在家里的生活，每天吃两顿饭，情绪也低落下去。后来，她尝试自己做喜欢的明星的"娃娃"，她说："因为之前想去看她的演唱会，结果犹豫了很久，还是没去，一直很遗憾。"她最大的乐趣是买明星周边，当然也因此经常被妈妈吐槽，抱怨说花钱太多。她便想到做明星的“娃娃”来卖，把花掉的钱再赚回来。出图、打样、审核，接着联系工厂生产，谈价格，评估成品质量，出了样板之后她便开始在网上预售，想办法收定金回收成本。一直害羞被动的她，可以主动加很多陌生人，向他们推销，并且成效不错，第一批成品很快被预订一空。那段时间，每次来见我她都会化淡妆，说话的声音轻快而愉悦，语气中都是满满的成就感，仿佛自己赚到了人生的第一桶金一般。我也被她的笑容和成就感感染着，替她高兴。她需要看到自己的能力，看到自己的价值。

新学期开学，她主动提出回校，回校之前自信满满，异常淡定。我们约定，开学一周以后回来，跟我分享在学校发生的有意义的事情。她满怀期待地憧憬：“我首先想交几个好朋友，希望新班级的同学友好一些。”

第一周，她请了两次假，勉强坚持上完。

以前，她每次提到想请假，妈妈都会不断叹气，焦虑异常：“你总是这样怎么办？”“我该拿你怎么办？”妈妈不断在家里走来走去，焦虑得仿佛要抓狂。这一周，她心里会经常冒出想休学的念头，但从不敢说出口，怕妈妈会崩溃。另一方面是因为这次复学，她转读国际班，学费差不多花了近十万元，不继续读下去自己心里过意不去。我问她：“除此之外呢？比如说，为了你自己的原因。”她想了想，摇摇头：“我自己读不读书无所谓。”接着又不好意思地笑笑，说：“我现在最大的愿望就是可以回家啃老，能啃多久啃多久。”这个说法让我很意外，在复学前，这个女孩曾信誓旦旦地跟我说:“我到时候想考韩国的大学,以后可以做一份体面一点的工作,成为一个有想法的人。不要像我妈妈一样,只要不工作就是躺在沙发上看电视剧,一点追求都没有。”变化如此之快,让我有些始料未及。

我知道她在学校遇到了一些困难,因为是插班生,很难交到朋友,基本上都是独来独往。她中午不吃饭,第一时间跑回宿舍,拿着手机打发时间是她最开心的时刻。她课程跟不上,不想学,外语也比不上其他同学,头一天背了第二天就忘了。我于是问她:“有想过怎么改变学习状况吗?”她很自然地回答:“回家呀。”我愣了一下,有些哭笑不得,就问她:“改变在学校的状况的方法是回家?”她自己也笑起来,接着不好意思地说:“我没审好题。”我心里清楚,她的自动化反应不是简单的没听清我的话那么简单,这是她习惯的应答,是潜意识中的选择。因此,在学校,有人叫她一起吃饭,她会回答:“我不想吃。”因为觉得三个同学一起吃饭比较尴尬。她很想交朋友,但坚定地相信:“班上的同学都是配好对的,都已经有自己的好朋友了,我加入太奇怪了。”作业只要稍微需要动脑筋的她都不做,因为刚进入班级,很多登记册都还没有她的名字,她可以混过去。我问她:“不在登记册上的感觉好吗?”她满不在乎地答:“挺好的呀,很多事情都可以不做。”沉默了一下,接了一句:“但有时候也会觉得好像是班级里多余的一样。”她还没有准备好融入班级,她只是每天准时出现在教室里,像完成任务一般。完成任务给谁看呢?给妈妈看,给老师看。

每周回校的前一两天，她的情绪会非常低落，很容易掉眼泪，觉得自己非常孤单，之后的三四天情绪会平稳下来，能勉强度过。周末是完全解放，只要一回到家，所有不良情绪会一扫而空，彻底放松下来。因此，她总是想尽办法让妈妈帮忙请假，想回家，不断跟妈妈说在学校有多难受，有时妈妈心软就接她回家，回家之后再教育她一番，但她哪里听得进去。她认为只要能回家，挨多少骂都值得。她将所有心思和精力都用在“逃回家”上面，没有想过如何应对在学校遇到的困难。

她并没有从心底里接受自己必须上学。准确一点说，她只是理智上知道自己应该上学，但是情感上始终存在着幻想，始终在等待着妈妈有一天会接自己回家，再次让自己休学，或者干脆不用上学。

为何两个孩子会有如此大的差异？我们总认为孩子天然地知道上学是他们必须要做的事情，实际并非如此。理智上知道与发自内心地接受是两回事。

父母在道理上教育孩子上学是自己的事，却总是忍不住帮孩子承担责任，比孩子还焦虑，时时刻刻跑在孩子前面。于是，上学成了父母的事，父母只要点头，孩子立刻回家。

把孩子的责任还给孩子，父母淡定一点，往后退一点，让孩子去面对现实，承担自己的责任，是否也是可以尝试的方式呢？

Story12

幻想的世界已足够好，为何还要上学？

在学业上受挫的孩子，退回到幻想世界里寻求安慰，在那里自己高人一等，能轻松搞定所有的事情，在某一方面具有异于常人的能力，自得其乐，难以自拔。在那里没有应付不了的学习压力，没有搞不定的人际关系，没有辜负父母期望的愧疚，那是个乌托邦式的完美世界。

是否存在这样一个世界？没有伤害，没有挫折，没有压力，只有无尽的鲜花和掌声，能力超群的自己？

有，幻想中的世界。而很多厌学的孩子就是找到了这样一个世界，并且欲罢不能。

我接待过一个上初二的厌学男孩，长得很高大，外表看起来会以为他差不多已经成年。他对自己的电脑看得好似比自己的生命还重：只要有人碰他的电脑他就会无故发脾气，用手打自己，并用头撞墙。对新买的手机、电脑永远不满意，他有各种各样不满意的理由：螺丝松动、指纹识别不好、结构不完美，等等，总之无论如何都差一台令他满意的电脑。在见我之前的 3 个月，前后要求父母帮他买了 4 部手机、3 台电脑，但他还是不满足，仍然继续要求买新的，父母只要有个“不”字或者讲一下道理，他就摔东西，撞墙，大发雷霆。父母都是工薪阶层，对于他的要求苦不堪言，但又不得不照做，“他发起脾气来好像要吃人一样”，父母如是说。

他对家里人强烈不满，控诉他们认为自己不愿上学是因为想玩游戏，还找其他家族长辈来教育自己，自己辩论不过，情绪激动才冲动发火的。他说：“我不愿意完全按照父母的期望按部就班地过完这一生，那样我不会快乐，就算挣再多钱也没有意义。”他说以前希望做一名软件工程师，开发游戏，好好读书，尽量能上大学。现在这条路不太现实，学习对他来说太难了，他冥思苦想了很久，终于找到了出路——做游戏主播。

他每一次见我都滔滔不绝地跟我谈关于游戏，关于游戏主播的话题，有时一谈就两个小时，完全不觉得累。他对其中一个游戏主播非常崇拜和信任，说自己将来就要成为像他那样的人，他教会自己很多东西。那个主播也很上进，会跟喜欢看他直播的粉丝分享他的人生经历，他很努力地录视频，只要出了新游戏就要玩得很熟练，维持粉丝的关注度，也是很不容易的。这些对他都很有激励，并不是像父母以为的那样，把他教坏了，他很反感父母这样说话，他跟父母已然无法沟通。

他想配置一台所有功能都是顶级的电脑，但花费非常大，父母无力负担，只觉得他有问题，让他调整，让他振作。他很无奈地说："我觉得他们才有问题。"我问他："你觉得父母有什么问题呢？"他很气愤："他们自己没有能力，不舍得花钱，只会把问题推到我身上。我的人生我要自己做主。"很明显，他的话语中有矛盾的部分，一边反复强调自己要走自己的路，认定父母是在干涉自己，阻碍自己；转头又愤怒于家人不支持自己，不为自己未来的理想铺路。矛盾纠结，把他团团困住。

偶尔，他也会很低沉地说他之前非常自卑，特别是学习成绩不断下降，自己又没办法跟同学好好相处之后，信心受到很大打击。而游戏就是他找到的最大的支撑，也让自己渐渐恢复了信心。其实，他打游戏的天赋着实一般，并无特别出众之处，只是打的时间相对较多，所以在同伴中技术相对较好。加上他的年龄没有到职业电竞人员的最佳年龄，基本是没有希望走职业电竞的道路的。他又跟我解释说，做主播不一定要打游戏很厉害，性格幽默也可以，能开玩笑逗大家开心，甚至特别开放，喜欢说脏话也是一种特点，只要有人关注，看他录的视频，他就能有收入。他认为要能够做这样的职业，必须要有好的设备，设备好，运行速度快，才能带动大型游戏，打起来也才有手感。他每一次换电脑都是有原因的，都是之前的电脑不好用，或者设备不是最新的，比不上网上其他同伴的，才会想换。不过家人一直不理解他，不支持他，别人的家长都支持孩子的理想，那才是父母应该做的事情。他却摊上这样的父母，只会让自己要上进，要努力，真正想让父母支持的时候，却总是抱怨他花钱太多，烦都烦死了，所以他才会那么生气。

听他说着，倒也有些“头头是道”的味道。

他有个姐姐，在父母百般努力督促之下，依然没有考上大学，于是家人将希望全都寄托在他的身上，他压力非常大。父母生他时年龄较大，再加上家族中其他成员身体都不太好，父母对他非常保护，他从小到大基本都不被准许独自出门，放学必须准时回家，同学聚会爸爸都要跟去，住校必须每天定时打电话报平安。同学经常因此嘲笑他，说他长不大，很幼稚，去哪还要像小屁孩一样跟在父母后面，这让他很自卑。同时，父母喜欢什么事都帮他做好，再加上一个姐姐，家里基本没有他说话的份，也没有证明自己能力的机会。小学的时候他成绩还不错，家人对他还给予厚望，上了初中之后课程越来越难，慢慢就觉得非常吃力。

后来，父母给他换了学校，转校之后他仍然难以适应，觉得新学校没有原来的学校学生素质高，老师教得也不好，他总是感觉困倦，学习效率不高，坚信在学校是浪费自己的时间，自己应该去做更值得做、更有意义的事情。后来他干脆退学，更坚定自己的目标——打游戏、当主播才是最适合自己的工作。然而，他除了要求父母换顶级设备，并没有实际性的行动去提升自己的能力，总是幻想着自己有了最好的设备，自然也就拥有了最强的“电竞”能力，或者即使没有顶级的能力，一旦某一天有人发现自己，他也会一炮而红，震惊世人。

这个美好的幻想世界，让他欲罢不能。

另一个孩子是一直在抢占思维的高地。

每一次跟他谈话，我都要打起十二分的精神，头天晚上若是稍微没休息好，听着他谈论的内容，绕来绕去地说，我的眼皮就会开始打架，根本无法跟上他的思路。我总是在想：“这些已经说过了呀，能谈些其他的吗？能谈些现实的东西吗？”他却不厌其烦，生怕我不明白似的，尽最大的可能反复解释。为了让我明白，他总是喜欢在沙盘里的沙子上画圈，画一个圈代表自己，画一个圈代表同学，画一个圈代表家人，接着便在圈与圈之间来回不停地画，又在其中一个圈上点一个点，代表很重要的位置，画来画去，点来点去，我的头很快便晕乎了，完全不知道他到底要表达什么。就像一场完全形而上的哲学对话，而且没有方向，没有观点，没有结论。我一直被他带着在思维的世界里兜圈，不知道到底何时才能落地。每次我尝试谈论了解一下他现实的生活，他只做简单回答之后便想办法绕回思维的话题：“那些现实的生活不重要，我就想有人理解我的思想。”无奈，我只能作罢。不知道这场接不了地气的讨论究竟什么时候是个头。

有一次他跟我谈到一个选择的话题，说得神乎其神。他告诉我："有一个选择，我想了很久都想不出答案，老师你能帮我想一想吗？"我瞬间来了兴致，这似乎是一个要跟现实接轨的信号。我于是问他："是什么选择呢？"他认真地回答："我也不知道是什么，我只是感觉有这样一个选择。"我张大了嘴巴，又立刻合上，脑中瞬间走过无数的情绪，定了定神，才想到词句来回答他的话："假设是一道选择题，你不知道题目是什么，却要想办法知道答案？"他微笑着点点头，肯定了我的总结。"这可能吗？"我极力保持语气的中立和尊重，他倒很坦然："我知道这很难，但是我觉得这个过程意义重大。"接着他补充说明了意义重大的程度："至少是能得个诺贝尔奖的程度。所以我觉得值得花时间去想这件事，而且我有一种预感，只有我能想出来答案。"我无意泼他的冷水，确实，这个无中生有的题目和答案，肯定只有他能想到。

经历了很长时间的博弈，他终于能够慢慢谈一些现实中的事情。有一段时间他想学画画，便在网上报了班，每天跟着老师的进度学习，学了一个月之后，没办法继续坚持，认为学基础太枯燥，他还是喜欢自己想画什么就画什么，于是他便自由创作。一段时间之后，觉得进步不大，便慢慢不再画了。虽然是一次不算成功的尝试，但是在他许久只靠玩手机打发时间的"养病"阶段里，已经是弥足珍贵了。他跟我说起这个阶段的尝试，坦言道："好像我就是这样，想得很美好，目标也定得很高，但是行动不起来，好不容易行动起来了又很容易放弃。"他跟我谈他理想中的自己：“肯定要各方面都很好。学习成绩要好，体育要好，还能保护好家人，帮助家人。最好还要有一两个特长，我觉得那样的自己我才能接受。”我试探着问：“那是一个很高的目标，如果做不到呢？”他想了想：“那我宁愿什么都不去做。”

新学期开学，他通情达理地去了学校。再见他已经是开学一个月之后。他主动提出有想法要跟我说，我怀着忐忑的心情听他讲述。他谈到自己在学校遇到的困难：学校规定的学习时间很长，每天晚自习要上到十点多，周六还要求学生回校自习，老师总是拖堂，占用大家的休息时间。接着，他做了一番评论，并给出了自己的应对方式：“学校这样的疲劳战的学习方式很不适合我，我无法集中注意力学习，所以大部分上课的时间我都在睡觉。”说完他又立刻补充：“但是我莫名地相信，只要我认真学，所有科目都是很简单的。”又说道：“跟那么多同龄人在教室里我无法集中注意力学习，有几次晚自习我一个人在走廊学习，效率非常高，很快就把题目都弄懂了。”接着，他给了一个自己具有过人天赋的证明：“这次月考，我基本都没复习，国庆节都在玩，平时也没听课。考前实在太无聊，我就看了看地理，地理就考了80分。”我感慨：“那很不错啊。”他害羞地笑：“我就是为了向你证明我很厉害。”

他跟同学相处也遇到一些困难，在班级中很放不开，而且不习惯主动去找同学。“以前都是同学主动来找我的，我很容易交到朋友。当然，以前我在班级里很活泼。”

之后，他说出了自己的想法：“我觉得现在这个学校的环境不适合我学习，我想转学，转到更人性化一点、学习压力没那么大的学校，我肯定能学得很好，不能埋没了自己的天赋。”我没有马上回应他的想法，便说：“这是我第一次听你坦诚地说自己的困难，这很不容易。”

每个孩子都会有一个充满幻想的阶段，是在 4 ～ 9 岁，对世界充满幻想，对自身的能力“迷之自信”，男孩子坚信自己是英雄人物，女孩子会认为自己是小公主，他们对此深信不疑。从装扮到言行举止，都力求跟幻想中的人物同步，以此来满足内心的自恋。随着年龄的增长，随着不断经受现实的检验，孩子们不断修正自己的幻想，逐步与现实接轨，慢慢接受自己真实的样子。

也有一些孩子，一直停留在幻想的世界里，一直拒绝去看现实世界的样子，在幻想的世界里获得成就感，或者满足感，认为自己无所不能，以此维持自己每天看似正常的生活。当然，更常见的是遇到重大的挫折和打击之后，因为害怕面对而产生的自我保护式的“退行”，也就是说一个原本已经十几岁的孩子，退回到自己几岁时的状态，相信幻想中的一切，拒绝接触真实的世界。

在学业上受挫的孩子，退回到幻想世界里寻求安慰，在那里自己高人一等，能轻松搞定所有的事情，在某一方面具有异于常人的能力，自得其乐，难以自拔。在那里没有应付不了的学习压力，没有搞不定的人际关系，没有辜负父母期望的愧疚，那是个乌托邦式的完美世界。

要想把这些孩子从幻想的世界拉出来，并不容易。虚幻的世界能满足他们的内心需要，现实世界对他们而言，残酷而冰冷。

然而，这是一种幼稚的防御方式，沉浸在这样的世界里越久，面对现实世界就越难。强化他们在现实世界的能力是关键步骤。遗憾的是，大部分这类孩子的父母都是“打压型”或是“过度保护型”的，看不到孩子身上的优势，总是对孩子不信任、不放心。“你整天除了空想还能做什么？”“你这个不会的，让我来。”这是他们经常挂在嘴边的话，奇怪的是，越是如此说，孩子越是空想，由此恶性循环。

从来，父母都无法将孩子从他们幻想的世界里硬“拉”出来，除非他们自己有勇气、有力量往现实世界走，而父母的鼓励和信任，会是他们的动力和力量源泉。

Story13

将压力转化为动力？

对于压力，我们最熟悉的一句话是什么？“有压力才有动力。”特别是对孩子，这样的话说起来更加自然和笃定：“我知道你有压力，有压力才有动力呀。”“学习肯定有压力，学习跟不上也肯定有压力，所以你更要努力啊。”更有甚者，直接以家长的角度来看待孩子的压力，带着嘲讽和不屑的口气说：“你们学习的那点压力算什么？等你走入社会，才知道压力有多大，竞争有多残酷……”

无视、不接纳、一厢情愿地“美化”压力，是我们最常使用的方式。

这个孩子开始跟我说话时，满脸笑容，手舞足蹈，好像不是在讲话，更像是声情并茂地表演，完全看不出一点情绪问题。然而，她谈论的内容却与表情完全不相符，她带着笑谈论她的痛苦，让我有些毛骨悚然。

她跟我讲述：她小学一到三年级成绩都很好，上四年级之后，数学开始跟不上，新换的数学老师教学很严格，动不动就罚学生抄习题，会将做得不好的作业直接丢在地上，甚至撕碎扔进垃圾桶，她没办法，开始抄作业。成绩渐渐跟不上之后，她开始失眠，有时整晚睡不着，玩手机打发时间，从四年级开始一直到六年级，渐渐对学习有些放弃的态度，觉得自己反正学不好，还不如好好放松一下。我问她：“你失眠那么久，没想过跟你父母说吗？失眠是件很痛苦的事。”她绘声绘色地学着父母的口气，向我描述，父母一定会这么回应她：“谁让你总玩手机的？天天玩手机，能睡着才怪！”父母的概念里，小孩子是不可能失眠的，除非自己不愿意睡，浪费时间来玩手机。对于成绩不断地下降，父母也理所当然地将全部罪责都归结于手机：“你天天看手机，玩得那么兴奋，能睡着吗？”父母偶尔想到会不会是孩子压力太大了，就立刻鼓励孩子：“我们知道你压力大，压力大所以你更要努力呀！不要想那么多，想再多也没有用。”

她当时面临的压力究竟有多大?

我问她:“没想过跟你家人解释一下你当时的处境吗?”她摇摇头说:“不想让我妈妈担心。”于是，她讲起她家里的故事。在弟弟出生之前，因为妈妈生了两个女儿，妈妈不受待见，被爷爷奶奶要求出去住，她跟妈妈从家里被赶出来，爸爸没办法，只能跟着出来，一家人租住在一个小单间里。孩子对那段记忆没有过多的悲伤，只是一直替妈妈打抱不平，觉得妈妈不容易。妈妈虽然是家庭主妇，却是标准的女强人，凡事要做到最好，事事追求完美，家里总是一尘不染。当然，妈妈对孩子的要求也非常高，家里总是充斥着妈妈的抱怨声:“吃了的东西不能丢进垃圾桶吗?”“房间不能收拾一下吗?我又不是你们的佣人。”女孩成为最体谅妈妈的人。为了不让家人担心，女孩在家都是一副没心没肺的样子，表情夸张，说话都是连说带演的，爸妈习惯了她的样子，坚信她是不可能心情不好的，更不可能有情绪问题。也就是说，她在家里是戴着“乐天派”的面具生活的。

她上四年级之后，学习任务增加，特别是数学，她上课开始听不懂，作业不会做。要知道，这个孩子在一到三年级成绩一直很好，作为一个出生在明显重男轻女家庭的女孩，成绩是证明自己价值的重要途径，也是最容易获得认可的动力方向。一到三年级的时候，学习的是较为基础的知识，大部分可以依靠记忆来应付，这对较多智力一般的学生来讲，是能够通过努力或者多花时间弥补，保持学习优势的阶段。随着基础教育难度逐年增加，从四年级开始，单靠勤奋积累的优势渐渐式微，特别是对于数学这种更注重理解的学科，困难逐渐凸显。这些学生上课听不懂，文化程度较低的家属无法进行辅导，加之老师本身对学生的负面评价，让孩子在学校突然由好学生变成了差生。无法适应的心理落差，依靠自己的能力和方法无法提升的学习成绩，引发了他们巨大的无助和焦虑。

女孩的同学关系也有了明显的变化，三年级之前大家都是同样的单纯、懵懂，四年级的孩子们陆续进入青春期，同学喜欢的东西跟她有了较大的不同，成绩不好的同学渐渐接受了自己的现状，玩游戏、去酒吧、打架；成绩好的同学明确自己的目标，埋头学习。不幸的是，她恰好是属于成绩不好，但又有所追求，看不上那些“堕落”的同学的那一小部分人。在班级中，她突然没有了自己的位置，小学六年，她独来独往了三四年，不敢主动跟同学接触，担心对方不喜欢自己。这个表面大大咧咧的女孩，在学校是紧紧地收着自己的，生怕一不小心，就被全班同学讨厌、针对，连独来独往的资格都丧失掉。多重压力之下，四年级时她开始失眠，整晚整晚睡不着。但她什么都没说，完全靠自己独立应对。

应对不了怎么办？逃。

手机就成了这个天然的逃避阵地，但也因此带来了新一轮的压力——家人的不理解和责骂。表面看起来大大咧咧、没心没肺的孩子在这种时候会更吃亏，家长会误以为跟她说什么都可以，她承受能力超强，刚被骂完又嬉皮笑脸得像没事人一样。对手机这个吸引眼球、公认会上瘾、会让孩子无法自拔的东西，孩子光明正大地拿着不离手，还不是不认真学习是什么？不是自暴自弃是什么？当然要及时纠正，要趁早骂醒她！加上在家庭中不受待见的妈妈习惯性地抱怨，她在家里变成了众矢之的。由以前懂事、乖巧、会为大人分忧的孩子，变成了天天被骂，所有人都看不顺眼的孩子。她将自己关在房间，拒绝所有的人际互动。

父母坚持有压力更要应对，怕人更要与人接触，不断督促她，骂她自甘堕落，特别是见到她手上拿着手机的时候，更是怒火中烧。她被数落得无地自容简直成了家常便饭。

最后，她终于彻底抑郁了，不断自责，无法上学。

“有压力更要努力，有困难就要面对。这不是最简单的道理吗？为什么你做不到？”有一句话形容这样的论调特别贴切，叫作“站着说话不腰疼”。

我们真的了解压力吗？真的了解孩子的压力来源吗？真的想帮孩子一起去克服吗？或许并没有。

首先，压力并不是在任何时候都能转化成动力的，当然更不是越大越好。著名的心理学家耶克斯、多德森很早就关注到这些现象了。通过一系列的实验观察，他们提出了“耶克斯－多德森定律”来阐释心理压力、工作难度和工作效率之间的关系。他们发现，在完成简单任务时，心理压力越大越认真，工作效率最优。例如，像抄课文这种简单的任务，越认真效率越高，越不容易写错别字。而完成中等难度的任务时，心理压力适中比较好。这样你既不会因为太紧张而慌张，也保持着一定的专注。至于什么是中等难度，或者难度大小区分，因人而异，还是看你对自己能力的把握。

在完成困难任务时，其实应该越放松越好。任务太难时已无法把握细节了，只能凭着第一感直接去做。学习算是困难的任务吗？对很多孩子而言，的确如此，比如记忆、思考、练习，都需要在相对放松的状态下进行，强行给自己施加过大的压力，反而会适得其反。别说转化成动力超常发挥，大部分时候根本就学不进去，无法思考。

其次，最容易让家长误会的是孩子“故作轻松”。“他哪里像有压力、有烦恼的样子，整天吊儿郎当的，一放学就拿着手机看，颓废、不思进取，他要是有压力，我才要烧高香！”这是最容易被误会和冤枉的一群孩子，他们看起来疯疯傻傻、没心没肺，回到家就是跟家长开玩笑，像个开心果。一到考试就变本加厉表现自己的无所谓：“反正就那样了，复不复习都无所谓。”“大不了就不读书，反正我无所谓。”加上他们一有空就手机不离手，在父母看来是典型的“无可救药”。这些孩子出现情绪问题后，父母最大的反应不是担心和自责，而是惊讶：“他？怎么可能？你们搞错了吧？”

我们总是以为，孩子都是表里如一的，不可能戴着“面具”示人。然而，很多孩子的“面具”戴得比我们以为的更熟练、更早、更牢固。他们表现得吊儿郎当，对什么都无所谓，是为了掩饰内心真实的焦虑，以及面对压力时的无能为力。强烈的自尊心让他们无法去展示自己的脆弱和压力，当然，由此也会遭受更多的指责和谩骂。

按照心理学界目前流行的说法，压力也分“冷”“热”，切勿以为只有孩子垂头丧气、唉声叹气才是有压力，孩子过度的故作轻松，也有压力过大的可能。

最后，孩子告诉父母自己的压力和痛苦，并不是要父母马上帮他们解决，他们更需要的是支持和理解。很多家长习惯性地否定孩子的压力和痛苦，是在潜意识中有这样的顾虑：“我也无能为力，我能怎么办呢？”否认，往往是我们面对无法解决的问题时最常用的方式，假装自己看不见，假装问题不存在。“一个小学生有什么压力？”“天天就是学习那点事，有什么问题？”我们害怕孩子有压力，更害怕孩子有情绪问题，在目前的科普状态下，儿童青少年的压力、抑郁、情绪问题，对很多家长都是全新的领域，而对家长们不了解的，听起来又不太像是好东西的事情，最容易的反应就是将它妖魔化，隔离、拒绝 安慰自己：“这样的事情不可能发生在我的孩子身上。”

每当有家长问我这样的问题：“我从来没想过我的孩子会有心理问题，怎么可能会发生在他身上呢？我真的想不通。”我总是有些哭笑不得：怎么就不能发生在你的孩子身上呢？你的孩子是有神仙庇佑吗？回过神来想想，在中国的传统教育观念里，确实更期望于自己的孩子有神灵庇佑，“平平安安、一切顺利”，这是文化使然，我们害怕意外发生时应对不了，所以干脆期望坏事永远不会发生。

然而，孩子的成长真的一帆风顺才是奇迹，又或者是，并不见得是一件好事。

回到前面讨论的话题，当孩子告诉你他有压力的时候，他到底期待的是什么？是你去帮他解决问题，帮他学习，帮他让老师对他不要那么严格吗？这是大多数家长听到孩子“诉苦”的第一反应。然而，这其实低估了孩子自己的心智水平，大部分能表达压力的孩子，都清楚地知道，哪些是自己的事，哪些是家长的事。“我当然知道学习是自己的事，只有靠自己去面对。”那问题来了，既然是这样，那么告诉家长是为了什么呢？有意义吗？

当然有意义。无论孩子多么叛逆，多么故作不在意，家人都是他们潜意识中觉得最可靠，或者希望最可靠的人。家长们往往忽略了，家庭成员之间除了事实上的支持和帮助，其实还包括情感上的支持。这就像丈夫明明知道妻子不可能帮自己解决工作上的压力，还是要回家跟妻子抱怨自己的上司，抱怨自己工作的辛苦是一样的，只是想寻找情感上的安慰。有了来自亲人和爱人的支持，他们就能够重拾信心，去应对生活的难题。

面对孩子的时候，奇怪的是，这个最简单的理论会自动被家长屏蔽掉，家长会自动将其识别成：“他在期望我帮他解决问题。”不排除有怀着这样的期待的孩子，但对大多数孩子而言，是希望得到理解和支持。家长很快又有新的担忧了：“我认同了他的压力，他以此为理由，更加不思进取怎么办？”果然是家长难当，总有数不尽的担忧。认同，代表接受，代表纵容；否认，代表不存在，代表可以糊弄过去。

其实孩子想听到的是:“我知道你的压力，我理解，我知道很困难，爸妈也没有经验，但是我们想跟你一起面对，我们一家人一起面对。”

Story14

愧疚教育与厌学有关吗?

愧疚教育是中国父母教育孩子的一大法宝，代代相传，经久不衰。父母为孩子活，孩子在巨大的压力和自责之下，也不得已为父母活，并且努力活成父母期待的样子。

大概没有人会想到，愧疚有时也会跟厌学联系在一起。

“你怎么这么不理解做父母的心？”“你怎么这么自私？”“你就只想着自己，什么时候想过爸妈？”“你是不是存心想气死我？”这些话像无数座大山，压着很多孩子，他们拼命努力，但父母似乎永远不满意。

我见过一个刚上初二，智力相对普通的女孩，她的父母想尽办法把她送进了当地的重点初中，一直希望她考上好的大学。她小学的时候学习成绩还可以，初中后虽然也认真听课，努力学习，但成绩一直没有提高，父母特别是妈妈完全不理解，教训她：“肯定是你不认真，认真努力了怎么考得这么差！每天什么都不用干，就让你搞好学习就行，很难吗？你能不能为父母着想一下，我们又不是什么有钱人的家庭，花钱送你进重点初中容易吗？”父母一想起来就数落她一番，她听着，面无表情。

她说：“我也觉得自己确实不努力，考前也从来不复习，上课有时候也会走神。”但想一想又补充道：“但我上课确实听不懂，无论我怎么努力，好像在成绩上都没有体现。”她说到无论自己怎么做，妈妈都不满意自己，经常在家里数落自己，骂自己懒、不做家务，但妈妈对做家务有个很奇怪的标准：比如，自己拖地，妈妈会盯着自己，让自己拖快一点，但是自己很快拖完又会说自己拖那么快，没拖干净。“到底怎么拖地才是正确的呢？”她一直很疑惑。她长时间情绪低落，偶尔会有轻生的念头，不过转念又会想：父母照顾自己花了那么多钱，如果自己放弃生命是浪费了他们的钱，又觉得活着是拖累父母，进退两难。

我给他们安排家庭治疗，孩子坐下来，几乎不说话，眼泪却像开了闸似的流个不停。这个家庭经济压力很大，爸爸每天都要工作，妈妈身体不好，只能做一些手工贴补家用，他们贷款买了房，买了车，每个月都要还贷款。爸爸回到家要么睡觉，要么玩手机，基本跟孩子没有交流。家里还有一个特别会说好听话，哄妈妈开心的弟弟，明显妈妈更喜欢弟弟一些。妈妈一开口，就习惯性地换上责备的语气说话，说女孩“懒”，不做家务，也不跟父母交流，整天板着脸，好像父母欠她似的。当妈妈再次强调：“她都不愿意跟我交流，什么都不跟我说，我怎么知道她在想什么？”语气里都是责备，孩子在旁边低着头，一言不发。我下意识地接了一句：“这也是孩子的错吗？”妈妈愣住了，没有接话。孩子此时突然抽泣起来，哭得很委屈，眼泪止不住地掉。妈妈还是很困惑：“我对她够好了，生活上照顾得很周到了，自己舍不得吃的都买给她吃，她还是觉得我对她不好。”爸爸大部分时间保持沉默，没有帮女孩说话，只说了一句：“她妈妈说话我也受不了，所以我回到家都不想说话。”是啊，爸爸不喜欢说可以不说话，可以尽量选择加班，但是孩子不行，他们无处可去。孩子对母亲有着天然的忠诚，她会尽最大的努力去让妈妈满意。

孩子有自残的习惯，与大多数孩子自残是为了宣泄情绪不同，她自残的原因比较特别：“每到晚上，我一个人待着的时候心情就会特别低落，有一种我欠了别人什么的不安感。”这样的时候，她会不自觉地拿起美工刀或者其他利器，划自己的手臂。“划多少道呢？”“划到觉得舒服为止。”“要划出血吗？”“要，看到血流出来心里才会舒服。”“痛吗？”“不怎么痛。”做完这些，她会有一种如释重负的解脱感。

听她的讲述，我脑中不自觉地浮现出哪吒割肉还母，剔骨还父的故事：哪吒是女娲的一颗灵珠子转世，看似不错，应该有大发展。结果身为凡人的父亲不理解，直接把他当成怪物看待，于是后面发生了一出悲剧。

哪吒在后面与东海龙王的儿子发生了冲突，结果哪吒性格暴躁，直接抽了东海龙王的儿子的龙筋，犯下了大错。身为父亲的李靖勃然大怒，原本一开始就不喜欢哪吒，认为他一点儿不像自己，竟然还犯下了这等错误。龙王准备发大水淹没整个陈塘关，也让李靖作为陈塘关总兵的面子搁不住。李靖身为守将，导致祸事的居然是自己的儿子，他悲愤交加之下，直接表示不认这个儿子。而哪吒更是有气，坚持自己并没有做错，不肯委屈低头。两相一激，直接出现了一个令人落泪的情节，哪吒将自己的肉一片片割下来还给母亲，把骨头一块块剔下来还给父亲。

按照中国传统文化的标准“身体发肤受之父母”，哪吒此举更是大逆不道，自己做错了事，不认错，还干出了这么有违常理的事情，简直是大大的不孝。我们能理解哪吒当时的委屈和愤怒，以及不被家人理解和支持的绝望。

这个女孩，在很多时候大概也有这样的委屈、愤怒、绝望以及强烈的无助感。这些感觉每天消耗着她的心理能量，当面对学习困难，加上怎么努力都无法提升成绩的无助，厌学就成了一个并不意外的结局。

当然，愧疚也可能来自“生命无法承受之爱”。当父母都是为自己活，做什么事情都是为了自己的时候，我们要拿什么来回报这无比沉重的爱呢？

另外，有一个男孩子刚上初一，他没有特别激烈的症状表现，整个人就像是一潭死水：做什么都提不起劲，整天无精打采，不愿意说话，不想动。他想到未来便感觉无比悲观，甚至有寻死的想法，不过没有实施，因为坚信死了父母会伤心，这么做对不起父母。有时候他会凭空听到有个声音跟自己说“你没用”，这声音久久挥之不去。

他第一次见我就滔滔不绝地跟我陈述自己拖累父母的种种“罪行”，深信没有自己，父母会过得更好，爸妈经常因为自己的事情吵架，因为自己花钱的事吵架，对自己学习成绩要求很高。他说：“我真的不希望让父母失望，但怎么努力都没有效果。”“我真的很不孝，爸妈对我那么好，我却什么都做不好，还让他们伤心。”我问他：“你都有什么做得不够好呢？”他想了想，似乎也想不出具体的什么事，便笼统地回应：“我就是什么都做不好，全身上下一无是处。”我叹口气，不知道该如何接下去。

他的爸爸比妈妈大20岁，是二婚，他还有一个同父异母的姐姐。爸爸家的亲属对妈妈不认可，完全不来往。从他小时候起，父母就经常因为他的教育问题吵架，学习谁来管，要不要上补习班，要不要做家务，甚至该给孩子吃什么，都会成为争吵的焦点。爸爸会对妈妈说：“既然我们有代沟，那就你来管！”妈妈便独自垂泪，对孩子说：“你要懂事一点，不要让爸爸妈妈这么操心。妈妈只有你这一个儿子。”他从很小的时候就坚信：如果没有自己，父母就不会吵架。有很长一段时间他放学之后就去麦当劳做作业，不想回家。他有一个执念：自己不回家，爸妈看不到自己就不会心烦，就不会因为自己吵架，他们就会过得开心一点。

在他的眼中，父母都是为了他在付出，特别是买房子，都是为了自己，为此欠了很多钱，不得不拼命工作，过得很辛苦。他略带沉思地说：“他们这些钱都是为我花的，我觉得都不用花，如果没有我，这些钱他们就可以自己花，生活过得会好一点。”

此时，我才知道他从小就学着省钱，早饭都是买最便宜的饭，把钱省下来，过年的时候交给父母，给父母一个惊喜。他一脸满足：“他们会很开心，夸我懂事、孝顺。”他生病发烧也不跟家人说，自己忍着照常去上学，不想父母知道了而担心。

又比如，他想拼个乐高放松一下，就让父母买了乐高，结果越拼越紧张，因为担心自己拼不好，浪费了父母的钱，总是觉得积木少了一块，怎么拼都拼不好；又觉得自己没有资格玩积木，什么都做不好，还要花家里的钱。本来想放松，结果成了负担。

与班里的同学相处，他总是一边羡慕对方，一边又在心里鄙视对方。比如，有一个孩子家里很有钱，经常穿名牌鞋，也会像其他青春期里想展示自己的孩子一般，没事就特意把腿伸得很长，吸引别人的注意去看他的鞋。男孩一方面很羡慕对方，觉得那脚上的鞋子很炫；另一方面又在心里不屑，认定对方浪费家里的钱，是纨绔子弟。他从上小学开始，就不再让父母花钱给自己买衣服，一年四季都只穿校服。他仿佛超越了外表肤浅的评价标准，将省钱作为自己全部生活方式的终极标准。他跟同学在一起的时候，会很烦躁，觉得同学整天吵吵嚷嚷，一下课就打打闹闹，而自己下课都在座位上写作业，做练习。他给自己买了练习册，规定每天完成的量，不分白天黑夜地用功学习。他说最希望的就是自己一个人待着。我于是问他："一个人时你想做点什么呢？"他说："我会从教室跑到食堂里，远远地看着我的同学们在那里打闹玩笑，心里很羡慕。我喜欢这样远远看着别人玩的感觉。"

他的内心总认为自己什么都不配，努力做一个旁观者，甚至觉得自己连做旁观者都不配。

爸妈最大的愿望就是希望他成绩好，能考上理想的高中，排名能进到班级前五。为了实现这个目标，他买了练习册，每天给自己额外布置作业。他天真地想："我一个月比别人多做五本练习册，应该就能进前五了。"其实他离前五的成绩差距大概有50分，不可能在短时间内实现突破和超越。并且，因为给自己的压力太大，他上课渐渐无法集中注意力，遇到需要较多思考的题目他都无法像之前一样思考，稍难一点儿的题就做不出来。他心里的无力感再次加重："无论我怎么努力，还是什么都做不好，只会给父母添麻烦，我就是个废人。"

他说，他经常有轻生的念头，有一次他告诉父母自己这种想法，爸爸将他骂了一顿说："你怎么会有这样的想法！你还有哪些不满意的？我们对你不好吗？"此后，他的心里话，再也不跟家人说。他说自己想考当地最好的高中，但是不敢告诉父母，因为父母知道之后肯定会说：“别做梦了，你怎么可能考得上？”他的想法很少得到父母的尊重，差不多都是否定，比如说，他想有自己的空间，让父母不要随便进自己的房间，父母便会一脸的不可思议：“你还这么小，有什么隐私？”

一到放假，他便会表现出过度沉迷游戏的行为，每天只睡两三个小时，把所有的空闲时间都花在游戏上。他喜欢一款叫“我的世界”的游戏，就是在一个虚拟的空间中，去建自己的房子，建生活的小镇，建自己理想中的世界。他说：“我觉得游戏中我建的那个家，比我现实中的家还要温暖。”大部分时间，他都是进到游戏中去砍砍树，砍完之后就自己躺在房间的大床上睡觉。他在虚拟空间中的房间只有一张大床，那便是他理想中的家。他一个人住，想做什么就做什么。他可以一直在游戏中的床上睡觉，什么也不做，就这么一待好几个小时。

我每次见他的父母，他们脸上都是带着满脸焦虑、紧张，生怕孩子有什么闪失，即使他已经十几岁，父母出行都随身带着各种东西，生怕他渴了，饿着。爸爸妈妈很坦诚：“做父母这辈子，不就是为了孩子活吗？我们自己苦点不要紧，只要孩子过得好。”

是的，大部分无私奉献的父母会说：“我们为孩子付出，并没有想着要他回报，他只要开开心心的，平平安安的就行了。”只是，每个人都不可能白白受别人的恩惠，哪怕是来自自己的父母，只要不是完全冷血的人，都会想着回报。何况，人的天性中，都会有“自私的一面”，作为父母，怎么可能不对孩子抱有期待和要求呢？“我只是希望他平平安安、顺顺利利的，读个好学校，将来找份好工作，就这么简单。”然而，这样的标准，对一个孩子的成长而言，却并不简单，成长总是伴随着挫折、麻烦，甚至倒退的，父母卖力付出，孩子又将如何心安理得地自处呢？

移除愧疚教育这座大山，能够让孩子“轻装上阵”，孩子背着巨大的包袱，注定是走不远的，在走不动的时候也更容易放弃。厌学，也就由此产生。

Story15

老师会影响孩子上学吗?

在孩子成长的关键阶段，老师就是他们的神，老师的话能够轻易地左右他们对自己的评价，甚至是对于这个世界、对于他人的看法。当教师职业的崇高性渐渐缺失，当教师越来越被市场经济的“快捷实惠”的价值观影响，“唯成绩马首是瞻”的时候，这些孩子又将何去何从呢？

初中时，因为英语成绩不好，老师经常批评他，说他考不上高中，只有读职高的份，甚至让班上的同学少跟他接触。由此他对英语课非常反感，上课基本不听讲，英语考试到后来都是靠猜，只能拿二三十分。加上学习压力逐渐加大，无法达到之前的学习成绩排名，每到考试，他都非常紧张，生怕自己考不好。他原本自信心就不强，容易受打击，初二时，实在坚持不下去，他便从教学楼二楼跳了下去。但他说得很清楚，并不是想死，只是想让学校和家里同意他不上学。他摔断了腿，坐了一个学期的轮椅，妈妈每天推他去学校，然后在楼下的小教室里等着，方便他有什么紧急情况老师可以随时找他妈妈处理，就像小学生陪读。他休学的愿望没有实现，反而要忍着痛坚持上学。

见我的时候他已经上高二，却依然对这段往事耿耿于怀，认为那个英语老师不配当老师，希望有机会狠狠地骂她一顿。

另一个孩子正上初二，她很认真地表达自己，控诉自己的小学老师。她小学时成绩很好，但不是那种特别听话的孩子，大大咧咧，不拘小节，有时会让老师下不了台。班主任年纪较大，要求严格，且比较传统，觉得女孩子就应该有女孩子的样子，应该矜持、守规矩、听话。因此，总是不断提点她要改正，要注意，甚至有时会当众批评她。但她完全不认同老师这一套规矩，觉得老师太守旧古板，依然我行我素。这个老师表示几十年的教书生涯都没有遇到过这么不听劝的学生，觉得此学生无可救药。进而，老师要求全班同学都不要跟她做朋友，在班上将她批评得体无完肤，她一个人躲在厕所哭了一整天，没有同学敢去安慰她。之后的几年，她便一直独来独往，一直没有朋友，完全靠自己硬撑过来。幸运的是，她的成绩一直很好，她觉得生活还算过得去。

有一次因为她成绩下降，妈妈就打电话去问老师孩子成绩不理想的原因，结果，老师就把她叫到办公室骂了一顿，她被骂哭了。她说："我曾经因为这个事情告诉过父母很多次，我在学校被老师这样对待，我想爸妈帮我主持公道。"爸爸妈妈都嫌麻烦，觉得多一事不如少一事，反复告诉她："你严格要求自己就好了，不要去管老师怎么对待你，更不要'得罪'老师，他慢慢看到你表现好，就会改变对你的态度。"她咬牙切齿地重复父母当时的话，情绪仍然激动，她说："爸妈总怕麻烦，怕惹事，但我在那个时候是最需要支持，最需要帮助的，父母却没有支持我。"

爸爸妈妈表示说他们并不知道事情这么严重，他们以为老师可能只是对孩子严厉了一点儿而已，完全没想到对她的伤害这么大。他们以为只要孩子收敛一点儿，事情就会过去。但对孩子而言，本来就很少跟父母表达她内心的想法，好不容易下定决心，犹犹豫豫地说出来，不但没有得到支持和安慰，还被要求从自己身上找原因。并非教育孩子反思自己是错的，只是在孩子一开始向父母求助的时刻，接收到的是教育的话，她的感受就完全被忽略了，情绪没有被理解、被接纳的支持，就不可称为真正意义上的支持。此后，她便逐渐关上了心门，压抑情绪，很少对父母吐露真实的想法，长时间孤立无援，内心压抑。

还有一个例子，这是个六年级的小女孩，看起来有超乎年龄的成熟，但也有与年龄不相符的悲伤。她找不到学习的意义，虽然成绩不错，但总是提不起太大的学习兴趣，特别是数学，看到数学课本就烦，一听数学课就头痛。

这种状况是从小学四年级开始的，小学一到三年级，她一直都是班上的佼佼者，各科成绩都很好，大家都很羡慕她，觉得她很聪明，不用功也学得很好。数学老师很喜欢她，她那时的数学成绩也很好。上四年级之后，学习内容一下子难了许多，特别是数学，她开始觉得有些吃力。正巧，原来的数学老师怀孕休产假，换了一位数学老师，据说是有三十多年教学经验的全市教学名师。这个名师一来，正好碰上数学成绩一般，上课还吊儿郎当，经常神游的她，便时时提点她："你上课在干什么？看你像什么样子！我看你这样子将来初中都考不上。"又说："这么简单的题都做不出来，我看你就是个废物，还自以为是，以为自己很聪明。"有时候，又转换成调侃讽刺的语气："像你这么聪明的同学，咱是教不了了，可能只有教授才教得了。"她回忆起这些话语，说的时候，眼泪在她的眼眶里打转。她用低低的声音说："他每次都是当着全班同学的面批评我，其他同学就一直在笑，他们觉得老师很幽默。"据她说来，这个老师对成绩好、努力的学生完全是另一种态度，从来不骂，说话都是温柔的，讲题也无比耐心。对待像她这样成绩一般的学生却非常不客气，曾经还当众羞辱一位同学："我看你笨得跟猪差不多？你还来学习干什么？像你这么笨的猪，干脆回去吃了睡睡了吃好了！"话音刚落，全班哄堂大笑。

因此，很多同学都很喜欢上这位老师的课，觉得老师经常开玩笑，上课很幽默。大概这些十来岁的孩子，还不明白有些玩笑看似幽默，却是在践踏被调侃者的自尊，在他们的伤口上撒盐。于是，当这个女孩跟好朋友倾诉说老师有时候批评人太过分，太不尊重人的时候，好朋友给她的回应是这样的："我觉得那个老师挺好的，上课幽默，又有耐心，你不要这样说他，这样对老师不尊重。"言下之意，是你不认真、不听话才被批评的，你要反思你自己。她于是将准备说的话咽了下去。她又去找一直对她很关心，很欣赏她的班主任，希望班主任能跟那位老师提提意见，不要当众批评她，有什么要说的可以私下找她。班主任的回应是这样的："老师也是为了激励你，是为了你好，是为了上课时提醒你认真听讲。"大约这是经验丰富、德高望重的老教师，而班主任一般都是年轻老师来担此苦差事，班主任不好得罪前辈。她又尝试告诉妈妈，妈妈跟她讲了一大堆道理，大意就是：你做好自己就行了，别管别人怎么说你。末了，不忘加上一句："你本来上课就经常开小差。"

她求助了一圈，最后得到的回应都是：是你自己做得不好，你自己要反思，老师是为了你好。她开始陷入无尽的自我否定中：我真的那么差吗？我真的自以为是吗？我真的很笨吗？她想不通，渐渐开始破罐子破摔，只要一到数学课就发呆、神游，偷偷画漫画人物，由此恶性循环。

一个在省重点初中上初三的女孩，跟我义正词严地控诉老师的表里不一：表面上人人平等，其实只喜欢成绩好的同学。班里一个男同学成绩好，又很会讨老师欢心，因此，即使违反纪律也不会被批评，老师最多轻描淡写地说一句：“下次要注意。”换作是成绩不好，老师不那么待见的同学，那一顿劈头盖脸的痛骂绝对是免不了的。

这位老师以成绩来衡量学生的优劣，学生成绩一下降立马不受他待见。她的一位同学之前的成绩一直在班级前几名，是老师天天挂在嘴边的“大家要向她学习”的标兵，看她是怎么看怎么舒服，每天都要表扬她好几次。全班同学都乖乖坐着，只有她会被老师夸赞一番：“××同学，上课从来都是这么认真。”然而风水轮流转，上了初二之后，这位同学的成绩下降到了班级十名左右，虽然在这个省重点初中也算是佼佼者，然而老师的态度已经有了明显的变化：有“好事”不会第一时间想到她，而是想到成绩更好的同学；很少提到她的名字表扬她，表扬的都是其他同学；看她的眼神不再那么温柔，总有些难以琢磨。这个女孩说起自己同学的遭遇时简直是义愤填膺，我想，她是从对方身上看到了自己的影子。

女孩费了九牛二虎之力考入这所重点初中之后，立马遭遇如此打击，到初二成绩已经在班级处于垫底的位置。她在班级中慢慢失去了存在感，即使为班级活动做了很多事情，老师也基本没看到，提都不提，更不会表扬。老师只要看到是成绩好的同学做了事，立马夸奖：“成绩这么好还为班级做这么多事，你们要向人家学习。”要知道，小学的她也是“天之骄女”，老师口中最有前途，最值得夸赞的孩子。

如此迅疾的变化，原本更应当出现在残酷的社会竞争中，而十来岁的他们不得不提前面对残酷的社会现实，不知道该如何自我调节。

她一度觉得这个世界很假，没有谁会真正地永远对自己好，欣赏自己，要想在这个社会上生存，就必须戴着厚厚的“面具”。她不喜欢戴着“面具”示人，但自己又不得不戴着“面具”去面对所有人，在所有人面前都努力表现自己最好的一面，尽最大的努力去赢得别人的关注和喜欢。

这些故事，我会反反复复听到，很多时候我找不到恰当的回应方式，连我自己也困惑起来。

教师这个在以前无比崇高的职业，受所有人尊敬的职业，被市场经济和商业社会裹挟着，渐渐迷失了方向。以前“一日为师，终身为父”是发自内心的情感和约定，而现在，更像是一个口头禅，说过便云淡风轻，转眼即忘。普遍以经济能力来衡量一个人的价值的今天，老师成了一个上不去，下不来的尴尬群体。知识分子的自尊以及社会道德，让老师不能心安理得、光明正大的更多以利益为导向与学生相处，这就像是在讲台上表达：“我只重视成绩好的学生，因为成绩才是跟我的绩效挂钩的。”“你以为你们这么难教我会发自内心地想教你们吗？还不是为了工资和奖金。”“要是我的班上全是成绩好的同学，大家都是一教就会的该多好。”然而，在这个讲求效益，处处以经济价值来衡量的社会，在这样的价值观之下，教师群体真的能完全不受影响吗?

教师职业本身的崇高和教师的精神追求达不到这样的要求之间必然存在着矛盾。

究竟应该何去何从？

在孩子成长的关键阶段，老师就是他们的神，老师的话能够轻易地左右他们对自己的评价，甚至是对于这个世界、对于他人的看法。当教师职业的崇高性渐渐缺失，当教师越来越被市场经济的“快捷实惠”的价值观影响，“唯成绩马首是瞻”的时候，这些孩子又将何去何从呢？

Story16

离不开妈妈，如何能上学？

这个世界上，确实存在一辈子都离不开妈妈的“孩子”。在中国古代，以家族和家庭为单位的生产和生活单元，让离家成为一种离经叛道的“不孝”。最典型的是《红楼梦》中，贾宝玉从小只需在家塾中上学，同学朋友都是同宗族的亲戚，从未不经同意远离过家，“行动就有人知道”。包括娶妻、生子、工作，都可以由家庭提供“一条龙服务”，保证世世代代的家族传承。即使是家庭经济条件不好的子弟，也都想办法攀一攀自己的宗亲，好谋个差事，“父母在，不远游”，更是世代祖训。重视家族传统的中国人，进入了市场经济时代，需要孩子在不同的成长阶段去探索外面的精彩世界，去接受洗礼和成长，需要父母，特别是妈妈做更多的准备，遗憾的是，在这方面很多家长并没有经验。

离不开妈妈的情况，在年龄小的孩子身上更常见，精神科对此有一个专门的诊断叫分离焦虑。然而，这却并不是低龄孩子的专利，我见过大一的“男子汉”，每天打电话回家，跟妈妈哭诉自己在学校有多么痛苦，每天过得有多煎熬，反复问妈妈：“我今天能不能回家？我在学校待不下去了。”

过去吃过苦，又因为计划生育只能有一个孩子的父母，从心底见不得孩子吃一点苦。不忍心，是妈妈们最大的死穴。

“我们这一代人都是从农村出来的，小时候家里穷，现在就一个孩子，家庭经济条件又比较好，肯定是想把最好的都给子女，毕竟只有这一个孩子。”这是前文提到的上大一还打电话回家哭诉的孩子的妈妈的原话。接着，她又解释道：“我有时候也想坚持原则，我也知道他这么大了，不能什么都迁就他，什么都帮他做，但是每次我不答应他的要求，他都痛哭流涕，说自己过得很痛苦，很想死，我实在看不下去，实在不忍心。”这个妈妈是位老师，从她的言谈中，我深知她完全知道应该怎么做，她谈到育儿道理就像讲课，头头是道，一边讲一边举自己孩子的例子，跟我讲述她的惨痛教训，反复告诉我：“这都是我这么多年吃亏总结出来的。”这实在是个理论脱离实践的经典案例，因为母亲的不忍心，从孩子上初中开始，父母就不断扮演着为孩子“擦屁股”的角色。

中考前，一向成绩优异的孩子因为紧张、焦虑，出现头痛、失眠，成绩明显下降，为了证明自己的实力，他决定铤而走险，在一次模拟考试中作弊，结果被当场发现，父母担心处分会给孩子留下阴影，就动用各种关系，最终这件事不了了之。孩子中考发挥不太理想，结果上了一所一般高中，他又哭又闹，一定要进高中的重点班，父母又三下五除二搞定了。去了重点班之后他顿觉学习压力太大，跟不上，初中曾经是佼佼者的他，在班上只能垫底，跟宿舍同学也无法相处，于是，父母帮他在校外租房住，把他换到普通班。换到普通班之后他仍然无法适应，在班上交不到朋友。在高二时，他打死也不愿去上学，不作任何解释，就丢给父母两个字“不去”。父母无奈，只得又去找借读的私立学校……听到这里，我有些惊讶了，便问：“你们有那么多办法吗？他想转到哪里都能满足他？”妈妈的眼泪在眼眶里打转：“我们也不是什么有钱有势的人，但是他不愿意去呀，有什么办法？只能硬着头皮帮他找，私立学校就花钱解决。”如大家都猜想到的，他在私立学校读了一个多月，便无法坚持，认为学校束缚太多，要独立面对的事情太多，自己快要崩溃了。于是，从高二下学期开始，一直到上大学，他都一直休学在家，偶尔看看书。父母帮他报的一对一补习，他只去了两次便不肯再去。

万幸的是，他高考居然超常发挥，高出本科线一百多分，一家人欢欣鼓舞，期待着他进入大学之后，就能一切顺顺当当，从此不用家人再操心。这是妈妈传达给我的最真切的期待，也是她每次帮儿子“善后”之后最真诚的祈祷：“搞定了这件事，接下来应该就平平顺顺了，他自己就能上学了吧？”“帮他解决了这个问题，他之后就能自己解决问题了吧？”当然，这样的愿望大多以失望告终。

上大学之后，他通宵失眠，住不了学生宿舍，于是就花钱租房，好不容易将租房的事情搞定了，课程的学习压力又接踵而至，他上课听不懂，作业不会做，要应付社团的事情，要应付人际关系。他动不动就给妈妈打电话："太多事情要处理了，我头都要炸了，我好难受，我不知道该怎么办，我要回家……"妈妈崩溃了："我以为上了大学，就一切都会好起来……"

我们不用改变自己的模式，事情就会自动好起来；我们不用跟孩子分离，孩子到了年龄就会自动懂事，自动去外面的世界闯荡，这是很多父母发自内心的真诚期待。或者，应该换一个词——幻想。

不做推动，孩子甚至可能到 80 岁还是孩子，还是只要离开父母就不知所措的"小朋友"。

当然，母子（女）分离，有一个好的队友尤为重要。父母双方一方过度保护，一方过度严厉，或者同一个人时而严厉，时而毫无底线地妥协，是最常见，也是最直接的分离焦虑原因。

女孩 7 岁，上二年级了，一个多月后，突然无法正常上学。她每天早上不愿起床，妈妈帮忙梳洗好也不愿出门，好不容易出门了，来到学校门口不愿进去，妈妈陪读也无济于事。

这样的变化有一个明显的触发事件，在厌学问题出现的一周前，爸爸组饭局叫妈妈作陪，原本下午五点半开饭结果客人迟到，妈妈没有赶得及去接上完晚托的女儿，而是拜托邻居去接。她当天晚上没有大哭大闹，但明显情绪不好，第二天早上上学就哭着说："妈妈没有去接我，我不愿意上学，我要妈妈陪着上学。"

妈妈断然拒绝。第二天早上她反应更厉害，到学校门口不愿下车，一直在车里哭闹，爸爸跟她沟通好久之后，终于忍不住打骂了她，她才哭着进了校门。后来她渐渐无法上学，每天上学时都哭闹得厉害，来到学校门口不愿意下车，把穿好的衣服鞋袜都脱掉，情绪几乎失控。在家休息一周之后，妈妈无奈陪读，虽然她基本能正常上学，但仍然情绪低落。

她反复控诉妈妈："妈妈没有按时去接我，妈妈说话不算话。"后来又说道："有同学说我坏话、骂我，有同学不跟我玩，老师对我很凶……"值得一提的是，这个女孩在上一年级时也是妈妈陪读一个多月之后才慢慢能正常上学。

我见到他们一家人时，才发现这是典型的"严父慈母"组合，妈妈是家庭主妇，温柔而脆弱，爸爸要强、独立，所有压力和情绪都自己扛，说话大声，有轻微洁癖，见不得家里有一点不整齐，耐心较差，很容易发脾气。妈妈和女儿一样，都怕爸爸。有一段时间，到了爸爸下班回来前的一两个小时，妈妈整个人都焦虑起来，紧张地检查家里的每个角落，确认每一件东西是否都摆放整齐，把家里打扫得干干净净之后才能松口气。大多数家庭的妻子见到丈夫回家都是开心而期待的，这个妈妈不一样，她总是小心翼翼，一直到丈夫从进门到吃饭都没有任何发作，这才稍微安下心来。

遗憾的是，这样的时候并不多。

爸爸负责辅导孩子写作业。当然，这又是一个火药味浓烈的"战场"。爸爸总是搞不懂："为什么你不会做不问我，要自己随意做？我不是让你不会的问我吗？"女孩不吭声，爸爸更生气，劈头盖脸痛骂一通，女孩只是哭，仍然不说话。妈妈看不过，想上前劝一劝，往往会被牵连：“慈母多败儿，什么都惯着她，以后事事都那么娇气还得了！”爸爸属于情绪快速宣泄型，每次骂完人，自觉神清气爽，于是邀约家人：“一起去走走吧，放松一下。”母女俩当然不领情，委屈的眼泪依然憋了一肚子，两人便在家互相安慰，女儿对妈妈有着深切的同情和依赖。

爸爸十几岁时，爷爷便去世，爸爸一个人在外求学，后又独自在外闯荡，他的生存之道就是尽可能快速地处理情绪，然后以最快的速度去解决眼前的问题，比如，把没放好的东西放好，把没做对的题做对。几十年来这样的方式帮助他在社会中赢得了一席之地，帮助他获得安全感，抵御生存焦虑带来的不适感。他总是奇怪：“我也不是要骂她们，就是要让她们改正，就是说话大声一点，不知道她们为什么都那么害怕，结果好像我做错了事情一样。”因此，即使在家庭治疗里，看到孩子或者妻子掉眼泪，他总是很不自在，不自觉地会对妻子说：“你下去走走吧。”又对女儿说：“你去找姑姑吧。”爸爸回避一切的负面情绪，他希望家人都以最快的速度振作起来，解决问题。

于是，小女孩的负面情绪变得无处安放，父亲像坚硬而且带刺的仙人掌，无法接近，母亲虽然温和，但太脆弱，似乎处理自己的情绪都力不从心，更无从安慰孩子。两相权衡之下，她只能像抓救命稻草一样抓住妈妈。这也就能理解为何妈妈的一次失约，对她而言会造成如此巨大的冲击。

孩子都是从信任家庭成员开始信任外面的世界的，在不安全的关系中长大的孩子，无法轻松自如地去探索世界。而上学，就是探索外部世界的最重要、最直接的一步。

无法跟母亲分离的孩子，总是试探着向前，稍有风吹草动便惊慌失措，瑟瑟发抖地寻求着单薄的温暖和安慰。

所以，上学如何不难？

Story17

妈妈，我不想上学，可以吗？

为什么大部分孩子都是有事找妈妈？特别是在学校遇到困难，想退缩，想回家的时候，我接触的案例中有九成的孩子都是找妈妈。有的孩子可以一天打十几个电话给妈妈，不断哭诉，绘声绘色地描述自己在学校多么难受，全身哪里哪里多么不舒服，任是多么无情之人，也都不忍心，更何况是母子（女）连心。为什么不找爸爸？我听得最多的回答是“爸爸肯定不会答应我回家”。看吧，什么事该找什么人，找谁才有可能达到目的，谁比较心软，更容易答应自己的要求，他们都了如指掌。

妈妈，我不想上学，可以吗？

为什么只问妈妈，不问爸爸呢？或者一起问爸爸妈妈呢？带着这样的疑问，我们来读完这一整篇文章吧。

见过了无数各种原因引起厌学的孩子之后，我由衷地敬佩孩子们的聪明，为什么大部分孩子都是有事找妈妈？

妈妈是更有可能被攻克的难关，找妈妈下手，成功概率更大。这是性别特征使然，也跟中国传统的家庭模式有莫大的关系。

我见过一个 12 岁，刚上初一便因为厌学来我这里问诊的孩子。

他厌学的起因比较特别，是在小学六年级上课时不慎被同学用书本砸到头部，他当时觉得头晕，爸妈带他到当地医院检查，检查结果一切正常。然而，他还是不放心，渐渐开始担心自己的头被砸到后无法学习，担心自己的脑袋有问题。他变得做事没有耐心，晚上不能好好做功课，无法集中注意力，学习成绩慢慢有所下降。他被父母带去看了精神科之后情绪更加不稳定了，有时会大发脾气；有时会要求跟父母谈心，否则就发脾气，甚至曾经冲出家门跑到公路上；有时会独自在房间哭泣，跟父母说感觉心里很闷。

在这样的状况下，他还是考上了当地最好的初中。

初中学校要求学生寄宿，但开学后他经常会要求妈妈早晚接送他回家，早上到了学校门口也不愿意进校园，上课集中不了注意力。在学校的时候，会频繁跟母亲打电话哭诉，说：“在学校学习很压抑，过得不开心。”有时是哭诉身体症状：“胸闷，感觉喘不上气，头痛。”多的时候他一天要打五六个电话，要是妈妈不接就一直打，以至于妈妈几乎没办法正常工作。

我单独见他时，他稍微有点紧张，但表现得很健谈，愿意谈内心的困扰和遇到的困难。他说：“小学的时候我成绩很好，考上了市里的重点初中，初中后很难适应学习，竞争很激烈。”又说：“作业太多，加上数学和地理跟不上，学校每天管理非常严格，动不动就扣分，扣分太多就会被开除。”对于扣分这件事他特别害怕：“我每天都小心翼翼的，生怕做不好被扣分，久而久之被学校开除。但是住校有太多规矩，我觉得好难受，跟舍友相处也很麻烦。”总结起来就是：上初中真不容易啊。

在家庭治疗时，他像变了一个人，完全沉默，偶尔以点头摇头表达自己的观点。父母怎么鼓励他也不肯开口说话，因此，大部分问话，都是由妈妈代替他来回答。于是我了解到这个孩子属于超生，爸爸因此辞掉了铁饭碗的教师工作，改做生意，从小对他特别宠爱和保护。他在上小学之前主要由妈妈带，跟妈妈关系特别亲密，与爸爸相对疏远。亲密到什么程度呢？我了解到一个惊人的信息：这个已经上初中的男孩子，至今还没有跟妈妈分床睡。妈妈说得很轻松：“因为他一个人会害怕啊，而且爸爸做生意经常要出差，所以爸爸不在家他还是会跟我一起睡。”我尝试问孩子：“你的同学还跟妈妈一起睡觉吗？”他只是腼腆地笑笑，不说话。

这个妈妈有一个非常奇特的处理方法，就是每当孩子因要求不被满足而大喊大哭的时候，妈妈看着不忍心，怕孩子哭坏身体，都会忍不住去抱着孩子，心疼地安慰，接着给孩子讲一番道理，希望孩子认识到自己的错误，让孩子下次不要再出现类似的问题。紧接着，就是满足孩子的要求：孩子想要什么她给买什么，原本她说不让看电视也同意孩子看了，原本坚决不允许玩的手机也顺手递给了孩子……总之是个皆大欢喜的结局。看着孩子脸上重新绽放的笑脸，她心里甚是安慰。她在跟我讲述整个过程的时候，特意强调："我每次满足他的要求之前都会跟他讲道理，让他下次不可以再这样了。"我看着她，严肃地问："那你觉得孩子记住的是你满足了他的要求，还是你讲的道理呢？"妈妈愣了一下，良久才小声说："应该是我满足了他的要求吧。"

传统的教育方式中，我们总是习惯高估"讲道理"的巨大作用，信奉金玉良言胜却万条教育方法的作用，无论面对多大的孩子，都将讲道理视为唯一可行的教育良方。我们坚信无论行动如何，只要讲了道理，孩子就能记住，就会照做。遗憾的是，在这个网络发达的信息社会，大部分孩子懂得的道理比家长都要多，孩子懂得，却不会照做，或者坚信自己："道理都懂，但就是做不到。"加之，对孩子来说，比起抽象空洞的道理，眼前的快感和满足感才是最直接、最刺激神经的深刻记忆。为此，以讲道理作为唯一教育方式的家长，总是不断经历打击，陷入家庭教育失败的无助境地中。或者就是天天抱怨："我都跟他说了，他就是不听，我也没办法。"每当这时候，我都会忍不住要提醒他们注意一下自己的行动。

所以，我继续问孩子："你怎么只跟你妈妈打电话哭诉，让她来接你回家。怎么不打给你爸爸呢？爸爸开车应该来得更快呀。"孩子想都不想便很坚定地回答："我知道爸爸肯定不会来接我的。"我更有了兴致，问："为什么那么肯定呢？"孩子怯怯地抬起头看了看爸爸，鼓足勇气说："爸爸对我很凶，对我说话也很大声。"妈妈这时候插话说："是的，他这个人很粗鲁的，又没有耐心，只要说什么孩子不听就大声骂。"我问："那骂了孩子会听吗？"妈妈摇摇头，看一眼老公："他那样的态度，谁会听？"我继续问："会怎么样呢？"妈妈仿佛爸爸已经骂了孩子似的，不满地说："孩子就哭呀，大声哭，有时候哭得都抽搐了，他还是继续骂，我实在看不过去。"于是，妈妈就会如天降神一般地出现，指责爸爸："这么凶干吗，有话好好说！"一边安慰孩子，哄他开心。不过，这个孩子可不容易哄，不满足他的要求他是不会停止哭的，妈妈无奈，就只能用上文中提到的方法。

爸爸坐不住了，跳出来说："我每次管他都是他太过分了，说也不听，不管不行，我老婆就护着他。"妈妈不依不饶："你那个态度谁受得了？谁会听啊？！"爸爸也不是省油的灯："那就由他无法无天吗？他现在这个样子还不是你惯的！""他什么样子？我不舒服了他还知道关心我，问我难不难受，给我倒水，你呢？大老粗一个，什么都不懂。一天到晚就只知道上班挣钱！"

果然是"母子连心"，妈妈的难受委屈只有孩子知道，当然"礼尚往来"，妈妈看到孩子难受也会挺身而出，"舍身护子"。只是，一个十来岁的孩子在家里有一个绝对站在他这边的成人，以他是否开心来评判是非而不是以教育必要性来评估对错，问题可能就会变得十分复杂。

“妈妈，我不去上学可以吗？”为什么不去上学呢？因为上学压力大，因为上学难受，孩子能找到各种冠冕堂皇的理由。孩子可能想破脑袋也想不明白：“为什么我其他难受的事情都可以不做，只要我一不开心你就会帮助我，上学就不能帮我呢？我上学一样难受呀。”他或许有一种被欺骗的感觉：“你们怎么说话不算话？你们要我吗？怎么上学就不能不去呢？”

家长总是会低估孩子钻空子的能力，以为孩子会认真听父母说的话，按照“道理”去做，按照父母引导的方向去走。恰恰相反，孩子最是以“快乐”为主要原则的人群，是在逐步学习社会规则，接受“有些我不想做的事情，也必须要做”的阶段。他一旦发现有办法可以想要什么都要得到，想不做的事情“哭一哭，闹一闹”就可以不做，怎么会不“欣喜若狂”“欣然习得”呢？毕竟，那原本就是人的本能。

为何要强调父母意见一致，相互协作的重要性？这就涉及一个关键的问题：“谁来定义对错？谁来定义什么事应该做？”爸爸说必须做，妈妈说：“宝贝，如果你觉得难受就不做了吧？”这就好比上课用的教材，一本说：“1+1=2”，一本说：“1+1=3”，孩子如何取舍？当然是哪个对他有利他就选哪个答案。别人借了我钱，先借了一块，第二天又借一块，第三天我肯定拿着写着“1+1=3”那本书去找他，让他还三块钱。争取自己的利益最大化原本没有错，只是要想让孩子在这个社会上生存，就需要让他知道，其他人并不是傻子，不可能都宠着他、迁就他，遇事都保证他的利益最大化。因为，社会的规则是“1+1 只能等于 2”。

父母有责任告诉孩子这个规则，并且让他遵守这个规则。

他打电话说：“爸爸，我不想上学。”爸爸回答：“休想，学是必须上的。”妈妈回答：“是的，你爸爸说得对，无论如何你这个年龄都必须上学。”这才是真正具有威慑力的态度。在这样的前提之下，再了解他遇到的困难，跟他一起去面对，鼓励他相信自己的能力，才可能真正地解决问题。不然，孩子会想，既然可以不去学校，我为什么要面对困难？

Story18

没有朋友，让我如何上学？

无法融入现实的集体，建立现实的人际关系，也没办法把原有的关系内化，让内心不孤独，这样的孩子，在学校会很容易陷入无所适从的状态，既没办法心无旁骛地专心学习，享受一个人孤独的感觉，也没办法顺利地建立友谊关系，享受现实中的亲密感觉。上学于是变得异常难熬和漫长。

人际关系问题，是很多孩子厌学的主要原因之一。

人际关系问题有多种表现形式，其中之一是：我有很多朋友，但我只是旁观者。

这个女孩来见我时已经休学大半年，她不愿意去学校，因为在学校没有朋友。初一时她很乐观积极地交朋友，整个初中一到三年级都有许多认识的人，每天走在学校里有很多人跟她打招呼，她跟这个聊一下，跟那个聊一下，每天忙得不可开交。

一年之后，她突然觉得这样没有任何意义，变成了另一个样子，在班上很少说话，也不主动交朋友。这个女孩子长得不漂亮，还有些胖，她也不愿花心思在外表打扮上，穿着随意，不修边幅。

她谈到跟一个好朋友的相处方式，对方长得很漂亮，有很多人追，对方很喜欢跟她聊天，跟她分享谁又追自己了，哪个男孩子又约自己出去玩。大部分时候男孩子约这个朋友，朋友会带上女孩，但这个朋友不会考虑女孩的感受。比如，一起去看电影，一个动画片她看得津津有味，但是朋友不喜欢看，站起来就走，完全不问她的意见。

好朋友经常把她当“电灯泡”，几个异性渐渐跟她成了好哥们儿，会单独找她聊聊天，甚至有心事也会跟她说。只是这些好哥们儿谈的话题让她有些无可奈何：三句话不离她的朋友，告诉她自己喜欢她的朋友，各种表达思慕之情。他们表白被拒之后，又跟她哭诉："怎样才能忘了她？我好难受，你能不能帮帮我。""我觉得我还是忘不了她，我该怎么办？"她总是耐心地听对方说，有时候要花一两个小时来安慰、开导对方。她可以牺牲做作业的时间来安慰对方,接着自己再熬夜写作业。她也会在心里说："这些事情关我什么事啊，你告诉我这些干什么？"但转念马上告诉自己："别人愿意告诉我是信任我，我应该认真听。朋友不开心，我也应该安慰他们。"我问她："你不开心的时候会跟他们说吗？有什么心事会告诉他们吗？"她摇摇头："很少。"低头半晌，语气突然悲伤起来："他们对我的事情应该也不感兴趣吧。"接着又苦笑一下："还是不要给别人添麻烦了。"我发现她言语中矛盾的地方，便指出来说："怎么别人找你就可以,你找别人就觉得是给对方添麻烦呢？"她低着头，没有看我，低声说："可能我觉得自己不配得到别人的关心，不配拥有友谊吧。"

为了获得友谊,她把自己变成了旁观者。既然是旁观者,那"我"是否出现，又有什么关系呢？反正都没有人在意"我"。

渐渐地，她不愿出门，只喜欢自己宅在家里看漫画，看小说，学习上失去动力，完全不知道为什么而学。

人际关系问题的表现之二是：太在意其他人的感受，觉得跟人相处太累。

我见过一个女孩，上初二，她跟我说：说每句话，做每件事她都要三思而后行。

同学邀请她出去玩，她并不愿意去，心里也是想着拒绝的，但是话一出口，便成了“欣然答应”：“好啊，我好想去。”因为经过思考，发现不能拒绝对方。

别人夸奖她，她总觉得对方不是真诚的。她会留意看对方的眼神表情，会从所有细微的点来判断。“她夸我的时候笑了，肯定是口是心非。”“她看我的时候，都不看我的眼睛，肯定是心虚。”

对于做心理治疗，她的期待是找个人听她说话，可以想说什么就说什么，不用担心医生不耐烦，因为给了钱的。生活中想跟别人说话，总是担心对方会不喜欢听，会仔细地观察对方的面部表情，不断验证自己说的话题对方是否感兴趣，对方稍微皱一下眉，她便如临大敌，不敢继续往下说。找心理医生就不一样，她给了钱，知道医生无论如何都会听她讲，即使医生心里不舒服，也不会说出来，也会硬撑着听完。这样她能稍微放松一点，想说什么就说什么。只是，她跟我谈话，明显看得出来并不放松，总是坐得端端正正的，缓缓地说话，不时会有停顿，看得出来她是边思考边说话，她说：“我已经习惯了，我的脑子飞快地转着，我从来不会不经大脑随便说话。”

她说：“我没办法放松，一旦我意识到自己放松下来，我马上就会很不安，好像做错了事情一样，我一定要时时刻刻保持警惕，保持思考，我觉得只有这样才是对的。我也知道这样会很累，但是我习惯了。”

她在家里有一个房间，但那不是她自己的房间，父母会把工作电脑放在她的房间，平时都要在她的房间工作，只有睡觉的时

间会回父母的房间，她只能在客厅待着，做作业也只能在客厅做。加之，她房间的门因为家具顶住了，根本就关不了，即使睡觉，房间门也都是开着的。所以，她最喜欢的事情就是去森林或者公园这样的地方发呆，能一个人坐上好几个小时，只是这样的机会并不多。爸爸妈妈希望她多跟同学出去，要么就是跟着爸妈出去，一个人出去在他们眼中是无比怪异的举动。我问她："你没有跟爸妈表达过想要一间自己的房间？"她回答得很迅速："他们不可能给我腾个房间的，他们小时候在家里都是好几个人一个房间，他们觉得这很正常。"我接着说："所以你没有说，就已经自己否定了？"她坚持："反正不可能。"

于是，为了让自己过得轻松一点，她只有尽可能不接触人。当然，也就去不了学校。

人际关系问题的表现之三是：没有朋友，形单影只。

很多孩子根本就不会交朋友。被动、退缩的孩子，基本没有机会让其他孩子来了解自己。每天从早到晚都排满了课，到初中之后，几乎全部副科课都被取消，唯一能够幸免的是体育课。因为体育考试，体育课从以前的"放松课"变成了"正经课"。整整一节课，排满了跑步、跳远、体能训练，而且初中开始便男女分开上课，同学之间几乎没有交流的机会。

有的学校的重点班，每学期都有人员流动，稍有不慎就会被"抛弃"到普通班，身边的同学都是你的竞争对手，被他们挤下去，你就是失败者，就是丢脸、无能。面对这样的氛围，要如何跟班上的同学和谐相处，大家开开心心做朋友呢？我有资料都赶紧自己藏起来，我会这道题也悄悄说“不会”，每天偷偷在家加班用功才是正经。成绩下降，有人会关心你、安慰你吗？等着被嘲笑吧。或者，大家都忙着在题海中苦苦挣扎，根本就没人注意到你。要是不小心被挤出了重点班，那么这段耻辱的经历将永远伴随你的学生生涯。

也有的学校实行“走班制”，每周换一个班级，这一制度又分为部分走班和全部走班。部分走班就是让一部分同学在其他班级待上一两个月，体会其他班级的生活，学习其他班同学积极的学习态度，感受其他班优秀同学努力学习的精神。全部走班就是不定期同学大换血，抽签决定。大部分学校是一个月走一次，也就是你刚记住了班上同学的名字，就要好好道别了。

学校对此有很多“用心良苦”的考虑：“跟更多的同学交流学习，有助于提高学习效率。”“促进学生增强环境适应能力，能够在最短的时间内适应新环境。”“让班上的学生不至于有拉帮结派的现象，不会熟悉之后讲小话，学生更能够专注学习。”确实，不但不拉帮结派了，同学们到最后连彼此认识的环节都省了，反正一个月之后就要各奔东西，认识只是浪费时间。同学们也不会尝试去交朋友，抛开部分同学原本就被动，新环境适应慢不谈，一个月的时间，有可能真正成为朋友吗？而那些慢热而谨慎的孩子，面对这种急剧变化的学习生活环境，更是无所适从。

“一切都可以为成绩让步，更何况是友情这些可有可无的东西。”“十年之后，你们可能都不记得彼此了。要去更优秀的地方，认识更优秀的同学。”每当听到这样的描述，我总是无比唏嘘：陪伴、支持、群体生活都是人最基本的需要，如果连这些需求都不能满足，成绩再好又有什么意义呢？

然而，长远的影响总是容易被人忽略的。毕竟人际交往能力的培养也不是一件短期内就能奏效的事，远不如成绩来得实际和有现实意义。

而往深层次讲，孤独，源于无法建立内化的心理连接。

一个孩子跟我说，她一回到学校就好像变成了这个世界的旁观者，就像看电影一样看着大家，一切都很陌生。她跟我详细描述了这样的感觉，比如，她跟朋友见完面，分开，回到各自的班级上课学习，再无交集，就好像刚才的见面并不真实。周末回到家，妈妈给她做了一顿她喜欢吃的饭菜，两个人有说有笑地吃完，接着妈妈要去上班，要出差，要赚钱养家。她继续回到学校，按照学校的规定准时出现在教室里，上课从不捣乱，无论能否听懂，都绝不违反纪律，不打断老师。她原有的亲密关系只有朋友和家人。在家里的时候，仍能让她感觉到温暖和亲密，一旦和家人分离，在她的世界里，所有的一切都不存在了。

因为她是插班生，其他同学都是已经同窗一年，大部分都有三三两两的固定伙伴，她认定自己是多余的，加入他们之中会破坏其他人之间的关系，因此，即使有人主动请她吃饭或者放学一起回家，她也总是找理由拒绝。中午第一时间跑回宿舍，玩手机吹空调，将吃饭的时间省下来自己在宿舍待着，那是她每天最盼望、最惬意的时光。因为吃饭大部分时候只能自己一个人吃，那实在太尴尬了。很多作业不会做，数学基本听不懂，但她仍假装在听讲，不敢问老师，也鼓不起勇气开口问同学。晚自习的时候，同学们都在疯狂地赶作业，后桌是一位学霸，总是有人排着队来问问题，她静静地看着忙碌的同学，发呆、盼下课。

无法融入现实的集体，建立现实的人际关系，也没办法把原有的关系内化，让内心不孤独，这样的孩子，在学校会很容易陷入无所适从的状态，既没办法心无旁骛地专心学习，享受一个人孤独的感觉，也没办法顺利地建立友谊关系，享受现实中的亲密感觉。上学的时间于是变得异常难熬和漫长。

每个人最初的人际关系来自哪里？来源于家庭。家庭是否能够提供足够安全的关系，让孩子完成这种关系的内化，让父母化成“内在客体”陪伴自己对孩子的成长至关重要。简而言之就是，父母不在身边的时候，我还是能相信他们存在，能够用他们陪伴自己的感觉，自己陪伴自己，专心地投入自己喜欢做的事情中。这就像一个一两岁的孩子，当他有足够的安全感的时候，妈妈可以在厨房忙自己的事情，他可以连续几个小时自己玩积木，偶尔想起妈妈来，便叫一声：“妈妈。”妈妈答应一声：“在这里。”他便头也不抬地继续玩自己的积木。而没有安全感的孩子，就需要不时地跑过去，看看妈妈。他无法专注于自己玩耍，因为他无法将妈妈放在心里，他一定要妈妈在面前，需要现实的确定感。

而拥有安全依恋关系的孩子，交朋友对他而言就是小菜一碟了。没有这样幸运经历的孩子，需要学习，需要训练。父母们以为所有人“长大了就会交朋友了”，或许是对孩子最大的误解。

但愿，我们能在孩子因为人际关系而厌学之前，就意识到人际关系的重要性，并且能尝试做些什么。

Story19

你们都不知道我上学有多辛苦！

从心理学的角度而言，上学只是一个外在表现，是一个孩子一小段人生的选择，而我们希望做的，是能够引导他的应对模式，而“为自己负责”，将是他未来人生中最重要的人格品质之一。

重返校园，是一种宣言，是这样的孩子能迈出一步自己去解决问题的宣言，是父母可以尝试相信孩子的能力，放手让孩子自己去解决问题的宣言。这个过程，弥足珍贵，无论多久，都值得等待。

我发现很多厌学的孩子都有一个特点，那就是当遇到挫折和困难的时候，会站在原地不动，不往前也不退后，隔离自己的全部想法和感受。这其中会有很多表现形式，最典型的一种是：犯困、睡觉。他不面对，不解决，不后退，不放弃，哪一样他都不想要。他沉浸在情绪里，沉浸在痛苦中，等待着，无比耐心地等待着。

而这样的孩子，往往有一个焦虑而紧张的家长，大部分是妈妈。她们无法忍受孩子这样长时间站在原地不动，这会让她们抓狂，怎么办？妈妈帮孩子做选择，问题得以解决，“皆大欢喜”。这样的模式所产生的影响会在孩子小时候便初见端倪。

我曾经接待过一个 8 岁的小女孩，她内向胆小、在学校常被人欺负，在一次被班主任简单批评之后，变得更加拘谨胆怯，跟陌生人基本不说话，上学当然也上得很勉强。同时她出现了一些退行的表现：她会像四五岁的孩子一样到哪里都要带着自己的玩具熊，吃饭的时候也要喂玩具熊一口，自己再吃一口；会跟玩具熊像同伴一样相处，比如，问玩具熊：“你是不是不想跟我玩了？”还跟妈妈告状说玩具熊打她，给玩具熊盖被子，哄着玩具熊睡觉，生气的时候会咬玩具熊的鼻子，就像在跟真的伙伴打架一般；也会在家长进门的时候突然躲在门后藏起来，想吓一下父母。

她没办法自己单独进入治疗室，一定要父母陪，进入治疗室也一定要妈妈抱着，完全不肯下地。好不容易站到了地上，她仍然不时地望着沙具架上琳琅满目的沙具，两眼放光，但她一直站在原地不动，整个身子靠在妈妈身上，仿佛没有长骨头一样。再三鼓励她去拿喜欢的沙具，她也挪不动半步，妈妈推她过去，她扭身便回来了。好不容易黏着妈妈来到了沙具架前，她却只是呆呆地站着，来回地看，足有一两分钟之久，也下不了手。

与之形成鲜明对比的是无比忙碌的妈妈：“你看这个车，可以这样开，多好玩啊！”妈妈一边演示着开车，一边拿起宝石状的沙具，举到孩子眼前，说：“你看这个宝石，是不是很漂亮？”一会儿，妈妈又发现一栋小房子很漂亮，惊喜地指给孩子看：“你看，这个房子多好看。”……每一次妈妈拿起沙具，兴奋地展示给女儿看，女儿都转过头看着妈妈，很有兴趣地露出惊喜的笑，把沙具拿在手里看一下，便很快还给妈妈。8岁的孩子，是完全知道自己喜欢什么沙具的。我尝试提醒妈妈：“妈妈，你让孩子自己选。”爸爸也忍不住说：“你陪着她就好，让她自己选。”妈妈好像被责怪的小孩，尴尬地笑笑，扭身抛下孩子，自己坐到了座位上。当然，孩子也立刻跟着妈妈跑了过去，躺在妈妈怀里，什么都不选了。爸爸又说：“你过去陪着她呀。”妈妈无奈，再次起身，耐着性子陪着孩子选。又是漫长的一分钟，孩子刚要伸手拿一个自己喜欢的猫猫沙具，举了一下手，又犹豫地收了回来。妈妈显然没有看到这个细节，此时已经到了她能忍耐的极限，她又不自觉地拿起一个“薯条”沙具，惊喜地说：“你看，这里还有这个！”孩子又笑着望着妈妈，拿起“薯条”看了看，再次放下。当然，她原本伸手想拿的沙具，她已经忘记了，再次呆呆地站着。妈妈望了我一眼，大概是怕我再说她，又转身想回到座位。

爸爸赶紧阻止："都说让你陪着她！"妈妈语气中满是无奈："我陪着她，她又不选，我看着心里着急！"妈妈又勉强硬着头皮跟着孩子，鼓励孩子道："你想要什么就拿什么，选吧。"孩子也再次不断环顾巡视，漫长的等待，令大人无比煎熬。就在孩子伸手准备拉一个垃圾桶沙具的时候，妈妈拿起一个邮筒的沙具："你看，这个邮筒前面还有一条狗蹲在那里。"显然，等待的时间超出了妈妈的极限，她已经忍不住了。

在我看来，这个孩子只是慢一点，她无法坚信自己的选择，不知道选错了怎么办，不知道选了自己结果不喜欢怎么办？就像她面对在学校的种种状况，她不说话，不行动，就那样僵在原地。而她的退行，某种程度上是她的自我修复，但是妈妈会觉得她无比怪异，不断跟我陈述她跟玩具熊之间的奇异举动："熊宝宝都不会动，怎么会打你？""藏在门背后我们就看不到你了吗？"当然，在浓缩家庭模式的治疗室中会更明显，孩子真的不是一般的慢，这对妈妈来说是最要命的。妈妈认为，在自己的帮助下孩子完成了选择，不是皆大欢喜吗？不然我花那么长时间陪她，什么事情都没完成，这样做有什么意义呢？在什么都没有完成，什么都没做的时间里，妈妈自己会缺失价值感，在无比的焦虑之下，她选择自己出手，实现整个事件"表面上的完成"。

还有一个典型的现象是碰到熟人，对方询问孩子的情况："小朋友你多大啦？上几年级啦？在哪个学校？"慢一点的孩子，需要做长时间思想准备的孩子是无法马上回答的，表面看起来就是僵在原地，不理人，气氛十分尴尬。一旁的妈妈见此情景，脸上挂不住，于是倒豆子一般利索地回答：“十岁了，五年级，在××学校。”对方听完，寒暄感慨一番：“时间过得真快啊，都上五年级啦，上一次见他才刚上一年级呢。”妈妈也附和着：“是啊，就是还不懂事，不叫人。”一番表面和气的关心之后，各自散开。妈妈一边拉着孩子走，一边说：“人家问你也不说话，哑巴了吗？你这样子，我看你以后怎么办！”话虽如此说，至少场面上看着是好看了，气氛也不尴尬了，问题便解决了，不是吗？

没有意外的话，这样的模式会一直持续，伴随孩子的小学、初中，焦虑的父母就像是“直升机家长”，总是在孩子做出反应之前就先跳了出来，跳出来说话，跳出来帮助他们解决问题，让这些本身是“乌龟”，但仍有想法，也有属于自己的能力的孩子，越来越怀疑自己的能力，以至于难以迈出自己的步伐。

面对人生的十字路口，不同的人会有不同的选择，有的人会硬着头皮走，每一条路都走一遍，即使碰得头破血流，最终也能找到自己的方向，并且在这个过程中找到面对困难和挫折的方法。有人会直接后退，退到自己熟悉的地带，那里不用做选择，不会迷茫得不知所措，他们心安理得地接受这样的选择，不会因此鄙视自己，在安稳的道路上平静地生活。还有一种人是会站在原地不动，他们不甘心后退，又不敢前进，后退会看不起自己，前进又深感困难重重，于是，干脆站在原地，隔绝所有的感觉和信息，缩进自己的“壳”里，什么也不看，什么也不说。这个过程需要的时间长短不一，却足以将身边的人逼疯。

我曾经接待过一个休学近三年的孩子，在接受治疗前大部分的时间里，他都以游戏为伴，日夜颠倒地生活着，情绪异常低落，每天都在自怨自艾中自我折磨，绝望而无助。接受了很长一段时间的治疗后，他终于鼓起勇气重返校园，在此之前接受了两三个月的补习，突击式地将初中课程基本学完。临上学之前，焦虑异常的他又开始打退堂鼓，担心自己跟不上老师教学进度，担心学校的人际关系。我完全理解这样的感受，对一个离开学校近三年的孩子而言，校园已经陌生到完全跟他没有关系，保留的都是刻骨铭心的失败记忆了。好在，他最终还是硬着头皮去了学校，第一天完完整整地上完整个课程，包括晚自习都坚持了下来。结果当天晚上回来他脸色很差，跟家人抱怨了一堆困难：老师讲的进度太快了，自己前一道题还没做完，他已经讲下一道题了；同学们好像比较冷漠，而且自己是插班生，他们都是三三两两一起，只有自己形单影只；体育课跑步有些力不从心，跑完腿酸疼得不行。然而在休学之前，他曾经是运动健将，身体素质是非常好的。父母也焦虑起来，拼命想尽各种方法劝他去上学，想办法要动用关系帮他解决全部困难。

他来找我的时候，照例将全部的困难都叙述了一遍，然后抛出一个问题："我现在该怎么办？"接着便把头低下去，把玩手中的手表，不时好像闭目养神一般。我尝试从各个角度切入，换来的都是应付式的、有气无力的回应，他跟我说的最多的话是"大脑一片空白，不知道要说什么"。我于是知道，我的所有尝试注定是徒劳的，他并没有准备好去解决问题，他不甘心放弃，又害怕面对困难，他退到了自己的"壳"里，不思考，也不痛苦。这是他习惯的模式，他习惯有人在这样的时候来帮他解决问题，即使他从内心并不认同这样的解决方式。

“你们都不知道我上学有多辛苦！”是他们发自内心的呐喊，并且由内而外地呈现着，等待被人发现，被人拯救。

一个高三的女孩，在三四年的时间里抑郁症反反复复发作，不时情绪陷入低落消沉期，她称为自己的“抑郁期”。在“抑郁期”里，她什么都做不了，大部分时间都是在睡觉，偶尔玩玩手机打发一下时间，总是困，总是累，当然也上不了学，不得已只好请假。两三年的时间里，我眼看着她从一个窈窕女孩，变得臃肿肥胖，走路都有些吃力，心理医生换了一个又一个，却不见明显起色。很长一段时间，她的“抑郁期”都非常有规律，只要一到考试前，她状态就会渐渐变差，“抑郁期”就会如期而至，打乱她的整个计划，让她困倦异常，考试当然就考不了。就这样，她的高中上了近五年。进入高三，对她而言是一个巨大的刺激，她不想再复读，她想考好的大学，想要努力学习，然而，“抑郁期”总是如影随形。

她说：“高一高二的时候我还有时间，请假也没事。但是现在是高三，我知道自己不能这样下去了，但是没有动力。”某一天她再次请假看心理医生，爸爸跟她说：“你上午看完医生，下午就要去上课。”她不想去，没有答应，爸爸有些失望，说道：“都高三了，你总是这样不行啊。”她一下便崩溃了，见到我的时候一直哭诉：“我也很辛苦，我也很累，我难道不想去上学吗？他们还骂我，一点儿都不理解我。”我说：“你不上学，你爸妈难道应该很开心吗？那样是对你负责任吗？”她不好意思地笑笑，嘴上却不依不饶："但是他们这样会增加我的压力，我已经很辛苦了。"我准备揭开她的想法背后的逻辑："你的意思是如果父母不会不开心，你就可以名正言顺地不上学了吗？"她想了想，纠正道："也不是，主要是我现在正上高三，如果我还是在幼儿园，我肯定开心地慢慢放松，想睡觉就睡觉。"换言之，"上学"这个烫手山芋，能不接就不接。至于这个"烫手山芋"是谁的？反正不是她自己的，是父母给她的，是高三给她的，是社会给她的，总之，她接得很委屈，很痛苦。当她没有接，周围人都不满意，不开心的时候，她更委屈，更想不通。

她坚信抑郁症是一种只有药物才能对付的"洪水猛兽"，她紧紧地抓住科学依据："研究都说了，抑郁就是大脑中神经递质分泌紊乱，是多巴胺太少引起的。"言下之意，这是大脑的问题，她能有什么办法，她只能配合吃药。至于它什么时候来，它来不来，她都是无能为力的。

她总是习惯性地问我："医生，我想努力，但是早上就是起不来，就是没有动力，你说我该怎么办？""医生，你说我的这个抑郁到底是怎么回事，怎么这么多年还没好，你说我能好吗？""医生，你说我都高三了，我这样的状态怎么办呢？"我总是无奈地听着，想不到答案，也无从作答，除了她自己，没有人能代替她回答这些问题。然而，她拒绝回答，她总是不断询问，不断寻找，从不思考，从不选择。

不接棒，便意味着不用负责，逃避的方式千千万，只要父母满意，只要父母不生气，一切都好办。我相信，孩子可以不接棒一定是有人替他接棒，当然，千千万万焦虑而急切的父母很容易变成“理想的接棒者”。父母不停地催促着，焦虑地安排着，孩子呢？噘着嘴，心不甘情不愿地配合着，心里实在不想继续配合了，唯一的愿望就变成：“要是父母不生气就好办了，我就轻松了。”父母实在忍不住失望和生气，孩子内心的委屈便升腾起来：“你们以为我不难受吗？”父母被问住了：“是不是真的是我们逼孩子太紧了？”

这是可悲的家庭模式，父母为了孩子活，孩子为了父母活，互相控制，互相妥协，最终两败俱伤。试问，这样的孩子怎会有动力上学呢？

面对这样的孩子，我问他们最多的问题是：“你是怎么想的呢？”“你有什么看法吗？”当然，一开始得到的回应大部分会是：“我爸爸说我这是在逃避，医生你觉得我是吗？”抑或：“我不知道啊，我没什么想法。”又或者思考了很久，抱歉地回答：“我真的想不到。”我一方面需要不断地提醒自己，相信他们的潜力，他们是有能力有想法的，只是习惯了不思考，所有的能力都被尘封了起来；另一方面，还要抑制自己想跳起来去找话题，去帮他们想办法的冲动，忍受不断的“冷场”和“沉默”，让自己不要急于去化解尴尬，这并不比滔滔不绝地谈话要来得轻松。时间怎么过得这么慢，一个小时怎么这么长，这将是很长时间里我们共同的感觉。但我深知，表面的问题解决并不能真正地帮到这样的孩子，他们需要学着扛起属于自己的责任。

打死不扛，中途放弃，也是常见的。前一个 16 岁的男孩，在再次上学遇挫的时候，想再次休学的时候，我依然告诉他：“你想清楚你自己的选择，想清楚你想过什么样的生活。”他许久没说话。后来很长一段时间没有再来，母亲转达说：“他觉得没有坚持上学，无颜见医生。”他依然将上学当成是对医生或者是父母的交代。除了叹息，我不知该如何回答。

没想到，两个月之后，他自己主动约了我，在绕了很多生活的话题之后，他开口说：“我还是想上学的，但是我现在信心还是不够，我还是需要再准备一段时间。”虽然，这个回答与大家期望中的顺利复学有所区别，在我听来却无比欣喜，他有了自己的决定，他愿意自己去做准备。

毕竟，从心理学的角度而言，上学只是一个外在表现，是一个孩子一小段人生的选择，而我们希望做的，是能够引导他的应对模式，而“为自己负责”，将是他未来人生中最重要的人格品质之一。

重返校园，是一种宣言，是这样的孩子能迈出一步自己去解决问题的宣言，是父母可以尝试相信孩子的能力，放手让孩子自己去解决问题的宣言。这个过程，弥足珍贵，无论多久，都值得等待。

Story20

你们是喜欢我的好成绩，还是喜欢我？

父母喜欢什么样的孩子呢？“别人家的孩子。”这样的孩子的标配包括学习成绩好、勤奋、上进、认真，再点缀式地加上懂礼貌、人际关系好、性格好……当然，所有的优点中排在第一的就是成绩好。只要成绩好，其他问题都是瑕不掩瑜。就像是爱美的女孩子追求的“一白遮三丑”，成绩好可以遮三丑，让普通的孩子都闪闪发光起来。“别人家的孩子怎么成绩那么好？”是所有家长都心存的不甘和嫉妒。

你有认真观察过孩子除成绩以外其他方面的特点吗？你真的了解你的孩子吗？

“你们是喜欢我的好成绩，还是喜欢我？”对于这个问题，要理直气壮地给孩子一个让他信服的答案，其实不易。

一个三年级的孩子跟我说过他的困扰。他上一年级时成绩好，二三年级学习难度增加，他有点跟不上学习进度，特别是上了三年级之后，有些内容已经不太听得懂了，尤其是英语，单词总是记不住，一上英语课就怕。他成绩下降很明显，爸爸天天盯着他学习，他每到回家做作业都很紧张，都是能拖就拖。他不无伤感地说：“我觉得自己变笨了，有些很简单的题爸爸反复讲很多遍我都还是不会。”“爸爸一看见我做作业就发脾气，横竖看我不顺眼，我喝口水也要骂我。有时候爸爸太生气了就会动手打我。”他叹了口气，沉重地说：“我以前也是个优秀的孩子。”停了停，又说：“以前大家对我的态度不是这样的。以前老师都是夸我，家里人也对我态度很好。”

于是，我了解到他以前的光辉历史。他从幼儿园开始学踢足球，在踢球方面颇有天赋，无论是体能还是技巧的学习，他都是队友中的佼佼者。他上的小学是一个很重视足球的学校，他一进校，立即被当作种子选手培养，代表学校到其他地区参加比赛也是常事。那时候他成绩也很好，老师天天表扬他，看他的眼神里满是慈爱。爸爸妈妈看到他也是开心的，亲戚朋友也经常夸他，让他们自己的孩子向他学习。那时候的他觉得每天生活都充满了阳光，全世界对自己都很友好。现在完全不一样了，老师天天点名批评他，说他不认真听课，一旦考试成绩出来就当着全班同学骂他，说他不努力，成绩直线下降。

爸爸更是完全变脸一般，特别是三年级下学期，眼看着成绩越来越不像样，看他的眼神里满是嫌弃，总是说："我好歹也是本科毕业，怎么会生了你这么笨的儿子！"恨不得跟儿子脱离关系。每次成绩出来，爸爸轻则一顿臭骂，重则一顿好打，气得脸都绿了。妈妈虽然嘴上说不在意成绩，说只要他开心就好，但爸爸天天黑着脸教他学习，惊天动地地骂他，妈妈也从来没有阻止过，没有帮他说过任何话。妈妈说："你考零分都可以，只要你开心就好。"但他不相信，听着这样的话更难受，觉得妈妈是对他彻底失望了，不对他抱任何期待了。

他的原话是："现在全世界都嫌弃我了，巴不得我消失最好。"在他面对的世界里，成绩好，所有人都喜欢他，同学也喜欢跟他玩。成绩一旦不好了，全世界都翻了脸，都巴不得不要跟他扯上任何关系，就好像跟他关系近一点，就会掉了自己的身价，变得跟他一样"一无是处"。

一个9岁孩子的世界，竟这般现实、残酷。

面临这样的状况，父母再多的申明："不管你是什么样子，爸妈都爱你。"在现实面前，都显得特别苍白无力。

还有一个正在上初中的厌学的孩子跟我说："感觉成绩才是我妈亲生的。"此话怎讲？她成绩并不是很好，特别是上了初中之后，学习得非常吃力，妈妈就给她报了很多补习班，各种网络课程、线下课程，只要听说哪个补习班好就督促她去上。妈妈平时在家跟她交流的话题也都是："作业写了吗？复习了吗？预习了吗？有不懂的要问老师，学习要用心……"反反复复地提醒，提醒得她很焦虑，生怕有什么没做好。大部分的时间，她都是跟妈妈相处，只是两人很少谈心，除了学习，她们似乎没有任何其他可以聊的话题，妈妈好像也没有兴趣知道她在学校有没有交朋友，心情好不好。当她试图跟妈妈聊这些的时候，妈妈态度总是很敷衍："嗯""哈"两声就完事。只有谈到学习，妈妈才会有兴致，滔滔不绝地说，学习有多重要，成绩不好将来有多吃亏。

有一次暑假，她还没放假，妈妈就带着弟弟去外婆家住了，留她和奶奶、爸爸在家，爸爸经常出差、加班，所以大部分时间都是她面对着奶奶，没什么意思，一点都没有假期的感觉。这就算了，妈妈有时候不忙了，就会打电话给她，郁闷的是，妈妈从来不会问她假期过得开不开心，有没有出去玩，甚至寒暄一下都没有，张口就是学习。像唐僧念经一样："网课上了没有？上课的笔记要好好做，上完了课要及时复习。我今天又听老师说你上课走神了，没认真听，你争点气行不行？"这是妈妈有空的时候跟她打电话的内容，她无法回应，只能耐着性子说："知道了，我会努力的。"要是没空呢？妈妈便会信息轰炸，发一长段一长段的语音，内容也都差不多，不外乎是叮嘱她，要学习，要复习，要做作业……每天上完补习课，女孩就一直忐忑不安，等待着妈妈的电话，有时候没有电话，她心里更不安起来，便盯着微信，里面会随时传来妈妈不厌其烦的声音。

果然，“学习”才是妈妈亲生的，自己好像是依附在“学习”这个亲生孩子身上的皮囊。

只是她的学习能力确实有限，成绩也一直提不起来，每天完成规定的学习任务已经非常吃力，总是没有优异的成绩回报父母。她感受不到父母对她发自内心的关爱，仿佛她就是个学习的机器，只有成绩在妈妈眼中才是有吸引力的。

当然，她对于学习也很难有动力，妈妈喜欢的是成绩好的自己，而那个自己，似乎遥不可及。无论如何，她都很难按照父母期待的样子去获得父母的认可，她心里充满无力感。

成绩不好的自己，会有人喜欢吗？爸妈会喜欢吗？她心里没底。

父母喜欢什么样的孩子呢？“别人家的孩子。”这样的孩子的标配包括学习成绩好、勤奋、上进、认真，再点缀式地加上懂礼貌、人际关系好、性格好……当然，所有的优点中排在第一的就是成绩好。只要成绩好，其他问题都是瑕不掩瑜。就像是爱美的女孩子追求的“一白遮三丑”，成绩好可以遮千丑，让普通的孩子都闪闪发光起来。“别人家的孩子怎么成绩那么好？”是所有家长都心存的不甘和嫉妒。

在学校里这一标准就更加显而易见。有孩子跟我说：“我们老师对成绩好的同学说话的语气都不一样。”比如说，成绩好的同学因为粗心做错了题，老师便会温和地提醒一下：“下次要仔细一点哦，这么简单的题都做错，不是你的水平哦，下次要注意。”要是成绩差的同学同样因为粗心错了题，劈头盖脸便会招来一顿骂：“成绩这么差，这么笨，做题还不认真，一共就那么点分，还不认真检查，下次看你要考零分了！”老师说完，还不忘把试卷直接扔在桌子上，更直观地表达自己的愤怒。很多成绩不好的同学是不敢去问老师题的，因为老师总是还没开始讲题便数落一顿：“上课有没有认真听啊，这么简单的都不会，都不知道你每天在学什么，每天来学校是干吗的，这个题还要多简单，你说？”同学当然不敢说：“我觉得真的很难，我真的不会。”只能低着头，等老师讲。老师于是飞快地讲完一遍，可能是学生一开始被数落得心里胆怯了，也可能是老师高估了学生的理解能力，总之学生还是没听懂。我问：“还敢再问吗？”孩子对我吐吐舌头：“谁还敢再问啊，不怕再挨骂吗？而且看着老师那不耐烦的表情，我都恨不得找个地缝钻进去。”同样是因为身体不舒服请假，成绩差的孩子会被怀疑是撒谎，成绩好的同学会换来许多的关心和照顾。

差生的生存环境，着实艰难。

成绩好确实是一件好事，这是一个光环效应，就像我们看长得好看的人，总是习惯性地将他们和美好的品质联系起来一样，觉得帅哥美女都善良、温柔、品德高尚，认为长得丑的人是“人丑多作怪”，这是人之常情。就连在交朋友方面，成绩好的同学也更容易有朋友。家长们也更喜欢自己的孩子和成绩好的同学玩。甚至真的有家长只允许自己的孩子跟成绩好的同学玩：“那些不学无术的差生，只会把你教坏。”且不论成绩不好的同学是不是都不学无术，至少这反映了很多家长的心声。成绩好，人品也不会差，对人肯定也很好，跟这样的人交朋友，才能上进。成绩好，在班级中就成为有朋友的筹码。还真有孩子跟我说："我从来不跟成绩不好的同学玩，他们素质太差了，我跟他们没有共同语言。"那如果自己成绩不好，偏要跟成绩好的同学玩怎么办呢？新一轮的自卑由此引发。"我的朋友成绩都很好，只有我成绩是最差的，我总是感觉跟他们在一起自己矮一等。我很努力地学习，希望自己能够赶上他们。"跟成绩好的同学是朋友，就像成年人说某某明星跟我是朋友，某某官员跟我吃过饭一样，与有荣焉。

而成绩好的同学，不需要特别地去提升自己的人际交往能力，即使被动、高冷，也一样有同学会来主动接触自己。某一天，当成绩的光环消失的时候，他们就会措手不及。我曾见过一些小学时成绩优异，是老师的宠儿，走到哪里都自带光环的孩子，到初中之后成绩优势不再，渐渐变得孤单、沉默起来。

或许有人会说：现实原本就是如此残酷的。然而，过早地让孩子面对这样的残酷，真的能够激励他们勇往直前吗？成绩好似乎是一把"双刃剑"，在大的评价体系下，喜欢成绩好的孩子，成了一种文化，让每个身处其中的人无意识地受到影响。

举国欢庆的春节，孩子如果期末考试没考好，假期就别想好过，春节更过不好。亲戚们会轮流问各个人的成绩，夸奖考得好的孩子，考得不好的孩子连说话的勇气都没有。只是，大家的注意力都放在考得好的孩子身上，对他们夸赞着、羡慕着、吹捧着，热闹非常，回过头再看看自己"不争气的孩子"，就更加气不打一处来，横看竖看都不顺眼。

这些孩子会厌学，也就不难理解了。成绩带给他们更多的是打击和伤害，而不是认同和肯定。就如一个孩子说的："我为什么要喜欢学习呢？有病的人才喜欢学习。"对于这样的一群孩子，我更在意的是他们如何找到自我认同的途径，若是因为成绩被一票否定了自我价值，他们能在今后的生活中找到属于自己的价值吗？

从厌学到自我厌弃之间的距离并没有我们以为的那么远，穿过成绩的雾障，看看孩子真实的样子，偶尔，是否也可以喜欢一下，成绩没那么好的孩子呢？

Story21

期待与厌学有关系吗？

这些没有说出口的想法和期待，怎么就到了孩子眼中，深入孩子内心的呢？我常跟家长说的一句话是：“母子（女）连心”“父女（子）连心”，这里的“连心”不单纯是指血缘铸就的关于基因与遗传的感应，更多的是在一个家庭中默默流淌的氛围，会让很多期待不言明，却比语言更有杀伤力和威慑力。

期待与厌学有关系吗？

我曾经就这个问题问过很多家长：“你对你的孩子有期待吗？对她的成绩要求高吗？”大多家长都是一脸困惑，猜想着孩子是不是跟我告了状，让我找家长兴师问罪，为他们讨回公道，于是立刻真诚地解释：“我们对孩子的期待真的很简单，就希望他开开心心、平平凡凡地生活就行了，没有要求他要取得多大成就，也从来没有要求他要考到多少名，在家里也从来不批评他成绩不好。我们都是很开明的。”我满脸问号，这跟孩子感受到的状况完全不相符，难道父母所有的期待都是孩子的错觉，父母真的完全接纳他们自由发展？我再次确认：“真的对孩子没有期待和要求吗？他考多少分都可以？”父母们于是再深思熟虑一番，慎重回答道：“当然也不是完全没有期待，我们肯定还是希望他成绩好，将来找一份好工作，但是又担心提要求给他压力，所以一般都不说。”我来了兴趣：“那你觉得你的孩子知道吗？”家长回答：“应该不知道吧。”事实恰好相反，90% 的孩子都能感受到父母对他们有期待，不只是成绩，是各方面都有期待，只是父母从不明说。

奇怪的是，这些没有说出口的想法和期待，怎么就到了孩子眼中，深入孩子内心的呢？我常跟家长说的一句话是：“母子（女）连心”“父女（子）连心”，这里的“连心”不单纯是指血缘铸就的关于基因与遗传的感应，更多的是在一个家庭中默默流淌的氛围，会让很多期待不言明，却比语言更有杀伤力和威慑力。

我接触的孩子中有一个孩子很特别。她在广州一个省重点初中上初三，是从周边城市考到这所学校的。意料之中，在整个小学，她的成绩都一直稳坐班上头把交椅。只是在这个高手如云，大部分同学的家长都是大学教授的学校，她头一次尝到了失败的滋味。初一的时候她还能勉强跟上班级的进度，但是成绩只在班上排中等水平，初三的时候，某些科目已经处于班级倒数。虽然她是在一个重点学校，即使排最后，总分也是非常高的，但是，相对落后往往比绝对落后，更影响着青少年对自己的评价。

但她表现得非常无所谓：“我是不在意成绩的，成绩好又不代表一切。”她给我列举种种她受到的不公平待遇，证明老师、同学都是势利眼，自己成绩一下降，大家对她的态度就有了明显的变化，成绩不好的同学只能跟成绩不好的同学玩。而事实是，她会根据自己成绩的水平选择朋友，成绩名列前茅的时候就跟名列前茅的同学玩，成绩中等的时候就跟中等的同学玩，现在成绩已经垫底了，她便跟班上为数不多的不怎么学习的同学打得火热。她性格活泼开朗，总是能找到适合自己的朋友。

另一方面，如果老师找她谈话，了解她为什么最近成绩下降，询问她：“是不是听不懂？”她立马信心满满地回应：“没有啊，我都会做啊，就是不知道为什么做出来没有分。”无论是学校的教学还是一对一的家教辅导，她都从不问问题。“打死我都不要问老师问题，我真的都懂。”

她成绩下降之后，似乎变得更加“活泼开朗”，成了班级里搞怪、制造气氛的能手。她费尽心思，想尽办法逗同学开心，俨然一个

“开心果”“捣蛋鬼”。她会在上课之后接老师的话，调侃老师，会在黑板报上费尽心思编一首颇有意味的老师经典语录改编诗，看着大家一边笑一边讨论，不断猜想谁是作者的样子，她简直乐得不行。通过这样的方式，她似乎重新找回了成为焦点的感觉。

老师着急得不行，几次三番找她谈话，她依然满脸无所谓。后来她被诊断出有严重的抑郁，对周围的人和事都丧失了信心，大部分时间都很难集中精力学习，一度在崩溃的边缘。妈妈跟我说：“我对她真的没有什么要求和期待，只要她健健康康、开开心心的，她读一个很普通的高中我都能接受。”经过一段时间的治疗，她的情绪问题有了明显的好转，新学期开学，原本打算休学的她，硬着头皮去了学校。状况跟之前差不多，她再次担任了班级的“快乐大使”，以调侃老师为己任。

终于，妈妈主动找到我，希望我跟孩子谈谈学习的事。妈妈很精准地分析了孩子目前的状况成因：“她成绩比不上别人，但自尊心又很强，不愿意接受现实，于是假装不在意成绩，整天把精力放在其他不相干的地方,通过哗众取宠来获得关注和成就感。”我发自内心地佩服这位妈妈的一针见血，于是好奇地问：“那你对她的学习是什么态度呢？”妈妈很坦诚：“我感觉自己还是很开明的，对孩子基本是放养，不希望给她压力，只要她尽力就好。我自己也学过心理学，知道不能给孩子太高的期待，不然孩子可能会承受不了。”我心里暗想：难怪，原来是学过专业知识，所以能分析得那么到位。停了一下，她又补充道：“但是我的朋友都说我对孩子期待很高,包括我的妹妹,都说以我这么要强的性格，不可能放养孩子，看我平时说话，跟孩子相处，都明显能感觉到我对孩子期待很高。”说着，她无奈地耸耸肩，表达自己的无辜和冤枉。我从不觉得父母不应该对孩子有所期待，所以并没有觉得她的做法有多不妥，我更感兴趣的是她的期待是如何传递给孩子的。

我问妈妈：“你会跟你女儿谈希望她大概考到怎样的成绩你是满意的吗？”妈妈摇摇头：“没有，我担心会给她压力。”我提醒她：“但是她完全可以从你每次看完考试成绩的反应推测出你大概期望的标准。这个猜的过程可能会引发更多的不确定性和焦虑。”妈妈若有所思。回去之后，第一次正式地跟孩子谈了自己作为母亲对孩子成绩的看法和期待，表达了对孩子期待的理解，也真诚地说了一个母亲对孩子前途的关心。孩子没有马上就如释重负，但从之后表现来看，孩子对于学习的积极性有了明显的提高，在跟我谈到“学习”的话题时也不再回避和掩饰，能够坦诚地说遇到的困难，与我一起讨论解决方法。

“努力就好，尽力就好。”看似鼓励的话语，其实满含着巨大而不确定的期待。有个孩子跟我说：“不管我考多少分，我爸妈永远是叫我‘继续努力，争取下次更进步哦’，从来不会告诉我这次很不错。我考了满分还是要‘继续努力’，我都不知道努力到什么时候是个头，好像没有止境一样。”没有确定标准的期待，给孩子展示的就像是看不到边界的海。因为茫茫无边，孩子很容易因为看不到希望而放弃。

现在很多家长怕给孩子定目标，怕告诉孩子自己心中真实的期待，会给孩子增加压力，因此，话到嘴边，都变成："没关系，你尽力就好，不要有压力，我们不在意成绩的。"即使心中着急得要命，生怕孩子不努力、不上进影响未来的前途，却也要把这些话生生地咽下去。一方面，青少年心理问题的爆发，青春期孩子激烈的情绪表达，让父母把孩子看得非常脆弱；另一方面，心理知识，特别是青少年心理特点的普及工作完全没有跟上，心理疾病成了一个谈虎色变的虚无概念，没有评估标准，也没有参考案例，父母们只能小心翼翼地回避。在大部分孩子心中，都是希望父母对自己抱有期待的，并且希望父母明确地说出自己的期待，期待代表的是重视，是在乎，是不放弃。我接触到的很多家长都会在孩子出现心理问题之后，慌不择路地说："没关系，成绩不重要，上不上学也不重要，我们只要你健康快乐就行。"以为会安慰到孩子，减轻孩子的负担，没想到孩子并不买账："这样说，好像我是个废人了，什么都做不了一样，他们也对我彻底放弃了。"

期待本身并没有错，如何树立合理的期待，并且寻找到恰当的方式表达才是最关键的。

这里要提一个专业的心理学概念叫"最近发展区"。这是由苏联著名心理学家维果茨基提出的，他认为在确定儿童的发展目标，以及进行教学设计时，要使教育对学生的发展起主导和促进作用，就必须确立儿童发展的两种水平：一是他已经达到的发展水平，表现为儿童能够独立解决问题的智力水平；二是他可能达到的发展水平，但要借成人的帮助，在集体活动中，通过模仿，才能达到的解决问题水平。维果茨基特别指出："我们至少应该确定儿童发展水平的两种水平，如果不了解这两种水平，我们将不可能在每一个具体情况下，在儿童的发展进程与他受教育的可能性之间找到正确的关系。”而儿童在成人指导下借助成人的帮助，所能达到解决问题的水平与在独立活动中所达到的解决问题的水平之间的差异，被称为“最近发展区”。因此，“教育学不应当以儿童发展的昨天，而应当以儿童发展的明天为方向。只有这样，教育学才能在教学过程中激起那些目前尚处于最近发展区内的发展过程”。在中国，有一个对这一概念的通俗解释叫作“跳一跳，摘果子”。具体来说，儿童的学习行为就像是跳跃，不跳跃自然摘不到果子。但若果子太高，儿童跳起来够不着，那么“学习行为”就并没有真正发生,因为没有完成内部的建构,自然是失败的行为。

然而，自己到底能够跳多高，在成人的指导和帮助下自己到底能达到怎样的高度，这些标准如果完全依赖于孩子自己来评定显然不现实，而且大有可能是会有较大偏差的。这就需要家长通过日常观察，通过仔细评估孩子的能力水平，跟孩子一起商量确定一个合理的目标,真诚地表达自己相信孩子能够达到这个目标，实现自己的期待。这个步骤在很多家庭中都是不存在的。现实中，很多父母这样指定目标：一种是跟其他孩子比较。“别人能考一百分为什么你不可以？”“别人能安安静静地写作业为什么你不可以？”“别人都能学会为什么你学不会？”另一种是目标一劳永逸，贯彻始终：考一百分，考全班第一，考全年级前十。小学是这个标准，初中是这个标准，高中还是这个标准，完全不在意学业难度在不断增加，周围的竞争对手越来越厉害，原来靠死记硬背可以拿到一百分，现在靠死记硬背只能拿到五十分等因素，想当然地坚定心中的目标。这就是前文所说的，孩子跳起来，发现果子还离自己一米远，不断地跳，想尽了办法，果子还是够不到，慢慢就“习得性无助”，连跳都不愿意跳了。

可能有些家长也会觉得冤枉：“我们都是跟孩子商量过的，他自己定的目标，自己说自己可以的。结果自己又做不到，总是说话不算话，我们怎么能不失望？”这也是亲子教育中常会出现的错位。

孩子因为成长经历有限，对自身能力评估缺少客观依据，容易根据一两次的成功高估自己的能力。再加上孩子急于表现自己，急于获得家人的认同，容易做不合乎实际情况的承诺，给予父母过高的期待。不明就里的家长会跟随着孩子的期待，引发自己的失望。果子的高度，孩子是否能够“跳一跳”就摘到，需要经验丰富的成年人才能确认，并且给予孩子恰当的指引和参考，不能全凭孩子按照想象中的标准决定事情的走向。

有位妈妈对于自己上初二的孩子玩手机的事情特别反感，特别是孩子成绩下降，学习动力不足，经常表示很烦躁，需要玩手机放松之后，只要一看到孩子手机，妈妈的脸便会不受控制地阴沉下来。双方经常因为手机的问题发生争执，关系弄得很僵。有一次，不知道是太阳打西边出来了还是孩子突然想通了，暑假的时候突然对妈妈说：“我要戒掉手机，一点都不看，时间都用来学习和锻炼。”相信这是每位家长梦想中的孩子的承诺，妈妈高兴坏了，脸上长时间保持着欣慰的笑容。暑假有一个月的时间，孩子跟爸爸待在海南，真的没有带手机过去。据爸爸反馈，学习和锻炼也基本坚持做到，夫妻俩不住地感叹：“孩子长大了，懂事了。”谁知开学之后，随着学习压力的增加，孩子烦躁的情绪也出现得更加频繁。孩子成绩很好，是老师当种子选手培养的对象，老师也期待孩子在各方面都能起到模范带头作用，当然，这并非易事。因此，每周末回到家，玩手机就成了孩子唯一的放松方式，有好几次都不能按照约定的时间上交手机。妈妈百思不得其解：“不是你自己说要戒掉手机吗？你之前都可以呀，你再试试看，对自己要求严格一点。”孩子毫不妥协，有时候烦躁起来甚至会指着父母的鼻子骂。妈妈一说起来便垂泪，焦虑异常。

孩子在一次家庭治疗中，满脸的鼻涕和眼泪，指着妈妈悲愤地说：“你总是不满意，我做什么你都不满意，你到底要我怎么样！”妈妈懵了：“我没有想要你怎么样，我们是为你好。要求不是你自己提的吗？”孩子哭得更伤心了：“我反悔了行不行？我做不到行不行？你不要再逼我了！”妈妈继续表示无辜：“我们没有逼你呀，是你自己定的目标呀。”为了不让场面继续失控，我示意妈妈先让孩子冷静一下，鼓励孩子平静地表达自己的想法。孩子沉默了很久，才说：“我在海南的时候也没有做到完全不玩手机，也有偷偷拿爸爸的手机玩，我现在放弃了，我不想逼自己，我做不到，我也承认自己不行。”爸爸在一旁帮孩子说话：“他只是睡前玩一下，也能准时交还给我。”妈妈这时才说：“我们也并不是完全反对他玩手机，只要他能控制时间，不影响学习就行。”然而，孩子脸上惊讶的表情反映了妈妈之前对手机的严厉管教，只要看到孩子拿起手机，便“怒其不争”。家庭成员之间没有讨论过可以接受的玩手机时间，只是通过制止、指责来表达彼此的想法和期待，结果引起误会。这也正是我鼓励他们回去做的事情，开诚布公地谈，寻找解决的方案。孩子其实很懂事，只是较少表达内心的想法和感受，妈妈也多以指责来表达关心，才导致双方关系渐行渐远。误会解开之后，一系列的问题也随之迎刃而解。

期待无错，合理表达期待，或许会为厌学的孩子打开一扇窗，抑或是提供如灯塔一般的方向，这些，都将对他们是莫大的帮助。

Story22

上学，到底是为谁？

孩子焦虑吗？他们焦虑的是什么呢？焦虑的是自己的前途吗？焦虑的是其他同龄人都在努力学习，自己却在虚度时光吗？还是焦虑将来会养不活自己，只能啃老？在我接触的大部分厌学的孩子中，以上这些焦虑并非完全没有，但他们更像是平静水面偶尔投下的石子，稍稍提醒一下他们现实的存在。看似平静的水面下大量翻滚着的惊涛骇浪是什么呢？焦虑的焦点到底指向何方呢？大部分是指向父母。他们焦虑的是没办法跟家长交代，焦虑的是家长会失望，会伤心，会不喜欢他们，严重地说，是会嫌弃他们，最终抛弃他们。

孩子不上学了，最焦虑的是谁？孩子，还是父母？他们焦虑点和方向一致吗？一个厌学的孩子，可以把整个家庭弄得乌烟瘴气，长时间低气压，家庭里的每个人都各怀心事，从不表达，却又心照不宣。

我试图揭开这层焦虑的面纱。

孩子焦虑吗？他们焦虑的是什么呢？焦虑的是自己的前途吗？焦虑的是其他同龄人都在努力学习，自己却在虚度时光吗？还是焦虑将来会养不活自己，只能啃老？在我接触的大部分厌学的孩子中，以上这些焦虑并非完全没有，但他们更像是平静水面偶尔投下的石子，稍稍提醒一下他们现实的存在。看似平静的水面下大量翻滚着的惊涛骇浪是什么呢？焦虑的焦点到底指向何方呢？大部分是指向父母。他们焦虑的是没办法跟家长交代，焦虑的是家长会失望，会伤心，会不喜欢他们，严重地说，是会嫌弃他们，最终抛弃他们。

我很少听到厌学的孩子谈论未来的目标和生活规划，他们一边被自己的无助和自卑禁锢着，一边饱含着对父母的愧疚和忐忑，动弹不得。

而父母的焦虑会更有方向性，指向更长远的未来。不上学怎么办呢？没有学历，将来有什么出路？天天在家里待着，这么颓废，上不了大学，将来怎么找好工作？父母不可能养孩子一辈子，总有老的一天，到时候怎么办？

每到开学季，总会有无数这样的家长，急得像热锅上的蚂蚁，跟我报告他们孩子的一举一动：有没有去学校，今天是上学的第几天，孩子回来的脸色怎么样。说话都小心翼翼的，连大气都不敢出，接着就是一堆担忧：“他作息还是没有完全调整过来，我很担心他过几天又不去了。”“他回来脸色不太好，不知道是不是在学校过得不开心。”“他比班上的同学都大了一岁，不知道能不能融入，真是愁死人了。”

一个孩子跟我说：“我不想去上学，但是又担心父母太难受。你能不能让我爸妈不要那么难受？”我没有正面回答他的问题，反问他：“他们难不难受，跟你上学有什么关系呢？”他笑笑很自然地回答，我相信这是他发自内心的想法：“他们不难受，我就可以安心地不去学校啦。”我恍然大悟，原来对于上学，他最在意的不是学习本身，也不是不上学对自己造成的影响，而仅仅是父母是否接受，会不会因为他不上学而心情不好。换句话说，他上学与不上学都不是为他自己，都是为了父母，而这个孩子，是一个原本应该上高一的大孩子，在心理上却还没有形成完全的自我意识，去思考自己想要走的道路。

我于是问他：“上不上学对你而言一点影响都没有吗？”我知道，这个孩子原本可以直接读高一的，但是因为没有上到理想的高中，才选择复读重考，他是冲着当地的市重点高中去的。然而他现在的说法却是180°大转弯：“我觉得读不读重点高中都没关系，之前是觉得上了好的学校就脸上有光，但现在我想通了，反正最后都是过普通的一生，上什么学校都无所谓。”他顿了顿，又说："我爸妈为了让我进现在的学校花了很多心血，我不去对他们很愧疚。"我询问他："你为何那么坚定地认为自己去不了？"他低了头，满脸愁容："我很多时候大脑都一片空白，只能不断地刷手机来打发时间，我什么都不想想。"很显然，他是处于非常焦虑的状态，只是表面无所谓。"想到上学那么多人，我整个人就很烦，我觉得自己很丑、很差，没办法跟同学相处。"毫无征兆地，他又陷入了自我否定的泥潭中，认为自己一无是处。最后，他说出了他的解决方案："不上学，就什么问题都没有了。"经过一系列的思想斗争，他为自己找到了出路：为了应对焦虑，他宁愿放弃全部的渴望和期待。一步步往后退，不断自我放弃，他并未觉得有什么惋惜和遗憾，于他而言，不惜一切代价地从焦虑的泥沼中爬出来，才是最重要的。

用逃避的方式处理自己的焦虑，对于父母的焦虑和失望，他却无能为力。找学校、报补习班，帮他补习上课，给他制订学习计划，全是父母一手包办，他全权信任父母的选择，依赖父母去为他解决一切问题。因此，如果不上学，他最在意的也是父母会伤心难受，这个 16 岁的孩子，还没有学会为自己的行为负责，而是与父母紧紧相连，揣测着他们的脸色和心情行事。他会不断问妈妈："我该怎么办？我该怎么办？"他鼓起勇气，对妈妈说出对爸爸的愧疚："为了我能上这所学校，爸爸跑了很多天，到处帮我找机会，我不去上学，心里很愧疚。我该怎么办？"妈妈被他问得焦虑无比，也六神无主起来。她努力开导孩子，又转身做丈夫的工作，让丈夫不要给孩子太大的压力，不要给孩子脸色。

这些事情妈妈做起来得心应手，从孩子出生后，十几年来，她一直帮孩子做着所有能做的事。曾经有一段时间孩子跟爸爸关系很僵，只要一说话就会吵起来，妈妈不断在两人之间做着协调的工作。这就像一种不需要言语传达的默契，孩子皱一皱眉，她便不忍心，赶紧飞奔过去，帮助孩子。这种不忍心，也造就了天然为孩子承担大部分责任的教育方式，让孩子几乎不用自己思考和做选择。他一直像几岁的孩子一样，习惯看父母的眼神和表情去做选择，而不是依从自己内心方向去选择自己的人生。为什么要上学？对他而言一直想不到答案，因此，他自己很清楚："我觉得考什么学校都无所谓，所以遇到困难我就没有动力坚持下去。"

他还没有学会为自己的选择负责任，去寻找自己的人生方向。读书？当然是为父母而读。又一年开学，他在焦虑纠结了近一个月之后，硬着头皮去了一天，便不肯再去。他见到我的时候有说不完的抱怨："老师第一天也没有让我介绍自己，就若无其事地让我到座位上坐下来，一点也没有重视我。""同学也很冷漠，不像之前班级的同学，也没人跟我打招呼。""学习压力好大，数学老师讲一道题，我才刚做了一半，他就已经讲下一道了，我跟都跟不上。""还要天天跑步，我跑了两圈就累得不行了，到现在腿还是酸的。"……"我坚持完一天，就下定决心再也不去学校了。"我听着他像一个小学生抱怨上学辛苦一般地说着学校的一切，想不到合适的回应。诚然，上学跟在家随心所欲相比，肯定是辛苦很多的，他因为辛苦选择不上学，就像一个小孩子，不满意的东西就不要一般，没有任何的思考和权衡。

但他已经 16 岁了。

“无论你长多大，在父母眼中你都永远都还是个孩子。”在很长一段时间，这都是一句充满爱意，对亲子情感最温暖的表达。然而，我却发现，现今的亲子教育，像是对这句话忠实的践行，又似乎哪里不对。永远是孩子，代表孩子永远长不大，永远不能让家长放心，永远没有自己的想法和追求。空前繁盛的物质条件下，计划生育政策带来唯一的宝贝孩子，加之无法从实践中积累教育经验的尴尬，让许多家长习惯一如既往地过度保护孩子。何谓一如既往，就是孩子成年之后，还当他是孩子，还无比负责任地去帮他善后，帮他铺路，总是对他不放心：“他还是个孩子啊。”心中无比坚持这样的观点，数十年不变。因此，孩子读书为父母，这样的现象就不足为奇了。若是你问他：“你不想为自己而活吗？”他会立马焦虑迷茫起来。拥有自由，也意味着要为自己的选择负责，这对从未离开过父母保护的孩子而言，是非常恐怖的一件事。

很多这类厌学的孩子，当他们选择休学或者冒出想要休学的念头的瞬间，头脑中浮现的都是父母失望、担忧的脸，连连摇头的表情。我认识一个初二的女孩，费尽心思好不容易让父母答应她休学，却在父母办完休学手续的第二天跟妈妈提出：“要不我还是再回去上学试试？”把妈妈气得说不出话来。我也很好奇，这种情况是比较少出现的，大部分孩子在办完休学手续的那一刻，就仿佛进入假期一般，迎来解脱的畅快，立刻把学习的事情放在一边，兴奋地玩乐起来。刚休学就反悔的，听起来有点不可思议。她面带忧伤：“我就是不想听我爸不停在那里说我不上学，废了，将来没希望了，在家里我不管做什么他们都看我不顺眼。”我问：“那你现在回学校能适应吗？”她沉默，没有回答。这样的选择更像是从一种焦虑逃避到另一种焦虑，来来回回寻找适合自己的地方，但总是徒劳。

还有一个女孩子在复学遇到困难，在学校里过得很煎熬的时候，不止一次地跟我说：“好想再休学啊，但是这个话我不能对我妈说。”我被她这话吊起兴致：“什么原因呢？”她叹一口气：“跟我妈说了她肯定会崩溃的，我良心过意不去。”“你怎么那么确定妈妈会崩溃？”她很肯定地说：“肯定的，我平时一提想请假，一在学校表现不好，她就好像天塌下来一样，整个人慌乱得不行，再提我要休学，她非疯不可！”妈妈会不会真的疯我不知道，但在孩子心中，对妈妈会崩溃的恐惧绝对是真实存在的。为了应对这样的恐惧，她可以继续撑下去。

不知道从什么时候开始，孩子上学成了为老师上，为家长上，考试是为学校考，为家长争光，这似乎成了一种常态，并不会让人觉得有任何不妥。至于上学本身的价值和意义，以及孩子学习的内在动力，成了天然被忽略的领域。甚至很多人在潜意识中认同：学习就是痛苦的，就是需要煎熬、需要硬撑下去，为了美好的未来，一定要上学。学习变成了为了遥远而缥缈的未来要忍受的一件事，享受学习，快乐学习，根本不可能。不可否认，学习并非是一件轻松的事，但缺少自我意义感和价值感的学习过程，会使其变得面目可憎，人为地增加学习的恐怖程度。当附加的压力和关注不断黏合在学习上，孩子便越来越无法了解学习的本来面目，更加步履维艰。

家长可能会很奇怪："我每天都跟孩子说读书是为自己读，不是为父母读，考差了对父母又没有影响。"老师们也奇怪，表示自己一直在强调："你们学习又不是为我学，你们考不好，我又不会少领一分钱奖金。"话虽如此，但众所周知，大部分学校里，学生的成绩都是跟老师的绩效挂钩的，这就必然会引导老师对成绩好的同学另眼相看。而能做到"不以成绩喜，不以成绩悲"的家长，古往今来都难以找到。道理和方法我们都懂，却太容易受外界的价值观和大趋势的影响。这些，孩子都看在眼里，心知肚明。

我想起我跟一个家长之间的对话，家长表达她的开明："我不在乎我小孩考多少分，她只要努力了就行了。"我于是问："那怎么判断孩子有没有努力呢？"妈妈很自然地说："那当然是看他的成绩呀。"我忍住笑，这位妈妈丝毫没有发现自己言语中自相矛盾的地方，仍坚持自己开明、平等。只在意结果的家长，很难培养出在意过程、享受学习本身的孩子。成绩很多时候并不能完全代表学习过程，如何让孩子真正体会到学习的乐趣和意义，发掘出自身学习的原动力，才是最值得思考的问题。

Story23

上学的意义是什么?

这些孩子，他们有强烈的孤独感和无意义感，他们从小都是最好的学生、最乖的学生。他们也特别需要得到别人的称许，但是他们有强烈的自杀意念，也不是想自杀，他们只是不知道，活着的价值和意义是什么?

“上学需要知道意义吗？你这么小不上学能去干吗？”“每个人都上学，就你不上学，像话吗？”“现在不上学，你以后能干什么？扫大街吗？”

对于“上学的意义是什么？”这样的问题，父母的回答通常有以上几种。从现实的角度，父母大概很难想通为何这会成为一个需要思考的问题。“吃饱了撑的”，大概能很准确地解释他们对此类问题的嗤之以鼻。

不过，确实有一部分孩子是因为找不到上学的意义而厌学的，甚至深层次讲，他们也找不到人生的意义、活着的意义。

有个 12 岁的男孩，在省重点初中上学，他小学是在老家上的，后因父母工作调动，便跟随父母来到广州上初中。他凭借自己的努力考入省重点初中，而且在学校的成绩一直保持在年级前二十。于他而言，学习是一件很容易的事情，他总能轻松地完成学习任务，轻松地让成绩保持在年级前列。什么是努力学习，什么是勤奋努力换来成绩进步的成就感，他统统没有体验过。他的家境优渥，父母都是大医院的主任级领导，在物质条件上，他想要什么都能得到。

然而，他却在初一刚上了一半之后，开始拒绝上学，每天去学校都要跟父母经历一番斗智斗勇，请假也成了家常便饭。

他第一次见我就很直接地说：“我也不知道我究竟是为什么不想上学，我觉得自己并不讨厌上学，与同学关系方面也没有明显的问题，我很少跟同学有矛盾，我成绩也不错……”仿佛自己都说服不了自己，找不到一个冠冕堂皇的厌学理由。接着他又滔滔不绝地谈起上学的重要性：“我不是那种活得浑浑噩噩的人，我有自己明确的人生规划和目标。我不想平庸地过一辈子，我将来从事的职业一定要是光鲜的、人人羡慕的，这就一定需要文凭，所以我知道一定要上学，我很清楚上学的重要性。”我深信他理解他所说的全部理论，他也发自内心地认同这些理论。

而实际的情况是怎样呢？

他在初一下学期开始，可能因沉迷玩手机、打游戏及看小说渐渐开始赖床，不愿上学，有时因上学的问题烦躁不安，要求父母允许他每天玩两个小时的手机，父母妥协后他才能勉强坚持正常上学。他的情绪慢慢变得不稳定，经常因小事跟父母发生口角争执，严重时会乱摔家里的东西。初一放寒假后他沉迷打手机游戏，几乎每天打六小时以上，经常日夜颠倒，被家人劝说时则大发脾气。新学期开始他便完全拒绝上学，终日在家打游戏。因为发脾气自己摔了手机，他命令父母马上拿去修或者买新的，父母怕他继续沉迷手机，没有立刻行动。后来他干脆绝食，威胁父母不买手机他就不吃东西。

种种迹象，都让家人认定他是因为游戏上瘾才像变了一个人似的，都是游戏惹的祸。

他对家庭情况的表述很坦诚，说父母都很忙，自己从小就习惯一个人在家，自己的事情自己解决。接着，又强调：“我在学校与同学的相处都很好，整个年级六分之五的人都认识我。”我于是问他："那你是有很多朋友吗？"他摇摇头："我没有朋友。"想了想，又说："或者说看你对朋友的定义是什么，在我的定义里，我没有朋友。"我尝试询问："你对朋友的定义是什么呢？"他在那一刻突然收起拒人千里之外的"优秀"气质，露出低落的表情："可以聊天的。"我于是知道他跟同学的相处方式，真的仅限于认识。每位同学看到他都打招呼，他在学校总是满脸笑容，一副无忧无虑的样子，跟同学嬉笑打闹，一旦放学回家，或者在周末，他不会跟他们有任何联系。他不知道找什么理由去联系同学。

他跟人谈话总有一种距离感，他只表达自己好的方面，对于任何涉及自己需要帮助的内容，他都异常谨慎，飞快地转移话题。反复跟我说他很好，他也可以上学，只是想暂时放松一段时间而已，是父母太紧张，才让自己过来看心理医生。

他有一次摆沙盘，摆放自己和游戏中认识的三个朋友一起在海边野餐的画面，告诉我他能认识这几个朋友觉得很开心，大家相处也很真诚，与自己在学校的朋友很不同。在初中，他已经明显感觉到了同学间的"明争暗斗"，他跟同学都是戴着"面具"相处，对每个人都是笑脸盈盈的，从不发脾气，也从不跟任何人发生矛盾。这是一种有距离感的礼貌和客气。"他们心里都盼着我成绩掉下来。"他面无表情地说。我相信他所在的学校竞争激烈，但同学都是天天盼着他成绩下降，好让自己的排名上升吗？我不禁打个寒战：一个十来岁的孩子认定周围的同学对自己都没有基本的善意，处境该是多么焦虑和无助？

他从小对父母的印象都是"很忙"，永远都在忙，没有能真正跟他放松交流的时间。父母唯一关注的就是他的学习成绩，平时跟他谈论的话题也主要局限于：要努力学习，成绩很重要。“还有其他互动吗？”我问。他想了想：“其他的大概就是我想要什么都给我买吧。”眼神里都是落寞。

他从小就是公认的聪明孩子，什么事情都能轻松搞定，他不知道什么叫努力之后的成就感，他不会交朋友，不知道怎么跟周围的同学真诚地相处。家庭里没有温暖，他不愿回家，宁愿在外面到处游荡。

他说：“我在游戏里找到归属感。除此之外，我不知道做其他事情有什么意义。”其他事情，当然也包括上学。

我还接待过一个六年级的小女孩。她告诉妈妈她情绪很不好，有轻生的念头，并且反复提了很多次。妈妈大多数时候的反应都是：“每个人都有烦恼，生活就是这样，你要自己调整。”后来这位妈妈看着孩子的情绪问题越来越严重，不得不带她来看医生。妈妈找到我，说的第一句话是：“我最担心的就是她觉得自己生病了，就可以不好好学习了，就自己放松了。医生你知道，现在社会竞争压力这么大，只能靠自己奋斗。”接着补充说：“我从小的家庭教育跟她比，不知道压力要大多少倍，我都能撑过来，为什么她不能？以前她的外婆对我，那才叫严格，她现在不知道多幸福。”

妈妈不接受女孩的情绪，也不相信她真的会有轻生的念头。妈妈最担心的是孩子以此为借口，放松学习，慢慢厌学。在妈妈的概念里，人活着就要努力奋斗，什么都要做到最好，用孩子的话说："要做到完美，要第一，不然就没有任何意义。"她是这样要求自己的，也这样要求自己的孩子。按照这样的观念，一旦放松，人会有惰性，就没有动力奋斗。

女孩小升初发挥良好，加上电脑派位初中的好运气，她即将到省重点初中上学，这是一件很荣耀的事情。我问她："你开心吗？"她说："本来以为会很开心，但是看到录取通知书的时候，稍稍有点开心，后来就什么感觉都没有了。"她干笑一下，情绪复杂地说："我妈很开心，还发了朋友圈。"说完，又莫名地笑笑。

她说："我有时候很自大，有时候又很自卑。"她跟身边的同学格格不入，觉得他们都很幼稚，喜欢游戏，喜欢追星。她喜欢看书，看很多她的同龄人不会看的小说，比如《红楼梦》，虽然有些她也看不懂。她写的东西总是被老师评价为"太成熟""没有童真"。妈妈总是夸奖她的东西写得好，她说："那是我妈为数不多的发自内心地夸奖我。"妈妈于是联系自己出版社的朋友，希望帮她出版她的文章，结果得到的反馈是："文字太成熟了，不像小学生的文字，要童真一点才合适。"她很无奈，在得知她的年龄之前，大家都说她的文章写得好，一旦知道她的年龄，就觉得很奇怪，无法再欣赏。她写的都是悲伤的短篇小说，全都是悲剧故事。

她的成绩大部分时候是比不上其他人的，无论她怎么努力，妈妈积极地为她报各种补习班，努力把她打造成优秀的小孩，但最终都是徒劳。

她白天有事情做的时候还好，一到晚上，她就无意识地开始想人生意义的问题，觉得莫名的空虚，怎么想都想不到活着有什么意义，绝望便慢慢包围着她。有时候她会用刀割自己的手臂，看着血流出来，心里能稍微轻松一点。

她渴望爱情，她所写的故事大部分都是爱情故事，但都是悲剧结局。她说希望能遇到一个男孩子能让她明白人生的意义，但马上否定自己："别人是靠不住的，只能靠自己。"她不相信有人会真正喜欢自己，这方面她很自卑。小的时候大部分时间是外婆带她，外婆年纪大了，但是脾气仍然很大，说话也很直接，会因为很多莫名其妙的事情骂她，会经常半开玩笑半认真地感叹："你怎么长得这么黑，怎么这么黑呢？"邻居家有个很漂亮的女孩子，她口吻里都是不服气，说："每次她跟我说话，都是昂着头，一副居高临下的样子。"过了一会儿，又低落地说："但是她真的很漂亮，就像公主一样，而我……"

上学的意义究竟是什么呢？

考个好大学，找份好工作，过稳定的生活？光宗耀祖，完成父母的心愿？

"我们以前就是没有机会读书，学历不高，现在工作这么辛苦。挣钱那么不容易，你好好学习，以后找个稳定的工作就不用这么辛苦了。"这是很多家长发自内心的期待。

有个高考状元说，他感觉自己在一个四分五裂的小岛上，不知道自己在干什么，要得到什么样的东西，时不时感到恐惧。19年来，他从来没有为自己活过，也从来没有活过，所以他才会想轻易地放弃自己的生命。

还有一位同学告诉我：“学习好、工作好是基本的要求，如果学习不够好、工作不够好，我就活不下去。但也不是说因为学习好、工作好了我就开心了，我不知道为什么要活着，我总是对自己不满足，总是想各方面做得更好，但是这样的人生似乎没有尽头。”

这里涉及一个很早就被提出来的概念，叫“空心病”。什么叫空心病？

空心病看起来像是抑郁症，人的情绪低落、兴趣减退、快感缺乏，如果到医院精神科，一定会被诊断为抑郁症，但是问题是药物无效，所有药物都无效。

这些孩子，他们有强烈的孤独感和无意义感，他们从小都是最好的学生、最乖的学生。他们也特别需要得到别人的称许，但是他们有强烈的自杀意念，也不是想自杀，他们只是不知道为什么活下去，活着的价值和意义是什么？

核心的问题是缺乏支撑其意义感和存在感的价值观。

空心病的概念是指经常有强烈的孤独感和无意义感，找不到自己的人生意义，缺乏支撑其意义感和存在感的价值观。

直白地说，就是找不到生活的意义，无法理解生存下去的理由。但很多家长对此完全无法理解，不屑地表示：“纯粹闲的。”

那些得空心病的孩子，他们为什么找不到自己？

因为他们的父母和老师都只让他们疯狂地追求分数，追求成功，“多考一分，干掉千人”这样的唱调甚至出现在很多应该注重师德的老师身上。

他们只教会了孩子如何“干掉”敌人，却从未教孩子怎样有价值、有意义地活着。在网上，看到一个家长在朋友圈晒了一张“孩子作息时间表”，孩子除了周一到周五学校正常的课程之外，还有古文、钢琴、游泳、英语、拉丁舞等九种课外学习。孩子的妈妈说：“我的每个安排都是有目的的，跆拳道为了锻炼身体，增加男子气概；弹钢琴是为了培养艺术天赋；英语是为了出国方便；练毛笔字是磨炼他的性子……”每句话，都离不开“有用”“目的”，可你选择的“有用”教育，真的是孩子喜欢的、有意义的吗？

使劲鼓捣着报各种培训班，头破血流买学区房，这不叫教育。梁启超在《学问之趣味》中写道：“凡人必常常生活于趣味之中，生活才有价值。若哭丧着脸挨过几十年，那么生命便成为沙漠，要来何用？”

让孩子哭丧着脸去追求父母设置的目标，接受被安排的教育，在灿烂的少年时代却过着沙漠化的人生，真的好吗？

Story24

上学，会伤自尊吗？

有一部分孩子不愿意上学，其实是在保护自己脆弱的自尊。这就好像有些孩子会故意表现得自己学习不努力，吊儿郎当，不是因为他不在意学习，而是怕投入时间和精力，很努力地付出之后，结果依然不好，这样就再也找不到一个合适的解释，来保护自己的自尊不受伤害。而不努力就可以演绎出很多理由：我反正也没怎么认真；我就是不想好好学习；我只是没有努力而已，我要是努力了实力绝对不只是这样。

我将厌学对自尊的保护视作“不努力”的升级版，具有异曲同工的效果。

一个休学三年的孩子，好不容易鼓起勇气回到学校，第一天便备受打击。

数学以前是他最擅长的科目，不用付出很多时间精力，就能拿到高分。现在听数学老师讲课，他要很吃力才能跟上老师的思路，随堂练习题布置下来，同学们全都“唰唰唰”很快计算答案，一副很轻松的样子，他却要想很久才能找到解题思路，才刚算到一半，老师已经开始讲下一道题了，附带一句口头禅：“这道题这么简单，我不讲你们都会的。”在他听来，仿佛万箭穿心，每一支箭上都写着“你怎么这么笨”几个字，让他恨不得找个缝隙钻进去。我帮他分析：“但是你初一初二几乎都没上，三年都没怎么做题练习了，相比于一直在题海战术中浸泡的同学，灵敏度肯定有差距。”他满脸愁容，有气无力地回答：“这个道理我也知道，但是我暑假也补习了，家教教我的时候我都能跟得上，当时还很有信心。”我心想，那是当然，家教是跟着你的状况来设计进度的，现在班级的老师是要照顾到大部分人的水平，不过忍住没有说出口。他继续表达无奈和受打击：“从来没有经受过这样的挫败，这个学校本来就很普通，我本来是打算去考第一，吓吓同学们的，没想到却是这样，太丢脸了。”

老师在他第一天到学校的时候没有介绍他，也没有让他自我介绍，没有同学主动跟他说话，也没有人跟他打招呼，他在学校就仿佛是透明的。他中午去吃饭，其他人都是三三两两坐在一起，只有他是一个人，他觉得自己像个傻子一样。下课的时候同学们都在聊天，他插不上话，一个人坐在位子上呆呆的。周围的同学他一个都不认识，没有人跟他说话，他坐在自己的位子上不知所措，紧张异常。这个孩子长相帅气，在以前的班上成绩优异，足球踢得很好，是风云人物一般的存在，现在却遭受这样的冷遇，对他而言简直是一种耻辱。“我感觉我坐在班上就像是多余的，太丢脸了。我都找角落的位子，生怕其他人看到我。”

因为要体育中考，学校对体育抓得很紧，每天都有固定时间的跑步拉练，他以前是足球特长生，而且是校队的种子选手，跑步对他来说就像玩一样。然而，休学的几年中，他几乎无事不出门，偶尔出去爬爬山也都是一个小时左右，基本不会出什么汗，生活过得像退休老人一般，游戏成了他唯一的寄托。自然，他的体能跟以前比也退化得很厉害，跑几圈就累得不行，大口喘气，全身酸痛，他形容：“跑最后一圈我感觉自己快要死了。”好不容易硬撑下来了，他反复跟我强调，真的很难受，好多天之后他的腿还是酸痛的，太痛苦了。我想，他很清楚运动产生的乳酸堆积，是要在之后的几天都适量运动，才能比较快地代谢出去，否则疲劳的感觉会持续得更久。他没有运动，他没想到自己的体力会变得这么差，以前都是他嘲笑其他跑不动的同学，他一直是“运动健将”代言人，他接受不了自己突然变得这么弱。“我再也不跑步了！丢脸！”

上了一天学，在家里待了四天之后，他跟我谈论的都是在学校遇到的困难，以及不断丢脸的体验。这一天的上学经历，每一刻、每一件事都伤害着他脆弱的自尊心，让他无比羞耻，让他信心全无。

从第一天在学校跑完步，他就下定决心："太累了，老子再也不上学了！"果然，在之后的几天，一直到见我的时候，他已经有一周没去学校，只是碍于父母为他上学做的张罗和付出，一直不敢跟父母明说。他对我说："如果我不上学了，我也不会再来见你了，'无颜见江东父老'。"他说完，不自然地笑笑。我一时不知道该做什么表情，记忆中当时应该是"哭笑不得"的表情，我不知道该如何跟他解释，让他理解我绝不会因为他上不了学或者在学校做得不好而失望或者轻视他。他用半开玩笑的口气说着这句话，我却有些不寒而栗。他是一个很"乖"的来访者，从不迟到，甚至几乎不请假，他会表达这样的意愿，一定是经过深思熟虑的。不去上学，没有比较，他就还是那个优秀的他，一如从前。

后来，他果然没有再去上学，也没有再回来做心理咨询。妈妈反馈说他情绪挺好的，在家里玩玩游戏，爬爬山，状态看起来不错。家人对他的恢复是满意的，因为这个孩子刚找到我的时候因为无法上学，信心受到极大的打击，整个人非常消极悲观，不愿意出门，整天想结束生命。目前，他能够坦然接受现状，打算休学之后去读职高，家人已经非常欣慰。我却始终带着遗憾，我深知：他为了逃避所有对自己自尊心的伤害，选择干脆什么挑战都不去面对，以此来维护自己一直很优秀的形象，为此放弃多少发展机会，都在所不惜。不知若干年后他是否会后悔呢?

不做便不会错，便不用面对自己的无能与无助，这是孩子保护自己全能自恋的方式。所谓全能自恋，在婴儿期的孩子身上最为明显，一岁以前的孩子自我行动力非常弱，却对母亲有着“随叫随到”的支配能力，无论是渴了、饿了、困了，抑或只是无聊了，只要他一哭，母亲就会立马飞奔过来，满足他的需要。这样完全支配母亲的感觉，形成了婴儿最初对自己力量的评判，认为自己无所不能，能够做到所有想做的事情。随着婴儿的成长，这样的自恋会不断受挫，因为随着孩子的长大，母亲无法再满足孩子所有的需要，孩子会遭受拒绝，会经历失望。而这个受挫的过程也是必需而有意义的，是在挫败婴儿的“全能感”，让他能够更客观地看待自身的能力，看待自己与外界他人的关系。

而我接触的很多孩子，特别是从小是“天子骄子”，老师、同学、家长宠儿的孩子，并没有经历这个过程。可能在他们的小学或者初中阶段，一直都是一帆风顺，因为成绩好便能轻松获得所有宠爱的。一路走来，他们的“全能感”从未被挫败，一直在完美的幻象中生活，于是就有了“我从没想过我会考这么差”“我从没想过有一天我会没有朋友”“我从未想过我会失恋”的心理落差。

然而，凭什么你就不能失败，不能做不好呢？

我遇到过一个从初中开始就反反复复抑郁，总是会在考试或者学习压力大的情况下复发的孩子，这样的状况一直持续到高三。整个小学阶段她都一直是班级第一名、班长，且因为长相可爱，为人热情，一直是班级的宠儿。她是家里唯一的孩子，爷爷、奶奶、爸爸、妈妈，所有人都围绕着她转；她是邻居、亲戚、朋友眼中的“别人家的孩子”，人人羡慕的对象。常会有人向她的爸爸妈妈取经：“怎么把孩子教得这么好呢？”父母虽然口头上谦虚，心里却是在窃喜。

这样的状况，到初二时彻底改变。初中时她考进了当地最好的初中，学校竞争激烈。她的成绩虽然也不错，但跟小学时完全没法比，她不再是老师的宠儿、人群的焦点。她人际交往的问题也逐渐显现出来，因为自小优秀，众星捧月，她渐渐养成了唯我独尊的个性。小学时大家都忍耐着，加上她确实优秀，很多小朋友愿意跟她交朋友。初中之后不再有人迁就她，她很快便遭遇了“无朋友可交”的尴尬境地，在学校大部分时间都是独来独往。这样的状况持续到初二，她抑郁症发作，断断续续上学，每到考试就抑郁严重，困倦不已，无法起床，艰难地读完了初中。

中考时，她坚决不考，威胁父母：“你们要是敢帮我报名，我就跑出去，让车撞死！”父母不知所措，只能依着她。第一次中考，她没有参加，中考三天，她在家里躺了三天，足不出户，日夜颠倒。

后来，她又后悔了，想上高中，父母只能找培训机构让她复习。她勉强参加完中考，成绩却并不尽如人意，最后只能上私立高中。高一时，因为在普通班，虽然经常请假，基础比较好的她，有了稳坐第一的机会，分数远远超过第二名，再次担任班长，这是她初中以来状态最好的一个阶段，准时上学，准时考试，跟班上每位同学都相处得很好，同学再次以仰望的眼光看她。她的抑郁仿佛完全好了，没再出现任何症状。高二分班，她作为种子选手被分到了重点班，虽然成绩名列前茅，但明显压力更大，班级的竞争也更激烈。出乎所有人意料，她的状况再次变化，一到考试前，抑郁状况便加重，起不了床，怎么睡都还是困，不想出门，什么事都不想做。高二、高三两年时间中，她参加的考试屈指可数，大部分都是非常有把握或者不得不参加的考试。面临高考，她焦虑异常，担心自己无法坚持考试，担心这么多年的辛苦努力都白费。

她跟我说："我不敢再爱学习。"我疑惑地望着她，她接着说："从初中开始，学习带给我的伤害太多了，太多对学习的付出没有回报。"是啊，就像全身心投入爱一个人对方却全然没有任何回应一样，爱学习，努力投入，成绩却不尽如人意，同样伤自尊。为了保护自己脆弱的自尊心，她选择不考试，选择经常请假，同学、老师给她的评价是："你这么经常请假成绩都还可以这样，已经很不错了。"她需要这样的安慰和自我安慰。

只是，这就像一个死循环，越保护，自尊心越脆弱，越陷入虚幻的"自恋"中无法自拔。接受人都会失败，自己永远不可能什么都做得好，放开紧紧包裹的自尊心，才是真正的解决之道。

Story25

生病了，我就可以不上学

我们称为用身体来为“内心说话”。这些病，都极有“个性”，而且能帮助孩子们表达无法言说的内心感受，得到一直求而不得的“理想生活”。而对在学校受挫的孩子来说，这里的理想生活便是——不用上学。

谁会希望生病呢？

傻瓜吗？

非也。这群孩子可不傻，非但不傻，还几乎都是或者至少曾经是成绩优异的好学生。他们的“病”也奇怪，不痛不痒，所有的身体检查都是健康正常的，然而，他们的痛苦又是那样真实，症状也是那么明显，家人焦虑着急，却也无可奈何。

我们称为用身体来为“内心说话”。这些病，都极有“个性”，而且能帮助孩子们表达无法言说的内心感受，得到一直求而不得的“理想生活”。而对在学校受挫的孩子来说，这里的理想生活便是——不用上学。

这个小女孩才刚 10 岁，却已经持续一年，不明原因地头晕、发作性的呼吸急促。这一年时间里，父母带她四处求医，帮她办了休学，把之前一直受宠的弟弟送回老家上学。原本因为开工厂而无比忙碌的父母，推掉所有事情，全职陪她，特别是妈妈，几乎跟她寸步不离。

她很镇定地跟我描述她第一次发病的经过：她本来好端端地在写作业，弟弟突然一个鞋子飞过来，打了她，她心里很气愤，不过没有发作，只是低头不说话，后来慢慢就感觉呼吸加快、加深、喘不过气来，而且头非常晕，像哮喘发作一般气促起来。我于是问她：“那你家人这时候怎么做的呢？”她便答：“他们都围着我，叫我放松，但是我好像控制不了自己的身体。”“能听到他们说话吗？”她认真想了想说：“能听到说话声，但感觉很遥远，听不清。我整个人迷迷糊糊的，不知道自己做了什么。”无奈，家里的爷爷奶奶立马将父母叫来，将她送到医院，又是做全身检查，又是打吊针，又是吸氧，两天之后情况才慢慢好转，出院回家。这两天中家人非常紧张，寸步不离地守着她，对她的态度也是前所未有的好，好吃的好玩的，有求必应，当然，这也是我们通常对待生病孩子的关爱态度。家人看她慢慢好起来了，就送她回学校上学。她只在学校待了半天，就待不下去了，头晕得厉害，天旋地转一般。家人只能把她接回家里，但是她在家里也是一看见书本就头晕，气促的情况每两三天就会发作，家人没办法，让她一直在家待着，差不多一年的时间都没有去上学。

现在，爸爸妈妈，特别是妈妈，几乎天天陪着她，主要的工作就是带她到各地看病，老家、北京、上海，都去过。偏方、迷信也都尝试过，她都非常配合，认真按照医生说的去做。妈妈对待病中的她几乎是有求必应的。因为她吃饭少，也会千方百计想办法哄她吃饭。妈妈有时候会抱怨：“她生病之后好像变幼稚了，任性了。”不过，这并不妨碍她每次跟妈妈一起出现，都开心幸福，靠在妈妈身上撒着娇。

原本应该上四年级的她，对学习不是完全没有担忧的，她说：“四年级的课程好难，我很多都听不懂。”又说：“我缺了这么多课，缺了那么多作业，肯定跟不上。”我问她：“在家里会觉得无聊吗？”她摇摇头：“不无聊啊，挺好的。”我又问：“想去上学吗？”她点点头：“想啊，但是我现在生病，我也没办法。”

的确，孩子心里认为：我都已经生病了，难道你还要勉强我上学吗？你于心何忍？

第二个孩子更特别，她每到考试之前就犯病，平时吃喝玩笑，都好好的，让人摸不着头脑。

第一次犯病是在小升初考试前。考前一周她突然发起高烧来，退烧后逐渐变得表情呆呆的，回到学校后，跟同学相处时反应迟钝甚至没有反应。她意识不清，昏昏沉沉，当然，也就听不了课，做不了题目。同学、老师都觉得奇怪，无法理解，劝其回家修养。回家后，情况更糟，她基本不说话，大部分时间都在睡觉，叫也叫不醒，除了吃饭，其他时间都在床上昏睡，严重的时候连洗澡、换衣服都要家人帮忙，结果小升初的考试便没考，直接排位进了初中。这之后就更奇怪了，虽然上了初中，但每到考试都会准时犯病，上了两年初中，只考了一两次考试，老师非常无奈，只是摇头叹息。

后来，在学校跟同学难以相处，因为体型稍胖，经常被同学说“肥婆”，在跟唯一的好朋友闹翻之后，她以“老师讲课太慢，还不如自己在家自习”为由，直接改成在家学习。老师因为她的病也对她特别照顾，基本不用考勤，对她回校与否也很少关注。她便果真在家学习起来，甚至比班上一半以上的同学学得都要好，不过，她大部分考试仍然是不去的，每到考试之前也必然犯病，整个人迷迷糊糊，昏睡不醒，眼神呆滞，仿佛灵魂被抽走了一般。

她来见我的第一句话，也特别有意思：“我不觉得我考试有压力，我觉得自己学得挺好的。”我看着她，微笑着说：“我没有说你学得不好啊。”接着，她便滔滔不绝地说起来家人对她如何好，如何宠溺她，强调她从小到大，想要的东西几乎没有要不到的。她补充说：“即使父母当时不愿意给我，我撒一下娇，发一下脾气，还是能得到的。”又举例子：“特别是妈妈，真的是把我当宝贝一般，我长这么大，从来没有自己吹过头发，都是妈妈帮我吹，我到现在都还不会吹头发。”我望着眼前这个初二的学生，心想：原来她不会吹头发，接着继续听她讲下去。她又证明给我听，家里另一个人也对她很好：“姐姐小时候觉得家人偏心，偶尔会欺负我，但是现在她长大了，懂事了，现在也很宠我。”是的，她有一个大她10岁的姐姐，跟父母一起，履行着对她的教育责任。

我满心疑问，很少有孩子来到我这里跟我讲她家人对她如何好的，更多的是倒苦水，或者直接表达希望我去教育他们的父母一番。在孩子的观念里，心理医生是可以作为帮手的。她完全不同，跟我一个陌生人讲家人许多的好，到底想表达什么呢？

说起学校来，却完全是另一种口气，异常愤怒，因为长得较胖，好几个调皮的男孩子都叫她“肥婆”“胖子”，几乎忘了她的名字。她想了想，又说：“他们平时找我就是为了抄我的作业，让我买东西给他们吃，他们都很现实。”又说：“我们班都没几个人是想学习的，教室里整天闹哄哄的，我想学都学不进去。”又说：“老师也不怎么管我们了，上完课就走，我趴着睡觉，一上午都不听讲，老师也不管。”接着，她补充了一个重要的信息：“我隔一段时间会回一下学校，但是老师、同学好像没看到我一样，也不问候我一声，老师也当我不存在一般，照样讲她的课，我回不回班级，跟他们一点关系都没有。”她分析的理由是：“可能老师觉得我的成绩也一般，也不想管我了，只要我不给她添麻烦就行了。”我问：“老师不是怕管你吗？”她很惊讶，立刻否认：“怎么可能，她怎么怕我？”

她希望老师、同学是重视她、在意她的，只是，当他们将注意力放在她身上的时候，她又不知如何去面对这样的在意。

初一时，语文老师是班主任，脾气很大，经常骂学生，但对这个孩子很看好，就让她当了课代表，去记不认真完成作业的同学名单。她老老实实地记了，交上去，这些同学少不得挨一顿臭骂，同学就埋怨她：“老师说什么你就听什么，她让你去死你也去死吗？”她心里很委屈，不过也不会当着同学的面说，在同学面前她都是和和气气的，不说半点重话，也从不发脾气，所有情绪都压在心里。加上她长得胖，经常有同学取笑她，她不知道怎么应对，减肥又减不下来。某一次因为犯病隔了一段时间再回校，发现同学们好像突然没有了说她的兴致，她突然找到了应对方法，并且屡试不爽。

来治疗了两三次之后，她认为完全好了，便中断了治疗。

在中断治疗约半年后，其母亲再次联系我，反复劝说才将她带过来。她一坐下来便话不停口，基本不需要我问问题就自己滔滔不绝地说起来。她不观察我的表情，一直低着头玩沙子，说自己想到的话题。她说得最多的是自己这一年都没怎么去学校，每周最多去一两天，但是成绩出来在班上都是中上水平，同学都很佩服自己，但自己并不满意，觉得自己的水平不只是这样，希望考得更好。她跟我描述她在病中的状态：整个人都是迷迷糊糊的，不知道自己说了什么做了什么，每到考试就会发病，现今只考过一次月考，当时也是发病，迷迷糊糊的，都不知道自己怎么进的教室，怎么做完的考试题目，但是成绩出来还不错。她觉得自己有天分，学东西比别人快，但就是懒，不想做练习题，看一下书觉得懂了就算了，很少做作业，但老师也不理论。言下之意，如果她认真学，成绩一定不得了。

有时候，她会突然带着失落的语气说："班上大部分同学都是不怎么学习的，特别是男同学，比女生的成绩差很多，但他们除了学习不好，其他方面都很厉害，比如，很会搞气氛、组织活动，打篮球也很厉害。而我除了成绩好一点没有其他的优势了。"所以，学习成绩，于她而言，是全部的自尊和信心的来源。

接着，她又补充道："但是我真的不觉得考试有压力呀。我很喜欢考试的。"我心想：你当然感受不到压力了，你的身体帮你表达了，简单直接，不用经过大脑神经去体验，因此，没有焦虑和痛苦。而且，身体还直接瘫倒，以至于"无法自理"，都这样了，当然就无法考试了。不去考，就不会考差，就不会失败，就能不断告诉自己：我如果认真做，成绩一定吓死所有人。当然，我并没有将这些话说出口，我明白这样的防御对于她的意义，她不去面对，她用生病这个壳把自己包裹起来，是迫不得已，也是沉迷而无法自拔。

很长时间里，我总是不理解这些孩子，我也经常问他们："打针吃药不难受吗？""不担心自己的病好不了吗？"他们总是回答得很干脆："不会呀，也不怎么难受。"或者应该解释为这点痛苦，跟他们要面对的学习压力和恐惧比起来，根本不值一提。他们藏在"生病"的壳里，像寄居蟹保护自己柔软的身体一般，最多偶尔探出头来看看外面的世界，便立刻警觉地缩回去，在他们确信外界足够安全之前，他们都会一直这样躲下去。

然而，这并不是"装病"，这是"心理需要的躯体化表达"，帮助他们用语言来表达自己的恐惧和无助是第一步，让他们重建对周围环境的信任，相信即使不生病身边的人也能理解他们的情绪是关键。任何强硬的"指责""拆穿"都只会让他们越来越往壳里缩，最终适得其反。

所谓，心病还需心药医。

Story26

我不能就在家里学习吗？

这个世界上，原本就不存在上了大学、交了女朋友，孩子就一定能成长这样的道理，应对模式会伴随着每个人生阶段，除非我们刻意去调整。孩子在家里学习，即使学习成绩优秀，也不代表问题彻底解决了。孩子适应集体生活的能力，敢于面对困难和挫折的能力，能够离开家的能力，才是他适应社会的必备。

“为什么我不能就在家里学习呢？应试教育问题那么多，学校简直就是扼杀个性和创造力的人间地狱，还有那么多乱七八糟的事情占用我的时间。在家里学习我可以自由支配自己的时间，把时间利用到最大化，还可以听网课，听名家来讲，不用听我们那些上了年纪的老师蹩脚的普通话，效率不是更高吗？”

我们先不回答这些问题，先来看几个案例。

我曾见过一个 14 岁正在上初二的女孩子。她是在刚上初一时出现情绪问题的。小升初到新学校，新学校校规严格，要求女同学头发不能过肩。从小到大，她都留着长发，除了基础修剪，从来没剪短过。入学时她不愿意剪头发，被老师当众批评，并且对她进行了思想教育：“学生不能把心思都花在外貌上，那么长的头发，每天洗头得花多少时间？学校的校规校纪人人都遵守，就你特殊吗？”一番批判教育下，她只能妥协，哭着剪了短发。头发总会长长呀，每个月都要剪发，于是，她每个月都会为自己的头发哭泣一场。这件事成为导火线，她开始表现出对学校的诸多不满，认为老师不讲道理，认为同学自私，和同学几乎不交流，大部分时间都是独来独往。她每天最盼望的事情就是放学回家，一回到家，心情立马由阴转晴，在学校受的所有委屈都有了安放的地方。她只要见到父母，就反复提想转学的事情，不断跟父母，特别是妈妈抱怨自己在学校有多辛苦，这个学校有多差，同学有多差，老师有多差，其实她就读的是当地数一数二的重点高中，却在她口中被批得一文不值。

父母无奈，在她升初二时帮她办理了转学，把她转到一所私立学校。但新学校要求住宿，她从未长时间离开过家，加上原本就有轻微洁癖，要让她跟好几个同学生活在一起，简直是前所未有的挑战。她在宿舍里基本不跟人说话，在班级里也不愿与人交往，一直独来独往。从小到大，她都没试过主动交朋友，小学时因为她成绩很突出，有一两个女孩子很佩服她，主动跟她交好，她就这么还算平稳地度过了小学生涯。上初中之后，大家不在同一个班，慢慢也就疏远了。初中两个学校给她的第一印象都是挑战，都是要改变她原来习惯的生活方式，因此，她从踏进校门的那一刻起，自己就筑起了一道墙，写着"生人勿近"，加之她平时心情低落，大部分时间都是板着脸，同学便更不敢接近她。每天她的固定安排就是寻找一切可能的机会给妈妈打电话，不断哭诉："在学校好难受。""我吃不下饭，什么都不想吃。""我肚子好难受，经常莫名其妙地痛。""我想回家，你们到底理不理解我，到底知不知道我有多痛苦，你们一点都不关心我！"……妈妈每天心惊胆战，生怕接到她的电话。每次妈妈都在电话里不停安慰孩子，有时候甚至跟着女儿一起哭。

见我的时候，她已经经过艰苦卓绝的斗争，让父母允许自己在家里学习，并且已经在家里待了一个多月了。父母拿她没办法，硬拉也拉不进学校，束手无策，异常焦虑。

第一次见我的时候，她很特别地带着课本来了，而且不是放在旁边，是直接摊开放在腿上，意思很明显：学习时间很宝贵，一分一秒我都要利用起来学习。她在交谈过程中不断看手表，满脸的焦急，在她 10 分钟内大概看了五六次手表的时候，我终于忍不住了，问她：“你有急事吗？很赶时间吗？”她还是一脸焦急地看着我，说：“我要抓紧时间学习，我觉得我没有什么问题，只是爸妈要求我来，我只能配合。”接着眨眨眼，望着我，等待着我的回应。不过，还没等我说话，她又急着表达了她的观点：“我可以在家里学习，到时候一样参加中考、高考，谁规定一定要在学校才能学习呢？”似乎确实也没有谁规定一定要去学校学习，虽然有《义务教育法》，但是如果孩子和父母协商一致，国家大概也不会过问这档子事。而且她经过各种斗争，已经争得了父母的同意，这件事看起来真的与旁人无关了。我只能换个角度问她：“那你在家里看得进去书吗？”她愣了一下，低下头，底气不足地答：“看得进呀。”我看看她腿上翻看的书，从折痕看起来，这一页明显已经暴露在光天化日下多时了。我没有马上面质她，只是问：“比在学校效率高吗？”她含糊回答：“也算不上效率更高。”说着，抬起头，马上切换了欢快的表情：“但是我在家里开心很多呀。”

然而，据我所知，她在家里既不开心，也无法好好学习，大部分时间都是拿着手机，用刷视频、打游戏来打发时间，很多时候窝在沙发里一动不动，就过了一天。她经常会莫名其妙地流眼泪，父母稍不顺其意就会大发脾气，摔东西出气。每天早上，她都准时把书摆在书桌上，告诉父母今天要完成的任务，到晚上父母下班回来，书还是翻着那一页，她还是一动不动地躺在沙发上。

除此之外，她明显在刻意节食，每顿饭吃的东西都要计算卡路里。在家里短短一个多月的时间，她已经瘦了十几斤，父母每天为了让她吃饭焦头烂额。一边是她坚决不吃，一边是父母威逼利诱让她一定要吃，家里每天都要展开“吃饭大战”。她不断重复自己不焦虑、不着急，在家里很好，比在学校好多了。但她从来不在白天出门，周末有同学约她也从来不出去，一听到学校要考试就症状加重，在家里大哭大闹。

父母不断叹气：是不是当时不应该让她回家？现在真的不知道该怎么办好。

还有另一个在高一的时候休学一年后复学的孩子。当时他是因为人际关系，无法跟同学顺利相处，情绪低落，去医院诊断了抑郁症，名正言顺地休学。一年之后尚算顺利回到学校，一两个月之后，他又遇到新的问题：学习跟不上，上课很多时候听不懂。他每天找班主任诉苦，是的，每天准时找班主任，表达自己真的很想学，但真的学不进去，自己也很痛苦。班主任表达了充分的理解和支持，鼓励他慢慢来，一步步适应。他又说，吃了抗抑郁的药很困，上课有时候真的撑不住想睡觉。班主任也表示理解，对他的课堂纪律基本不做要求。渐渐地，他每天基本是从上课睡到放学，除了准时出现在教室里，基本什么都没学，只在晚自习的时候自学一下，稍微学习一点内容。这样的状况持续了一个来月之后，他觉得不行，不能继续这样下去，这样就是浪费时间，浪费青春，他要好好调整，要找回学习的动力。

冥思苦想之后，他决定：请假一周，回家好好调整。一周后调整好了再回学校。

来见我的时候，他刚好在家里已经调整完一周。我问他："这一周都怎么过的呢？"他不好意思地笑笑："跟以为的不太一样。"我看着他，点点头，示意他继续说，他接着说："大部分时间我都在打游戏，一打起游戏来就控制不了时间，我甚至想过让自己玩游戏玩到厌为止，想着玩厌了就能专心学习了。然而，游戏好像总是有很大的吸引力。"我心里想，这似乎是个意料之中的状况。接着，他又说："我想本来是要回家调整的，现在在家里都学不好，那我在学校更不可能学好了，我觉得我要考虑再休学一年，用更多的时间来调整。"我提醒他："你之前已经休学一年调整了。"他没有正面回答我的问题，而是描绘了一个充满希望的未来："说不定我在家里再待一段时间，哪天突然就想通了，就可以动力十足地回学校上学了。"说这话的时候他自己也忍不住笑了笑，不知道是因为觉得荒唐还是因为那样的未来实在让人欣喜。

他来见我的目的也很明确，他做了这样的打算，希望获得我的支持。我没办法给予他这样的支持，能够真正在家里正常学习的孩子太少了。

我见过一个从高一就开始断断续续上学，高二、高三几乎都在家里度过，见我的时候正在一个还不错的本科院校上学的孩子。他这样形容考上大学的幸运："就高考前勉强学了一两个月，都是靠初中和高一的底子考上的，加上真的运气好，基本上我掌握的东西都考到了，这才上了一个还不错的学校。"选专业的时候，他听从父母的建议，选了当时热门的计算机专业，结果开学两个月之后他就觉得读不下去。一方面是太长时间没有以正常的作息上学了，计算机的课程大部分跟数学相关，特别费脑，他学得非常吃力，天天都在担心考试不及格会被退学。另一方面，长这么大，这是他第一次离家住宿，完全不知道怎么跟舍友相处，舍友觉得好笑的话题他一点都不感兴趣，大部分时间都是自己在玩游戏。加之，家里自由散漫的生活和学校各种各样的规矩形成鲜明对比，他适应不了，只要待在学校就觉得胸闷，无比压抑。于是，这个快 20 岁的大学生，每天的必修课也是不断跟妈妈打电话，不停地诉苦，表达自己的担忧，表达待在学校的痛苦，要求请假回家，要求转专业。

妈妈哭着跟我说:“原本以为他考上大学了，也交到女朋友了，一切都能步入正轨了，他能跟其他孩子一样回归社会了，没想到还会出现这样的情况。”

这个世界上，原本就不存在上了大学、交了女朋友，孩子就一定能成长这样的道理，应对模式会伴随着每个人生阶段，除非我们刻意去调整。孩子在家里学习，即使学习成绩优秀，也不代表问题彻底解决了。孩子适应集体生活的能力，敢于面对困难和挫折的能力，能够离开家的能力，才是他适应社会的必备。

翻开小学、初中、高中的时间安排表，学校恨不得连上厕所的时间也给孩子安排好，让孩子好在规定的时间里统一上厕所。不能给孩子空闲的时间，不然他们就会捣乱，不然他们就不认真学习。军事化管理是很多学校的口号，也越来越受家长们青睐。家庭教育更是如此，独生子女政策下，家里三四个大人盯着一个小孩，洗澡、吃饭、睡觉甚至上厕所都有人提醒，反复催促。孩子不需要自我规划，父母会帮他们安排好一切。

这样的环境中成长起来的孩子，渴望自由，渴望能够自我规划和掌控，学校的各种规矩和条条框框，令他们深恶痛绝。家庭相比于学校是更宽松、更容易突破界限和规则的地方，他们认为撒撒娇，闹闹脾气，还是有成功的可能。

一旦回到家，每天有大把的时间可以随意支配，一开始他们信心满满，做各种计划，却完全禁不住诱惑，玩手机、吃东西、看电视……毫无成就感的一天便这样过去了。退一万步而言，即使勉强依靠补习和运气侥幸上了大学，一个长时间不与社会接触的孩子，真的能够很好地适应社会吗？

Story27

我不想再为父母上学

“我不想为父母读书。”据我所知，很多孩子在说出这句话的时候，并不是他已经下了决定，他是在迷茫，需要帮助，需要信任的人的引导。而父母站在对立面，便会生生切断彼此间的信任，让孩子草率做决定的概率大大增加，或者就此自我放弃，无论哪一种，都不是我们想看到的结果。

为了父母、为了考好大学、为了挣钱、为了找一份好工作……这其实是我们大多数孩子一开始读书的理由，无关对错。孩子们或者一辈子相信这样的观点，不纠结，踏踏实实地沿着脚下的路前进，这是一种人生；或是在某一天，因为某些原因，突然走到十字路口，开始迷茫和困惑，想要重新想清楚内心真正想走的方向。

孩子们迷茫和困惑的时候，其实是处在“危机”中，何去何从，都需要小心对待。走出来便迎来新的机遇和空间，走不出来，便可能消沉、自我怀疑。

这个高一的孩子找到我的时候，便是处于这样的阶段。

他很清楚自己的状况：因为身高优势，最喜欢的是打篮球，但离专业水平又差了不止一点；学习成绩尚可，但从来没有真正拔尖过。他告诉我：“我就是为了父母去上学，从小到大都是。”在学校尚算一个欢乐的地方，还有朋友聊天开解的时候，他并不觉得去学校是一种压力，是一件痛苦的事。上高中之后，他在成绩和人际关系上都接连受打击，学校成了一个他很难勉强自己待下去的地方。他说：“我要想清楚我为什么读书，还要不要读书。我不想再为了父母读书，这是浪费时间，没有任何意义。”

这个观点让家里一下炸了锅。

我顿觉有些不可思议，孩子有这样的想法家长不是应该开心，或者至少是庆幸吧？证明孩子有了自己的想法，有了主见，要主动为自己的人生负责任，这不是一件好事吗？我后来才明白，父母面对我这样的想法，多半会回敬我这几个字："站着说话不腰疼。"

爸爸说："你做什么决定我都支持你，真的，你相信我。"孩子立马毫不留情地回应："你只是口头上这么说，心里还是觉得只有读书这一条出路，还是不停地想要说服我。"

妈妈一脸的不解和委屈："明明是错的，你为什么还要坚持做呢？"孩子立马跳起来反驳："我做的决定就是错的，你就是不相信我！"

爸爸反复强调："我们没有什么文化，都是外地来大城市打工的，没有背景，没有多余的钱可以无条件地支持你，如果你放弃了读书这条路，我们很怕未来什么都帮不了你。"我突然比较理解了，对于普通家庭，孩子又是家中唯一后代的父母而言，在这样的时候是多么的纠结和矛盾：既想做开明的父母，支持孩子的决定，支持孩子去做更多的尝试，去体验更丰富的人生，但作为岌岌可危的社会底层，自己对于人生选择是没有把握的，是如履薄冰的，无尽的焦虑和面对现实的无能为力，让自己不得不拐弯抹角地好心规劝。

孩子在这样的家庭中，天然地会感染到对现实的焦虑，对未来的胆怯，然而他没有切切实实地体会过现实的辛苦，希望走出父母的保护去体会自由呼吸的感觉，他也同样的纠结和矛盾。

孩子终于站出来说："我从来没有说过不上学，我只是想想清楚自己到底为什么去上学，如果你们一定要逼我，我可以去上学，继续为了你们去上学。"在过去差不多两个月的时间里，他都是这样做的，迫于父母的压力，为了父母不再总是念叨，他勉强自己去上学。每周可能去一两天，便待不下去，以此证明给父母看："不是我不去，是我真的待不下去了，真的去不了。"孩子反反复复，父母不断在期待和失望之间冰火两重天，情绪处于崩溃的边缘。

这就是缺乏内在动力的典型表现：我就试试看，行就行，不行就不行。这就好比一个对女孩子并不是那么感兴趣，没有结婚愿望和动力的男青年，迫于年龄和父母的压力，觉得对方也还不算讨厌，于是就答应结婚。一旦婚姻中遇到任何的困难和挫折，他很难提起十二分的精神努力去解决。他要么指责，要么逃离，消极应对，最后证明给父母看：我都试过了，还是不行，你们不能怪我不听你们的了。

不过，我们往往都只看到故事的开头，看不到结尾，或者以为只要是"正确的决定"，就一定会有好的结果。却不知道，永远都只有相对好而已，更多地需要靠个人的努力和坚持，没有一劳永逸。

孩子的思考也是一个折磨父母的过程，"你要想到什么时候才能下定决心呢？课程越落越多，到时你越来越不愿意回学校了怎么办？"

每一个选择都有风险，为了不出现风险，我们宁愿连机会也一并放弃。

是因为我们处在一个焦虑的时代吗？是快速发展的时代带来人的不安定吗？回到以前那个年代，时间慢，人也没有那么焦虑会更好吗？我并不认同这样的观点。焦虑，可能是源于我们有更多的选择，我们看到了更多的可能性，是去尝试之前的恐惧和犹豫。不必往远了说，就在三四十年前国家包分配的年代，个人的出路和未来都是国家规定好的，创业？做生意？发展个性？统统不可能，既然不可能，也就不再多想，当然也就不纠结。现代社会中，存在着数不清的职业和机会，充满未知和可探索性。只是，越多的选择意味着越多的不确定性，要探索，又没有经验可以借鉴，没有已成形的前路可以照搬，巨大的未知引发巨大的焦虑，也成为必然。

那么问题来了，家长最迫切的愿望便变成了："怎么才能让孩子不那么焦虑，让他能快点想通，让他下个决定呢？"悬而未决，不确定的状态总是让人不安的，父母在这样的时刻充分吸收了孩子的不安。手中多多少少握着一些资源，再加上过来人资历的父母，在焦虑不安的煎熬下，会坐不住，拼命告诫自己要等待，要等孩子想清楚，然而嘴巴和腿总是不听使唤：嘴巴忍不住开口劝解，腿忍不住忙碌起来，到处奔走，帮助孩子找后路，打听消息，托关系。做点什么总是比什么都不做，看起来更让人心安，实际有没有在前进不重要，只要感觉在前进，父母就愿意付出时间和精力。

我们不习惯处理情绪，更习惯处理事情。

家长们明明焦虑得整夜失眠，却仍觉得没关系，孩子的情绪平稳是最重要的，为孩子做心理辅导掏钱是爽快的。家长们明知道自己内心也充满着煎熬，却宁愿花钱去旅游，去"买买买"，去做更多不理智的决定，也很难接受要为安抚情绪去花时间。

在我长时间的家庭治疗经历中，常见的父母应对情绪的方式不外乎两种：硬撑和转移注意力。硬撑是不管发生多大的事，内心已经翻江倒海了，外表还是如平静的湖面，拼命告诉自己不能倒下。因为社会分工的差异，这样的处理情绪的方式在男性中更为多见。转移注意力便是诸如运动、找人聊天、找人喝酒等可以获得短暂放松的方式。凭借着强大的忍耐力和韧性，中国的父母们不断应对着各种各样超负荷的压力，不管是硬撑还是转移注意力，情绪仍然在，晚上仍然会失眠，工作仍然可能出错。

让解决问题的速度超过情绪的速度，相信这样就能相安无事，这在心理学上叫作“行动化”，可以简单地理解为腿永远跑在心的前面，我们感觉不到难受，因为问题解决了，因为做好决定了。这样的家长不会让悬在半空的不确定状态持续太久，那样会让他们时时感觉快要崩溃。因为那时，负面情绪就有机会冒出来，而对于情绪，很多家长向来是束手无策的，无论是自己的情绪还是孩子的情绪。

这并不是我第一次在文章中呼吁家长们要关注自身情绪。相比于其他问题，厌学是一个足以引爆整个家庭的重大事件，孩子身边的每个同龄人似乎都在此时轻松地超过了自家孩子，由此引发的父母的焦虑，是超过任何其他情绪心理问题的。孩子能上学，好像日子还能过，学龄的孩子突然天天在家无所事事，从早到晚都在家里颓废地抱着手机，无聊而空虚，这种时时存在于眼前的“情绪源”，让父母们想不焦虑都难。若是孩子明明好好的，再突然来一句：“我要想清楚自己到底为什么而读书”，父母第一反应很可能是想一巴掌甩过去：“读书还要想吗？读书不是应该做的事情吗？想什么想，整天没事找事！”当然，并不是没有家长这么做过，甚至更激烈的行为都有过。把孩子的想法打回去，也是解决方法之一，至少可以暂时都相安无事。当然，也可能就此打断了孩子尝试寻找自我，尝试独立的路，多少有些遗憾。

或者，在我们做出是非对错的判断之前，是否也可以先觉察一下自身的情绪，评估一下自己目前做出的判断是不是在一个理性客观的前提下，是否确实有认真地站在孩子的角度去思考和理解，他们说出的话，是不是真的那么大逆不道？

“我不想为父母读书。”据我所知，很多孩子在说出这句话的时候，并不是他已经下了决定，他是在迷茫，需要帮助，需要信任的人的引导。而父母站在对立面，便会生生切断彼此间的信任，让孩子草率做决定的概率大大增加，或者就此自我放弃，无论哪一种，都不是我们想看到的结果。

停下来，看一看，想一想，听一听，或许，现实并没有那么糟，“我要想清楚到底为什么读书”，也没有那么可怕。

Story28

我的脑子想上学，我的肚子不想上学

每当孩子厌学，很多父母会着急地问我："他为什么会厌学呢？难道不知道上学有多重要吗？真是急死我了。"听到这句话时，我发现它可以用来解释至少一半的厌学原因。小女孩是肚子不想上学，因为一上学就会肚子痛；小男孩可能是胸口不想上学，因为一上学就会胸闷；大男孩可能是外周神经系统不想上学，因为上学面对人多的地方就会浑身冒冷汗，紧张不已；大女孩可能是"孤单的心"不想上学，因为一旦回到学校，就自己孤单一人，形单影只，怪异而突兀；还有孩子是眼睛不想上学，因为一看到努力认真的同学们，就害怕自己会落后，会考不好……

“我的脑子想上学，我的肚子不想上学。”这是一个 8 岁多，刚上三年级的小女孩跟我说的话。

我被这句话彻底惊艳了，如此贴切、生动，充满小孩的童真，轻而易举地将潜意识、内心需要等复杂的心理学概念呈现出来。孩子果然是对自己内心世界最了解的人。

是的，他们了解，但是困扰其中，动弹不得。

每当孩子厌学，很多父母会着急地问我：“他为什么会厌学呢？难道不知道上学有多重要吗？真是急死我了。”听到这句话时，我发现它可以用来解释至少一半的厌学原因。小女孩是肚子不想上学，因为一上学就会肚子痛；小男孩可能是胸口不想上学，因为一上学就会胸闷；大男孩可能是外周神经系统不想上学，因为上学面对人多的地方就会浑身冒冷汗，紧张不已；大女孩可能是“孤单的心”不想上学，因为一旦回到学校，就自己孤单一人，形单影只，怪异而突兀；还有孩子是眼睛不想上学，因为一看到努力认真的同学们，就害怕自己会落后，会考不好……

但请相信，他们的脑子都是想上学的。小女孩跟我生动地讲述了这个过程。

“我的肚子和脑子总是打架，脑子想让肚子去上学，但是肚子不愿意，而且最近都是肚子打赢。”“怎么打赢呢？”“肚子只要一到学校就会痛，我经常因为肚子痛在厕所一蹲就是大半节课。”“不难受，腿不麻吗？”“腿麻，也酸，但是我坐在教室里更难受。现在我缺课太多，都跟不上老师的进度了。”“不能让你的脑子管着一点肚子，让它不要经常痛吗？”“没办法，我觉得最近肚子越来越强大，脑子越来越弱了，我记忆力越来越不好了，经常刚背的课文第二天就忘记了。我经常肚子痛，你别看我现在看起来很正常，其实肚子也是不舒服的。”我恍然大悟，原来肚子是这样打败脑子的。

然而，刚跟我滔滔不绝地讲述完脑子的不好用，她心血来潮想摆沙盘，说要摆“热带雨林”，并且有条不紊地跟我陈述：热带雨林有各种植物，还有很多颜色很特别的树木，它们高低不一样，有低矮的灌木，有高大的乔木……她一边介绍，一边寻找合适的植物摆在沙盘上，因为沙具植物不够多，她还一直念叨：“这个植物太稀疏了，不够密，不够密……”她坐下来看了看，又说：“热带雨林雨量充沛。”想了一会儿，找了一个“闪电”沙具放在中间，这才比较满意了。特别声明，这里写到的所有地理的专业术语都是她的原话，并无加工润色。我惊讶一个三年级的孩子能把地理知识背得那么熟悉，这怎么能说是记性不好了呢？

我于是尝试做一点点反馈和引导：“我看你这些知识记得很清楚啊，记忆力很好呀。”她愣了一下，马上改口说：“我刚刚说的什么我都忘了，不记得了，真的。”我无奈地笑笑：“好吧。”

接着，她又想起了什么似的，兴高采烈地站到我的对面，兴奋地对我说：“我觉得其他所有知识都跑出我的脑子了，除了地理知识。你知道为什么吗？”没等我回答，她就自顾自地说：“因为我妈妈是地理老师。”她脸上充满骄傲，仿佛地理老师是全天下最光荣的职业，地理知识是全世界最值得学习、掌握、运用的知识。

我才明白，那些熟练记忆的术语里，包括的是对妈妈的爱。我也才知道，脑子不是不好使，脑子只是屈从了肚子的需要，或者说是她内心的需要，变得不好使，变得笨拙起来。这是一个心理过程，与大脑实际的运作无关。

这个女孩的爸爸一直在外地工作，妈妈是地理老师也是班主任，平时主要是外婆带她，只有在她肚子莫名其妙地疼痛难忍的这两个月里，妈妈才开始尽可能抽时间陪伴她，照顾她的饮食起居，周末或者平时有空都带她出去玩，上班的间隙也会打电话来询问她在家的情况。以前的她活泼、开朗、懂事，妈妈一直觉得完全不用操心。她开始尝试向妈妈描述自己理想中的家庭的样子："爸爸不要再去外地，回来跟我们住在一起，每天大家一起出门，爸妈上班，我上学。我放学回到家，妈妈在家里做饭，爸爸陪我玩，陪我写作业，吃完饭一家人一起看电视。睡觉前，爸爸或者妈妈会给我讲故事。"妈妈跟我转述孩子的这个表达时，表情很复杂："孩子以前从来不说要我们陪。"

当然，除此之外，学习难度增加也是厌学的原因之一，如她所说："上了三年级，学习越来越难了，我觉得有点吃力。"于是，脑子和肚子一商量，愉快地达成了这场"合谋"，她痛苦却又甘之如饴地执行着这个结果。

她绝不是装病，痛是真痛，满足也是真满足。

孩子一厌学，家长第一反应一定是思想政治教育：大谈特谈上学的重要性，以及不上学之后的严重后果，对未来前途的影响。焦虑的家长会反复说这样的话：“你现在还是初中都没毕业，你不上学怎么办？将来就是小学学历，你能找到什么好工作？我们都不是什么有大成就，有背景的家庭出身，将来不可能靠关系帮你找工作，能给大笔的钱随便你去创业，将来你怎么办？怎么养活自己？你想过没有？不要以为学历那么不重要，学历很重要，现在你什么都不懂，遇到一点挫折就放弃，以为外面的世界很精彩，告诉你，外面的世界很残酷的，比你想象中的残酷得多……”这个爸爸一直说着，我不知道他要讲到什么时候才打算结束，我看了一眼旁边打算初中没读完就休学的儿子，拿着手机，百无聊赖地上下滑着。我问这个男孩：“你是有什么急事要处理吗？”他倒回答得很坦诚：“没有啊，就是随便看看。”见我疑惑地望着他，他无奈地说：“这些话我都能背了。”

我见过一个爸爸非常用心地给孩子一连写了三封信，每一封都字斟句酌，仔细推敲，还拿给妻子看，一起商量。他自己说：“我是把自己内心的想法都写在信里了，平时想表达不能表达的内容也都写在里面了，真的是想跟孩子好好沟通。”妈妈补充说：“他真的花了很多心思，每封信都写得很认真，而且全是手写。”我听得很感动，这个年代，愿意静下心来写信的人，着实稀缺了。于是，满怀期待地问孩子：“看了吗？感动吗？有回信吗？”这个已经上高中的女孩完全不领情：“看了，也就那样。”我有些失望，甚至隐约觉得这孩子有些冷血，女孩沉默良久，幽幽地补充说：“因为他写的都是平时跟我说的那些大道理，只是把它们阐述得更详细，更有逻辑而已，并不是想跟我沟通。”接着，转过头无表情地望着爸爸：“我不是三岁孩子了，这些道理我都懂！”爸爸仍然一脸疑惑，欲言又止。

我知道，他想表达的是大多数家长共同的困惑：“既然你都懂，为什么不去上学呢？”这像是一个世界悖论，让所有厌学孩子的家长百思不得其解。

套用上面那个小女孩的话，便很好理解，脑子懂了，但是肚子不懂啊。说得深奥一点便是：意识懂了，潜意识不懂啊。

跟肚子是没办法讲道理的，越讲它越不爽，越痛。

肚子喜欢听的语言是什么呢？这是我一直在思考的问题。

首先，当然是要先听懂肚子的话，要了解肚子的心声。按照前面小女孩的说法，脑子此时已经完全缴械投降，现在完全是肚子的天下，当然是谁做主就得找谁说话。话说回来，为何肚子会有如此的反抗，要跟脑子去抢地盘，当然也是脑子平时对肚子的需要和感受压抑得太厉害的后果，一旦有一天能翻身做主人，肯定是要尽情“搞事情”，让整个身体都不得安宁。继续把“肚子”狠狠地教育一番，让它知难而退，在如此敌我悬殊的前提下，几乎是不可能的，要知道，肚子在此时可是占据着绝对优势的。正确的做法是，拿出十二分的诚意，让“肚子”相信你发自内心地想帮助它，解决它的需要，一切合作，信任都是前提。要时刻谨记，此刻的我们，除了合作，绝无他法，切忌又用不恰当的语言把合作关系改变成敌我关系。

接着，就要静下心来慢慢听它讲，听它表达它的诉求，谈判不都是如此吗？双方亮条件，再评估哪些条件能够答应，哪些条件要修改、调整。比如，那个小女孩的肚子最基本的诉求应该有两个：一是妈妈多一些陪伴；二是想逃避面对学习的困难和压力。前一个父母权衡之后觉得之前确实是陪伴孩子太少，让孩子太少感受到家庭温暖了，应当调整、改进。至于学习压力，可能就需要斟酌了，除了逃避，是不是还有其他办法呢？需不需要父母和老师的帮助呢？是不是父母对孩子学习要求太高了呀？这些问题需要进一步讨论、协商。

最后，还要留意脑子在这个过程中功能缺失的问题。脑子似乎被肚子彻底拿下了，几乎完全失去信心和理智了，对于自己的能力也没有了恰当的判断，把自己看得太弱了。我们也需要做脑子的工作，但不是教育它学习、读书的重要性，而是要让它看到自己的优势，厉害的方面，及时肯定自己，增强信心。毕竟原本意识和潜意识就是平等的，大家都有话语权，都有决定权，脑子不能无条件地放弃自己的权力，无底线地退让。

脑子和肚子，也可能是胸口，或者是外周神经系统握手言和，“大家”在此过程中学会互相尊重，做决定、做事情之前询问彼此的意见，商量决定。既不过度压抑内心需要，也不完全放纵本能、忽视社会规则和要求，在此之间找到一个平衡。

此乃解决之道。

Story29

一辈子待在家里不行吗?

他们，应该就是成年“啃老族”的前身了，不过，他们并不喜欢这个称呼，这些孩子会反复跟我解释：“只是去学校太难受了，我实在受不了，所以才想待在家里，这有什么不对吗？”“我不是要啃老，我现在都还没成年，父母原本就有养我的义务。”

他们，应该就是成年“啃老族”的前身了，不过，他们并不喜欢这个称呼，这些孩子会反复跟我解释：“只是去学校太难受了，我实在受不了，所以才想待在家里，这有什么不对吗？”“我不是要啃老，我现在都还没成年，父母原本就有养我的义务。”

他们说得头头是道，理直气壮。

父母一旦有不同意见，他们便会使出撒手锏：“你们根本就不理解我，根本不知道我有多痛苦，你们一点都不在意我。”父母稍有不慎，便会认同他们的想法，手足无措中，遂了他们的心愿。可不要小看这小小的妥协，青春期是孩子各方面发展的关键时期，如果在此时父母允许他们遇到任何困难都可以选择回家，回到父母温暖的怀抱，期待他们长大之后会改变，这样的想法最终可能会变成肥皂泡般虚幻而不现实。

这个小来访者是找了好几个心理治疗师，最后才来到我这里的。特别地，并不是她自己不愿再去，而是对方治疗师跟她一轮交手之后，焦虑渐渐升级，触发内心的不安和挫败，进而直接表达无法帮助她。她便这样，几经转手之后来到了我这里。

她正上初三，看到我腼腆地笑笑，挺直着腰背坐在椅子上，滔滔不绝地开始讲。讲什么？讲她的各种症状。显然她对于这些已经讲过无数次，讲起来语言流畅，逻辑清晰，一个症状接着一个症状，生怕时间不够没有将自己的症状全部说完。不需要信任关系建立过程，她百分之百地坦诚，热热闹闹地说，她只怕对方不够了解她的症状，完全不担心对自己的形象是否会造成影响。治疗时间是一个小时，如果不打断，她可以不停歇地说一个小时，细听下来，内容是在不断重复的，她会用不同的论据来证明自己的情况到底有多严重。每一次，她的结束语都是：“医生，你说我该怎么办？”次次如此，我于是明白了她的期待：我负责把症状告诉你，你负责帮我解决。所以，她每次来之前都将自己的问题“打包”好，并且反复检查是否有错漏，保证无误之后，便仔仔细细地带过来，一个一个地拿起来，展示给我看，介绍给我听，一边不时停下来确认：“你明白了吗？”“听懂了吗？”“完全理解我的痛苦了吗？”在她看来，这是她的全部任务。无疑，她出色地完成了这些任务。她满意地回顾自己表述的整个过程，扬起天真的脸，期待地望着我：问题你都清楚了，赶快帮我解决吧。

如果几次之后她觉得问题还没有被解决，就会带着失望和愤怒开始攻击：“我觉得心理治疗什么用都没有。”“我很认真地配合了，但没有效果。”“我觉得心理治疗很贵，但是没什么用，我平时都很节省的，很少乱花钱。”几番攻击下来，治疗师招架不住，承认是自己能力不够，将她转介给其他人。如此兜兜转转一年多，她的症状几乎没有丝毫改善。

当然，症状没好，她也就名正言顺地无法上学。一年多时间，她不断接受各种治疗，父母焦虑异常，她也渐渐沉迷于自己症状严重的自我认识中，表现得越来越痛苦。

讲了这么多，她究竟是什么严重问题，能弄得许多医生都束手无策呢？仔仔细细地听了一圈下来，她的主要问题其实是社交恐惧，特别是对异性。这也算是青春期孩子常见的状况，只是猛然听下来，会以为她全身都是问题，她被所有的问题困扰，寸步难行，什么都做不了。她把问题拆开来讲述，罗列各种证据，比如，她在人群中怕什么？怕有人觉得她臭、脚臭、出汗臭、放屁臭；害怕异性，怕什么？怕跟对方说话，怕跟对方眼神接触，怕对方看出自己很紧张，凡此种种，不一而足。

既然面对人如此痛苦，那该怎么办？不出门，不上学。只要不出门，不上学，她的情绪便异常稳定，天天都很开心：看着电视，吃着零食，吹着空调，优哉游哉地度过每一天。不过，这样的好时光在妈妈下班回来的时候就会结束。每一天妈妈上班前，会给她安排要完成的任务，也尝试给她报各种培训班，让她自己去上课，试图充实她每一天的生活。然而，每天她都带着忐忑和痛苦，跟妈妈交代说什么都没做。妈妈一般会发一顿脾气，骂她一顿，带着失望和沮丧，除此之外，也无他法。

在此过程中父母多次尝试让她重新回到学校，每次她都答应得好好的，到该上学的时候便反悔了，想尽一切办法“耍赖”。有一次去了学校半天，为了让学校相信自己真的上不了学，她找到班主任，找到年级主任，最后找到校长，跟他们每个人表达自己在学校有多难受，自己真的无法上学，自己是被父母逼来上学的，在学校的每一分钟都很煎熬……声泪俱下，老师们都被她说服了，找到父母来谈，表达学校希望学生是自己愿意来学习的，如果是被逼无奈，学习效果肯定不好，还可能会造成心理伤害。父母无奈，只能将她接回家。还有一次，她答应好去上学，到了那一天，她自己跑出去，在小区里找了一个角落，躲了一整天，父母急得差点报警，结果到了放学时间，她自己背着书包回家了。

她不断哭喊："我那么难受，你们还要我上学，为什么我不能待在家里？你们对我这么狠心。""你们就是不理解我，完全不知道我的痛苦，只会不停地逼我。"有时候，妈妈也会跟她一起哭。全家都笼罩在悲伤、失望的氛围中。

于她而言，真正理解她就是帮她解决所有的问题，就是让她舒舒服服地待在家里，不要让她去面对任何的痛苦。这是她对父母的期待，也是她对我的期待。

自己一个人在家里太无聊，没人陪自己玩怎么办？她从一两年前便反复要求父母给她生一个弟弟或妹妹，母亲年龄大了，且身体不允许，一次宫外孕之后，医生便建议不再怀孕。但她不死心，不断提起这件事情，一说起来就哭，不断重复说哪个朋友都有弟弟妹妹，为什么自己不能有，他们都有弟弟妹妹陪，为什么自己不可以？哭得梨花带雨，可怜异常，父母面露难色，满脸愧疚。

经过一段时间的交流，她不断把"问题包袱"丢过来，我坚持还给她，如此无数个回合之后，父母终于看清楚她的模式，坚定地相信继续依从她的模式只会害了她，会让她继续上不了学，之后可能会一辈子待在家里。父母开始尝试转换方式，不再什么问题都帮她解决，不再认为等她全部症状都没有了才能去上学，并且在生活中尽可能让她积极尝试，肯定她做得好的地方，增强她的信心。当然，这并不是一个容易的过程，每当我们肯定她的进步，她便毫不客气地说："哪里好？我做得一点都不好，我什么都做不好。”这充分体现了一个道理：你坚持真诚地夸奖一个人，他慢慢一定会多少接受一些的。这个女孩便是如此，慢慢地，她虽不能欣然接受，但至少不再反驳。

几个月之后，她终于重新回到了学校，父母异常欣慰，不时跟我反馈她进步很大，交到了朋友，成绩一直在班上名列前茅。有意思的是，她还是会每隔一段时间便要求来见我一次。每次见到我就一脸苦相：“医生，我在学校还是好辛苦啊，还是好紧张，好难受。”接着又如数家珍地罗列我早已耳熟能详的症状：害怕自己身上有臭味，不敢看别人的眼睛，害怕跟异性打交道。我耐心地听完，接着问她：“那你想怎么办呢？”她敏捷地回答：“我想回家，待在家里就轻松了，就什么事都没有了。”我接着问：“待在家里做什么呢？”她也坦诚地回答，如孩子般天真，完全不介意我的看法：“看电视，吃零食。”于是，我知道，一种行为模式的改变确实不是那么容易的一件事，会时时想着要走回头路，走自己熟悉、舒适的那条路，会抱着侥幸心理：万一成功了呢？

不过，在我问出这些问题，她回答之后，她自己大概也意识到了什么。立刻陷入自我否定中：“可是我做不到，我什么都做不到。”我看着她，坚定地告诉她：“不，你做得到，只要你愿意尝试，我相信你的能力。”她并没有因为听到这样的话而振奋精神，干劲十足，只是稍有些羞涩地笑笑。我已经习惯了她这样的反应，并未觉得失望。

这注定是一场持久战。

如上面这个案例中的父母，他们都是具有极大牺牲精神的父母，宁愿自己吃苦，也要让孩子过优越的生活，孩子一说自己“难受”，父母，特别是妈妈就“跟着掉眼泪”。父母有软肋，孩子当然会想尽办法紧紧抓住。

要放手，要把孩子推向社会，说起来容易，真正实施起来却有各种各样的阻力和考验。穿过重重“不忍”和“不知所措”，我们聪明的父母们，是否坚定地知道孩子应该长大，应该走向外面更广阔的世界，还是你希望一直做他的羽翼，为他遮风挡雨，害怕他受哪怕一点委屈呢?

认真地回答这个问题，或许有助于解决一部分孩子厌学背后的独特原因。

Story30

我有多动症，我不想上学

在有多动症这个医学诊断之前，我们的印象是每个班都有几个调皮捣蛋特别不服从管教的孩子，整天跟老师对着干，上课坐不住，学习成绩一般。同学疏远他们，老师摇头叹息，家长只能接受他们不是学习的料，任其自生自灭。随着医学的进步，终于有人为这群孩子正名，确认他们不是故意如此，他们只是“病了”，行为不完全受自己控制。这让我们可以有一个途径和理由去接纳与理解这群孩子，只是这样的确认背后，似乎引发着新的担忧和危机。

多动症，全名为注意缺陷多动障碍（ADHD），在我国被称为多动症，是儿童期常见的一类心理障碍。表现为与年龄和发育水平不相称的注意力不集中和注意时间短暂、活动过度和冲动，常伴有学习困难、品行障碍和适应不良。国内外调查发现患病率3%～7%，男女比为4～9∶1。

在有多动症这个医学诊断之前，我们的印象是每个班都有几个调皮捣蛋特别不服从管教的孩子，整天跟老师对着干，上课坐不住，学习成绩一般。同学疏远他们，老师摇头叹息，家长只能接受他们不是学习的料，任其自生自灭。随着医学的进步，终于有人为这群孩子正名，确认他们不是故意如此，他们只是“病了”，行为不完全受自己控制。这让我们可以有一个途径和理由去接纳与理解这群孩子，只是这样的确认背后，似乎引发着新的担忧和危机。

这个男孩当年11岁。从小学一年级开始他就因为做作业经常挨骂、挨打。从一年级开始，他做作业就一定要爸爸全程陪着，即便如此，也经常要写到晚上12点多，他写一会儿便不自觉地发呆、走神，一个橡皮可以玩半个小时，总觉得凳子上好像有钉子，想走来走去。家里经常因为他写作业闹得鸡飞狗跳。

尽管如此，他在小学三年级之前成绩都相对不错，这是一个聪明的孩子，虽然并不顺利，好在他基本完成了这几年的学习。

弟弟比他小7岁，在他上一年级时出生。他来找我的时候常常提到弟弟，说弟弟很烦，总是在家里吵。因为弟弟的喉结很敏感，不能大哭大喊，不然就很容易发炎。爸爸妈妈为了让弟弟不需要经常去医院打吊针，便不断跟他讲道理，叫他要让着弟弟，不要惹弟弟哭。他对此很愤怒，但又无可奈何。

从三年级下学期开始，课程里加了英语，这是一个需要很多抄写和背诵的科目，要知道，这是他最不擅长的。长时间安静地抄写，会让他很抓狂。其他科目的难度也逐渐增加，随便应付一下的学习方式无法再保证学习成绩。因为坐不住，他经常在教室里随意走动，常跟同学讲话，时常被同学嘲笑，成绩不断下降。在家里，父母还经常因此争吵，他常处在焦虑无助中。

父母在要求他做作业的时候，他一哭起来就无法停止，不管在什么场合都无法控制，喜欢摔东西甚至打自己的头。还总是往外冲，喊叫着要出去，父母拉都拉不住。无法管教他的父母将他带去看医生，医生给了他多动症和抑郁症的诊断。

至此之后，他便开始基本不做作业，看到作业就烦，老师和家人怕刺激他，也不敢严加管教。后来他变本加厉，开始在课堂上睡觉，经常说胸闷、头疼，老师没办法，只能让家人把他接回家。他最大的爱好就是回家“撸猫”和玩游戏。但他并不开心，大部分时间仍然觉得烦，总是说无聊。他说他想和正常的孩子一样，让大家正常对待自己，但他马上又否定：“但我做不到认真学习。”

除了不断提各种要求，家人一不满足就大哭大闹之外，他做什么都没有信心。他觉得父母对他很失望，嫌弃他，反正他们有弟弟，自己走了也不会舍不得。所以他不断哭喊，是为了测试一下家人。全家人都疲于应付他的脾气，家庭氛围十分紧张。爸爸每次看见他都不住叹气，满脸的失望。

有特殊症状的孩子，是一定上不了学吗？

爸爸说："孩子的诊断，对于我们夫妇也是解脱。"老师那边建议父母为孩子办随班就读手续。办了随班就读后，老师不会再逼孩子学习，不会再要求父母教好孩子，不会再提醒父母孩子的成绩很差，拖了班级后腿。所有的压力好像迎刃而解了。

我问爸爸："你真的想好就这么放弃孩子吗？"爸爸眉头皱得吓人："我也不想，但我也没办法啊。"接着解释："他有这个病，他自己也控制不了。"是的，这是另外一个误区，因为孩子被诊断为多动症，就把孩子彻底当成病人来看待，为他所有的不当行为找到一个合理的解释。久而久之，孩子也认同了周围人对他的这个看法，越发自暴自弃。

我告诉爸爸："他是一个特殊的孩子，他可能不能像其他孩子一样学得那么好，但一定可以比现在学得要好很多，他有这个能力。"爸爸沉默良久，没有回应。

之后，爸爸顶住压力，跟孩子做了一次深谈，谈了学习的重要性，以及同学不怎么搭理他的原因。爸爸每天陪他做作业，尽可能耐心地教导他、鼓励他；也跟老师进行了沟通，让老师更了解孩子，尽量一视同仁地对待孩子。这个男孩竟然慢慢能完成大部分的作业，能坚持每天去上学。

再见他的时候，他完全一改之前的颓丧，脸上有了笑容，开心地跟我说："现在跟同学关系很好，大家都愿意跟我玩，老师也时常表扬我。”我回应他：“那很不错呀，你怎么做到得呢？这么棒。”他不好意思地笑笑，继续摆弄着手中的沙具。

原来，多动症的孩子，同样需要认同感。

我在网上看到很多多动症家长无助、失望的留言：

孩子有注意力缺陷，坐不住，心智比同龄孩子幼稚至少两年，不服从管教，对大人管教特反感，坏习惯多、字难看，大人如何纠正都听不进……给外人看着很没家庭教养。小学阶段大人每天盯着，每天把语数外教给他，他像木偶一样在对抗中写完，这中间辛酸不在此言，成绩也才中等。初中家长也没那个能力了，看着他每天的行为真心累，想放弃让他自身自灭，养到 18 岁丢给社会教育。

每次去接孩子，都有一堆小朋友围着我告状，说我家孩子又打他们，上课又捣乱了，每当这个时候，我真恨不得有个地缝可以钻进去。

有一个家长的分享让我特别感动。

一年前的某天，我接到班主任的短信：“××妈妈，请来学校一下，你孩子的学习状态已经没法正常上课了。”看到这样的短信我真是很崩溃，之前老师多次反映孩子有点注意力不集中，上课喜欢走神，不能跟着老师的思路走，我也经常和孩子说要认真上课，想着大了会好点，没想到严重到这样的程度了。

犹豫再三，我决定辞职全职回家带孩子，辅导孩子学习。很快到了期末考试，孩子的成绩只是勉强及格，虽然这个分数很低，但是，对于一个这样的孩子，我还是从中看到了一丝曙光，每天周而复始的陪伴学习和培养习惯开始有效果了。有个方法，我觉得对于提高孩子课堂注意力效果很好，在这里写出来，希望能有其他家长看到。我每天都和孩子一起预习第二天要学习的课程，然后找出一个知识点，装作好像看不懂的样子求助孩子，让他第二天上课认真，然后回家教我。这个知识点不仅是语文、数学、英语，有时候也是音乐、体育、科学等其他科目。装要装得像一点，向他抱怨："你现在的书怎么这么难啊，我小时候都没学过这么难的，老师让我辅导你，可我自己这个问题都看不懂，怎么办啊？咱娘俩是不是没救了？"这招效果蛮好的，这小子果然上当了，第一次很认真地听了回来告诉我："妈妈你真是笨蛋，这个题目是这样的……"我就装成恍然大悟的样子："原来是这样，多亏你教我了，我再和你一起预习明天的课程，看看和我之前上学时候有什么不同。"如此循环往复，屡试不爽。

再见老师的时候，老师的态度变得非常和蔼，和我讨论了许多孩子的学习方法，也给了我很多好的建议，接着还说："不要让孩子觉得自己和其他同学有什么不同，我还是会按照和其他同学一样的要求来要求他。"老师的这番话让我非常感动，后来老师确实也给了孩子更多关注。

春天来了，我回家全职带孩子快一年了，送完他上学回家收拾上学期文件，看着他现在的成绩单，虽然未达到全A，但是已经比去年提高了很多，再这样努力下去，很快就能和其他孩子一样优秀了。

这一年，为了能让孩子继续上学（之前老师已经让我们陪读，要不就读不下去了），看到孩子在这一年的显著进步，经历各种心酸、各种委屈现在证明也是值得的。我将整个心路历程记录一下，让大家正视这样的孩子，及时纠正也许能像我家孩子一样回归正常轨道。

“正视”一词，用在此处特别恰当，所谓“正视”，表达的既不是对孩子的状况视而不见，盲目安慰自己说孩子长大了就好了，也不是过度焦虑，彻底把孩子保护起来，以一个“病人”的标签总结孩子的全部特征，什么都不敢要求，完全不抱希望。两种极端都不是正视。真正的正视是在听从专家建议的前提下，客观评估孩子的症状情况，跟孩子一起制定合适的目标，共同努力。家长有了正视和面对的勇气，孩子才有改变的可能。

很少有多动症孩子是完全无法上学的，只是他们需要更多的引导和训练，包括行为和情绪管理的训练。这是一个艰难而容易受打击的过程，会有无数次的挫败，让家长们千百次想要放弃。我并不想在这里以一个旁观者的角度，站在道德的制高点去批判有放弃想法的家长是不负责任的。毋庸置疑，过程的确很难，家长需要更多地去理解和支持孩子，运用专业的方法看到孩子的改变，以及由此带来的希望。

此文，也是想更多地为这样的家长们，带去希望，带去坚持的勇气。

Story31

无法超越的父母，上不了的学

我们总是容易抱着这样的期待甚至是要求，比如，名人的后代应该“青出于蓝而胜于蓝”；比如，老师的孩子应该比普通的孩子成绩更好、品德更高；比如，高学历的父母，孩子至少能上一个研究生……这些看似理所当然的要求，其实蕴含着无声的压力。

孩子应该超越父母，这仿佛天经地义。

特别优秀的父母，一定能教出特别优秀的孩子吗?

我们总是容易抱着这样的期待甚至是要求，比如，名人的后代应该“青出于蓝而胜于蓝”；比如，老师的孩子应该比普通的孩子成绩更好、品德更高；比如，高学历的父母，孩子至少能上一个研究生……这些看似理所当然的要求，其实蕴含着无声的压力。

孩子应该超越父母，这仿佛天经地义。

我见这个孩子的时候她正上初二，在初二上学期的 4 月份，她感染“流感”，在家里休息了一周。一周之后，流感痊愈，但她出现了新的症状，早晨起来反复说头晕，又说上学时会浑身发热、肚子痛，无法集中注意力听课，经常因为身体不适请假早退。她的情绪也变得比较暴躁，经常因为小事发火，对家人大吼大叫，要知道，她以前是典型的“乖乖女”，几乎不会违逆父母任何的要求。好在很快到了 7 月放暑假了，说来也神奇，一放假回到家，她全部的症状都无药自愈了，每天都过得很开心，好像之前在学校受的苦不曾存在过一般。只是好景不长，国庆长假后，上学对她来说变得愈发艰难。她曾经有一个星期照常出门去上学，结果并没有去学校，而是躲在自家的楼道里，就这么躲了一天。她的情绪问题也加重，反复说活着没意义。

她游戏打得很好，在游戏里收了好几个徒弟，在游戏里也认识了很多人，大家都很关心她，她有什么心里话也更愿意跟游戏里认识的朋友说，玩游戏的时候很开心，什么烦恼都会忘记。在虚拟世界里，她好像找到了现实世界中缺失的某些东西。

第二次，她绘声绘色地讲述了她上小学时，班上一个女生家里非常富裕，女孩子长得漂亮，成绩又很好，大家都喜欢她，眼里满是羡慕。接着，她叹了口气说：“从幼儿园开始，我认识的人都非常优秀，我在他们中间，就像丑小鸭。”我问她：“身边这么多优秀的人，会有压力吗？”她似乎没有听见，谈论着其他的话题，继续给我介绍那些优秀的同龄人。

跟进了好长时间之后，她才告诉我，最主要的压力是来自父母。“我爸妈都是名牌大学毕业，现在也有一定的社会地位，从小跟我一起玩的孩子，他们的爸妈都是非富即贵的。”然后她艰难地吐出几个字：“要超越他们很难。”父母一直对她期望很高，还会拿她跟很多个“别人家的孩子”比较，她不想让他们失望，但是落下的课程越来越多，她压力非常大。我问她：“这部分压力你爸妈知道吗？”她带着些愤怒：“他们根本就不相信我，我妈只会说我装病，爸爸就会找各种关系去跟学校沟通，他们怎么会关心我怎么想！”我有些意外，她的愤怒几乎是在一瞬间爆发出来的，我当时掠过一丝念头：除了对父母的愤怒，是否也有对自己无能的愤怒呢？

她否认了这一点：“我只希望能过自己想过的生活，哪怕做一个普普通通的人，但他们天天总逼着我学习。”“那你能完全不在意父母的期待吗？”她没有回答。

孩子不争气，家长丢脸，这个亘古不变的逻辑困扰着所有家长：

无论事业多成功，为社会做出多少贡献，只要孩子不成才，就会认为是人生失败。孩子是父母的一部分，是父母的衍生，我们不会将孩子当作独立的个体来看待，不允许他们“不肖”。

下面这个案例是我见过最震撼的案例，每每回想起来都无限唏嘘。

这个孩子是在国外读大学的时候出现状况，不得不回国治疗的。他会听到一个很清晰的声音，这个声音告诉自己是超人、刀枪不入，于是他会用刀划伤手臂来验证。这个声音还神秘地告诉他一个一级机密，说他是被选中要为科学研究“献身”的人，因为他的体质特殊，天生注定不平凡。于是，每一天当他感觉到这个科学献身的召唤时，他就直接拿刀划自己的肚子。

我第一次见他的时候他显得非常热情主动，而且彬彬有礼，看得出有好的家庭教养。他会积极地跟我说他的生活，谈他都去过哪些国家，谈他的兴趣爱好，说他比较宅，最大的兴趣就是打游戏，会花很多钱买装备，提升等级，这样就能战胜很多人。他带着满足的口气说：“我喜欢那种战胜所有人的快感。”他从小就对新的东西感兴趣，对于做实验这些也很好奇，但是觉得要长时间做一个研究太辛苦太枯燥了，知道自己并不适合做科研。他信仰科学,希望为科学献身,哪怕因此献出自己的生命也在所不惜。

他并不回避谈论他的家庭，很自然地说：“我作为长子是让整个家庭都失望的，我也对自己很失望。”不只是父母，他整个家族长辈的成就都非常高。他反问我：“你知道什么是非常高吗？可不是简单地当个官，做个医生什么的，都是各个领域有建树的人。”我点点头，表示能够想象。“父亲更是著名的学者。”是的，他是用的“父亲”而不是“爸爸”，以示庄重。他的理想是成为能被后世铭记的人物，因此，他必须成为某一行业中的顶尖。自小父母对他的期望非常高，参加各种培训班，成绩只要稍微考差一点，父母的脸上都会明显地写着失望。他从小就没有朋友，对自己也很少有满意的时候。他对自己分析得很透彻：“我希望成功，但无法接受获得成功之前长时间寂寞地努力，我喜欢时时刻刻成为焦点的感觉。”遗憾的是，现实世界给他更多的是挫败和打击。他努力地讨好每一个人，对每一个朋友几乎都有求必应，无论是借钱还是帮忙，不管他多累多烦，他都一一答应，只是不知为何这些朋友都会离他而去。即使好不容易考出国，应付国外的课程也让他很吃力，他找不到自己的优势。

当现实生活中得不到渴求的认可的时候，他便选择向幻想的世界中去寻找。

父母总是通过各种各样的关系，辗转给他找各种各样最好的医生，他不停地辗转在各家大医院，各个专家门诊，没有长久跟进的医生，也没有真正信任的医生。如此，症状几乎未见好转。

我还接触过一个上高二的女孩，她为了不上学在宿舍喝洗洁精。她的妈妈是国内名校毕业的，学理工科出身，理性且在意细节，平时习惯指出女孩做得不恰当的地方，比如，东西没放好，做题不仔细，这个不懂，那个不知道。女孩对妈妈很崇拜，认为妈妈说得都对，她挂在嘴边的口头禅是：“她是那么厉害的学校毕业的，肯定说什么都是对的。”她从小成绩优异，中考却没能考入理想的高中。勉强来到现在的高中后，她一直心有不甘，觉得同学的水平跟自己都不是一个档次，立志要在班上稳居第一。事与愿违，上高中之后，她的成绩一直很不稳定。她一直看不上班上的同学，认为跟她完全不在同一水平上，也不大乐于跟他们相处，班级的活动也基本不参加，渐渐地在班里愈加特立独行，几乎没有朋友。她整天没精打采，做什么事情都没有动力，经常一个人在宿舍哭，经常失眠，她甚至自己去找过心理医生，但家人对这些一无所知。高二开学的时候，上述状况加重，她上课的时候经常发呆，听课听不进去，试了各种方法都无法集中注意力，成绩不断下降，每到考试，就紧张到整个人发抖。自我评价非常消极，觉得自己什么都比不上别人，在同学面前抬不起头，在班级中待不下去，大家看自己的眼神都怪怪的……几经挣扎之下，大概在休学前一个星期，她一次性喝了 100 毫升的洗洁精。100 毫升，看得出来，她下了很大的决心，洗洁精的味道应该很难下咽。这件事惊动学校，老师通知家长送去医院洗胃，此时家人才知道她的问题真的严重了。

妈妈的态度是 180° 大转弯。按她的说法是：“妈妈现在什么事都会问我的意见，很关心我的想法，什么事情都会跟我商量。以前完全不是这样，她会因为很多小事否定我，甚至在公共场合都会骂我。”说完低下头：“我一直觉得我妈是嫌弃我的，她读的大学那么好，我却这么笨。”

她妈妈对她的想法一无所知。妈妈后来说：“我是工科生，一直非常理性，我的婚姻不幸福，我想尽最大的可能让小孩生活得好，也希望孩子能够出人头地。”说完，看着我，带着疑惑地问：“这不是每个家长最基本的心愿吗？” 她也解释了为什么总是批评孩子这没做好那没做好：她认为那不是批评，是在教她的孩子要怎样做好事情。她每天回来都很累，她没有多余的时间跟小孩谈心聊天，但又觉得自己有教养义务，便只能用最简单粗暴的方式，不断指出孩子的错误，希望孩子不断改进。

我想，无比能干的父母，会更习惯于以自己的能力为标准来要求孩子，认为自己能够做到的程度，孩子只要态度端正、认真努力也肯定能做到，却忽视了应该蹲下来，站在孩子的角度去看问题。

无法超越的父母，树立的是一个理所当然，却又在现实中无法企及的标准；而另一部分人生志向没得到完全实现的父母，给孩子树立目标，参考的是自己“理想化自我”的标准，同样难以实现。孩子，在中国千百年的历史中，一直被看作家族的延续，父母生命的衍生，很少作为一个单独的个体被看见。你是否真的客观评价过孩子的能力，是否可以试着设立一个孩子能够实现，能够获得成就感和认同感的目标呢？

孩子人生的使命，不是超越父母，而应当是：成为他自己。

Story32

校园欺凌与厌学有关吗?

学校教育缺乏对人尊重的教育，更强调竞争，强调成绩；家庭教育对于被欺凌讳莫如深，隐隐觉得被欺负是“懦弱”“无能”的表现，往往一骂了事。很少有人去思考，就如家庭暴力是无论任何情境下都是错误的一样，无论被欺凌的孩子是什么样子，欺凌行为本身就是错误，是需要严厉批评指正的。

校园欺凌并不是一个新话题，我却想尝试以一个新的角度来解读这件事。

在校园中，凡是与众不同、在世俗的眼光中又不那么闪光的特点，比如，胖、长得没那么好看，比如，成绩不好，都不能被同伴接纳、尊重，拥有这些特点的孩子，都注定会被歧视、排挤、欺负。似乎没有人觉得这样有任何不妥，甚至是老师，也对这样的学生嗤之以鼻，更有甚者，老师会号召同学不要跟某个同学交朋友，以免被带坏。

家庭暴力分冷暴力和热暴力，校园欺凌也是如此。突然厌学的孩子，较大比例是与校园欺凌有关。

有一个 11 岁的男孩，上小学六年级。家长跟我说他沉迷手机游戏，在写作业时手机不离身，以前晚上 10 点手机交还家长，现在要玩到深夜 12 点。后来孩子完全不愿去上学，脾气变得暴躁，不满足其要求就大吼大叫。孩子在家只玩手机游戏，不看书，不出门，不与人沟通。后来孩子渐渐连刷牙、洗澡都要父母督促，整个人懒散异常，除了手机，对什么都提不起兴趣。

男孩给我反馈的是完全不同的信息：父母觉得他沉迷游戏，不愿意上学，天天在家，说都是游戏害了他。其实他是因为在学校被同学欺负，被老师批评，作业也很多，经常要做到很晚，所以无法正常上学。但是在学校的状况他没有跟老师和父母说过，因为老师管不了，父母知道了也只会骂他，不会帮他。

他举了个例子，有一次自己新买的手表被同学弄坏了，对方也没有真诚地道歉，就是反复辩解说不是故意的，自己很生气，但又不知道该怎么处理。考虑了很久终于鼓起勇气告诉了父母，想让他们帮助自己，或者教自己如何处理比较好。结果父母刚听到新买的手表就弄坏了，自己后面的话还没说完，就劈头盖脸地骂自己："败家子！以为爸妈的钱是天上掉下来的吗？一点都不懂事！也不把心思放在学习上，天天东搞西搞……"他被骂懵了，这跟自己预想中的完全不一样，自己并没有错啊，为什么要骂自己呢？原本心爱的手表被弄坏了自己也很难受，莫名其妙地被骂一顿更是委屈。备受打击之后，在学校但凡有"坏事"，自己都不敢轻易告诉家长，担心被骂。

现在他对于上学仍然很害怕，不知道怎么办，但又知道不得不去。

有一次做家庭治疗，孩子的爸爸以工作太忙为由没有出席，妈妈一坐下来便开始控诉孩子："从六年级开始就总玩手机，经常一边看手机一边做作业，越来越无心学习，这样下去不行，才上六年级就这样，以后怎么办？不管成绩好不好，都一定要努力才行，不努力，自暴自弃，谁都帮不了你！"孩子一直一言不发，焦虑的妈妈没有停下来的意思，我问孩子："能说一下你的想法吗？"他低着头，小声说："学习没有动力。"顿了顿，他稍微抬起眼瞟了一眼妈妈，发现妈妈不知是看在医生的面子上还是真的想知道他内心的想法，总之没有立刻变脸，便稍微安下心一点，咽了咽口水，接着说：“我就只有一年级时成绩还好，后来越来越跟不上，努力也没用，还是学不好。”妈妈想鼓励一下孩子，便赶紧说道：“没有啊，你认真的时候学习有进步。”孩子无奈地摇摇头：“那有什么用，同学还是看不起我，笑我笨。”接着，他声音低沉，满怀决心却又无比沮丧地说：“只有考到100分，同学才不会嘲笑我。”说着眼泪已经顺着脸颊流下来。一旁的妈妈惊讶地睁大了眼睛，她从未想过，平时不言不语的孩子，背后竟然有这样的委屈和悲伤。妈妈忍着眼泪，安慰孩子。

很少有孩子在遭遇校园欺凌后会直接告诉父母，大多是默默忍受，或者自己想办法解决，当然，大部分时候，处理的效果并不好。

这个孩子7岁，来找我的时候刚上一年级不久。她对于上学一直抗拒，总是需要家人反复督促。一年级下学期快期末的时候，孩子因为感冒发烧，在家休息了几天之后，便怎么都不愿意再去上学，一会儿莫名其妙地哭，过一会儿又玩得很开心，她寸步不离地要跟着妈妈，生怕妈妈离开自己。妈妈对于孩子的情况很自责，说自己脾气很暴躁，曾经有产后抑郁，面对孩子总是忍不住发脾气，很凶地骂孩子，骂完自己就发泄了，心里就舒服很多，但是没想到会对孩子造成影响。

孩子在鼓励下跟我一起进入沙盘室。她很喜欢沙盘，自顾自地玩起来，很快便放开了。她将沙具加上所有的动物都拿下来，放在沙子上，不断地埋了，掏出来，再埋，反反复复，很认真地做着这件事，一言不发，看不出特别的表情。埋了一阵，发现架子上有个笼子，立即兴奋起来，将全部动物都放进笼子里，关起来，放在沙子上，过了一会儿，又拿起来，放在手里，使劲晃着它们，努力想再塞几个进去。我于是尝试问她："为什么要把它们关起来呢？是喜欢它们还是讨厌它们呢？"她不抬头，小声回答："讨厌它们。"我接着问："为什么呢？"她想了想，说："因为它们是大坏蛋。"说完，又继续关它们。我试探地问："你喜欢去上学吗？"她摇摇头，带着委屈的语气说："在学校有人打我。"说完，再次埋那些动物，不答话了。

再次过来的时候，她仍然没有去学校，不过可以去上钢琴课了。情绪仍然很烦躁，她忙碌地从沙具架上拿各种沙具，不断地往沙盘里添加，在我看起来，几乎没有任何规律，只是把眼前看得见的都放进沙盘里，摆放也很混乱，没有明确的含义。摆到后面，她不耐烦起来，将全部的沙具都埋起来，仍然不主动说话。我尝试问她："在学校是什么人打你呢？"她低着头不看我，答道："是几个男孩子，会故意伸脚踢我。"接着，给我看她腿上留下的瘀青。我并不能确认那几个男孩子只是想跟她玩不小心弄伤她，还是故意踢她的，但这样一个长得很可爱的女孩子，在学校应该是受同学欢迎的。我便尝试鼓励她："你有还手吗？"她小声说："没有，我不敢。"说完，又低着头，不再说话。我帮她表达出内心的恐惧："怕还手他们打得更厉害吗？"我继续帮她想办法："那告诉老师呢？"她无奈地摇摇头："老师批评了他们，过几天他们还是打我。"我也有些无奈："那让你妈妈帮你。"她头低得更低了：

“不能告诉妈妈，她会骂我的。”

做完这次治疗，她便自己回去上学了，期末考试成绩不错，开心地跟我分享。

一个男孩子因为在学校比较内向，很少说话，成绩不好而被同学欺负。同学故意把他的东西藏起来，把他的书本丢到地上，在他捡的时候再踢他一脚，有时也会动手打他，因为好玩，把他的东西在教室里抛来抛去。全班同学看着他哄堂大笑。

更让我惊讶的是他的老师的态度，老师认为不能让孩子觉得被欺负就有道理，要让他反思自己的问题。比如，同学们是因为他有时候碎碎念，影响到其他同学听课，才对他有意见；因为他太内向、沉默，没有跟同学搞好关系，同学才不待见他；他还不爱干净，同学当然不喜欢他。当然，让老师最气愤的是，每次他被同学欺负之后，就只会哭，老师怎么问他都一句话不说，让他写他也不写，根本无法沟通。老师言下之意是，被欺负更应该反思的是自己，不要总想着让班上的同学来照顾、迁就自己。这一番看似有理有据的言论，却让我不寒而栗。

确实，这样的孩子会在班级中显得格格不入，会让大家有种“不欺负你欺负谁？”的感觉。然而，作为教书育人的老师，不就是为了让这样的孩子在进入残酷的社会现实之前，学会依靠自己的力量去应对吗？那些以欺负其他同学来取乐的孩子，不是正应该学着如何尊重同学，如何同理他人的感受吗？这些都是他们成长中的必修课，而如果将整个过程都完全合理化，那改变又如何能发生？被欺负的孩子又如何能感受到来自他人的关心和温暖呢？

当然，持有这种观点的老师肯定是少数，面对校园欺凌，老师更多的是无奈：前一分钟刚惩罚了欺凌者，转头一会儿工夫，被欺负的孩子就受到变本加厉的报复，防不胜防。被欺凌的孩子在这个过程不断积累愤怒、无助，欺凌者在此过程中获得凌驾于他人之上的优越感，没有一种是有利于孩子成长的。

学校中缺少这样的专门的教育课程，家庭中也缺乏这样的引导和示范，事情发生后，要么是代替孩子解决，要么将问题全部抛给孩子，无济于事。

有的孩子会因为各种各样的原因在学校被孤立，由此造成的心理压力，并不比表面上的欺凌来得弱。

有一个 14 岁的女孩，从小成长的家庭里没有规则，只要孩子说的就是对的，造就了她唯我独尊，完全不会换位思考的性格。因此，小学一年级开始，她便在学校被人排挤，所有同学都莫名其妙地不搭理她。她不知道为什么，告诉了父母，父母以为只是孩子玩闹，没有重视，对她说："你管好自己的学习，成绩好了，别人自然会跟你玩。"她心里很失望，父母根本不理解自己，便没有再提过这件事。为了不继续被排挤，她选择完全迎合他人的方式。别人说她不笑没有表情的时候看起来像生气，她便不时微笑，好让自己显得有亲和力。不仅如此，她还主动跟排挤她的人示好，努力跟对方套近乎，小学后面几年，两人居然成了朋友。

这种讨好对方的方式，一直持续到初中，渐渐成为她与人相处的习惯。一边在家里享受体贴入微的迁就和照顾，一边在学校里小心翼翼地讨好他人，她像在冰火两重天里，纠结摇摆。学习一直是她最主要的支撑。然而，到了初中，学习变难，成绩一落千丈，熬到初二，她再也坚持不下去，坚决要休学。

遭遇校园欺凌的孩子，一方面是不敢反抗，没有应对人际冲突的技巧和方法；另一方面是孤立无援，没人可以求助，自己的应对方式往往极端而狭隘，由此造成巨大的心理负担。

家长对于校园欺凌的普遍应对方式体现在以下言语表达中："你自己想想为什么别人只欺负你，不欺负别人呢？""你做好自己，不要惹别人就行了。""你去告诉老师，让老师批评他们。"家长不出面，不承担责任，也不与孩子共同讨论解决方法。也有另一个极端，父母直接冲到学校，教训其他同学，警告对方："你敢再欺负我的孩子，看我怎么收拾你。"看似行之有效的方式，其实会让孩子觉得自己只能靠家长，对自己的能力没有信心。同学会进一步嘲笑他："你是家里的小宝贝，我们不敢得罪你。"由此可能造成孩子被孤立。

学校教育缺乏对人尊重的教育，更强调竞争，强调成绩；家庭教育对于被欺凌讳莫如深，隐隐觉得被欺负是"懦弱""无能"的表现，往往一骂了事。很少有人去思考，就如家庭暴力是无论任何情境下都是错误的一样，无论被欺凌的孩子是什么样子，欺凌行为本身就是错误，是需要严厉指正的。

若是要等到孩子因为被欺凌而害怕上学的时候才意识到问题的严重性，可能悔之晚矣。

Story33

厌学，是全家人的逃避吗？

“出来混，迟早是要还的。”父母没有完成的成长课程，子女可能会裹足不前，也可能需要花更大的力气来抛弃父母原有的行为方式，重建自己的行为方式。这个过程艰险重重，稍有不慎就可能滑回原来的轨道，也可能随时因为遇到困难而放弃。

孩子一旦厌学，父母最常见的归因是什么？“逃避，他就是逃避！”“遇到困难就逃避，他一直都是这样！”“我就说他是逃避，但是逃避解决不了问题，他自己要明白这个道理。”即使接触过许多厌学的孩子，我也不得不承认“知子莫若父（母）”，父母确实会在某些方面更了解孩子。

不过，沿着这条线走下去，我很快发现另一个很有意思的现象，厌学，可不只是孩子一个人的逃避。换句话说，逃避不是天生的，而是某种经由学习、模仿而来的习惯性处理方式。

我见过一个很有意思的家庭，孩子在休学的近一年时间里，去各地做过心理治疗数十次，收效甚微，父母秉持“不抛弃，不放弃”的态度，继续带着孩子各处求医，最终来到了我的治疗室。初次做家庭治疗，爸爸便拿着笔记本，上面密密麻麻地记录孩子目前的主要问题。这个 12 岁，原本应该上初一的孩子，看起来问题不少，爸爸一条条往下念，气息平稳，逻辑清楚，当然读的时候语气是略带沉重的。孩子跟爸爸一起坐在长沙发上，似听非听，不反驳，也不认同，也不生气，显然他已经很习惯父母对他的这些评价了。妈妈自己一个人坐在旁边，眉头紧锁，大气都不敢出的样子。

这个家庭之前的模式是爸爸长期在外地工作，孩子与爷爷、奶奶和妈妈一起生活。父母谈到孩子的小升初考试，发生在大约一年前，也是孩子情况变化的主要导火线。小升初考试前，焦虑的妈妈为了孩子能够考上一所重点初中，带着他全天无休地补习，到省城参加考试，最终孩子不负所望，接到了几所省重点初中的录取通知书。接着，妈妈又担心孩子上初中之后会跟不上，给孩子报了奥数班，孩子也偶尔抱怨有点累，压力有点大，但仍然乖乖去上了。妈妈讲道："他从来没有上过奥数，班上其他同学是一直上奥数的，虽然他是很聪明，但渐渐跟不上，很多题也不会做。"孩子突然满眼愤怒，恶狠狠地看了妈妈一眼，突然开门要出去。他接着走到隔壁治疗室关门待在里面，一言不发。父母过去叫的时候他情绪激动，在里面大喊："滚，你们都给我滚！"是的，是直接说"滚"，没有其他解释说明。

过一会儿他自己回来治疗室，气鼓鼓地坐在位置上，一言不发。接着他命令母亲给他手机，说他要玩手机，不想说话。母亲不同意，没有给，他便站起来，强行抢母亲手中的手机，被父亲制止后他再次走出治疗室，父亲追出去后他对父亲大声喊叫："滚！不要管我！"这一次他直接跑出了大门，助理好不容易将其追了回来。再次回到治疗室后他情绪激动，不停捶治疗室墙壁，拔空调插头，踢桌子，还试图往楼下扔东西，父母尝试制止，完全无效。整个过程没有任何征兆，也不说任何原因，一家人在治疗室里快乱成一锅粥，妈妈一直在哭，爸爸在叹气，我有些担心治疗可能需要临时暂停。气氛压抑得让人喘不过气来。

我尝试鼓励孩子，有什么原因说出来，不然我们都不知道是怎么回事。没想到，他立刻开始激动地哭，说："哪壶不开提哪壶，我说过不准提，不准提我补习的事情。"接着，愤怒而凶狠地命令母亲：“以后都不能再说这件事，知不知道？！”尔后，他做了一个让我惊讶不已的动作，他像一个打架的小混混对待自己的手下败将一般，用手抬起母亲的下巴，看着母亲的脸，一字一顿地说：“听——到——没——有！不准——再说！”母亲哭得更伤心了，纸巾根本擦不干眼泪，站起来想抱着儿子，并依从说：“好，好，以后都不说。”孩子才不再怒吼。我问妈妈：“你真的做得到吗？”妈妈躲开我的视线，没有回答。

孩子提出要提前结束治疗，父母再次犹豫，我表达说时间没到，因为时间是事先约定好的，需要遵守约定。他只好坐下来，接着说：“反正我不会再说话，你们谈吧，到时间我就走。”

我试图询问父母是什么原因导致孩子会突然有如此大的反应，父母突然面露难色，欲言又止，小声说：“不知道能不能当着孩子的面谈这些。”果然，父母这句话刚说完，孩子就再次自己走到外面的治疗室，摆弄各种东西，并且弄出很大的声音，自己不停地大喊。我知道劝他回来没用，便一直将家庭治疗室的门开着，并且在他再次回来的时候表示欢迎。或许是这个举动起了效果，又或者是卖我的面子，接下来的谈话过程他没有再发脾气。我才知道，在这差不多一年的时间中，全家人都不敢在孩子面前提起小升初的事情，就是怕刺激他，偶尔不小心说到一点，孩子就在家里大吵大闹，家里人都小心翼翼地回避着这件事。这件事成了全家人默契的集体回避。还有一个是“上学”二字，不能说，不能提，不能问。在这一年多的时间里，包括爷爷奶奶、外公外婆在内的所有人，都假装这个孩子是应该待在家里的，是合情合理的，即使每个人都心知肚明，他才 12 岁，他必须上学。

我惊讶于这一家人的忍耐力，更难以置信他们的逃避能力，竟然能当作事情不存在一年多。

这对夫妻的相处方式也很特别，结婚十多年的时间里，他们前半段是跟岳父岳母一起生活，后半段是跟公公婆婆一起生活，并不是因为经济的原因，他们的收入在当地要买套房是轻而易举的。他们的说法是：“出来自己住要处理的事情太多，太麻烦了。”目前，他们跟孩子的爷爷奶奶一起住，妈妈对爷爷奶奶有较大意见，讨厌爷爷奶奶总是指责她教不好孩子，又觉得自己总是家里的外人。遗憾的是，丈夫从来不会站在妻子这一边说话。爸爸的理由很充分：“我们全家人住在父母家，什么家务都不做，饭来张口、衣来伸手，有什么事情也都是爸妈帮忙处理，接送孩子上补习班等都一手搞定，怎么好对父母提意见？”我乍一听，倒也觉得合情合理。而且爸爸有个优势，长期都在外地，大部分时间都不用面对家里烦人的、让自己左右为难的关系，这是名正言顺地逃避。所以，两地奔波多年，爸爸从未尝试争取将工作迁回到妻儿所在的城市。

爷爷奶奶对儿媳的意见同样不少，觉得儿媳没教好孙子，也不帮忙做家务，不过他们也不跟儿媳明说，认为直接说儿媳不太好。爸爸就成为传声筒，要负责传递老人家的意见，让妻子多做家务，多教教孩子。

孩子就忍不住了，说：“你们有意见怎么不当面说呢？你不说出来别人怎么知道呢？”妈妈便说：“你还小不明白，这些话不好直接说，一说就会吵架的。”孩子马上便说：“下次你去跟爷爷奶奶说，他们如果跟你吵，你就叫我来主持公道。”爸爸就说：“你这么小，主持什么公道？”孩子说：“那你不说，只有我来说，总得有人站出来说话吧？”

一个多小时的时间里，我仿佛看见这个家庭，包括他们上一辈的家庭，有一个代代相传的“宝贝”，他们传承着这个“宝贝”，依靠这个“宝贝”来解决所有可能具有威胁的家庭问题，表面相安无事地过着每一天的生活，假装什么问题都没有，幸福而快乐。

孩子的逃避心态究竟是从何而来呢？似乎在我们指责孩子“你就是逃避，你遇到事情就只会逃避”的时候，很少去思考这个问题。

我还见过一个初三年级的厌学女孩。她倒是非常坦诚，第一次见我就明确地说：“我知道自己现在是在逃避，我们全家人遇到问题都是逃避，我自己也是这样。”

她告诉我，上初二时她出现较明显的情绪问题，经常一睡觉就睡很多天。她解释：“这就是我的逃避的方式。”她勉强上到初三，就再也坚持不下去，初三上了几周的课就直接休学在家。她跟家人的关系很紧张，特别是爸爸。谈到爸爸的时候，她仿佛在谈论一个仇人，她用“强势、懦弱、粗暴，只会用拳头解决问题”等描述来形容自己的爸爸。在她小时候，爸爸经常打她，也打过妈妈，她会尽力保护弟弟，虽然心里也很害怕。妈妈会尝试保护她和弟弟，但大部分时间是徒劳的。

因为跟家人相处不好，休学在家的时间里，她会“合理”安排自己的睡眠时间，只要父母在，她都处于睡眠状态，只有爸妈去上班了，听到关门的声音，她会条件反射地自然醒来。她给自己做很大一碗饭配上菜，吃得饱饱的——这是她这一天中唯一的一顿饭。她享受着父母都不在家里的自由时光，没有人管她，没有人催促她去上学，没有人跟她争吵。她做着所有她喜欢做的事情，在她自己的世界里自娱自乐，不去考虑同学在为中考拼搏，而自己在悠闲地虚度光阴，不管未来在何方，只安心地享受着无人打扰的片刻安宁。初三下学期，她基本都是这样过来的，父母打也打了，骂也骂了，也苦口婆心地劝告了，全都无济于事。

这是属于她的逃避。“家里其他人都是怎么逃避的呢？”我曾问她。

爸爸曾经是军人、抗洪英雄，但转业之后境遇一般，事业发展一直不顺利，就把怨气转移到家里，要维护自己在家里的绝对权威，不容许任何人忤逆他。她心里不服气，有时候反驳他，就会招来一顿打骂。妈妈原本是因为崇拜爸爸，仰慕英雄，希望找一个能保护她的人，没想到这个人却向她动手，但她也没有反抗。经常说的一句话就是：“既然都已经这样了，那也只能接受。”“可能这就是命，我只能认命。”爸爸打女孩的时候，妈妈会拦着，但也只能跟爸爸说好话，爸爸大部分时候是不听的，妈妈没办法真正地保护她，只能事后安慰她，让她尽量不要惹爸爸生气，她不服气：“凭什么，他做得不对我就是要说。”她跟爸爸冲突最大的倒不是爸爸打她的时候，而是爸爸打弟弟的时候，她会不顾一切地护着弟弟。她说：“我不想弟弟再遭受我这样的创伤。”我勉强笑着回应她：“你在家里有时候倒挺像个斗士的。”她不置可否。

她有她自己无法面对的困难，她在学校交不到朋友，她害怕回学校。

休学期间，表面自得其乐的她，内心是无比焦虑的，她每天都要洗头，有时一天洗两次。她最喜欢洗澡，她觉得水从头上浇下来的时候感觉特别爽，她可以一洗洗一个小时，那是她最放松的时间。后期焦虑严重的时候，她无法控制地用手去抓头皮，头发掉得厉害。

家人希望她随便找个职高读就好，但她不甘心，要知道，小学时她成绩是非常优异的，是当地唯一一个考进重点初中的孩子，最后竟然上职高，她如何能接受？但她想到上学就无比慌乱，担心自己无法适应。她用“慌乱”来形容要上学的心情，她不知道该怎么办。她说：“我希望自己可以勇敢一点，遇到困难不要那么害怕，能够勇敢面对。”我跟她说：“不是的，我们很多人遇到困难都会害怕，只是有人会因为害怕而逃避。”

复学之后，她很长一段时间没来见我，倒数第二次见我是在中考前。她说：“我害怕考不好，怕连最烂的高中都考不上。”顿了顿，她深吸一口气，仿佛鼓起很大的勇气一般：“最害怕自己临阵脱逃，连中考都不敢去参加。”我回她：“你能说出自己的恐惧，就是面对的第一步。”“想到要中考我就很慌。”“是的，以你之前的经历，这个过程对于你真的很不容易，我欣赏你从没有真正放弃。”她笑笑，没有说话。

最后一次见她，她特地来告诉我考完了中考，但是没有考上理想的高中，只考上当地最普通的高中。停了一下，她笑笑说：

“不过想着要上高中了，还是有点小兴奋的，毕竟还有翻身的机会。”我赞赏地看着她：“能坚持考完中考，已经很不容易了。”

我想，她是不想要这个父母给她的“逃避宝贝”，她很努力地在寻找新的方式和出路，而这个过程，是比想象中要艰难百倍的。

“出来混，迟早是要还的。”父母没有完成的成长课程，子女可能会裹足不前，也可能需要花更大的力气来抛弃父母原有的行为方式，重建自己的行为方式。这个过程艰险重重，稍有不慎就可能滑回原来的轨道，也可能随时因为遇到困难而放弃。

你呢？还愿意让这个“逃避”的“宝贝”代代相传吗？

Story34

厌学，是因为不努力吗？

实事求是地讲，这些孩子在外在的行动表现上看起来，完全没有努力的痕迹，与他们父母着急想办法的状态形成鲜明的对比，焦虑的父母面对这样的孩子，难免会抓狂的。孩子们的努力都体现在什么地方呢？在心里努力有意义吗？我将孩子们的心理过程理解为：大部分的能量都消耗在自己跟自己的斗争上，因此行动力差，这样的努力，其实是“越努力，越徒劳”。

如果给厌学的孩子画像，会是怎样的呢？无精打采，手机不离手，日夜颠倒，哈欠连天……怎一个“颓废”了得，看得人总想上去扇两巴掌，要把他们打得振作起来。

这样的孩子会跟努力沾边吗？他们如果努力会放纵自己变成这样自暴自弃、无可救药吗？

“废物”“没希望”“无可救药”，是厌学孩子听到最多的评价，谁会相信他们也在努力，相信他们并不愿意如此自我放弃呢？

然而，大多数厌学的孩子，都曾经非常努力地投入学习，现在也努力地挣扎在自我斗争的边缘上。

我见过一个刚上小学一年级的 7 岁小男孩。每到上学的时候他就会大哭大闹，有几次甚至剧烈呕吐，表情痛苦异常。然而只要待在家里，他就仿佛放飞的小鸟一般，吃东西，玩游戏，看电视，甚至玩一张纸都能玩一天，只要不提学习，他都是笑容满面的。

父母很疑惑：“他这样是想上学的样子吗？就是想在家里玩，哪里有半点在努力？”

带着这样的疑惑，我见到了这个孩子。

这是一个非常白净秀气的男孩子，刚进咨询室的时候有些拘谨，低着头不说话，不过他很快开始创作沙盘。跟很多 7 岁左右的孩子不同，他的沙盘创作显然是经过深思熟虑的，有结构有主题，他像一个小大人一般看起来胸有成竹。一开始他在沙盘中间堆起一个小岛，在岛上摆上精挑细选的建筑物。岛的四周环绕着一条河，他细细地用手挖出河来，但一直不满意河的形状，一会儿觉得窄了，一会儿又觉得形状不好，要重新调整，反反复复，用小手细细地挖。好不容易河修得满意了，他又对岛上的建筑物不满意，不断调换位置，不断换建筑物的样式，怎么摆都不满意。之后他又不断添加沙具，拿了各种各样的飞机摆在四周，拿了航空母舰摆在河里。突然，他把精心摆了大半个小时的岛拆了，把所有的沙具放了回去。他望着我说："我要重新摆，这些都不要了。"

接着，他竭尽全力要将全部的沙子弄到一边，将另一边空出来，沙子很多，他力气不太够，只能一层一层地把沙子往另外一边拨，刚拨上去一层，就有一些滑下来，他再拨上去，又滑下来。如此反复，不厌其烦，后来他找到一把刷子，便更加精神起来，一点点把沙子往一边推，又细细地扫，刷子带下来一些沙子，他又把它们扫干净。最后，他发现扫不管用，便用手慢慢赶，直到把所有看得见的沙子都赶到另一边。没有沙子的那边露出天蓝色的沙框底座，对比鲜明。他指着沙框告诉我："这边是陆地，这边是海。"紧接着他在陆地上整整齐齐地摆上各种飞机，按照颜色、款式整齐摆放，同样的摆在一排，摆了三四排。全部摆完之后，调整每架直升机螺旋桨的方向，保证它们都朝一个方向，一丝不苟。海里也是一样，航空母舰、潜艇、军舰都一一摆好。摆完之后还从各个角度蹲下来看，瞄一瞄，保证是在同一直线上。整整一个多小时，他一直站着，不停地调换，终于告诉我："我摆好了。"但是他仍然没有坐下来，还是不停地瞄，细细地把"海里"的沙子再吹一吹，清理干净。

我询问他学校的情况，孩子满脸开心：“喜欢上学啊。”我吃了一惊，这同家长跟我说的情况完全相反啊，这种情况倒还是第一次遇见，一般都认为小孩子是不会撒谎的，而且他满脸认真地回答，令人信服。于是我继续求证：“那在学校开心吗？”“很开心啊。”我锲而不舍：“那作业是不是很多呢？我听其他小朋友说一年级作业好多呢，也好难。”他一脸轻松：“没有啊，我很快就做完了。”我表示赞叹：“这么厉害啊。”我不死心，继续打听：“那老师凶不凶呢？同学热情吗？好相处吗？”他统统给予了正面回答：“老师不凶，我们班主任也不凶。同学很好，我跟他们全都是好朋友。”我边听边点头，就差疑惑地问：“那你来我这里是不是你爸爸妈妈搞错了？找错地方了？”然而他确实在认真地回答着我的问题，完全看不出言不由衷的神情。

后来，我明白了，他是希望给我留下一个好的印象，表现自己什么都能做好，什么都很厉害。这是一个典型的完美主义的小孩，做事一丝不苟，认真仔细，甚至到了有些强迫症的程度。

他希望父母看一下他的沙盘，因为这是他精心创作的，他等着父母能够给予肯定，甚至表扬一下他。爸爸看了他的沙盘之后不停地摇头：“这个摆得太整齐了，他做事都是这样的，这样太累了。”我补充了一点：“这还不是最初的版本，我很少看到一个一年级的孩子能够这么有耐心，站了一个多小时，完全没有喊累，总是不满意，不断调整。”爸爸这才谈起自己的教育方式，他是一个非常焦虑的爸爸，非常在意细节，平时只要发现孩子一点事情没做好，都会忍不住严厉地批评。孩子的作业都是他辅导，每到写作业的时间，家里就会变得乌烟瘴气、鸡飞狗跳的。孩子很长一段时间，只要到做作业的时间就紧张，拖延，不停上厕所。孩子竭尽全力做到最好，但爸爸似乎始终不太满意，认为孩子不够认真，不够努力，跟自己的勤奋上进完全没法比。

很多孩子是不愿意在父母面前表现自己的努力的，他们默默努力，期待某一天能被看见。

父母一般最害怕孩子什么时候厌学？那就是决定人生命运的时刻——高三。

这个女孩正读高三，学习状态不佳，记忆力下降明显，上课很难集中注意力，状态最差的时候，基本一整天都在睡觉。她上课时睡觉，回到家继续睡觉，尽管每天睡这么多，还是精神困倦。父母问什么都很少说话，一问到不开心的地方，她就丢下一句“你们不要逼我！”就立马翻脸回房间，关上门继续睡觉。

父母都小心翼翼地说话，只挑她喜欢的、听了开心的话聊。但父母心里着急得不得了：“都高三了，没有目标怎么行？要不要打算休学呢？你未来有什么打算呢？将来是想做个稳定的工作还是创业呢？总要有个方向啊，每天这么睡觉，别人都在努力学习，你一点都不急怎么行呢？”

心中的焦虑无法表达，父母快要憋出“病”来了。每次见到我，父母的问题就像开闸的洪水奔涌而来：“你说，我们现在让她做一些计划和打算有错吗？时间不等人啊。”我无法做这样的对错判断，无法回答这个问题。

孩子却是另一番样子，父母没办法自己去问，便通过各种方式，想让我去问孩子的意见。某一次治疗中，我尝试着问了问孩子：“你爸妈想了解一下你有没有休学的打算。”让我惊讶的是，此言一出，眼泪就立马顺着她的脸颊流了下来，她一直哭，无法说话。我满心困惑，在我看来，这个问题似乎并没有任何攻击和责备的意味，只是单纯想了解一下她的想法，如此的悲伤从何而来呢？稍微平静一些之后，她抽泣着说：“我也不知道自己的想法究竟是什么？我也不知道我要不要休学，现在让我做任何决定，我都觉得非常焦虑。我只知道我学习的时候，还能觉得自己有一点价值，不会那么一无是处。”听完她的表达，我愣了一会儿，原来这个父母担心会自暴自弃、破罐子破摔的孩子，将学习看得如此之重，在学习的时候才能感受到自己的一点价值，不会那么厌恶自己。这个表面看起来无比颓废的孩子，内心有激烈的争斗，进退不得。她需要有一点空间，让她能够安静思考，积聚能量。

有些孩子甚至会每天告诉自己：“不能再这样下去，这样下去自己就废了。”只是内心缺少力量的他们行动不起来，只能任由焦虑和挫败感裹挟着自己，束手无策。

实事求是地讲，这些孩子在外在的行动表现上看起来，完全没有努力的痕迹，与他们父母着急想办法的状态形成鲜明的对比，焦虑的父母面对这样的孩子，难免会抓狂的。孩子们的努力都体现在什么地方呢？在心里努力有意义吗？我将孩子们的心理过程理解为：大部分的能量都消耗在自己跟自己的斗争上，因此行动力差，这样的努力，其实是“越努力，越徒劳”。

我见过一个 13 岁，来找我的时候已经在家里待了大半年的孩子。起初他过着日夜颠倒，游戏为伴的生活，后来渐渐觉得游戏也没什么意思了。他很少跟家人交流，也基本不独自外出。他有时候发呆，有时候睡觉，脸上没有特别悲伤的情绪，也基本不发火，除了偶尔提一点要求，基本不跟家人说话。他大部分时间都在睡觉，醒来玩喜欢的游戏，困了继续睡。他也从来不提上学的事情，不看书，不外出锻炼，不找朋友，连走路都是慢吞吞的，鞋子在地上拖着的，仿佛行尸走肉一般。每天过得浑浑噩噩。父母急得要命，打也打了，骂也骂了，无济于事，拿他没办法。

跟他互动，你会不自觉地被他的消极和颓废感染，仿佛一个小时的谈话进行下来，自己的能量也在不知不觉间莫名其妙地消耗殆尽了。他在不停地内耗，一个人待着什么都不干的时候，只要没睡着，他的脑子都是在高速运转，不停地想：“该怎么办？我上不了学，我害怕上学，我真是没用。”只是，他的这一面从不展示给任何人，他认同所有人对他的负面评价：“颓废、懒、不孝、废人”，他从不反驳，也不解释。换句话说，他其实是将自己封闭起来，自己跟自己打架，打一场只输不赢的架，越是不跟身边的人表达，这场架就越是持久，这就是俗称的“把自己绕进死胡同里”。他们在激烈的内耗之后，只剩下无助和无力。

这不是指性格的内向和外向，而是个体对外界的信任程度，只有对外界足够信任，才能够从外界获得能量，能够通过与外界的互动去厘清内心情绪和想法，而不是在无尽的内耗中做无畏的“努力”。

家长需要理解这种“无谓的努力”，不能轻易指责孩子是“懒、颓废”，过多的指责，会进一步封锁孩子敞开心扉的动力，继续原地踏步，自我消耗。

Story35

厌学的孩子，是真的不想上学吗？

按照成长阶段，到了青春期，孩子就要逐渐为离家做准备，要走向更广阔的社会，家庭也需要把孩子“往外推”，让孩子在更广阔的天地里去锻炼、成长。只是，很多家庭并不具备这样的功能，家庭变成“温柔乡”“温吞水”，让孩子沉醉其中，无法自拔。这些孩子不是上不了学，是上学要面对各种各样的压力和挑战，跟待在家里不用付出就能享受的各种权利比起来，学校简直就是“人间地狱”。

我见过很多上不了学的孩子，他们告诉我："我真的想上学，想正常一点。"

一个13岁，休学一年的孩子，睁着大眼睛，真诚地跟我说："我想去上学，我知道那样我才有机会实现我的理想，我在学校也很开心，但只要我中午一回家，我就迈不动步了，我也想知道为什么。"

有个孩子可以连续在学校待一周，但只要周末一回家，一休息，他想到上学就莫名心慌。每到周一，就是他找各种理由逃避上学的时候。他自己也很困惑，明明五天上学都没问题，为何一个周末就让一切都改变了呢？

是的，我发现大多数因为各种各样的原因上不了学的孩子，内心希望自己跟其他孩子一样正常生活，而不是整天在家无所事事，只能无聊打发时间。

他们是真的不想上学吗？

不是。99% 的孩子都还是希望自己能够正常上学，走一条相对顺利的人生道路的。他们想上，但因为种种原因上不了，由此引发了各种叛逆表现。

有的孩子完全逃避：一整天窝在家里不敢出门，靠打游戏、玩手机打发时间，感受不到一点生活的乐趣。有的孩子昼伏夜出，只有天黑了才会出去外面走走，买自己想买的东西。我认识一个休学的孩子，他买东西从来不会在附近买，明明楼下就有小卖部，他一定要绕几条街，去大商场买，因为楼下小店的店主认识他。

他最讨厌家里来客人，因为所谓的亲戚长辈，一定会问东问西，磨破嘴皮子劝他去上学。有的孩子原来每天早晚都要去遛自己心爱的狗狗，现在也不遛了，任凭心爱的宠物在家里憋得汪汪直叫。更有甚者完全日夜颠倒，明明醒着也不出房门，躺着床上侧耳细听，等到父母关门上班，才“嗖”的一声从床上爬起来，找东西填肚子。下午估计着爸妈快要下班回来，便收拾收拾回到自己的房间装睡，以此来避免跟家人互动，避免听到关于上学的谈论。

所有这些精心设计的逃避策略，都是因为他们害怕被人看见，害怕被人问：“为什么不上学？”当然，遇到过于“热心”的长辈，被数落教育一番，痛陈努力学习的重要性也是免不了的。

作家韩寒在高中几乎门门功课都挂红灯，语文考试做到他认为够 60 分及格线时，他就不往下做了。他曾经认为：“数学学到初二就可以了。”获得新概念作文一等奖后，韩寒在《新民晚报》发表一篇名为《穿着棉袄洗澡》的文章，批判应试教育的荒谬。不久之后，韩寒即正式退学。在当时引起轩然大波，甚至引起大批老师和家长的恐慌，担心孩子们都学他。

讽刺的是，这个叛逆少年却在 2018 年发文，反思退学是一件很失败的事情。这个曾经的叛逆青年成为“大叔”后，接受采访时首次坦露他对退学事件的反思。他说：“退学是一件很失败的事情，说明我在一项挑战里不能胜任，只能退出，这不值得学习。值得学习的永远是学习两个字本身。‘学习’两字，不分地点环境，是一件终身要做的事情。我听到有人美滋滋、得意扬扬地说‘韩寒，我学你退学了’。我不理解。我做得不好的地方有什么好学呢？为什么不去学我做得好的地方呢？”

当然，大部分厌学或者上不了学的孩子并没有韩寒的才华和胆识，但这并不妨碍他们批判应试教育，坚信不走读书这条路，自己仍然可以取得成功。这个时代不一样了，遍地都是机会，比如，做游戏主播、网络主播，或者自己创业，拍拍视频，吸引粉丝，都是出路。“每天学那么多公式，你真的确定在你现在的生活中会用到吗？”我常被他们问得哑口无言，被他们唾沫横飞地辩论攻击弄得败下阵来。

然而，有句话叫作“越反抗什么，代表越在意什么”。特别是在青春期这个叛逆的年龄，公开与教育制度的背离，他们心中的恐慌和不安可想而知。

我后来发现，这些离不了家的孩子，家对他们而言是有致命的吸引力的，几乎满足他们所有的心理需要。例如，玩游戏打发时间获得快乐，游戏打赢了获得成就感；在家里不用遵守任何规则，完全是自己说了算；不用自己努力争取，不用付出任何劳动就能得到关心和无微不至的照顾；或者还应该加上跟父母斗智斗勇获得胜利后的极大快感……

所有的这一切，让完成学业带来的成就感，辛苦而麻烦的人际交往，烦人的数目繁多的学校规则都在对比之下变得面目异常可憎。

我前文提到的那个 13 岁的初一学生，在六年级时为了小升初能到最好的初中，整整一年，父母给他报满了补习班。他除了应付学校的学习，还要跟随妈妈奔波于各个补习班，下半学年便是来回于各个学校考试，考上了市重点不够，还要考省重点，最终拿到了好几个省重点学校的录取通知书，妈妈心中的一块大石终于放了下来。接着，父母又担心儿子从一个地级市的学校去到省重点初中会不适应、跟不上，于是又给儿子报了奥数提高班。与其他孩子从小开始上补习班、奥数班不同，因为成绩一直不错，六年级之前这个孩子并没有上过补习班，更不用提像奥数这种高难度的课程。奥数课上了一周，他完全跟不上进度，甚至根本听不懂老师讲的内容，从来在学习上都是佼佼者的孩子，完全接受不了这样的结果，导致自信心崩塌。他后来出现了抑郁症状，经常莫名哭泣，对任何事情都不感兴趣，整天闭门不出，最终，省重点中学也没能去，休学在家。

父母完全着了慌，特别是妈妈，极度自责，在孩子面前都变得小心翼翼起来，生怕刺激他，渐渐地变得对孩子言听计从了。然而孩子还是不满意，依然不断挑妈妈的毛病："有什么就说，不要吞吞吐吐的。""整天苦着一张脸，好像总是对我不满意，到底要我怎么样！"不顺心的时候，他就在家里大发脾气，砸东西、骂人，甚至动手打人都有过，谁劝都没用，一定要等发泄完他才能平息下来。父母苦不堪言，到处寻医问药，孩子却并不配合。父母找的心理咨询师，他只见一两次便不愿意继续去见。家人找的培训班、托管，他统统不愿意去。他的情绪谈不上好，也谈不上坏，至少，对他自己而言，还是可以忍受的范围。

一年的休学时间之后，他仍然没办法顺利回到学校。下文说的是他的原话："我想去上学，我知道那样我才有机会实现我的理想，我在学校也很开心，但只要我中午一回家，我就迈不动步了，我也想知道为什么。”他信誓旦旦，写下承诺书：如果再不上学，就去托管机构，如果托管机构也待不下去，就自己去打工。就如大家所料，约定的时间过后，他还是没办法回校上学。无奈，父母将他送到托管机构学习。第一天，他大哭大闹，吵着要跟父母回家，结果，父母一走，他立马变了一个人似的，成为托管机构里最乖的孩子，遵守规则，所有的任务都完成得最出色。跟进他的社工非常意外，对他赞赏有加。他在托管机构里待了一个月，情绪稳定，表现优秀。

国庆节期间，父母将他接回家。回家第一天，他就对父母大发脾气，父母左右不顺其意。社工去家访的时候还以为自己走错了家门，他跟在托管机构里的时候完全是两个样子。这下子，他连机构也不愿意去了，继续赖在家里，父母仍然束手无策。

我时常听到父母感慨：“我们家的孩子，就适合别人来带，别人来管，一面对我们，就什么都不听，完全是两个人。”不过他们的孩子可不这么想，家就像有种魔力，让这些孩子离不开。

离不了家，所以上不了学。

按照成长阶段，到了青春期，孩子就要逐渐为离家做准备，要走向更广阔的社会，家庭也需要把孩子“往外推”，让孩子在更广阔的天地里去锻炼、成长。只是，很多家庭并不具备这样的功能，家庭变成“温柔乡”“温吞水”，让孩子沉醉其中，无法自拔。这些孩子不是上不了学，是上学要面对各种各样的压力和挑战，跟待在家里不用付出就能享受的各种权利比起来，学校简直就是“人间地狱”。家庭教育应当是为孩子的社会教育打下基础的，父母寄希望于学校或者让其他人搞定自己的孩子，教好自己的孩子是完全不现实的。

Story36

只对学习有要求，最易厌学

“只要你好好学习，其他的你什么都不用管”，潜台词便是其他的都不重要，都不值得一提。家长可能认为这是“集中力量干大事”，然而，在学校教育已经是“唯成绩为尊”的前提下，家庭再进一步强化这一观念，从经济学的角度讲，这就是“把所有鸡蛋都放在一个篮子里”，一旦这个篮子砸了，带来的打击便是毁灭性的。

“好好学习，将来有个好工作！”这是中国孩子听见父母说得最多的一句话。

中国青少年研究中心发布了一份和日本、韩国联合调查的对三国首都小学生生活习惯的报告。有55.2%的北京小学生最常听见的是这句话：“好好学习，将来有个好工作！”相对而言，东京小学生父母最常说的是“早点睡”（45.9%），首尔小学生的父母最常说的则是“该学习了”（47.8%）。

三个国家均深受儒家文化的影响，入学考试竞争也都非常激烈，但北京小学生的父母们经常将学习与前途挂钩，而东京、首尔的父母们更多关注学习行为本身。

社会文化从小学起就影响了孩子的自我期待和角色意识。79.9%的北京小学生想成为学习好的人，一半以上希望自己有音乐、绘画等特长，甚至在朋友选择上也表现出更喜欢学习好的同学。但是，东京和首尔小学生更倾向于选择有趣的朋友。

学习，在中国孩子生活中的地位，超越了任何事情。我不止听一个孩子说过：“成绩好的同学就是什么都好。”这个金光灿灿的光环，伴随着拥有它的孩子一路不费吹灰之力地过关斩将。与此同时，不断挫败着差生的自尊心，让他们无地自容，举步维艰。

最怕的是这个光环某一天突然消失。

这个孩子一进咨询室就一直在跟我控诉爸爸怎么不好，怎么一直对她的学习成绩要求严格，她现在得了抑郁症，爸爸还是坚定地相信她没有问题，只是不够坚强，不愿意面对问题，天天跟她讲一堆大道理，要她回去上学。“我现在听到他的声音就烦。”在家里她完全不跟爸爸说话，一整天将自己关在房间里，手机不离手，谁要拿她的手机，她是可以拼命的。我听下来，以为爸爸是个脾气暴躁，不近人情，也不疼爱她的无情之人，谁知妈妈却告诉我，家里最宠孩子的就是爸爸，基本就是有求必应的，无原则地满足孩子，有时候自己看不过说几句，爸爸还不耐烦：“孩子学习那么辛苦，你还对她提那么多要求！”在家里，没有规则，只要孩子说的就是对的。

考试考了99分，她也是不敢回家的，因为爸爸会大骂：“这么简单的题都拿不到满分！小学成绩就这么不好，上了初中怎么办！”要是成绩更差一点，大约就要挨打了。生活方面父母把她照顾得事无巨细，没有规则和原则，几乎有求必应。“你只要搞好学习，其他都不用管。”提了要求，父母不答应，孩子稍微撇一下嘴，父母便立马转换主意，无条件满足。这完全是“冰火两重天”。

这样矛盾的教育方式，形成她一方面唯我独尊，另一方面又极度自卑的性格特征，在人际交往方面屡屡碰壁。

很多父母常会随口说：“你现在不好好学习，将来就只能去扫大街，就只能去捡垃圾。”转头想想，又补充说：“像你这样，连捡垃圾都没人要你。”誓要将孩子的未来描绘得极尽黯淡，把恐吓进行到底。我们的职业是五花八门的，没有家长认为孩子会把这话当真，他们心里清楚孩子学习成绩不好，不会找不到工作，只是找不到好工作而已，为了激励孩子，只能把后果说得严重一点。结果，到了孩子那里，无一例外都变成：我考不上好的大学我就没有出路了。因此，他们变得绝望，想要放弃和逃避。厌学就是最直接的逃避方式，无法在学业上取得成功，便索性放弃。

“只要你好好学习，其他的你什么都不用管”，潜台词便是其他的都不重要，都不值得一提。家长可能认为这是“集中力量干大事”，然而，在学校教育已经是“唯成绩为尊”的前提下，家庭再进一步强化这一观念，从经济学的角度讲，这就是“把所有鸡蛋都放在一个篮子里”，一旦这个篮子砸了，带来的打击便是毁灭性的。

孩子的成长不仅需要成绩，还需要跟人沟通、协调资源的能力，以及抗挫折的能力。

一个家长对我说：“在目前的社会现实背景下，要求家长完全不在意学习，基本是不可能的。家长为什么有这个压力？首先孩子考完试学校肯定发通知，所有成绩都要排名，假如孩子成绩下降很大，老师肯定会提醒家长，甚至在家长群中点名批评，作为家长就有了无形的压力。我们其实也希望孩子可以轻松一些，但现实不允许。”这个家长为了证明她的努力，举了个例子：“有一次我开家长会，孩子成绩下降很大，被当成典型批评，我当时恨不得有个地缝钻进去。回来的路上，我一直告诉自己，千万不要发火，不要发火，我真的很努力在压制自己的情绪。但是没用，一踏进小区门口，我的愤怒就压不住了，一进家门，我就劈头盖脸地骂了我女儿一顿。事后我也很后悔，但当时就是忍不住。”

我对这个妈妈说："你一路上所做的就是压抑自己的情绪，你并不是真正能接受孩子考差这件事，你很愤怒，因为孩子让你丢了脸。"她没有回答，有时候我们也很难分清楚，是因为孩子的成绩生气，还是因为孩子不优秀，让家长丢脸而生气。

我并非刻意忽略成绩和学习的重要性。我一直呼吁至少让孩子体会一下学习成绩以外，他们的价值。这并不是说要让孩子报很多课外辅导班、兴趣班，不断跟其他孩子比较谁的特长多，让孩子拥有上重点学校的加分项。价值的体现和实现，是可以通过很小的事情来达到的。

有一个妈妈跟我分享过她的故事，让我很触动。她谈到，她小时候学习成绩很一般，家里经济条件也很一般，每到农忙季节，稍大一点的孩子都要到田里帮忙干农活。在广阔的农田里，她终于找到了自己能力的施展之地：割稻谷。至今，她都记得爷爷带着慈祥的笑，夸奖她稻谷割得又快又好，顶得上一个大人，说家里人手不够，还好有她分担。她挺着胸脯听着，那一刻的骄傲和自豪，成为她日后做很多事情鼓励自己的信心来源。现在的孩子个个都是"十指不沾阳春水"，家务、煮饭、洗衣都有专人伺候，孩子只要专心学习就好。这是很多家长在童年时向往的生活，他们希望自己可以专注学习，考更好的学校，说不定现在就能生活得更好，而这一理想，只能在孩子身上去实现。于是，当孩子成绩不好时，父母便理所当然地抱怨起来："你看你现在每天什么都不用干，只用学习，你看你这样还学不好。我以前要是有你这样的条件……"考试成绩并非跟投入的时间成正比，智力、学习方法、心态甚至运气，这些因素都至关重要。客观而言，一部分孩子，因为各方面原因的限制，并不善于学习。

“你只管学习，别的什么也不用你做。”这是一句非常可怕的话，紧接而来就可能是：“你每天只学习都学不好，你怎么这么笨！”加之其他方面能力的欠缺，由此带来的是孩子自我价值感的全面崩塌。

并不是越重视学习，孩子就越不会厌学。恰恰相反，过度地重视，只在乎学习，也是很多孩子厌学的原因之一。

是否，可以偶尔让孩子看看外面的世界，拥有更多的价值支撑呢？

诗经精读

周锡䪖——编选

U0951757

浙江出版联合集团
浙江人民出版社

从原始诗歌到古典诗歌的发展

（代前言）

《诗经》是中国现存最早的诗歌总集，但收录的不是最早的诗歌。

最早的诗歌是原始诗歌，和以《诗经》为代表的早期古典诗歌有显著的区别。那么，原始诗歌究竟是什么样的？它和散文的关系如何？后来又怎样发展到古典诗歌阶段？《诗经》作品具有哪些特色？……这些有趣的问题，我们都可以根据《诗经》与其他文献、考古资料，为大家一一作出解答。

一、谁是“大哥大”？
——诗歌、韵文与散文的关系

一向以来，文艺学家们都这样认为：诗，或者说韵文的产生比散文要早。

如王力先生在《汉语诗律学》中开宗明义便说：“诗歌起源之早，是出于一般人想象之外的，有些人以为先有散文，后有韵文，这是最靠不住的说法……韵文以韵语为基础，而韵语的产生远在文字的产生之前，这是毫无疑义的。”[①]朱光潜先生的

《诗论》更强调“诗是具有音律的纯文学”“中国自有诗即有韵”“诗早于散文，现在人用散文写的，古人多用诗写。散文是由诗解放出来的”，[②]所以“中国最古的书大半都掺杂韵文，《书经》《易经》《老子》《庄子》都是著例”。[③]他们的共同观点是：中国诗一开始便是有韵的；而韵文的出现远比散文要早（至少也不比它迟）。

可惜，这两点都不符合事实。

诗与散文其实和人类的语言同样古老。它们可说是一对孪生子，难分伯仲。而早期的诗歌却是没有韵的，韵文是诗歌发展到一定阶段（在中国，大约是西周中期）的产物。所以，可以肯定地说，诗与散文同时诞生，但韵文的出现却远远后于散文。

二、原始诗歌的特点

对诗歌起源这一饶有兴味的问题，人们提出过种种答案，但唯有中国汉代《毛诗序》的解说最简洁而明了：“情动于中而形于言，言之不足，故嗟叹之；嗟叹之不足，故永歌之；永歌之不足，不知手之舞之足之蹈之也。”就是说，诗歌源出于口语，它是感情升华的产物。一句话，如果平平淡淡地说出来，那便是“言”；要是以咏叹、歌唱的口吻出之，便成了“诗”。

《吕氏春秋·音初》篇记述了一个传说：大禹治水时，道经涂山，与涂山氏之女相好，后来他在外多年不归，涂山女便派了侍婢到山前守望，等着等着，那女子情不自禁地高唱起来："候人兮猗！"（"等人啊喂……"）那便是著名的《候人歌》。这故事的可靠性自然很值得怀疑，但歌词本身带有浓厚的原始诗歌色彩，是十分明显的：它没有韵，也没有任何格律。这极其寻常的一句话，如果用谈话的口气说出来："我在等人。"那便是"言"，记录成文字，便是散文。而现在她却满怀激情地吟唱，呼喊："等人啊喂……"于是便成了诗，而且是流传至今的名作之一。此中诀窍何在呢？全在乎感情色彩的深浅。所以，从一定的意义上说，诗，乃是激情的产物。在上古时代里，当人们生产劳作的时候，或为生存而搏斗的时候，或举行原始宗教活动（如赞颂、祈求、威慑、诅咒等等）的时候，最容易产生种种激动的语气、激烈的情感，所以许多人便把劳动或宗教视作诗歌的起源。那无疑道出了部分真理。不过按实际而论，我们的视野还是应当扩展得比这更广阔一些。

类似《候人歌》的例证，我们还可以在《诗经》里找到。《诗经》共有305篇，包括公元前11世纪至公元前6世纪，也就是商、周之交到春秋中叶的作品。集中年代最久远的，现在普遍认为是《周颂》的部分。正是在这部分，包括了《诗经》里完全无韵的全部九首诗篇：《清庙》《昊天有成命》《时迈》《臣工》《噫嘻》《武》《酌》《桓》《般》。这些诗大都创作于西周初年的武王、成王时期（有的可能还要早）。例如《武》，是歌颂武王灭商的彪炳功业的：

於皇武王！无竞维烈。允文文王，克开厥后。嗣武受之，胜殷遏刘，耆定尔功。

《左传·宣公十二年》记楚子说：“武王克商……作《武》，其卒章曰‘耆定尔功’。”便是指这首诗。又如《桓》，是赞美武王能“安民，和众，丰财”的颂歌：

绥万邦，屡丰年，天命匪解。桓桓武王，保有厥士，于以四方，克定厥家。於昭于天！皇以间之。

《左传》同样认为这是武王克商后所作（宣公十二年记楚子语）。而据《礼记·乐记》载，《武》和《桓》是当时一套大型歌舞曲《大武》的两个乐章。另外，《昊天有成命》和《噫嘻》则是称扬周成王姬诵的作品。如《昊天有成命》：

昊天有成命，二后受之。成王不敢康，夙夜基命宥密。於缉熙！单厥心，肆其靖之。

以上这些颂诗，全部无韵，又不复叠，有些句子还长短不齐，整个书面形式和散文没有多大差别。可以设想，我们的先人当年在庄严的宗庙里，在“膴膴周原”上咏唱这些诗篇的时候，除了以音乐伴奏和舞蹈动作来加强气氛之外，一定还借助抑扬顿挫的语调、富于感情的“声气”，或者再加上“拖腔”，去酣畅地表达其中的诗的韵味。这些，正是原始诗歌的特点。

总括来说，诗歌，当它在远古时代人们的生活、劳作、争斗、娱乐或原始宗教活动中呱呱坠地的时候，它和散文原是面目肖似孪生一对，后来才逐渐发生变异、分化，终至形成截然不同的两种体裁。到那时候，原始诗歌也就产生了质的飞跃，而发展到一个新的阶段——古典诗歌。

三、早期古典诗歌的特点

古典艺术与原始艺术的显著区别之一，是它谨严的规则性，反映在诗歌上，便是讲求格律。

约从西周中期开始，中国诗歌发展到古典诗的阶段，开始出现各种格律因素，如：押韵、区分声调以及复叠、字句整齐等。其中押韵最为重要。[④]《诗经》305篇诗，除上述《周颂》九首全不押韵，另有数首部分无韵外（如《维天之命》《天作》《我将》《思文》《小毖》等等），都保留了从原始诗歌向古典诗歌过渡的痕迹。其余时代较晚的便全部都有韵。或句句押，或隔句押，或一韵到底，或篇中换韵……韵式相当丰富。[⑤]而且韵字还注意区别声调，往往是平声（指上古音，下同）与平声字押，入声与入声字押，上声与上声字押，很少混淆。另外，每句多由四个字组成，词语、章句常有复叠，显得节奏整齐匀称。人们称之为“四言体”。这是我国古典诗歌最早出现的一种诗体。例如《秦风·蒹葭》：

蒹葭苍苍，白露为霜。所谓伊人，在水一方。溯洄从之，道阻且长。溯游从之，宛在水中央。

蒹葭凄凄，白露未晞。所谓伊人，在水之湄。溯洄从之，道阻且跻。溯游从之，宛在水中坻。

蒹葭采采，白露未已。所谓伊人，在水之涘。溯洄从之，道阻且右。溯游从之，宛在水中沚。

首段“苍”“霜”“方”“长”“央”，押上古“阳”部平声韵；次段“凄”“晞”“湄”“跻”“坻”，是“脂”“微”部平声合韵；末段“采”“已”“涘”“右”“沚”，押“之”部上声韵。每段八句，前七句均为四言，第八句五言，相当整齐。而第二、三段，又是第一段稍加变化的重复再现。这些格律因素的配合，令作品充分显示整齐的美、抑扬的美、回环的美，收到感心动耳、移人之情的效果，成为与“音乐的语言”相得益彰的“语言的音乐”，大大增进了形式美感。这一切都是原始诗歌所没有的。它表明，诗的写作已从早期纯“自然”的实用需要变为一种审美的追求。这是文学本体意识觉醒的开始，也是真正的文学创作萌芽的标志。从此以后，中国诗歌完成了从原始艺术到古典艺术的转变，它以自己独具的、规整化的形式，和散文完全区别开来，在文艺领域分道扬镳了。

其后，再经过汉魏六朝的酝酿、演化，四言体扩展为五言、七言体，诗人（如南朝的沈约等）开始留意四声在句中的配搭安排。到唐代，各种格律因素遂粲然大备：从字句整齐进而要求严格的对仗，从句末押韵进而规定句中每字的平仄。于是，便形成了富于音乐性和具有高度形式美的格律诗体，而中国古典诗歌也终于发展到充分成熟的阶段。

四、对音韵之美的追求

人类社会有种有趣的现象，不妨称之为“时髦效应”。就是当某种新的、具有明显优点的事物一经问世，立刻便会引起仿效的热潮（如时装便是一例）。语言艺术也是如此。押韵这种美感形式诞生后，很快便引起广泛的兴趣和关注，不但诗人们争相采用，而且还影响到整个文化学术界，连一些文章高手也乐于尝试这种新颖的形式，热心音韵美的追求。于是，我们便看到这种现象：诸如《尚书》《周易》和《老子》等先秦典籍，以及西周晚期金文的“官样文章”，都不时会使用韵语。不过，那并不表明“散文是由诗解放出来的”（朱光潜语），而只是证实，韵文在它初露头角的阶段，曾引发过那么一股持续时间颇长、涵盖面甚广的仿效热潮而已。因为比《尚书》后期篇章以及《周易》《老子》年代更早的散文——如商代甲骨文、西周初期金文与《尚书》可靠的早期篇章等，[6]全都是没有韵的。这正与《周颂》的情况相合。

五、《诗经》的“六义”

《毛诗序》说：“《诗》有六义焉：一曰风，二曰赋，三曰比，四曰兴，五曰雅，六曰颂。”一般认为，这里“风、雅、颂”是指《诗经》的三个组成部分，也就是作品的体制类别；而“赋、比、兴”则是《诗经》的三种表现手法。

风、雅、颂的区分，主要和音乐有关，相应也涉及它们产生的地域和应用的场合、范围。

“风”是带有地方色彩的乐调、歌谣。《诗经》有十五国风，就是十五个邦国（诸侯国）、地区的土风谣曲，共160篇，大部分为平王东迁（公元前770年）后到春秋中叶的作品，产生于今之陕西、甘肃、山西、山东、河北、河南及湖北北部一带。它们多数应是民间创作，但由于收集者、编订者（主要是宫廷乐师）的整理加工，使之符合上层社会的口味、要求，所以有时会掺入一些带贵族色彩的字眼（如“君子”“淑姬”“孟姜”“钟鼓”“兕觥”“百两〔辆〕”“琼琚”之类）。因而引起近现代个别研究者认为其“非民歌”的怀疑、争论。

“雅”是宫廷正乐（“雅”是“正”的意思），演唱时或有“雅”这种乐器伴奏。其中又分为“大雅”和“小雅”。“大雅”可能是用于较隆重的典礼、宴会，伴奏乐队规模较大；“小雅”则用于一般的典礼、宴会，伴奏乐队规模较小（自然两者的乐调也有所不同）。《大雅》共31篇，是西周中后期的作品，时间比《周颂》晚，而铺张排比，反复咏叹，艺术上更为成熟。《小雅》74篇，产生于西周后期至东周（春秋）前期。雅诗大多为卿大夫贵族文人之作，有些（如《绵》《生民》等）可能由众口相传的史诗改编而成。

“颂”就是歌（见《汉书·扬雄传》颜师古注）。这是宗庙祭祀时唱的赞歌，所谓“美盛德之形容，以其成功告于神明者也”（《毛诗序》），由于祭祀时有舞蹈配合，所以它们还兼作舞曲。“颂”分为《周颂》《鲁颂》和《商颂》。《周颂》31篇，是周人的宗庙乐歌，全部不分章，文字古奥，作于西周早期（无韵者）和中后期（有韵者），是《诗经》中年代最早的一批作品。《鲁颂》四篇，是春秋前期鲁国的颂歌。《商颂》五篇，前三篇（《那》《烈祖》《玄鸟》）不分章，但有韵，可能是经春秋宋国人修订整理过的商朝颂歌；后两篇分章，是宋国人仿古的创作。颂诗基本为贵族文人之作，有的出于史官、乐官之手，也有少数是由民间祭歌借用来的。

《诗经》的表现手法极其多样，但最著名的是“赋、比、兴”三者。

按朱熹的解释，“赋者，敷陈其事而直言之者也”[⑦]，也就是直接描述的写法。如《豳风·七月》以及《大雅》的《绵》《生民》等都是典型例子。“比者，以彼物比此物也”，也就是比喻或比拟的手法。如《周南·桃夭》《魏风·硕鼠》《小雅·鹤鸣》等都是典型例子。“兴者，先言他物以引起所咏之辞也”，也就是一种感触、联想的手法。如《周南·关雎》以雎鸠的和鸣起兴，引出对淑女的追求；《魏风·伐檀》以河边有人伐檀造车起兴，引出对不劳而获、尸位素餐者的揶揄、谴责等等。有时，起兴的物象只为下文渲染特定气氛，而不必有意义的关联；甚至有时只为补足乐句，起一种声韵的作用。前者如《秦风·蒹葭》对蒹葭秋水、白露清霜景色的描绘，《小雅·隰桑》对桑树的描绘等；后者如《王风·丘中有麻》的“丘中有麻”“有麦”“有李”，《秦风·黄鸟》之“交交黄鸟，止于棘”等描写。像“交交黄鸟”几句，与该诗“哀三良”（《诗序》）的主题其实毫无关涉，只是起声韵的作用。这些都属于“兴”的范畴。

杜甫说：“别裁伪体亲风雅，转益多师是汝师。”（《戏为六绝句》之六）李白慨叹：“大雅久不作，吾衰竟谁陈？”（《古风五十九首》之一）白居易更强调：“为诗意如何？六义互铺陈。风雅比兴外，未尝著空文。”可见，“风雅、比兴”已成为中华优良艺术传统的代称，在诗坛上发挥着广泛、持久、极其深刻的影响，而历代诗人亦无不受其沾染。

六、《诗经》的传习与研究

《诗经》原称《诗》或《诗三百》，最初由周朝的乐官编订成书。后来孔子又把它作为学生的课本，进行知识和品德修养教育，一再强调“诵《诗三百》”“不学《诗》，无以言”，《诗》的研习遂成为儒家专门学问。经秦始皇焚书坑儒，其传播一度中辍。到汉朝“独尊儒术”，《诗》又大受推崇，被尊为“经”。西汉时，立于学官，作说诗博士的有鲁人申培，其传本名《鲁诗》；齐人辕固生，传本名《齐诗》；燕人韩婴，传本名《韩诗》：合称三家诗。大、小毛公所传的《毛诗》最晚出，到东汉才立于学官；后来大学者郑玄为它作《笺》，《毛诗》便盛行起来，三家诗反而逐渐失传了。现在通行的"十三经注疏"本，便是郑玄作《笺》、唐人孔颖达作《正义》的《毛诗》本子。三家诗说，则见于后人的辑本中（如清王先谦有《诗三家义集疏》）。

到宋朝，朱熹作《诗集传》，和汉人见解多有不同，称为"宋学"。清代"汉学"复兴，著述甚多，重要者有马瑞辰《毛诗传笺通释》、陈奂《诗毛氏传疏》、姚际恒《诗经通论》、方玉润《诗经原始》等。五四运动之后，林义光的《诗经通解》、闻一多的《诗经新义》与《诗经通义》、余冠英的《诗经选》等，都颇有新见。而于省吾的《双剑誃诗经新证》（后增订为《泽螺居诗经新证》）、《甲骨文字释林》，郭沫若《两周金文辞大系图录考释》《殷契萃编》，陈梦家《殷墟卜辞综述》等，利用古文字资料作《诗经》训诂，更有不少发前人未发之处，都足资参考。

另外，1977年于安徽阜阳城郊发掘出土的西汉竹简《诗经》残片，是现存最早的《诗经》本子，和鲁、齐、韩、毛四家诗均有不同。有人据之写成《阜阳汉简诗经研究》一书（胡平生、韩自强编著）。假如你有志于深入探寻《诗经》意蕴的话，这本书也不可不读。

周锡韥

一九九六年元旦前夕

【注解】

① 王力：《汉语诗律学》(增订本)，上海教育出版社1982年版，第1页。

② 朱光潜：《诗论》，生活·读书·新知三联书店1984年版，第111页、第218页。

③ 同上书，第1页。

④ 关于中国诗歌押韵的起源，笔者有另文专论，此不细述。

⑤ 参阅王力：《诗经韵读》，上海古籍出版社1980年版。

⑥ 《尚书·周书》中属于武王及成、康时期的各篇，如《牧誓》《大诰》《康诰》《酒诰》《梓材》《洛诰》《多士》《无逸》《君奭》《多方》《立政》《费誓》《顾命》《康王之诰》等，均无韵文。有韵语者都是后期之作或伪托之作，如《洪范》或所谓《汤誓》《泰誓》等。而《周易》写定于西周晚期，《老子》成书更可能迟至战国时代，多用韵语便毫不足怪。

⑦ 见朱熹《诗集传》。

目录

凡 例

一、本书选入《诗经》作品七十六首，兼顾题材、体式、风格之多样性和代表性。

二、每篇有题解、语译、注释和赏析，帮助读者扫除文字障碍，深入领略其内容与艺术特色。

三、本书注、译，吸取汉、宋、清人及近代各家研究成果，也有笔者个人心得。对字、词、句义的推求考订，除以《诗经》文本为据外，还与其他上古语言资料（甲骨文、金文、《尚书·周书》、《周易》、秦简等）印证，务求持之有据，不妄逞臆说。

四、译文取“散译”形式，以‘信、达”为主，押韵与否，则顺其自然。

五、本书与笔者以前出版的《诗经选》（三联书店〔香港〕有限公司，1980年）篇目颇有异同，可互相参照。其间如有见解出入，当以本书为准。

周南　关雎

【作者】

《诗经》的作者多是“无名氏”，这一首也不例外。因为当时并没有“知识产权”的概念，也没有“发表”的愿望与可能，人们只是凭自发的感兴（当然也有些带着某种政治、社会目的），“情动于中而形于言，言之不足，故嗟叹之；嗟叹之不足，故永歌之”而已，所以除去少数例外，一般都是“佚名”之作。不过，从本诗内容可见，它应当出自一位正耽于爱情幻想的青年歌者之手（口）。他暗恋着对方，乃至朝思暮想，彻夜难眠，于是不由自主地唱出这首歌，表达自己痴恋的深情。

【题解】

周南，是指周公治下的南方地区诗歌，可能以“南”这种敲击乐器伴奏。周成王（武王之子）在位时，由其叔父周公旦与召公奭（音“式”）辅政，周公居于洛邑，负责管治东面的诸侯，其后周、召二公成为世袭的封爵。周南地区约当今洛阳以南到湖北北部的汉水流域一带。《诗经》有《周南》11篇。

本篇是《诗经·国风》第一首作品，与《小雅》第一首《鹿鸣》、《大雅》第一首《文王》、《周颂》第一首《清庙》，合称为“四始”。“关雎”这题目是从诗中首句择取来的，没有特别含意。《诗经》各篇都是如此。

这首是著名的恋歌。作者倾诉对一位“窈窕淑女”的相思之苦，并想象当“有情人终成眷属”时，与她“共谐琴瑟”的快乐。

【译注】

一

关关①雎鸠②，	关关叫着的雎鸠，
在河之洲。	依偎在河中的沙洲。
窈窕③淑④女，	漂亮贤淑的少女，
君子⑤好逑⑥。	是男士的好配偶。

① 关关：鸟儿和鸣的声音。

② 雎鸠：一种水鸟名。相传雌雄相得，极笃于伉俪之情，所以诗中以它们起兴。雎，音“狙”。

③ 窈窕：文静美好的样子。

④ 淑：善，品德好。

⑤ 君子：原为对君主、诸侯等上层贵族的称呼，后扩大为对男子的美称。

⑥ 逑：音“求”，匹配，配偶。

二

参差荇菜[1]，	长长短短的荇菜，
左右流[2]之。	左一把右一把去捞取它。
窈窕淑女，	漂亮贤淑的少女，
寤[3]寐[4]求之。	醒着睡着都追求她。
求之不得，	追求不到手，
寤寐思服[5]。	日日夜夜想个不休。
悠[6]哉悠哉，	思念绵绵呀无尽头，
辗转反侧！	翻来覆去哪睡得着觉！

① 荇菜：一种水生植物名。叶浮水面，夏天开黄花，根、茎可吃。荇，音“杏”。

② 流：顺着水流采摘。

③ 寤：音“悟”，睡醒。

④ 寐：音“妹”，睡着。

⑤ 思服：思念。服，想。

⑥ 悠：思念深长的样子。

三

参差荇菜，	长长短短的荇菜，
左右采[①]之。	左一把右一把地采摘它。
窈窕淑女，	漂亮贤淑的少女，
琴瑟友[②]之。	弹琴鼓瑟去向她示爱。
参差荇菜，	长长短短的荇菜，
左右芼[③]之。	左一把右一把地拣摘它。
窈窕淑女，	漂亮贤淑的少女，
钟鼓[④]乐之。	敲钟击鼓去使她欢乐。

① 采：采摘。

② 友：用作动词，亲近、愉悦之意。

③ 芼：音“冒”，拣择。

④ 钟鼓：古代乐队的重要乐器。按当时礼法，要显贵人家才配拥有。

【赏析】

这首诗共分三层，从恋慕，到展开追求，到追求不到而陷入幻想，层层推进。最后结果如何，则留给读者去想象。

一般认为，“风”诗源出于民间。从本诗各段以水鸟和鸣及采摘荇菜的描写起兴，也可以证明这点。不过，在采录、编订，并集为《诗三百》（西汉起称为《诗经》）的过程中，不少民歌会经过采诗之官或宫廷乐师以至儒家学者（如孔子）的删改润色，以符合入乐或其他官方审美标准的要求，也是情理中事，所以本诗就出现了诸如“淑女”“君子”“琴瑟”“钟鼓”一类带贵族色彩的字眼。这正是从汉、宋、清代到近现代众多《诗经》学者对此诗的解释各执一词，难以取得共识的重要原因。

这首诗的一些词语，如“窈窕”“淑女”“求之不得”“辗转反侧”等，早已融入我们的民族语言中，成为日常生活的一部分，可见其影响的深远。

周南　螽斯

【题解】

螽（音“钟”）是蝗虫的一种，生殖力强，繁衍迅速，雄虫的前翅有发音器，群飞时鼓翅发声，声势浩大，故诗人借以祝颂子孙繁昌。这里用作贺寿之辞。“斯”本是助词，但由于此诗的关系，后世遂将“螽斯”连读，变为一个词，并有了“螽斯衍庆”的成语。

【译注】

一

螽斯[①]羽[②]，	螽斯的羽翅，
诜诜[③]兮。	纷纷扬扬呀。
宜[④]尔子孙，	恭祝你儿孙满堂，

振振[5]兮！　　人丁兴旺呀！

① 斯：作用同“之”。

② 羽：羽翅。

③ 诜诜：音“伸伸”，群集的样子。

④ 宜：理应如此，难怪。是祝颂之词。一说，多（马瑞辰《毛诗传笺通释》）。

⑤ 振振：繁多的样子。

二

螽斯羽，　　螽斯的羽翅，

薨薨[1]兮。　　轰轰作响呀。

宜尔子孙，　　恭祝你儿孙满堂，

绳绳[2]兮。　　世世繁昌呀！

① 薨薨：音“轰轰”，群飞发声的样子。

② 绳绳：绵延不绝的样子。

三

螽斯羽，　　螽斯的羽翅，

揖揖[1]兮。　　熙熙攘攘呀。

宜尔子孙，　　恭祝你儿孙满堂，

蛰蛰[②]兮！　　　　　　　　绵绵无尽呀！

① 揖揖：汇聚的样子。

② 蛰蛰：众多的样子。

【赏析】

这首诗共三章，每章四句，用“三（字）、三（字）、四（字）、三（字）”的长短句形式构成，通过反复颂赞，对主人致以良好祝愿。其中叠音词的运用颇见特色，不但可以加强语势，而且令作品更富动感，使人如闻其声（螽斯群飞声及人们善颂善祷之声）。

周南　桃夭

【题解】

这是古代婚礼中的喜庆诗歌，由新娘的女伴们唱出，应当是即兴之作。

数千年来，中国民间嫁娶一直盛行唱歌的风俗，尤以南方为甚。据清代屈大均《广东新语》记载："（当迎亲时）女家索拦门诗歌，婿或捉笔为之，或使伴郎代草，或文或不文，总以信口而成，才华斐美者为贵。至女家不能酬和，女乃出阁。此即唐人'催妆'之作也……皆以比兴为工，辞纤艳而情深，颇有风人之遗。"所谓"风人"，便是指《诗经·国风》的民间歌手。这首《桃夭》，即《国风》中以贺新婚为主题的名作。

【译注】

一

桃之[1]夭夭[2]，	鲜嫩、茁壮的桃树，
灼灼[3]其华[4]。	开满红灿灿的鲜花。
之子[5]于[6]归[7]，	这俏人儿嫁过门，
宜[8]其室家[9]。	定会使家庭和睦。

① 之：助词。表示强调，亦用以补足音节，使成四言句。《诗经》中类似句法甚多。

② 夭夭：音“妖妖”，少壮的样子。

③ 灼灼：鲜明耀眼的样子。

④ 华：古“花”字。

⑤ 之子：《诗经》常用语，犹“这人儿”“那人儿”。之，是，此，指示代词。

⑥ 于：往，在，原为动词，后虚化为助词。

⑦ 归：妇人称嫁为归（朱熹语）。“于归”即出嫁。

⑧ 宜：用作动词，“使……和顺”之意。

⑨ 室家：家庭。男以女为室，女以男为家。

二

桃之夭夭，	鲜嫩、茁壮的桃树，

有[①]蕡[②]其实。	结满沉甸甸的果儿。
之子于归，	这位好人儿嫁过门，
宜其家室[③]。	定会使家庭幸福。

① 有：助词。用以加强语气，并补足音节。

② 蕡：音“坟”，果实大而多的样子。一说，蕡读为“斑”，指桃子将熟，红白相间，色彩斑斓（于省吾《双剑誃诗经新证》）。

③ 家室：同室家。倒文是为了叶韵。

三

桃之夭夭，	鲜嫩、茁壮的桃树，
其叶蓁蓁[①]。	长满绿油油的叶子。
之子于归，	这位可人儿嫁过门，
宜其家人。	一家上下乐融融。

① 蓁蓁：茂盛的样子。

【赏析】

全篇三章，每章四句，每句四字，十分整齐。其中每章有两句完全相同；一句大部分相同，只变换个别字眼（“室家”“家室”“家人”），而句意仍同；但另一句则变换句式和句意：这样一来，各章遂显得同中有异，不致呆板。

这首诗用桃树起兴，并以明艳的桃花比喻如花的少女，又以桃树从开花结实到绿叶成荫的过程，隐喻少女由出嫁成家到生儿育女、开枝散叶的人生之旅，用的是“兴而比”的手法。

后世“逃之夭夭”的成语，是将本篇首句按谐音改造成的，但已从赞美语气变为调侃、讽刺，所指意思也全然不同（是讥讽逃跑、溜走之疾速），与咏桃树或贺新婚毫无关涉。

周南　汉广

【题解】

汉，指汉水。有位男士爱上了一位经常来往于江上的船家女，但总是可望而不可即。在热烈的恋慕中，他便痴想着有朝一日和她结婚的快乐。

【译注】

一

南有乔[1]木，	南方有株高树，
不可休思[2]；	不能在下面歇息啊；
汉有游女[3]，	汉水上来往的女郎，
不可求思。	难以把她追求啊。
汉之广矣，	汉水宽又宽，

不可泳思；	游泳哪能游得过啊；
江[4]之永[5]矣，	江水长又长，
不可方[6]思。	竹排、木筏也渡不过啊。

① 乔：高耸。

② 思：语气助词。《毛诗》作“息”，此从《韩诗》。孔颖达《毛诗正义》云：“诗之大体，韵在辞上，疑‘休’‘求’字为韵，二字俱作‘思’。”

③ 游女：指来往于水上的船家姑娘。

④ 江：长江。

⑤ 永：长。

⑥ 方：竹排或木筏。这里用作动词，“以筏渡河”之意。

最后四句互文见意，言汉水、长江均又宽又长，不可泳不可方。第一段，以乔木不能休和江流不能渡，比喻“游女”的难求。

二

翘翘[1]错[2]薪，	高高一丛乱柴草，
言[3]刈[4]其楚[5]；	砍下长长的荆条；
之子[6]于归[7]，	那个姑娘过门来，
言秣[8]其马。	快把马儿喂好。
汉之广矣，	汉水宽又宽，
不可泳思；	游泳哪能游得过啊；

江之永矣，	江水长又长，
不可方思。	竹排、木筏也渡不过啊。

① 翘翘：音“乔乔”，高而挺出的样子。

② 错：杂乱。

③ 言：助词，无义。有补足（或说协调）音节的作用。

④ 刈：音“忆”，砍，割。

⑤ 楚：又名牡荆、黄荆，落叶灌木。这里比喻女子中的突出者——游女。后世“翘楚”（比喻杰出的人才）一词即由此而来。《诗经》中提到嫁娶之事，经常会讲到“薪”“楚”，这可能与古代风俗有关（详见本书《唐风·绸缪》的“赏析”）。

⑥ 之子：这个人（或那个人）。之，指示代词。

⑦ 归：出嫁。

⑧ 秣：音“末”，喂牲口。喂马是为了迎亲。

以上第二段，虽然明知无法实现，仍希望有朝一日梦想成真，能迎娶她过门。

三

翘翘错薪，	一丛柴草高又高，
言刈其蒌[①]；	割下长长的蒌蒿；
之子于归，	那个姑娘过门来，
言秣其驹[②]。	快把驹儿喂好。
汉之广矣，	汉水宽又宽，

不可泳思；	游泳哪能游得过啊；
江之永矣，	江水长又长，
不可方思。	竹排、木筏也渡不过啊。

① 蒌：音“楼”，即蒌蒿，多年生草本植物，长于江边。“刈蒌”与“刈楚”同义，以砍柴要砍好柴，比喻娶妻要娶最好的女子。

② 驹：少壮的马。

以上第三段，变换个别字眼，作反复咏叹，足见诗人之一往情深。

【赏析】

以往鲁、齐、韩三家诗说，都认定“游女”是指汉水女神。闻一多更进一步认为：“借神女之不可求以喻彼人之不可得，已开《洛神赋》之先声。”（《风诗类钞》）《洛神赋》是曹植的名作，中有“凌波微步，罗袜生尘”“翩若惊鸿，婉若游龙”等出色的描绘，歌咏的确实是洛水女神。然而就《汉广》此诗而论，如果仅凭“不可求”一句，便指实它是写汉水女神，未免显得理据不足。所以，我始终觉得没有把它牵合到神话中去的必要。

每章后半叠咏江汉，烟水茫茫，既宽且长，难以逾越，令人深感惆怅。这种“一唱三叹”的形式犹如现代歌曲中的“副歌”，通过反复咏唱，可强化感情的表现，给读者（听众）留下隽永深刻的印象，并且发人遐想。

周南　麟之趾

【题解】

麟，即麒麟，古人认为是仁兽，祥瑞之征，与凤、龟、龙合称“四灵”，故诗人用作比方，称颂自己心目中的公子王孙如麒麟般尊贵、显赫、仁慈（但据今人考证，麒麟实际即长颈鹿，并无什么神秘之处）。

【译注】

一

麟之趾①，	麒麟的蹄足，
振振②公子③。	高贵、仁慈的公子。
于嗟④麟兮！	哎呀，真如麒麟一样啊！

① 趾：足。传说中的麒麟，有蹄，有一只角，身形似鹿，尾则如牛。

② 振振：仁厚的样子。

③ 公子：王公贵族子弟。

④ 于嗟：叹词。

二

麟之定[1]，	麒麟的额头，
振振公姓[2]。	高贵、仁慈的王孙。
于嗟麟兮！	哎呀，真如麒麟一样啊！

① 定：同“顁”，额顶。

② 公姓：与“公子”及下章的“公族”皆指王公贵族子弟。王引之《经义述闻》说：“‘公姓’‘公族’皆谓子孙也。古者谓子孙曰姓，或曰子姓……族亦子孙之通称也。‘公子’‘公姓’‘公族’皆指后嗣而言。”

三

麟之角，	麒麟的顶角，
振振公族。	高贵、仁慈的公子王孙。
于嗟麟兮！	哎呀，真如麒麟一样啊！

【赏析】

以往的说诗者多拿麒麟之足、额、角三者分别做文章，如说它的足不践踏活的草、虫，额不碰撞生物，角也不用来触刺等。其实那些都是想当然的附会。姚际恒《诗经通论》说得好："诗因言麟，而举麟之趾、定、角为辞，诗例次序本如此，不必论其趾为若何，定为若何，角为若何也。"就是说，作者只是分别以麟之趾、定、角入诗，凑足三章轮唱的歌词，其中并无特定的含义。《诗经》和后来历代的民歌都常用这种手法。

本诗特别之处在于，每章的三句都是"不完全句"（又称"名词性词组作句"或"非主谓句"），即没有完整主谓结构的句子。这是汉语诗歌特有的句式。由于省略程度高（但到底省略了什么词语却难以明确指出来），造成了"跳跃"和"朦胧"的效果，能够"含不尽之意，见于言外"，所以为后世诗人所乐用。如：

> 细草微风岸，危樯独夜舟。（杜甫《旅夜书怀》）
>
> 鸡声茅店月，人迹板桥霜。（温庭筠《商山早行》）
>
> 枯藤老树昏鸦，小桥流水人家，古道西风瘦马。（马致远《天净沙·秋思》）

以上，都是典型的例子。有人称此为"律句"，以为是古典格律诗独有的句式（王力《汉语诗律学》），其实并非如此。因为早在《诗经》里，这种句法已经不罕见了，而在现代新诗里更比比皆是。

召南　甘棠

【题解】

《召南》，是周代召（音“绍”）公治下的南方地区诗歌。周成王在位时，由叔父周公姬旦与召公姬奭（音“式”）辅政，两人分陕（今河南省陕县）而治，召公负责管治西面的诸侯。其后周、召二公成为世袭的尊号。召南地区约为现在河南西南部直到湖北西部的长江流域一带。《诗经》有《召南》14篇。

甘棠即棠梨，又名杜梨，属落叶乔木，高可达十米。相传召公巡行邦国，曾在此甘棠树下暂驻，并处理诉讼，由于他为政清廉，能明断是非，很得民心，故诗人写诗深表怀念。

【译注】

一

蔽芾[1]甘棠，	葱茏茂密的棠梨树，
勿翦[2]勿伐。	不要损伤、砍伐它。
召伯[3]所茇[4]。	召伯曾在树下留驻。

① 蔽芾：茂盛的样子。芾，音“肺”。

② 翦：音“剪”，剪断、裁截，即毁伤之意。

③ 召伯：即召公奭，周文王庶子，封地在召（今陕西省岐山县西南），在周初与周公为二伯，同做辅政大臣，故称“召公”或“召伯”（伯是诸侯首长之意）。诗中的“召伯”也可能是指袭其封爵的后代（例如周宣王时的召穆公虎）。

④ 茇：音“拔”，庐舍。这里用作动词，荫蔽、居留的意思。

二

蔽芾甘棠，	葱茏、茂密的棠梨树，
勿翦勿败[1]。	不要损伤、摧折它。
召伯所憩[2]。	召伯曾在树下歇息。

① 败：毁伤。

② 憩：音“气”，休息。

三

蔽芾甘棠，	葱茏、茂密的棠梨树，
勿翦勿拜[①]。	不要损伤、毁掉它。
召伯所说[②]。	召伯曾在树下休憩。

① 拜：本义为拔，也是摧折、毁伤之意。《韩诗》《鲁诗》作“扒”，意同。

② 说：通“税”，停留，休息。

【赏析】

成语“甘棠遗爱”或“甘棠之思”是指官员治理有方，为政清平，深得地方民众爱戴的意思。其源正出于本诗。

全诗不作正面描写或铺叙，而取侧面烘托的手法，只是反复致意，促请人们爱护召伯驻地的甘棠树，而一种思慕、缅怀的情意已油然而生，那位召伯的政绩如何，也令人不难想象。这比直接赞颂、恭维有时效果更佳。唐代诗人杜甫《古柏行》：“孔明庙前有老柏，柯如青铜根如石。霜皮溜雨数十围，黛色参天二千尺。君臣已与时际会，树木犹为人爱惜……”用的也同是因树及人的联想手法，与此诗不能说毫无渊源。

召南　殷其雷

【题解】

丈夫冒着恶劣天气匆匆出门行役，妻子写诗急切盼望他早日归来。

殷（音“隐”），象声词，形容雷声。其，助词，起补足音节、加强语势的作用。雷，用作动词。按，《阜阳汉简诗经》作“印其离”，“印”借作“殷”，表达伤痛之意。则全句意为“伤痛别离”（胡平生、韩自强《阜阳汉简诗经研究》）。

【译注】

一

殷其雷，	雷声隆隆响，
在南山之阳[①]。	响彻南山的南坡。

何斯[2]违斯[3]，	怎么匆匆便离开这儿，
莫敢或遑[4]？	不敢偷闲片刻，稍作延宕？
振振[5]君子[6]，	忠厚老实的夫君啊，
归哉归哉！	回来吧快回来吧！

① 阳：山的南面。中国位于北半球，大部分地区在北回归线以北，所以山的南面朝阳。山南即称为“阳”。

② 斯：助词，起补足音节、加强语势的作用。

③ 违斯：指离家出门。违，离开。斯，指示代词，犹“此”“这”。

④ 或遑：有所延宕、懈怠，即偷闲之意。或，有。遑，闲暇。

⑤ 振振：仁厚的样子。

⑥ 君子：对上流社会男士的尊称。此指其丈夫。

二

殷其雷，	雷声隆隆响，
在南山之侧。	响彻南山的山边。
何斯违斯，	怎么匆匆便离开这儿，
莫敢遑息[1]？	不敢偷闲一会儿，稍事歇息？
振振君子，	忠厚老实的夫君啊，
归哉归哉！	回来吧快回来吧！

① 遑息：偷闲休息。

三

殷其雷，
在南山之下。
何斯违斯，
莫或遑处[1]？
振振君子，
归哉归哉！

雷声隆隆响，
响彻南山的山麓。
怎么匆匆便离开这儿，
不敢偷点空儿，多留一会？
忠厚老实的夫君啊，
回来吧快回来吧！

① 处：停留，居留。

【赏析】

由于这首诗每章的一、三、五、六句彼此相同，所以便在二、四句的用词上做出变化，这是一方面；其次，又在首、二句用上三言和五言，以与其他四言句有别，令句子长短亦产生变化：由此造成参差错落、抑扬回环的效果，以增强音乐性和艺术感染力。

每章开头两句所描写的雷声，前人或以为是比喻丈夫乘坐的车声，或以为象征君令的严苛，其实都不然。作者只是就与丈夫离别时眼前的自然景物起兴，客观上形成一种紧迫感和压抑感而已，并无特别安排的寓意，所以我们阅读时也不必去刻意求深。

召南　小星

【题解】

这是一个小官吏的怨诗，他被日夜繁忙的公务弄得疲于奔命，不禁对命不如人嗟叹不已。

【译注】

一

嘒[①]彼小星，	那小小的星星闪微光，
三五在东。	三颗五颗在东方。
肃肃[②]宵征[③]，	急急忙忙赶夜路，
夙[④]夜在公[⑤]。	为公事早晚奔忙。
寔[⑥]命不同！	我命运实在和人不一样！

① 嘒：音“惠”，星闪微光的样子。

② 肃肃：急促、迅速的样子。

③ 征：行。

④ 夙：音“宿”，早。

⑤ 公：谓朝廷。这里指朝廷之事，即公家事务。

⑥ 寔：音“实”，助词，有加强肯定的作用。

二

嘒彼小星，	那闪着微光的小星星，
维[①]参[②]与昴[③]。	就是参星和昴星。
肃肃宵征，	急急忙忙赶夜路，
抱衾[④]与裯[⑤]。	带着被褥和蚊帐。
寔命不犹[⑥]！	我命运实在不如人！

① 维：助词，这里表判断语气，为判断词“是”的前身。

② 参：音“申”，星宿名，二十八宿之一，由七颗星组成，其中三颗特别明亮。

③ 昴：音“卯”，也是二十八宿之一，由七颗星组成，但古人以为是五颗星组成。

④ 衾：音“侵”，被子。

⑤ 裯：音“稠”，帐子。

⑥ 不犹：不如。

【赏析】

旧说这首诗是赞扬夫人“无妒忌之行”，能够善待侍妾，使她们可以时以“进御于君”（《诗序》），因此以往“小星”便成了侍妾的代名词。其实那完全是曲解了诗意。因为从“夙夜在公”句可见，这首诗写的是一个为朝廷公务昼夜奔忙的人，而非什么容易和夫人争风吃醋的“侍妾”。

《诗经》里出现的“公”字或指君王、诸侯等大贵族，或指他们的施政场所，即朝堂、宫廷，例如《召南·采蘩》与《鲁颂·有駜》的多句“夙夜在公”，便是后者之意；而《召南·羔羊》的“退食自公”与“自公退食”，《齐风·东方未明》的“自公召之”“自公令之”等，其中“公”字也都是指“朝廷”。《小星》这句也不例外。所以显然地，本诗的抒情主人公应是一位小官吏（低级公务员），和侍妾之类完全不相干。

召南　驺虞

【题解】

这是夸赞善于管理园囿的王庭牧猎官的诗，作者当是园囿主人或其下属。

古代天子、诸侯有专设的狩猎场——园囿，驺虞便是管理猎场的官员。他平日负责牧养园中的兽群，到狩猎时便把它们驱赶出来，以让主人施射。这首诗称赞驺虞能尽忠职守，把园中野兽养得肥硕众多，令狩猎者射得开心，而旁观者也看得痛快。

【译注】

一

彼茁①者②葭③，	那片蓬勃茁长的芦苇，
壹发五豝④。	一放箭，五只大母猪应声倒。

于嗟[5]乎驺虞[6]！	哎哟哟，好牧官——驺虞！

① 茁：草木初生壮盛的样子。

② 者：助词，作用同“之”。

③ 葭：音“加”，初生的芦苇。

④ 壹发五豝：形容野兽之肥硕繁多。壹，同“一”。发，放箭。豝，音“巴”，母猪。

⑤ 于嗟：叹词，表赞赏。

⑥ 驺虞：贾谊《新书·礼》篇：“驺者，天子之囿也；虞者，囿之司兽者也。”即园囿中掌管牧养兽群和协助狩猎之事的官员。

二

彼茁者蓬[1]，	那片蒙茸茁长的蓬蒿，
壹发五豵[2]。	一放箭，五只小野猪应声倒。
于嗟乎驺虞！	哎哟哟，好猎官——驺虞！

① 蓬：蓬蒿。植物名。

② 豵：音“宗”，小猪。

【赏析】

这首诗每章三句分咏看似无关的三个场景：原野春景、射猎场面、牧猎官。但实际上却运用了后世电影才有的“蒙太奇”手法：内里一线潜牵，构成紧密联系的统一意象。其中一、三两句是“不完全句”（没有完整主谓结构的句子），提供了广阔的想象空间，而形成句意间较大的跳跃，所以显得诗味浓郁，耐人咀嚼。由此可见当时诗人已掌握了相当纯熟的写作技巧，懂得并充分利用了诗与散文的区别（散文少用不完全句，句意的衔接一般也较为紧密）。

邶风 凯风

【题解】

邶（音“背”），又作北，古国名，在今河南省淇县以北一带，武王克商之后，把纣王儿子武庚封在这里。后来被卫国吞并。《诗经》有《邶风》19篇。

这首是儿子颂扬母爱，表示愧疚自责的诗。

凯风，即南风，它温润和煦，能长养万物，所以诗人用来比喻博大、无私的母爱，并借枣树的成长颂扬慈母养育之恩；同时，又对自己兄弟数人未能恪尽孝道，为母亲解困分忧，令她免除劳苦而深感愧恧。

【译注】

一

凯风自南，	和风从南方吹来，
吹彼棘心①。	吹拂那枣树幼苗。
棘心夭夭②，	枣树苗欣欣茁长，
母氏劬劳③。	全凭母亲的操劳。

① 棘心：酸枣树苗。棘，酸枣树，多刺的落叶灌木，果实小而酸。马瑞辰《毛诗传笺通释》："盖棘枣初生，皆先见尖刺，尖刺即心，心即纤小之义，故难长养。"

② 夭夭：鲜嫩美好的样子。

③ 劬劳：辛劳。劬，音"渠"。

二

凯风自南，	和风从南方吹来，
吹彼棘薪①。	吹拂那粗壮的枣树。
母氏圣②善，	母亲聪慧善良，
我无令人③。	我们却没一个成器。

① 棘薪：可作柴薪的、长成的酸枣树。

② 圣：聪明睿智。

③ 令人：好人，有才德的人。令，善。

三

爰[①]有寒泉，	有道清冽的泉水，
在浚[②]之下。	流经浚邑城下。
有子七人，	长养了七个儿子，
母氏劳苦。	却仍要母亲劳苦。

① 爰：音“援”，句首助词。

② 浚：音“俊”，卫国邑名。在今河南省濮阳市南。

这段以泉水尚可以有益于民，反衬自己兄弟数人的不成器、不中用。

四

睍睆[①]黄鸟[②]，	美丽的黄莺儿，
载[③]好其音。	唱出婉转动人的歌声。
有子七人，	养育了七个儿子，
莫慰母心。	却没一个能安慰母心。

① 睍睆：音“线缓”，美丽的样子。

② 黄鸟：黄莺。

③ 载：句首语助词，无义。

朱熹《诗集传》说："言黄鸟犹能好其音以悦人，而我七子独不能慰悦母心哉！"

【赏析】

本诗一、二章是对崇高母爱的颂扬，从二章末句（"我无令人"）起转入到诗人的自责。三、四章更分别以清泉、黄鸟作对照，进一步加深抱愧自责之意，令读者深为诗人的真诚打动。

香港英年早逝的歌手黄家驹，唱过一首流传甚广的歌曲——《真的爱你》："无法可修饰的一对手，带出温暖永远在背后。纵使啰唆始终关注，不懂珍惜太内疚。春风化雨暖透我的心，一生眷顾无言地送赠……"和本诗的主题十分相像。读过《凯风》这首诗，相信许多年轻朋友都会在心底里对自己慈蔼的母亲深情地说一声"真的爱你"吧。

邶风　简兮

【题解】

一个女子爱上一位高大健美、技艺出众的舞蹈家，在看完精彩的演出后写成这首诗，诉说自己迷恋的深情。

【译注】

一

简[①]兮简兮，	咚咚响呀咚咚响，
方将万舞[②]。	万舞即将要开场。
日之方中，	太阳正午当头照，
在前上处[③]。	他站在队列前排最上方。

① 简：是开场的鼓声。鼓声响过，舞蹈便开场了。

② 万舞：舞蹈名，包括文武二舞。武舞手执干、戚（斧）等兵器，文舞手执鸟羽和乐器。

③ 上处：居于上方，即站在头一名。

二

硕人[①]俣俣[②]，	健硕的人儿仪表堂堂，
公庭[③]万舞。	在宫廷的厅堂表演万舞。
有力如虎，	孔武有力如猛虎般，
执辔[④]如组[⑤]。	手握缰绳似柔软的丝带。

① 硕人：体格健美的人。

② 俣俣：音“语语”，高大有威仪的样子。

③ 公庭：指宗庙或宫廷的前庭，是可以举行射礼、作乐舞的地方。

④ 辔：音“配”，马缰绳。武舞时的道具。

⑤ 组：丝带。这句形容他舞技娴熟。

这一段描写武舞。

三

左手执籥[①]，	他左手拿着笛子，
右手秉[②]翟[③]。	右手握着雉羽。
赫[④]如渥[⑤]赭[⑥]，	脸色红润，容光焕发，

公言锡[7]爵[8]。　　公爷传令赏酒一大杯。

① 籥：音“越”，古代管乐器，似笛而较小。

② 秉：执持。

③ 翟：音“敌”，雉，即山鸡。此指山鸡尾羽。

④ 赫：音“贺”，鲜红的样子。

⑤ 渥：沾润。

⑥ 赭：音“者”，红褐色。

⑦ 锡：赐。

⑧ 爵：古代酒杯。

这一段描写文舞。

四

山有榛[1]，　　山上长着榛树，
隰[2]有苓[3]。　　洼地长着苓草。
云[4]谁之思？　　我念念不忘把谁想？
西方美人。　　是西方来的美男子。
彼美人兮，　　那位美男子呀，
西方之人兮！　　是西方的周人呀！

① 榛：音“真”，树名。落叶灌木或小乔木，果实叫榛子，果仁可吃。

② 隰：音“习”，低湿之地。

③ 苓：音“玲”，甘草。“山有……，隰有……”是《国风》中常用句

法，表示事物各有归依，以兴起相思相恋的爱念。

④ 云：助词，无义。

【赏析】

诗人对“在前上处”的领舞者情有独钟，对他的一举手、一投足全神贯注，在前三段进行了细致的描绘。最后一段则一唱三叹地倾吐自己痴恋之情，全诗就在感情的浪峰处戛然而止。

邶风　静女

【题解】

这是描写少男少女在城边僻静处约会，并赠送礼物定情的诗篇，用第一人称男子的口吻叙述。活泼、热情中又带点儿幽默感，是别具特色之作。

【译注】

一

静女其[1]姝[2]，	文静的姑娘多可爱，
俟[3]我于城隅[4]。	约好在城边等候我。
爱[5]而不见，	她藏起来，不露面，
搔首踟蹰[6]。	急得我抓耳搔腮团团转。

① 其：助词，在此有协调音节并强化语气的作用。

② 姝：音“书”，美丽，可爱。

③ 俟：音“寺”，等候。

④ 城隅：城角隐僻之处。隅，音“余”，角落。

⑤ 爱：借为“薆”，隐蔽（马瑞辰说）。

⑥ 踟蹰：音“池除”，徘徊。《韩诗》作“踌躇”，义同。

二

静女其娈[①]，	文静的姑娘多妩媚，
贻[②]我彤管[③]。	送我一根红草茎。
彤管有[④]炜[⑤]，	红草的颜色鲜又亮，
说怿[⑥]女[⑦]美。	我真喜欢你漂亮。

① 娈：音“峦”，美好。

② 贻：音“移”，赠送。

③ 彤管：红色的管状物。与下文联系起来看，应是指草类。彤，音“同”，红色。

④ 有：助词，有协调音节、强化语气的作用。

⑤ 炜：音“伟”，鲜红的样子。

⑥ 说怿：音“悦亦”，喜欢。说，同“悦”。

⑦ 女：古“汝”字，你。这里一语双关，表面指“彤管”，实际指“静女”。

三

自牧[①]归[②]荑[③]，	从牧场采赠我嫩茅草，
洵[④]美且异[⑤]。	实在美丽又出众。
匪[⑥]女[⑦]之为美，	并非你草儿真的美哟，
美人之贻！	只因是美人所赠送！

① 牧：郊外牧场。

② 归：通“馈”，赠送。

③ 荑：音“题”，初生的茅草。指上文的“彤管”。

④ 洵：音“询”，确实。

⑤ 异：与众不同。

⑥ 匪：非。

⑦ 女：汝。

【赏析】

首章写双方约会，次章送礼定情，末章对礼物啧啧称美。开头是女方调皮地捉弄男方，后来是男方盛赞女方。从少女所赠别致的礼品——一根鲜红的茅草来看，他们是讲“心”不讲“金”的。如果双方都能珍惜、维系这段率真、深挚的感情，又何愁不能“天长地久”呢！

邶风　二子乘舟

【题解】

两人乘船远行，亲友（很可能是他们的母亲）在江边送别后，写成此诗，对他们这次旅程深表忧念。

据古代传说，这是揭露、谴责卫宣公杀害亲儿子伋和寿的诗篇。太子伋和公子寿是同父异母兄弟，寿的同母弟朔与其母向宣公诋毁伋，宣公便派伋前往齐国，同时在半路埋伏杀手，要加害于伋。寿得知消息，便告诉伋，并力劝他逃走，但伋不肯。寿只好偷了伋的符节先行，结果遇害。伋随后赶到，质问杀手道："父王要杀的是我，寿有什么罪过，竟遭此毒手？"结果也被杀害。卫国人哀悼他们，于是写成这首诗，以二子乘舟比喻两人涉危犯险（《毛传》《诗集传》）。

不过，仅从本诗内容看，实在很难断定是否和宣公那次罪行有关。所以我们不妨把情节淡化，就当成一位慈母惦念远行儿子的作品去欣赏好了。

【译注】

一

二子乘舟，	两个孩子坐船，
泛泛[①]其景[②]。	晃悠悠地远去。
愿言[③]思子，	我深深惦念着你们，
中心养养[④]。	心里总不安稳。

① 泛泛：飘浮的样子。

② 景：通“憬”，远去。

③ 愿言：思念的样子。言，语助词。

④ 养养：忐忑不安。

二

二子乘舟，	两个孩子坐船，
泛泛其逝。	晃悠悠地远行。
愿言思子，	我深深惦念着你们，
不瑕[①]有害[②]？	可不会有什么闪失？

① 不瑕：可不会。表疑虑之词。马瑞辰《毛诗传笺通释》：“‘不瑕’犹云不无，疑之之词也。”

② 有害："有害""亡（无）害"是古代常语，多见于甲骨文。

【赏析】

两章大同小异，通过反复咏叹，从"中心养养"到"不瑕有害"，将忧念具体化，诗意也就推进了一层，而慈母的忐忑心情更加灼然可见。

李白《黄鹤楼送孟浩然之广陵》诗："故人西辞黄鹤楼，烟花三月下扬州。孤帆远影碧空尽，唯见长江天际流。"与此诗每章前半描写的境界相近。但李诗胸怀旷远，开朗乐观，与此诗忧心忡忡的情调当然大相径庭。

鄘风　墙有茨

【题解】

鄘（音“庸”），古国名，在今河南省淇县西南方一带，周武王把弟弟管叔封在这里为监。后部分并入卫国，所以《邶风》《鄘风》里都有《卫风》。《诗经》有《鄘风》10篇。

这首诗，便是与卫国宫廷的性丑闻有关。茨（音“慈”），即蒺藜，是有刺的草本植物。诗人以墙上蒺藜之难以清除（如清除，则会棘手，伤墙），比兴宫闱丑事之不可外扬，鞭挞十分有力。

据旧说，卫宣公死后，惠公年幼，其庶兄公子顽与宣公遗孀（也就是惠公母亲）宣姜私通，并生下三男二女——齐子、戴公、文公、宋桓夫人、许穆夫人。国人对这种乱伦秽行极其不齿，因而含沙射影地加以嘲讽、抨击。

【译注】

一

墙有茨，	墙上长了蒺藜，
不可埽①也。	没法把它扫除呀。
中冓②之言，	深宫密院的私房话，
不可道也。	不可告诉别人呀。
所③可道也，	要是告诉人呀，
言之丑也！	说出来可真羞呀！

① 埽：同“扫”。

② 中冓：犹“冓中”，指宫室隐秘之处。冓，音“够”。《说文解字》：“冓，交积材也。”一说，冓，同“冓”，夜也，“中冓”即半夜（顾野王《玉篇》）。

③ 所：假设连词，如果。

二

墙有茨，	墙上长了蒺藜，
不可襄①也。	没法把它清除呀。
中冓之言，	深宫密院的私房话，
不可详②也。	不可对人细说呀。

所可详也，	要是一一细说呀，
言之长也。	讲起来臭又长呀！

① 襄：音“香”，除去。

② 详：细说。《韩诗》作“扬”，宣扬。

三

墙有茨，	墙上长了蒺藜，
不可束[①]也。	没法把它去掉呀。
中冓之言，	深宫密院的私房话，
不可读[②]也。	不可对外张扬呀。
所可读也，	要是宣扬开去呀，
言之辱也！	说出来真可耻呀！

① 束：捆起（扔掉）。朱熹《诗集传》：“束，束而去之也。”

② 读：说出来。张揖《广雅》：“读，说也。”

【赏析】

这诗虽直指“中冓之言不可道”，说出来可羞可耻，但又留有余地，始终未具体揭出有关的人和事，可谓“直而能曲”，深得

“风人之旨”。而且这样一来，既可让读者作更广泛的联想，从而拓展作品的内涵，使它更有余味；同时，还能有效地保护作者自己，令有关当局不易对其罗织入罪。实在一举两得，聪明之至。

鄘风　鹑之奔奔

【题解】

这是卫国人假借国君弟弟的口吻在指斥其兄。

作者以鹌鹑、喜鹊的雌雄相得、飞鸣有序作对比，直斥卫国君主的禽兽不如，感情愤懑激切。

【译注】

一

鹑[1]之奔奔[2]，	鹌鹑比翼飞翔，
鹊[3]之彊彊。	喜鹊来去成双。
人之无良，	那家伙歹毒心肠，
我以为兄！	我却要称他做兄长！

① 鹑：音“纯”，鹌鹑，鸟名。羽毛赤褐色，杂黑白色花纹，好斗，但

易驯养。

② 奔奔：与下文之“彊彊”（音“强强”），都是形容“居有常匹，飞则相随”的样子（《毛传》）。

③ 鹊：喜鹊，鸟名。

二

鹊之彊彊，	喜鹊双去成双，
鹑之奔奔。	鹌鹑比翼飞翔。
人之无良，	那家伙丧尽天良，
我以为君！	我还要尊他做君王！

【赏析】

这是一首异常大胆、尖刻的讽刺诗，矛头直指最高统治者。作品巧妙之处在于，它不采用一般旁观者的口吻和视角，而是假借卫君弟弟之口，直接指斥其兄。这便增加了谴责的分量，也提高了内容的可信性。

鄘风　相鼠

【题解】

诗人大动肝火，把寡廉鲜耻的“无礼”之徒痛加斥责，说他们连老鼠也不如，最好马上“人间蒸发”。

【译注】

一

相[1]鼠有皮，	看那老鼠还有一张皮，
人而无仪。	你做人却毫无礼仪。
人而无仪，	做人没礼仪，
不死何为！	干吗还不死！

① 相：音“象”，察看。

二

相鼠有齿，	看那老鼠还有副牙齿，
人而无止[①]。	你做人却不讲礼节。
人而无止，	做人不讲礼，
不死何俟[②]！	不死待何时！

① 止：节。或释“容止”，也是礼仪、礼节之意。

② 俟：音“寺”，等待。

三

相鼠有体，	看那老鼠还有具肢体，
人而无礼。	你做人却不守礼法。
人而无礼，	做人不守礼，
胡不遄[①]死！	还不赶快死！

① 遄：音“传”，快速。

【赏析】

周朝是重“礼治”的时代。所以孔子要求“克己复礼”，强调应“为国以礼”“道之以德，齐之以礼”；后来荀子也主张“礼以定伦”。“周礼”代表着周朝的整套典章制度，是从处理大小政务到为家庭伦理关系定位的准则，是所有社会活动与人的行为的共同规范。所谓“非礼勿视”“非礼勿听”“非礼勿言”“非礼勿动”，可见它的权威性。凡是违反礼制的，便要被千夫所指，“鸣鼓而攻之”。由《相鼠》作者对“非礼”“无礼”者口诛笔伐、“恶之欲其死”的严峻态度，可见当时以礼为本的社会风气之一斑。

鄘风　载驰

【题解】

《诗经》多为无名氏之作，只有少数几篇可以考知作者，这是其中之一。《左传·闵公二年》载："冬十二月，狄人伐卫……卫师败绩，遂灭卫。立戴公以庐于漕。许穆夫人赋《载驰》，齐侯使公子无亏帅车三百乘、甲士三千人以戍漕。"许穆夫人是卫国宣姜所生，嫁到许国去。后来卫国被狄人攻破，国人流亡到漕邑（今河南省滑县附近），在宋桓公帮助下，立了戴公（许穆夫人之兄）为卫君。不久戴公死，其弟文公（也是许穆夫人之兄）继位。其间，许穆夫人曾排除阻挠，从许国赶至漕邑吊唁，写成这首诗。

【译注】

一

载[①]驰[②]载驱[③]，	坐着飞奔的马车，
归唁[④]卫侯。	归去慰问卫侯。
驱马悠悠[⑤]，	赶着马儿走远路，
言[⑥]至于漕[⑦]。	到那漕邑去。
大夫跋涉[⑧]，	大夫们水陆兼程追赶我，
我心则忧。	我的心里很烦忧。

① 载：助词。

② 驰：让马快跑。

③ 驱：策马前进。

④ 唁：音“彦”，吊唁，对有丧事的人家或失国的诸侯致以慰问。

⑤ 悠悠：路漫长的样子。

⑥ 言：助词。

⑦ 漕：卫邑名。狄人灭卫时，宋桓公（许穆夫人的姊夫）把卫国五千多人救过黄河，安置在漕邑，并立了卫戴公为国君。

⑧ 跋涉：指远途奔波。跋，行经草地。涉，蹚水过河。

第一段，许穆夫人到漕邑去，许大夫群起阻挠。

二

既[①]不我嘉[②]，	尽管全都不以我为然，
不能旋[③]反[④]。	也不能令我往回转。
视[⑤]尔[⑥]不臧[⑦]，	比起你们的短见，
我思不远？	我的思虑岂不更深远？
既不我嘉，	尽管全都不以我为然，
不能旋济[⑧]。	也不能令我渡河回转。
视尔不臧，	比起你们的陋见，
我思不閟[⑨]？	我的思虑岂不更周全？

① 既：尽，全数。

② 嘉：嘉许，赞成。

③ 旋：转回。

④ 反：同“返”。

⑤ 视：比。

⑥ 尔：指许国众大夫。

⑦ 臧：音“赃”，善，好。“不臧”指其自私短视、见识浅陋。

⑧ 济：渡河。许、卫之间隔着黄河。

⑨ 閟：音“必”，关闭。引申为缜密、周到。

以上第二段，许穆夫人反驳大夫们的意见，表示自己决不回头。

三

陟[1]彼阿丘[2]，	登上那高高的山冈，
言[3]采其蝱[4]。	采些贝母。
女子善怀[5]，	女子虽说多愁善感，
亦各有行[6]。	也自有合理的主张。
许人尤[7]之，	许国人纷纷责难我，
众[8]稚[9]且狂。	实在无知又狂妄。

① 陟：音“至”，登高，往上走。

② 阿丘：一面偏高的山丘。

③ 言：助词。

④ 蝱：音“萌”，“莔”的假借字，即中药贝母，据说可以治疗忧郁病。

⑤ 善怀：多愁善感。

⑥ 行：音“杭”，道路。引申为道理、主张。

⑦ 尤：非议，责备，怨恨。按，当时许国大夫们以“父母终，不得归宁兄弟”的礼法责难她。

⑧ 众：借为“终”，既（王引之说）。“终……且……”是《诗经》的常用语。

⑨ 稚：幼稚无知。

以上第三段，许穆夫人为自己的正当做法辩护，对许国大夫们的不理解及自以为是感到忧闷痛心。

四

我行其野，
芃芃[1]其麦。
控于大邦[2]，
谁因[3]谁极[4]？
大夫君子，
无我有[5]尤。
百尔所思，
不如我所之[6]！

我走在那田野上，
麦苗长得多畅旺。
向大国投诉求援，
谁可依靠？谁能担当？
各位大夫先生，
不要责怪我吧。
你们想的再多个主意，
都不如我此刻实行的！

① 芃芃：音“蓬蓬”，草木茂盛的样子。

② 大邦：大国。

③ 因：依靠。

④ 极：准则。这里用作动词，“主持公道、正义”之意。

⑤ 有：助词。

⑥ 所之：所去，所往。指自己正采取的计划、行动。

以上第四段，许穆夫人义正词严地反责许国大夫，表明自己按原计划行动，挽救危亡祖国的坚定信念。

【赏析】

这首诗，一致公认是许穆夫人的作品。这位坚强的女性，具有高度的爱国热忱，当祖国陷于危亡的紧急关头，她挺身而出，奔走呼号，千方百计尽力援救，力排众议，百折不挠地向着既定目标奋力前行。最后，她终于达成了愿望：齐国派兵援救，后来还扶助卫文公迁都楚丘，使卫国得以逐步恢复元气。许穆夫人的政治远见和强毅性格，的确令人钦佩，并且非常值得称道。

这首诗据内容看，应当作于奔赴漕邑的途中。由于一面为卫国担忧，同时又受许人的困扰，百虑萦胸，实很难沉得住气，但诗歌却似一气呵成，思路明晰，层次安排十分妥适：这是本诗作者的另一难能可及之处。

尚有一点值得提出的是：许穆夫人还是世界上已知有名姓可考的最早一位女诗人。

卫风　考槃

【题解】

卫，国名，都朝歌（今河南省鹤壁市淇县），为周武王弟弟康叔封地，在今河北省南部至河南省北部一带。《诗经》有《卫风》10篇。

这是中国现存最早的一首隐逸诗，作者是位勘破世情的高士。他宁愿离群索居，独来独往，也不与世俗同流合污。

【译注】

一

考槃[①]在涧，	敲盘取乐在山溪，
硕人之宽[②]。	健美的人儿胸怀广。
独寐[③]寤[④]言，	独睡醒来还自语，

永矢[5]弗谖[6]。	**这种乐趣此生永不忘。**

① 考槃：即敲盘。考，通“拷”，叩击。槃，通“盘”，古代敲击乐器。一说，考，成；槃，乐。“考槃”即自得其乐，亦通。

② 宽：指胸怀宽广，无忧无虑。

③ 寐：睡着。

④ 寤：醒来。

⑤ 矢：誓。

⑥ 谖：音“宣”，忘记。这句自誓永远不忘此中乐趣，即永不改变初衷之意。又，这句在《阜阳汉简诗经》中作“柄矢弗缦”，可读为“永矢弗谩”，即永不欺诈之意。

二

考槃在阿[1]，	**敲盘取乐在山间，**
硕人之薖[2]。	**健美的人儿心宽畅。**
独寐寤歌，	**独睡醒来自唱歌，**
永矢弗过[3]。	**这种生活唯愿天天过。**

① 阿：山的曲折处。

② 薖：音“科”，宽大的样子。《韩诗》作“㢭”，美貌。

③ 弗过：不以为过，即不以为非之意。这句也是说永远乐此不疲，不变其初衷，所谓“若将终身”之意。

三

考槃在陆，	敲盘取乐在山野，
硕人之轴[1]。	健美的人儿体安康。
独寐寤宿，	独睡醒来自躺卧，
永矢弗告[2]。	个中乐趣不须对人讲。

① 轴：借为“逐”，强壮的样子。《尔雅》：“竞、逐，强也。”

② 弗告：不向别人讲。句意说只可自得其乐，别人难以领略。

【赏析】

南朝的陶弘景（457—537），是俊才，隐居在句曲山，自号华阳隐居。皇帝屡加礼聘，都不肯出仕。齐高帝萧道成曾有诏问他，到底“山中何所有”，值得他那么留恋？他写了一首诗回答：“山中何所有？岭上多白云。只可自怡说，不堪持赠君。”表现了超然独处的贤者澄淡而自得其乐的襟怀，和《考槃》的诗意正相吻合。

卫风 氓

【题解】

氓（音“萌”）就是民，这是对诗中男子的称呼。

这首诗以被丈夫遗弃的女子口吻写成，诉说她的爱、她的悔和她的恨，最后表明了和负心男子一刀两断的决心，显示出她宁折不弯的坚强性格。

【译注】

一

氓之蚩蚩[①]，	你这汉子笑嘻嘻，
抱布[②]贸[③]丝。	拿着布帛来换丝。
匪[④]来贸丝，	并非真个来买丝，
来即[⑤]我谋[⑥]。	是来找我谈婚事。

送子涉淇[7]，　　我送你渡过淇水，
至于顿丘[8]。　　直送到顿丘那里。
匪我愆[9]期，　　不是我故意误佳期，
子无良媒。　　是你没找到好媒人。
将[10]子无怒，　　请你不要再生气，
秋以为期。　　就订下秋天作婚期。

① 蚩蚩：音“痴痴”，嬉笑的样子。

② 布：古代布匹有一定的长、宽规格，可作货币用以购物。如秦《金布律》规定：“钱十一当一布。”（十一钱折合一布）“布袤八尺，福（幅）广二尺五寸。”（布长八尺，幅宽二尺五寸）（见睡虎地秦墓竹简整理小组编译《睡虎地秦墓竹简·秦律十八种·金布律》）故《毛传》云：“布，币也。”

③ 贸：交易。

④ 匪：非。

⑤ 即：就，接近。

⑥ 谋：商量。

⑦ 淇：音“其”，河名，在今河南省北部。

⑧ 顿丘：地名，在今河南省清丰县西南。

⑨ 愆：音“牵”，错过。如《周易·归妹》：“归妹衍期，迟归有时。”

⑩ 将：音“枪”，愿，请求。

第一段，描述两人当初相恋、订婚的情形。

二

乘[1]彼垝垣[2]，	攀上那堵破墙头，
以望复关[3]。	向复关望了又望。
不见复关，	不见复关那人来，
泣涕[4]涟涟[5]；	忍不住眼泪涟涟；
既见复关，	见到了复关心上人，
载[6]笑载言。	说说笑笑没个完。
尔卜尔筮[7]，	你占卜，你算卦，
体[8]无咎言[9]。	卦兆吉祥尽好话。
以尔车来，	打发你的车子来，
以我贿[10]迁。	把我嫁妆搬回家。

① 乘：登上。

② 垝垣：颓垣、破烂的墙壁。垝，音“鬼”，毁坏。一说，垝，通“危”，高也（于省吾说）。垣，音“援”，墙。

③ 复关：地名。那男子的住处。

④ 涕：泪。

⑤ 涟涟：泪流不断的样子。

⑥ 载：助词。在此有关联作用。

⑦ 卜、筮：古人占卦的两种方法。前者用龟壳，后者用蓍（音“师”）草。筮，音“逝”。

⑧ 体：指卜兆、卦象，即占卦的结果。

⑨ 咎言：不祥的话。咎，音“救”，较轻的祸殃。

⑩ 贿：音“绘”，财物。这里指嫁妆。

以上第二段，叙述两人结婚和男子迎亲的经过。

三

桑之未落，	桑树未落叶，
其叶沃若[①]。	叶子绿油油。
于嗟[②]鸠兮，	唉，斑鸠啊，
无食桑葚[③]！	可不要贪吃桑葚！
于嗟女兮，	唉，姑娘啊，
无与士耽[④]！	千万别痴恋男人！
士之耽兮，	男人陷进情网里，
犹可说[⑤]也；	还有办法可摆脱；
女之耽兮，	女人陷进情网里，
不可说也！	哪有法儿可脱身！

① 沃若：润泽、光鲜的样子。若，助词。这两句比喻自己年轻貌美的时候。

② 于嗟：感叹的声音。于，音“虚”，通“吁”。

③ 桑葚：桑的果实。葚，音“甚”，据说斑鸠多吃桑葚会醉，由此引出下两句，用的是引喻手法。

④ 耽：音“担”，沉迷于欢乐。此指盲目沉溺于爱情中。

⑤ 说：借为“脱”，解脱。

以上第三段，追悔当初年轻时过分沉溺于爱情。

四

桑之落矣，	桑树落叶了，
其黄而陨[①]。	叶子枯黄往下飘。
自我徂[②]尔，	自从嫁到你家去，
三[③]岁食贫。	多年吃苦又挨穷。
淇水汤汤[④]，	淇水滔滔，
渐[⑤]车帷裳[⑥]。	溅湿了车围幔。
女也不爽[⑦]，	我做妻子的始终如一，
士贰[⑧]其行[⑨]。	是丈夫你变了心肠。
士也罔[⑩]极[⑪]，	你为人反复无常，
二三[⑫]其德！	朝三暮四不像样！

① 陨：音“允”，落下。《阜阳汉简诗经》作“芸”，黄色深浓的样子。这两句比喻自己年老色衰。

② 徂：往，到。

③ 三：表示多。非实数。

④ 汤汤：音“伤伤”，水势浩大的样子。女方被遗弃，故乘车渡河返回娘家。

⑤ 渐：音“尖”，浸湿。

⑥ 帷裳：车上的布幔，即车帷子。帷，音“围”。

⑦ 爽：变更（《尔雅·释言》：“爽，忒也。”《说文解字》：“忒，更

也”）。此义金文多见，例如西周《矢人盘》铭文便有“爽变”一词。

⑧ 贰：是“貣”的误字，“貣”同“忒”，改变（王引之《经义述闻》）。

⑨ 行：行为。

⑩ 罔：音“网”，无，没有。

⑪ 极：准则，指为人的道德原则。

⑫ 二三：用作动词，变来变去。“二三其德”等于说“士贰其行”，是对“罔极”的具体说明。

以上第四段，严厉谴责丈夫的负心忘情，无行缺德。

五

三岁为妇，	这多年来当媳妇，
靡①室劳②矣。	繁重的家务一肩挑。
夙③兴④夜寐，	清早起，深夜睡，
靡⑤有朝矣。	没有哪天不是这样。
言⑥既遂⑦矣，	生活渐好你已如愿，
至于暴矣。	就对我凶暴起来了。
兄弟不知，	家中兄弟不知情，
咥⑧其笑矣。	见我回来还嘻哈笑。
静言思之，	静下来默默忖量，
躬⑨自悼⑩矣。	也只有暗自悲伤。

① 靡：共（《韩诗》）。

② 室劳：家务劳动。句意谓所有家务劳动都是由我一力承担。

③ 夙：音“肃”，早。

④ 兴：起来。

⑤ 靡：无，没有。句意谓没有一天不如此。

⑥ 言：助词，无义，起补足音节作用。

⑦ 遂：达成，满足。

⑧ 咥：音“戏”，笑的样子。

⑨ 躬：自身，自己。

⑩ 悼：悲痛。

以上第五段，痛定思痛，哀叹自己悲苦无告的不幸处境。

六

及尔偕[1]老，	说什么“和你白头到老”，
老使我怨。	到老来却使我满怀怨恨。
淇则有岸，	淇水汪汪总有岸，
隰[2]则有泮[3]。	湿水长流也有边。
总角[4]之宴[5]，	回想少年同欢乐，
言笑晏晏[6]，	融融洽洽笑开颜，
信[7]誓旦旦[8]，	海誓山盟多诚恳，
不思其反[9]。	想不到一下子全推翻。
反[10]是[11]不思，	既然翻脸无情不念旧，
亦已[12]焉哉[13]！	那就一刀两断拉倒了算！

① 偕：音“谐”，共同，一块儿。

② 隰：是“湿”（音“习”）的误字，水名，即漯（音“踏”）河（间一多说）。淇水、湿水都是黄河支流，流经卫国境内。

③ 泮：音“叛”，通“畔”，岸，边际。这两句反衬自己的怨恨、痛苦无边无际。

④ 总角：指少年时候。小孩子头发结扎成双丫角，叫“总角”。总，聚，扎。

⑤ 宴：和乐。

⑥ 晏晏：柔和的样子。

⑦ 信：真诚可靠。

⑧ 旦旦：恳切的样子。

⑨ 不思其反：句意谓“讵料其反覆如是之速耶”（方玉润《诗经原始》）。

⑩ 反：违反，背弃。

⑪ 是：此。指“旦旦”之“信誓”及少年时两相爱悦的情意。

⑫ 已：止，完结。

⑬ 焉哉：均语气词，表感叹。

以上第六段，回忆当年青梅竹马的欢乐，进一步谴责男子负心，并以决绝态度作结。

【赏析】

这是《诗经》中著名的“弃妇”诗。全篇用“赋”的手法写成，通过回忆与对比，反映诗中女主人公的不幸遭遇，揭露其夫如何负心忘情，以怨报德，控诉夫权的压迫和社会之不公。她的遭遇，实际是当时无数被遗弃、被欺凌妇女身世的缩影。难得的是，那位女主人公遭此严重打击后，并没有就此一蹶不振而软弱乞怜，也没有为忧伤所压倒、一死了之，而是敢怒敢言，和负心人作彻底决裂，并毅然现身说法，要天下痴情女子记取自己的教训。在精神上，她实际是以"强者"姿态出现的。

因而，读完此诗后，我们对她除深表同情之外，还不禁产生敬重之心。

卫风 伯兮

【题解】

丈夫到了前方打仗，留在家中的妻子尽管为自己夫婿的勇武感到自豪，但久而久之，相思的煎熬终令她难以抵受，而陷入深深的痛苦中。

【译注】

一

伯①兮朅②兮，	我的哥呀真威风，
邦之桀③兮。	一国里数他最英雄。
伯也执殳④，	哥哥他手执长殳杖，
为王⑤前驱。	去为君王打先锋。

① 伯：“伯、仲、叔、季”是古人排行的称呼，居长的称“伯”。在《诗经》里，“伯”“叔”又可作爱称，称呼自己的情侣或丈夫。这里便是一例。

② 朅：音“妾”，威武强壮。

③ 桀：同“杰”，突出的人才。

④ 殳：音“殊”，杖类的长兵器，有棱无刃，为兵车上的武士所执持。

⑤ 王：指周王。春秋时，诸侯国有义务派兵随周天子出征。

二

自伯之[①]东，	自从哥哥往东方，
首如飞蓬[②]。	我头发纷乱像飞蓬。
岂无膏[③]沐[④]，	哪是没有膏油可梳洗，
谁适[⑤]为容[⑥]？	我要为谁来美容？

① 之：动词，去。

② 蓬：草名。蓬草遇风则连根拔起，四处飞旋。后世有“蓬首”一词，便是源出此句。

③ 膏：润发的香油。

④ 沐：洗头。

⑤ 谁适：取悦于谁？适，悦（马瑞辰《毛诗传笺通释》）。这是代词宾语前置的句法，上古常见。如《左传》：“予取予求。”

⑥ 为容：修饰容貌。所谓“女为悦己者容”，既然夫君不在，我又打扮给谁看呢？反诘之辞。

三

其[①]雨其雨，	下雨吧下雨吧，
杲杲[②]出日[③]。	太阳出来红彤彤。
愿言[④]思伯，	我念念不忘想着哥哥，
甘心首疾[⑤]！	头昏脑胀也情愿！

① 其：助词，表祈使语气。商代甲骨文有“其雨，其雨”之句。卫地为商朝故都（朝歌）所在，所以有殷商语言的遗留。

② 杲杲：音“稿稿”，明亮的样子。

③ 出日：“出日”也是殷商时习见句法，主语在后。如甲骨文：“又（侑，祭名）出日。”《尚书·尧典》：“寅宾出日。”（恭敬地迎候日出）以上两句是说所求不遂。

④ 愿言：思念的样子。言，助词。

⑤ 首疾：头痛。甲骨卜辞有“王疾首”“王疾目”“王疾齿”之句，均言害病。又马瑞辰说，“甘心”即苦心、痛心；“甘心首疾”即痛心疾首（《毛诗传笺通释》）。亦通。

四

焉得谖草[①]？	哪儿可得忘忧草？
言[②]树之背[③]。	把它种在北堂下。
愿言思伯，	念念不忘想着哥哥，
使我心痗[④]。	想他想得我心痛。

① 谖草：忘忧草。谖，音“宣”，忘记。其实并无这种草。后人把萱草称为忘忧草，只因为“萱”与“谖”同音而已。

② 言：助词，补足音节。

③ 背：古同“北”字。古代居室一般坐北向南，所以“北”就是指北堂，即后房的北阶下。

④ 痗：音“妹”，病。

【赏析】

本诗层层推进，刻画“思妇念征夫”心境之微妙曲折的变化过程，可谓入木三分。

首章是乐观的：诗人先把自己夫婿盛赞一番，并以他“为王前驱”而自豪；次章无心梳洗，虽然未至于病，但显然心绪已乱；三章“甘心首疾”，开始感到不适；四章从头痛发展到心痛，证明病状已日益加剧。长此下去，人何以堪！所以方玉润《诗经原始》义正词严地说：“使非为王从征，胡（何）以至是（此）？后之帝王读是诗者，其亦以穷兵黩武为戒欤！”可惜，这只是他一厢情愿的良好愿望而已，把百姓视如蝼蚁、草芥的独夫们又岂会那样容易动心而幡然醒悟，甚至“放下屠刀，立地成佛”呢！

卫风　木瓜

【题解】

古代民间有“投果”风习，这首诗便是描写男女间以这种方式示爱、定情的情景。后世“投桃报李”的成语便是由此来的。

【译注】

一

投我以木瓜[①]，	你投赠我木瓜，
报之以琼琚[②]。	我用美玉回报。
匪[③]报也，	这不是回报呀，
永以为好也！	是希望和你永相好呀！

① 木瓜：一种落叶灌木，果实椭圆形，长二三寸，可食。与俗称“岭南果王”的番木瓜不同。

② 琼琚：与下文的“琼瑶”“琼玖”（音“久”），都是泛指用美丽的玉石做成的佩饰。琚，音“居”。

③ 匪：同“非”。

二

投我以木桃，	你投赠我蜜桃，
报之以琼瑶。	我用佩玉回报。
匪报也，	这不是回报呀，
永以为好也！	是希望和你永相好呀！

三

投我以木李，	你投赠我李子，
报之以琼玖。	我用玉佩回报。
匪报也，	这不是回报呀，
永以为好也！	是希望和你永相好呀！

【赏析】

《诗经》的复叠有完全相同的，有部分相同的。后者又可细分为两类：一类变换的词语其语义呈横向并列式；一类变换的词语语义呈纵向递进式。如《周南·桃夭》每章的第二句（“其华”“其实”“其叶”）便属递进式，而每章第四句（“室家”“家室”“家人”）则属并列式。本诗的“木瓜”“木桃”“木李”和“琼琚”“琼瑶”“琼玖”，都是并列式。这种结构通过某些固定句型中个别字眼的变换，造成回环往复、一唱三叹的效果，在民歌中比较常见。

王风　黍离

【题解】

公元前771年，幽王被杀。西周灭亡后，周太子宜臼避犬戎之祸，在晋、郑等诸侯全力支持下，迁居东都洛邑，是为平王，史称东周。《王风》，便是东周王城所辖约六百里之地（相当今天河南省洛阳市周围一带）的歌谣。《诗经》有《王风》10篇。

这首诗旧说认为是西周灭亡后，东周大夫因公干路过旧都镐京（今陕西省西安市西，洛水村、斗门镇一带），见“宗庙宫室尽为禾黍”，一片残破荒凉，于是满怀悲痛而作。但就诗论诗，我们很难确定它的内容一定与伤悼故国有关，倒不如笼统地说，这是一曲怀着沉忧巨痛的流浪者的哀歌，恐怕更恰当些。

【译注】

一

彼黍[①]离离[②]，	那黍子密密成行，
彼稷[③]之苗。	那谷子长出了苗。
行[④]迈靡靡[⑤]，	慢腾腾一路走着，
中心摇摇。	心里晃晃悠悠。
知我者谓我心忧，	了解我的知我心烦忧，
不知我者谓我何求。	不理解的说我有所求。
悠悠苍天，	茫茫苍天，
此何人哉！	这是什么人干的事啊！

① 黍：一年生草本植物，碾成米叫黄米。

② 离离：成行成列的样子。

③ 稷：音“既”，谷子，碾成米叫小米。

④ 行：走。

⑤ 靡靡：缓慢的样子。

二

彼黍离离，	那黍子密密成行，
彼稷之穗。	那谷子扬花吐穗。

行迈靡靡，
中心如醉[①]。
知我者谓我心忧，
不知我者谓我何求。
悠悠苍天，
此何人哉！

慢腾腾一路走着，
心里迷迷惘惘。
了解我的知我心烦忧，
不理解的说我有所求。
茫茫苍天，
这是什么人干的事啊！

① 如醉：像喝醉酒那样恍惚迷惘。

三

彼黍离离，
彼稷之实。
行迈靡靡，
中心如噎[①]。
知我者谓我心忧，
不知我者谓我何求。
悠悠苍天，
此何人哉！

那黍子密密成行，
那谷子结了籽粒。
慢腾腾一路走着，
心中憋闷难受。
了解我的知我心烦忧，
不理解的说我有所求。
茫茫苍天，
这是什么人干的事啊！

① 噎：咽喉闭塞。言透不过气。

【赏析】

全诗三章，只换了六个词：以黍稷长“苗”，到抽“穗”，结“实”，暗示时光的流转；用心中“摇摇”“如醉”“如噎”，表示忧愤的加深。最后投诉苍天两句反复出现，汇成最强音，有力地叩击读者的心弦，成为千古传诵的悲恸绝唱。

作者越是不指明到底所为何事、何因，诗中的感受就显得越带普遍性，令不同阶层、境遇的读者都可以各有会心而产生共鸣。这正是诗贵“朦胧”的妙用所在。

王风　君子阳阳

【题解】

这首诗描写男女舞师相招共舞，其乐洋洋的情景。

【译注】

一

君子阳阳[①]，	那位男士乐洋洋，
左执簧[②]，	左手拿笙簧，
右招我由[③]房[④]。	右手招我随着房中乐跳舞。
其乐只且[⑤]！	真令人心花怒放啊！

① 阳阳：通“扬扬”“洋洋”，浸沉于欢乐的样子。

② 簧：乐器名。马瑞辰《毛诗传笺通释》：“簧亦乐器之一……为笙之大者。”

③ 由：从，跟随。

④ 房：国君有“房中之乐”（《毛传》）。

⑤ 只且：语气词叠用，表感叹。且，音“居”。

二

君子陶陶[1]，	那位男士乐陶陶，
左执翿[2]，	左手拿羽旗，
右招我由敖[3]。	右手招我随着《骜夏》乐跳舞。
其乐只且！	真令人心花怒放啊！

① 陶陶：意同“阳阳”。

② 翿：音“道”，舞师手拿的羽旗。“文舞”道具之一。

③ 敖：音“遨”，借为“骜”，乐曲名，指《骜夏》乐，为古曲“九夏”之一（马瑞辰说）。

【赏析】

这首诗描写的是用“簧、羽”作道具的文舞。由两段组成，内容单纯，所以利用句子形式的变化（分别有四言、三言、五言句）去破除单调之感。读起来抑扬顿挫，和诗中洋溢的欢乐气氛十分合拍。

王风　采葛

【题解】

这是山野间正从事采集劳动的青年男女互相唱和赠答的歌。“一日不见，如隔三秋”的谚语便由此而来。

【译注】

一

彼采葛[①]兮，	那采葛的人儿哎，
一日不见，	一天不见你的面，
如三月兮！	就如三个月那么长啊！

① 葛：一种蔓生植物，块根可食，茎可制纤维。

二

彼采萧[1]兮，	那采蒿的人儿哎，
一日不见，	一天不见你的面，
如三秋[2]兮！	就如隔了整三秋啊！

① 萧：即蒿，有香气的草本植物，可用来祭祀。

② 三秋：指三季九个月。

三

彼采艾[1]兮，	那采艾的人儿哎，
一日不见，	一天不见你的面，
如三岁兮！	就像隔了三年长啊！

① 艾：多年生草本植物，嫩叶可吃，老叶可制艾绒灸疾。

【赏析】

这首诗质朴、清新、明快，说它是民间创作，大概不会有多少人反对吧。

五四运动后，平民意识高涨，影响到文学创作和研究领域，所以《国风》为民歌说一直十分盛行。近有人“推陈出新”，要来个“大平反”，主张“《诗经》全部是‘圣贤’亦即贵族们的作品”。这比司马迁“《诗》三百篇，大抵圣贤发愤之所为作也”（《报任安书》）的论断要走得更远。(司马迁用“大抵”一词，可见不是指“全部”，而且还表明是他个人的推测。)

其实，《诗经》作品年代久远，最晚出现的距汉初也有三百多年，早的更达八九百年，中间还经过搜集、编订者的种种整理、加工，后又遭秦火的浩劫，因此，除确有证据的少数几篇外（例如《鄘风·载驰》《小雅·巷伯》等)，诗作者均已无法查考，作者的身份也只能凭作品内容去揣测，无论汉代哪一家的“诗说”，皆难以作准，后世的更不必说。所以，如仅凭诗中带贵族色彩的个别字眼（例如“君子”之类）便武断地加以论定，是十分轻率的，实为智者所不取。何况，有些篇章更连那一类字眼都没有，如这篇《采葛》，又怎能说是“圣贤发愤之所为作”呢?

可见，凡事都忌走极端，忌“想当然”，研究学问尤其如此。只有尽量采取冷静、审慎、客观的态度，才可能得出较为公允的、容易令人信服的结论。

郑风　将仲子

【题解】

郑，国名，原在今陕西西安，是周宣王封其弟友的采地。东周时迁至今河南省新郑市，领有今河南省中部一带。战国时为韩国所灭。《诗经》有《郑风》21篇，多为当地流行的各种爱情小调，所谓“郑卫之音”。这是其中著名的一首。

作者是位热情、率真，又颇有自制力的姑娘，她劝情郎不要攀墙过户前来相会，以免惹起麻烦。虽然有人会责备她胆小，但在具有自己理想道德人格与文化价值观的东方社会中，这位姑娘的言行，比起那些“想做就去做”、只图一时快意而不顾后果和别人感受、表现极端自我的“新潮一族”，确要高尚、可爱得多，也容易接受得多。

【译注】

一

将[1]仲子[2]兮，	求求你好二哥呀，
无逾[3]我里[4]，	不要攀墙进我里，
无折我树杞[5]。	不要弄折我的杞树。
岂敢爱之？	哪里会吝惜它？
畏我父母。	是怕我父母亲呀。
仲可怀也，	二哥你令人牵挂呀，
父母之言，	但父母亲的责难，
亦可畏也！	也很可怕呀！

① 将：音“枪”，请。表祈求，希望。

② 仲子：排行第二，古称“仲”。一说仲子是该男子的字。

③ 逾：音“余”，从墙上爬过去。

④ 里：古代二十五家为里，里有里墙。一说，“里”指居室（俞樾说）。

⑤ 树杞：杞树，杨柳科落叶灌木。上古有此构词法。如下文“树桑”“树檀”也是指桑树、檀树。

二

将仲子兮，	求求你好二哥呀，

无逾我墙，
无折我树桑。
岂敢爱之？
畏我诸兄。
仲可怀也，
诸兄之言，
亦可畏也！

不要攀墙进我家，
不要弄折我的桑树。
哪里会吝惜它？
是怕我众兄长。
二哥你令人牵挂呀，
但兄长们的责难，
也很可怕呀！

三

将仲子兮，
无逾我园，
无折我树檀。
岂敢爱之？
畏人之多言。
仲可怀也，
人之多言，
亦可畏也！

求求你好二哥呀，
不要攀墙进我园，
不要弄折我的檀树。
哪里会吝惜它？
是怕人们说闲话。
二哥你令人牵挂呀，
但人们的风言风语，
也很可怕呀！

【赏析】

这首诗恰到好处地在忘形之恋与社会责任感之间取得合理的平

衡。这并不意味着缺乏激情，也不存在向什么压力屈服的问题：她仍深爱着仲子，只是要求他理智一点、自律一点，不宜过分冲动而惹起不必要的麻烦，好让爱情之舟尽量减少颠簸，能安然过渡而已。这又有何不妥呢？

郑风　萚兮

【题解】

这首诗以风吹叶落起兴，邀请对方和自己一起唱歌共乐，情调轻快。

【译注】

一

萚[①]兮萚兮，	落叶啊，落叶啊，
风其吹女[②]。	风儿把你吹起。
叔兮伯兮[③]，	好弟弟呀好哥哥，
倡[④]予和女。	唱吧，我来应和你。

① 萚：音“拓”，落叶。

② 女：同“汝”。

③ 叔、伯："伯、仲、叔、季"是古代排行的称呼。这里犹言弟、兄，是女子对男子的昵称。

④ 倡：领头唱。

二

萚兮萚兮，	落叶啊，落叶啊，
风其漂[①]女。	风儿把你飘起。
叔兮伯兮，	好弟弟呀好哥哥，
倡予要[②]女。	唱吧，我和你应和。

① 漂：通"飘"。

② 要：音"腰"，成。这里也是会合、应和之意。

【赏析】

这是男女对答的情歌，仍保存着民间"对歌"的原始风貌。风吹叶落，既是"先言他物，以引起所咏之辞"的"兴"，同时也是"以此物比他物"的"比"的手法。因风、叶间存在着相依和共鸣的关系，与人们的此唱彼和有点类似，所以可作比方。在后世，"倡予和女"已成了互相应和、酬答的同义语。

郑风　狡童

【题解】

一位女郎被小情人冷落，她很想不开，竟至“不能餐”“不能息”，饮食俱废。

【译注】

一

彼狡①童兮，	那漂亮的小子啊，
不与我言兮。	不肯和我说话啊。
维②子③之故，	因为你的缘故，
使我不能餐兮！	使我饭也吃不下啊！

① 狡：借为“姣”（音“搞”），形容相貌美（胡承珙《毛诗后笺》）。

② 维：助词，这里表强调语气。

③ 子：犹“你”或“您”。作者在意念中忽觉对方“近在眼前”，所以改用第二人称代词。

二

彼狡童兮，	**那漂亮的小子啊，**
不与我食兮。	**不肯和我共餐啊。**
维子之故，	**因为你的缘故，**
使我不能息[1]兮！	**使我觉也睡不安啊！**

① 息：寝息。

【赏析】

这是写失恋滋味的情诗。在古代社会中，由于臣下要效忠于君主一人，所以君臣关系颇有点类似苦恋的情侣关系，政坛失意犹如情场失恋，因而诗人有时也会借此寓意——如屈原《离骚》便作出了成功的范例。像“惟草木之零落兮，恐美人之迟暮”，“初既与余成言兮，后悔遁而有他。余既不难夫离别兮，伤灵修之数化”，“怨灵修之浩荡兮，终不察夫民心。众女嫉余之蛾眉兮，谣诼谓余以善淫”，等等，便都是借男女情爱表现君臣遇合及朝政得失之类的政事。而据《左传》《国语》等典籍记载，将《诗经》中的情诗（自然不限于情诗）断章取义，随心所欲地作政治化的解释，也是当时的社会风气（所谓“赋诗断章，余取所求”，见《左传·襄公二十八年》）。

以上两种因素结合起来，便影响到后来之汉儒说《诗》，也总喜欢“政治化”，把《国风》的许多恋歌（或失恋歌），牵合到春秋时波谲云诡的宫廷斗争中去，作出令现代读者感到异常困惑而难以接受的诠释。比方这首《狡童》，《诗序》的说明是：“刺忽（按，忽，即郑昭公）也。不能与贤人图事，权臣擅命也。”由于权臣祭（音“债”）仲专擅，使昭公“不与我言”“不与我食”，也就是不能与贤人图事，所以诗人要加以讥刺。看，郑昭公竟成了情场杀手“狡童”，你说滑稽不滑稽？

令人讶异的是，连清代一些颇有见地的《诗经》学者也“未能免俗”，摆脱这种习气的牢笼。于是，或认为此诗“有深于忧时之意，大抵在郑之乱朝，其所指何人何事，不可知矣”（姚际恒《诗经通论》）；或认为“忧君为群小所弄也”（方玉润《诗经原始》），云云。与《诗序》所见实际大同小异。由此可知，在中国的文艺批评中，政治化说教这一根深蒂固的传统，其影响力实在不可小觑。

类似的解说在《诗序》中可谓比比皆是。本篇只是作为例子，意图起举一反三的作用，让大家明白，必须把“美人香草”、真正有寄托之作与单纯的情诗（民间作品特多）区别开来，才能对作品给以正确、合理的诠释，而为广大读者所认同接受。

郑风 风雨

【题解】

在风雨交加、心情郁闷的时刻，忽见自己心仪的“君子”翩然莅临，诗人自然感到无限欣悦。

【译注】

一

风雨凄凄，	风萧萧，雨凄凄，
鸡鸣喈喈[①]。	鸡儿喔喔啼。
既见君子，	见到了这位君子，
云[②]胡不夷[③]！	怎会不欢喜！

① 喈喈：音“皆皆”，鸡鸣声。下章“胶胶”同。

② 云：语首助词，无义，起补足音节作用。

③ 夷：喜悦（《毛传》）。

二

风雨潇潇，	风萧萧，雨潇潇，
鸡鸣胶胶。	鸡儿喔喔叫。
既见君子，	见到了这位君子，
云胡不瘳[①]！	怎会不高兴！

① 瘳：音“抽”，借作“憀”，乐也（俞樾说）。

三

风雨如晦，	风雨交加天晦暗，
鸡鸣不已。	鸡儿不住啼。
既见君子，	见到了这位君子，
云胡不喜！	怎会不开心！

【赏析】

诗中的“君子”到底是什么人，并无确指。据诗意亦难以断定：是知交？是情人？是丈夫？是作者心仪的偶像？还是能予他帮助的人？……所以我们读诗时也不妨“朦胧”一点。

据《诗序》说，这是思慕君子的诗，“乱世则思君子，不改其度焉”。只有君子能够处变不惊，在乱世中依然我行我素，保其节操，不改其常度。这是传统的解释。朱熹则认为这是写男女之情的“淫诗”（《诗集传》）。方玉润又主张是“怀友”之作（《诗经原始》）。看他们各执一词，倒真正应着了“诗无达诂”那句老话。

就实际境界而言，每章开头两句渲染出一派紧张、窒闷、躁动不安的近乎悲壮的气氛，因而在近世，“风雨鸡鸣”便成了形势严峻、群思奋起之类局面最好的形容语。

郑风　出其东门

【题解】

尽管眼前美女如云，但诗人不为所动，始终只钟情于自己属意的那位衣着简朴的女郎。

【译注】

一

出其东门[①]，	走出郑城东门，
有女如云。	少女多得像彩云。
虽则如云，	虽然多得像彩云，
匪[②]我思存[③]。	但全都系不住我的心。
缟[④]衣綦[⑤]巾[⑥]，	只有白衣青巾的女孩子，
聊乐我员[⑦]。	才是唯一可使我快乐的人。

① 东门：指郑国都城新郑（今河南省新郑市）的东城门。由于西南面靠河，所以人们多往东面出游。

② 匪：同“非”。

③ 思存：思念。

④ 缟：音“稿”，白绢。

⑤ 綦：音“其”，绿色。

⑥ 巾：佩巾。

⑦ 员：音“云”，用同“云”，语气助词。

二

出其闉[①]阇[②]，	走出那瓮城门，
有女如荼[③]。	少女多得像茅花。
虽则如荼，	虽然多得像茅花，
匪我思且[④]。	但全都引不动我的心。
缟衣茹藘[⑤]，	只有白衣红巾的女孩子，
聊可与娱。	才是唯一可与同乐的人。

① 闉：音“因”，围护城门的小城，称为子城或瓮城。

② 阇：音“都”，瓮城城门。

③ 荼：音“途”，茅草开的白花。所谓“如火如荼”，便是取其旺盛之意。

④ 且：借为“徂”，存，思念。

⑤ 茹藘：音“如驴”，即茜（音“倩”）草，汁液可作红色染料。这里

指代用它染成的佩巾。

【赏析】

这首诗运用了鲜明对比的手法：以“如云”“如荼”比喻郊游女子的多而美艳，以“缟衣綦巾”“缟衣茹藘”形容意中人的朴素清新。自己偏偏舍彼而取此，这样一来，也就凸显出诗人对其心中所爱是何等的忠诚、专一。

齐风 还

【题解】

齐，国名，周武王把太公望（姜太公）封在这里，位于今山东省临淄周围广大地区。《诗经》有《齐风》11篇。

还（音“漩”）借为“旋”，有疾速、便捷之意，是对猎人勇武矫健身手的赞辞。这首诗便是为此而作，反映了当地尚武喜游猎的风习。

【译注】

一

子之还兮，	你勇武矫捷啊，
遭我乎猺[①]之间兮。	和我相遇在猺山间啊。
并驱从[②]两肩[③]兮，	并马齐追两只大野猪啊，
揖[④]我谓我儇[⑤]兮。	你敬礼夸我身手不凡啊。

① 猺：音“挠”，齐国山名，在今山东省临淄南面。

② 从：追逐。

③ 肩：借为“豜”（音“肩”），三岁的猪。

④ 揖：音“衣”，拱手行礼。

⑤ 儇：音“宣”，习于田猎，轻快利落的样子。

二

子之茂[1]兮，	你威武精壮啊，
遭我乎猺之道兮。	和我相遇在猺山道啊。
并驱从两牡[2]兮，	并马齐追两只大雄兽啊，
揖我谓我好兮。	你敬礼夸我本领高强啊。

① 茂：壮美的样子。

② 牡：雄性动物。

三

子之昌[1]兮，	你英武剽悍啊，
遭我乎猺之阳[2]兮。	和我相遇在猺山南啊。
并驱从两狼兮，	并马齐追两只大灰狼啊，
揖我谓我臧[3]兮。	你敬礼夸我武艺高强啊。

① 昌：壮盛的样子。

② 阳：山的南坡。

③ 臧：音“赃”，善，好。

【赏析】

“山东大汉”是以魁伟健壮、性格豪爽闻名的，自古以来便是如此。这首诗便描写了两位狩猎者偶遇于山间，一见如故，并驱驰逐，共同行猎，而且互相欣赏、称赞的情景。一股后世《水浒传》所描写的梁山好汉的英气，扑面而来。杜甫《壮游》诗，回忆自己青年时在山东、河北的经历：“放荡齐赵间，裘马颇清狂。春歌丛台上，冬猎青丘旁。呼鹰皂枥林，逐兽云雪冈。射飞曾纵鞚，引臂落鹙鸧。苏侯（按，指其友人苏源明）据鞍喜，忽如携葛强（按，晋代名将）……”也颇有类似的风采。

这首诗每章首句的“还”（《韩诗》作“嫙”，好貌）、“茂”“昌”，其实都有高大威猛之意；末句的“儇”（《韩诗》作“婘”，好貌）、“好”“臧”，也同是形容善于骑射、本领不凡的样子，所以，它们分别都是同义、近义词。《诗经》尤其是《国风》中的作品，不少都利用类似手法，构成一种“变化的复叠”，以变换个别字眼，反复咏唱的形式去渲染气氛，达致深化作品内涵、增强艺术感染力的效果。本诗是用得较成功的例子之一。

而同义（包括近义）词的丰富发达，正是一种语言表现力强的重要标志。在世界多种语言中，汉语这方面的优点是相当显著的。

齐风　东方未明

【题解】

这是怨刺“为政无节”的诗。在上的统治者随心所欲地胡乱发号施令，受害的当然是在下的“草根阶层”——像牛马般被驱赶、被役使的民众。这首诗，便反映了他们愤懑不平的心声。

【译注】

一

东方未明，	东方天未亮，
颠倒衣裳[①]。	颠三倒四穿衣裳。
颠之倒之，	颠颠倒倒顾不上，
自公[②]召之。	朝廷有令急召唤。

① 衣裳：古时上为衣，下为裳。

② 公：指诸侯的朝廷。

二

东方未晞[1]，	东方天未光，
颠倒裳衣。	颠三倒四穿衣服。
倒之颠之，	倒倒颠颠顾不上，
自公令之。	朝廷有令急宣唤。

① 晞：音“希”，借为“昕”（音“欣”），明也（马瑞辰《毛诗传笺通释》）。

三

折柳樊[1]圃[2]，	折下柳条围菜园，
狂夫瞿瞿[3]。	凶狠的监工瞪眼瞧。
不能辰[4]夜，	早晚从来没个准，
不夙[5]则莫[6]。	不是起早便是摸黑。

① 樊：编篱笆。

② 圃：菜园子。

③ 瞿瞿：音“具具”，鹰隼之视（许慎《说文解字》）。“狂夫瞿瞿”之“狂夫”，即战国陶文之“圣（垦）监”，监工者（于省吾《甲骨文字

释林》)。

④ 辰：通“晨”。

⑤ 夙：音“宿”，早。

⑥ 莫：同“暮”。以上两句指开工、收工都从不守时。

【赏析】

此诗前两章的句法、内容完全一样，所以除了要依靠“明”和“晞”、“召”和“令”的用词变换外，还靠“衣裳”和“裳衣”、“颠之倒之”和“倒之颠之”的词序变换，造成同中见异的效果，增加音节声调之美。而诗中所着重表达、渲染的那种紧迫感、忙乱感，亦更形强烈。

魏风　陟岵

【题解】

魏为古国名，姬姓，故都在今山西省芮城县东北，公元前661年为晋国所灭（后来战国时的魏国与此不同）。《诗经》有《魏风》7篇。

这首诗描写行役者如何一再登山眺望邈不可见的父母兄长，想象他们的谆谆嘱咐，从中寄寓着对亲人的深切系念和自伤前途的心情。

【译注】

一

陟彼岵[①]兮，	登上那草木葱茏的山冈，
瞻望父兮。	遥望我的父亲。
父曰嗟！	父亲说：哎呀！

予子行役，	我儿出外服役，
夙夜无已。	早晚无休无止。
上[②]慎旃[③]哉！	可得小心在意呀，
犹[④]来无止。	千万归来，不要长留异地！

① 岵：音“户”，有草木的山。

② 上：同“尚”，表示属望之辞。

③ 旃：音“毡”，助词，义同“之”。

④ 犹：可，也是表属望之辞。

二

陟彼屺[①]兮，	登上那寸草不生的山冈，
瞻望母兮。	遥望我的母亲。
母曰嗟！	母亲说：哎呀！
予季[②]行役，	小儿出外服役，
夙夜无寐。	早晚无休无歇。
上慎旃哉！	可得小心在意呀，
犹来无弃。	千万归来，别把我们撂下！

① 屺：音“起”，无草木的山。

② 季：小儿子。

三

陟彼冈兮，	登上那高高的山冈，
瞻望兄兮。	遥望我的兄长。
兄曰嗟！	哥哥说：哎呀！
予弟行役，	我弟弟出外服役，
夙夜必偕[①]。	早晚都奔波劳碌。
上慎旃哉！	可得小心在意呀，
犹来无死！	千万归来，不要葬身异乡！

① 偕：兼，连同一起之意。

【赏析】

这首诗从对面着笔，想象亲人如何一再嘱咐、关心、眷念着自己，这比直接倾诉自己怎样苦苦怀念亲人来得更婉曲深挚。王维《九月九日忆山东兄弟》诗：“独在异乡为异客，每逢佳节倍思亲。遥知兄弟登高处，遍插茱萸少一人。”用的便是类似的表现手法而稍加变化。清人沈德潜说：“三段中但念父、母、兄之思己，而不言己之思父、母与兄，盖一说出，情便浅也。情到浓时，每说不出。”（《说诗晬语》）似还未真正搔着痒处。

魏风　十亩之间

【题解】

采桑者在一天劳动之后，各自呼朋唤友，轻松愉快地踏上归途。

【译注】

一

十亩之间兮，	在十亩宽广的桑田中啊，
桑者闲闲[①]兮。	采桑人儿悠然自得啊。
行与子还兮[②]。	走吧，和你一起回去啊。

① 闲闲：悠闲的样子。这是描写田间收工时的情景。

② “行与”句：读为“行，与子还兮”。句法与“倡予和女”（《郑风·萚兮》）相同。由语法意义上的两个句子合为一个乐句。

二

十亩之外兮，　　　　　　在十亩宽广的桑田外啊，
桑者泄泄[①]兮。　　　　采桑人儿从容自在啊。
行与子逝兮。　　　　　　走吧，和你一起归去啊。

① 泄泄：音“意意”，义同“闲闲”。

【赏析】

两章意思一样，只是变换同义词以押韵，并造成复沓的效果，配合旋律的再现，就能加深听者或读者的印象。现代歌曲或乐曲，也常取这种结构方式。

魏风　伐檀

【题解】

这首诗对不劳而获、无功受禄的公卿贵族提出尖锐的质疑，并拿他们和真正的“君子”对比，从而作出有力的嘲讽、谴责，是《国风》中的名篇。

【译注】

一

坎坎[①]伐檀[②]兮，	坎、坎、坎，砍檀树啊，
置之河之干[③]兮。	砍下树来放河岸。
河水清且涟[④]猗[⑤]。	河水清清泛波纹哟。
不稼[⑥]不穑[⑦]，	不种又不收，
胡取禾[⑧]三百[⑨]廛[⑩]兮？	为何拿去三百顷田的食粮？

不狩[11]不猎[12]，	四时不打猎，
胡瞻尔庭[13]有县[14]貆[15]兮？	为何见你院里挂猪獾？
彼君子[16]兮，	那些真正的君子啊，
不素餐[17]兮！	可不会白白吃闲饭哪！

① 坎坎：伐木声。

② 檀：树名，落叶乔木，木质坚实，可制器物。

③ 干：岸。

④ 涟：音“连”，水波纹。这里用作动词。

⑤ 猗：音“伊”，语气助词。

⑥ 稼：耕种。

⑦ 穑：音“色”，收获。

⑧ 禾：泛指粮食作物。

⑨ 三百：极言其多，非实数。

⑩ 廛：音“缠”，指一百亩，即古代一个成年男子所耕的田。《周礼·地官·遂人》：“夫一廛，田百亩。”一说，“缠”“繶”“稛”皆释为“束”（《广雅·释诂》），故此诗三百廛即三百缠，三百亿即三百繶，三百囷即三百捆，其实皆三百束（俞樾说）。

⑪ 狩：音“兽”，冬猎。

⑫ 猎：晚上出猎（《郑笺》）。

⑬ 庭：庭院。

⑭ 县：同“悬”，挂。

⑮ 貆：音“欢”，兽名，即猪獾（音“欢”）。

⑯ 君子：此指贵族阶层中品德高尚的人。

⑰ 素餐：不劳而食，白吃饭。素，空，白。

最后两句通过对比，指出不稼穑、不狩猎而拥有大量财富（粮食、猎物）的人，并非君子。以下两章同。

二

坎坎伐辐[1]兮，	坎、坎、坎，砍树做车辐啊，
置之河之侧兮。	砍下树来放河边。
河水清且直猗。	河水清清一直流哟。
不稼不穑，	不种又不收，
胡取禾三百亿[2]兮？	为何拿去三百亿捆的食粮？
不狩不猎，	四时不打猎，
胡瞻尔庭有县特[3]兮？	为何见你院里挂巨兽？
彼君子兮，	那些真正的君子啊，
不素食兮！	可不会白白吃米饭哪！

① 辐：音“福”，车轮中的辐条。

② 三百亿：极言其多。周代以十万为亿。

③ 特：三岁的野兽。此泛指大兽，如野猪之类。

三

坎坎伐轮兮，	坎、坎、坎，砍树做车轮啊，
置之河之漘[1]兮。	砍下树来放河滩。

河水清且沦[2]猗。　　河水清清打着漩哟。
不稼不穑，　　不种又不收，
胡取禾三百囷[3]兮？　　为何拿去米粮三百仓？
不狩不猎，　　四时不打猎，
胡瞻尔庭有县鹑[4]兮？　　为何见你院里挂鹌鹑？
彼君子兮，　　那些真正的君子啊，
不素飧[5]兮！　　可不会白白吃大餐哪！

① 漘：音“唇”，水边。
② 沦：圆圈状的水波纹。
③ 囷：音“逡”，圆形的谷仓，即囤。
④ 鹑：音“纯”，鸟名，即鹌鹑，肉味鲜美。
⑤ 飧：音“孙”，熟食。

【赏析】

从表面看，这首诗只是针对贵族领主之不劳而获而发，犹《论语》中隐者荷蓧（音“贺钓”）丈人斥责的那样：“四体不勤，五谷不分，孰为夫子？”但正如方玉润所说：“夫君子之不耕而食也久矣。孟子云：‘其君用之，则安富尊荣；其子弟从之，则孝弟忠信。“不素餐兮”，孰大于是？’岂必伐檀、稼穑、狩猎而后食哉？”（《诗经原始》）所以，所谓“素餐”（白吃饭）的范围还应进一步拓展，包括“在位贪鄙而无功受禄”（《诗序》）之意在内，也就是成语所说的“尸位素餐”。从这个角度去理解，本诗的攻击锋芒，实际还指向朝廷中所有那些“贪婪充位”的公卿大夫。因而，作品的社会意义显得相当重大。

就艺术技巧而言，此诗每章从“不稼不穑”以下，都是“借小人以形君子，亦借君子以骂小人”（姚际恒《诗经通论》），一分痛快淋漓。“小人”，便是指那些饱食终日、坐享其成、无功受禄的人。作者路过河边，看见人们伐檀为车、辛勤劳作，便联想起那些四体不勤、五谷不分，体力和智力都无任何付出，却安享尊荣富贵的公卿士大夫，于是对他们加以辛辣嘲讽和猛烈抨击。所以，从表现角度说，“坎坎伐檀”几句是属于“赋”而“兴”的手法，而非单纯的“赋”或“比”。

魏风　硕鼠

【题解】

硕鼠，即大田鼠。这首诗是不满君主过分严酷的征敛而作。诗人看来是有一定地位、财富的人，他把在上的统治者讥刺为贪馋的老鼠，实在相当大胆。

【译注】

一

原文	译文
硕鼠硕鼠，	大田鼠，大田鼠，
无食我黍！	别再吃我的黍子！
三[①]岁贯[②]女[③]，	多年奉养你，
莫我肯顾。	对我却毫不顾念。
逝[④]将去女，	誓要离开你，

适彼乐土[5]。	到那安乐国土去。
乐土乐土，	乐土呀乐土，
爰[6]得我所！	那才是我安身之所！

① 三：非实数。

② 贯：侍奉。

③ 女：同“汝”，你。

④ 逝：借为“誓”。

⑤ 土：上古“土”“国”“邦”“方”同义（陈梦家《殷墟卜辞综述》）。

⑥ 爰：音“援”，乃。

二

硕鼠硕鼠，	大田鼠，大田鼠，
无食我麦！	别再吃我的小麦！
三岁贯女，	多年奉养你，
莫我肯德[1]。	对我却毫不体恤。
逝将去女，	誓要离开你，
适彼乐国[2]。	到那安乐的地方去。
乐国乐国，	乐国呀乐国，
爰得我直[3]！	在那里我方能找到公道！

① 德：用作动词，体恤、施恩之意。《左传·襄公七年》：“恤民为德。”

② 国：指地方、疆域。

③ 直：指正直、合理之道（《毛传》）。一说，“直”借为“职”，义同“所”（王引之说）。

三

硕鼠硕鼠，	大田鼠，大田鼠，
无食我苗！	别再吃我的禾苗！
三岁贯女，	多年奉养你，
莫我肯劳[①]。	对我却毫不怜惜。
逝将去女，	誓要离开你，
适彼乐郊。	到那安乐的郊野去。
乐郊乐郊，	乐郊呀乐郊，
谁之[②]永号[③]？	还有谁会长叹哀号？

① 劳：慰问，犒劳。

② 之：助词，有补足音节和强化语气作用。

③ 号：音“豪”，哭叫。

【赏析】

这首诗旧说多认为是针对“履亩税”而作。如汉代桓宽《盐铁论》云：“周之末涂，德惠塞而嗜欲众，君奢侈而上求多，民困于下，怠于公事，是以有履亩之税，《硕鼠》之诗作也。”王符《潜夫论·班禄》云：“履亩税而《硕鼠》作。”按，“履亩税”是鲁宣公十五年（公元前594）开始实行的一种新制度，即通过丈量田亩而征税，以代替过去的“什一”税制。私家的田地不能再隐瞒，地主拥有私田越多，征税便越重，因而感到不胜负荷。他们于是痛骂君主的“不仁”，嚷着说要移民他方。

但也有不同的记载。如《吕氏春秋·举难》说：“宁戚欲干齐桓公，穷困无以自进……饭牛居车下，望桓公而悲，击牛角疾歌。”高诱注：“歌《硕鼠》也。”《后汉书·马援传》注引《说苑》：“宁戚饭牛于康衢，击车辐而歌《硕鼠》。”齐桓公是春秋初期人（公元前685年至前643年在位），据此，则《硕鼠》至少也是春秋初年的作品，与“履亩税”无关。

所以，还是《诗序》笼统含糊一点的说法比较可取：“《硕鼠》，刺重敛也。国人刺其君重敛，蚕食于民，不修其政，贪而畏人（令人畏惧）若大鼠也。”

唐风 绸缪

【题解】

唐，国名，是周成王弟弟叔虞的封地，在今山西省翼城县一带。至叔虞子燮（音“谢”）父，徙居晋水旁，改国号为晋，所以唐风就是晋风。《诗经》有《唐风》12篇。

这首是贺人新婚的诗，估计由来宾演唱。

【译注】

一

绸缪[①]束薪，	一束木柴捆得紧紧，
三星[②]在天。	参星在天际照耀。
今夕何夕？	今晚是什么好时辰？
见此良人[③]。	见到了这个好人儿。

子[4]兮子兮，	你呀你呀，
如此良人何[5]！	可把这好人儿怎么办哪！

① 绸缪：音“稠谋”，义同“缠绵”，是紧紧捆束、缠绕之意。

② 三星：即参（音“申”）星。二十八宿之一，由七颗星组成，其中三颗特别明亮。

③ 良人：好人、美人，此指新娘。

④ 子：指新郎。

⑤ 如……何：古汉语一种固定结构，意为‘拿……怎么样”“对……怎么办”。本句是戏谑之辞。

二

绸缪束刍[1]，	一把干草捆得紧紧，
三星在隅[2]。	参星在屋角照耀。
今夕何夕？	今晚是什么好时辰？
见此邂逅[3]。	见到了这个可人儿。
子兮子兮，	你呀你呀，
如此邂逅何！	可把这可人儿怎么办哪！

① 刍：音“除”，草。

② 隅：音“余”，角落。

③ 邂逅：遇合。这里用作名词，指相遇而令人欣喜的人。

三

绸缪束楚[1]，	一束荆柴捆得紧紧，
三星在户[2]。	参星正当门照耀。
今夕何夕？	今晚是什么好时辰？
见此粲者[3]。	见到了这个美人儿。
子兮子兮，	你呀你呀，
如此粲者何！	可把这美人儿怎么办哪！

① 楚：即牡荆，又名黄荆、小荆，灌木名。

② 户：门。

③ 粲者：美丽的人。粲，音“灿”，精米，引申为鲜洁、漂亮之意。

【赏析】

这似是“闹新房”时唱的诗歌，三章分别用“三星在天”“在隅”“在户”暗示时间从黄昏（参星始见）到深夜的转移，末两句以谐谑的语气揶揄、捉弄新郎，更掀起欢乐情绪，造成喜庆的高潮。

《诗经》凡提到婚姻或夫妇的地方，多出现柴薪的描写。例如《周南·汉广》的“翘翘错薪”，《王风·扬之水》《郑风·扬之水》的“不流束薪”“束楚”“束蒲”，《齐风·南山》的“析薪如之何”，《豳风·东山》的“烝在栗薪”等，便都是如此。这可能是古代婚礼上一种有象征意义的陈设，如以束薪比喻男女结合。也有人说这些是婚礼照明用的东西，如后世的“花烛”。

唐风　鸨羽

【题解】

鸨（音“保”）是一种鸟，涉禽类，又名野雁。其脚没有后趾，故在树上站不安稳。诗人用它们的骚动不安，比喻苦于徭役的百姓生活之颠沛艰难。

【译注】

一

肃肃①鸨羽，	野雁儿翅膀沙沙响，
集于苞②栩③。	歇在栎树树丛上。
王事靡盬④，	官家的差事没个完，
不能蓺⑤稷黍⑥。	哪有空儿种米粮。
父母何怙⑦？	父母生活靠什么？

悠悠苍天，	茫茫苍天呀，
曷[8]其[9]有所？	何时方有安居之所？

① 肃肃：象声词。

② 苞：草木丛生。

③ 栩：音“许”，栎树。

④ 盬：音“古”，止息（王引之说）。

⑤ 蓺：音“艺”，种植。

⑥ 稷黍：泛指粮食作物。

⑦ 怙：音“户”，依靠。

⑧ 曷：音“河”，何。

⑨ 其：助词。

二

肃肃鸨翼，	野雁儿双翼沙沙响，
集于苞棘[1]。	歇在棘树树丛上。
王事靡盬，	官家的差事没个完，
不能蓺黍稷。	哪有空儿种食粮。
父母何食？	父母双亲吃什么？
悠悠苍天，	茫茫苍天呀，
曷其有极[2]？	这样的日子何时是了？

① 棘：酸枣树。细小的也叫荆棘。

② 极：尽头。

三

肃肃鸨行，	野雁儿沙沙排成行，
集于苞桑。	歇在桑树树丛上。
王事靡盬，	官家的差事没个完，
不能蓺稻粱。	哪有空儿种稻粱。
父母何尝[①]？	父母要吃吃什么？
悠悠苍天，	茫茫苍天呀，
曷其有常[②]？	何时才有安生日子过？

① 尝：吃。

② 常：正常，指安居乐业的正常生活。

【赏析】

《诗序》说："《鸨羽》，刺时也。（晋）昭公之后，大乱五世，君子下从征役，不得养其父母而作是诗也。"似乎倾诉苦难者是个"君子"——上层贵族的一员。但，这与"蓺黍稷""蓺稻粱"岂不矛盾？所以朱熹便把它改为："民从征不得养其父母，故作此诗。"（《诗集传》）把作者从"君子"改为平民，这才合乎诗中所述。

古人说：“人穷则返本，故劳苦倦极，未尝不呼天也。”读到这首诗每章的最后两句，会深深感到，行役者确是到了忍无可忍的时候，才会发出这样惊心动魄、撕心裂肺的呼号。而他一直以父母的生活为念，处处为他们着想，个人的征役之苦则略而不提，似乎置之度外，这种孝义之心也实属难得。

唐风　葛生

【题解】

这首凄切的挽歌，哀恻沉痛，一字一泪，是妇人哭悼亡夫所作。

【译注】

一

葛生蒙楚[①]，	葛藤蒙盖了荆树，
蔹[②]蔓于野。	蔹草在野地蔓延。
予美亡此，	我的至爱就葬在这儿，
谁与？	谁和他做伴？
独处！	孤零零独个儿待着！

① 楚：牡荆，又名黄荆，落叶灌木。

② 蔹：音“脸”，一种葡萄藤科的蔓生植物。以上两句描绘墓地的荒凉景象。

二

葛生蒙棘，	葛藤蒙盖了棘树，
蔹蔓于域[1]。	蔹草蔓延在坟茔。
予美亡此。	我的至爱就葬在这儿。
谁与？	谁和他做伴？
独息！	孤零零独个儿歇着！

① 域：茔域，即墓地。

三

角枕[1]粲兮，	角枕多灿烂啊，
锦衾[2]烂兮。	锦被光闪闪啊。
予美亡此，	我的至爱就葬在这儿，
谁与？	谁和他做伴？
独旦[3]！	孤零零独个儿躺着！

① 角枕：用兽角装饰的枕头。角枕和锦衾都是殡殓之物。

② 衾：尸体入殓时盖尸的东西。

③ 旦：用作动词，是说直躺到天亮。

四

夏之日，	悠悠的夏日长昼，
冬之夜[①]。	沉沉的严冬寒夜。
百岁之后，	等我百年之后，
归于其居[②]！	到他的坟里相聚！

① “夏之日”二句：指今后将天天如炎夏的长昼，晚晚如隆冬的长夜，日子非常难熬。

② 居：指墓穴。

五

冬之夜，	沉沉的严冬寒夜，
夏之日。	悠悠的夏日长昼。
百岁之后，	等我百年之后，
归于其室！	到他的墓里同眠！

【赏析】

古今悼亡诗多矣，著名的也不少。如晋朝潘岳的《悼亡诗》（五古三首）之一：“荏苒冬春谢，寒暑忽流易。之子归穷泉，重壤永幽隔……望庐思其人，入室想所历。帏屏无仿佛，翰墨有余迹。流芳未及歇，遗挂犹在壁。怅恍如或存，回遑忡惊惕。如彼翰林鸟，双栖一朝只。如彼游川鱼，比目中路析。春风缘隙来，晨霤承檐滴。寝息何时忘，沉忧日盈积……”唐代元稹的《遣悲怀》（七律三首）之三：“闲坐悲君亦自悲，百年多是几多时。邓攸无子寻知命，潘岳悼亡犹费词。同穴窅冥何所望，他生缘会更难期。唯将终夜长开眼，报答平生未展眉！”宋代王安石的《一日归行》：“贱贫奔走食与衣，百日奔走一日归。平生欢意苦不尽，正欲老大相因依。空房萧瑟施繐帷，青灯半夜哭声稀。音容想像今何处？地下相逢果是非？”这些诗都写得情真意切，凄怆动人。不过，那些都是丈夫哭亡妻的，这首却是妻子哭亡夫。而且就表现之自然简洁和效果之具震撼力来看，还是以《唐风·葛生》最为出色。这可能和女性细腻的感受有关吧。

秦风　蒹葭

【题解】

秦，国名，在今陕西、甘肃一带。《诗经》有《秦风》10篇。

本诗描写对可望而不可即的心爱者的景慕与追求。虽然“所谓伊人，在水一方”，始终难以企及，但诗人表现得异常执着，绝不轻言放弃。

【译注】

一

蒹葭[①]苍苍[②]，	蒹葭一片青苍，
白露为霜。	白露凝结成霜。
所谓[③]伊人[④]，	我思念的那人，
在水一方。	就在江河彼岸。

溯洄[5]从之，	逆流而上去寻访他，
道阻且长。	道路崎岖又漫长。
溯游[6]从之，	顺流而下去寻访他，
宛在水中央。	瞧他像在水中央。

① 蒹葭：均多年生水草。蒹，音“兼”，荻（音“敌”）苇。葭，音“加”，芦苇。

② 苍苍：茂密的样子。

③ 所谓：常说起、提及的。

④ 伊人：那个人。

⑤ 溯洄：音“素回”，逆流而上。

⑥ 溯游：顺流而下。

二

蒹葭凄凄[1]，	蒹葭一片苍茫，
白露未晞[2]。	露珠还没有干。
所谓伊人，	我思念的那人，
在水之湄[3]。	就在江河岸旁。
溯洄从之，	逆流而上去寻访他，
道阻且跻[4]。	道路崎岖又险陡。
溯游从之，	顺流而下去寻访他，
宛在水中坻[5]。	瞧他像在小岛上。

① 凄凄：借为“萋萋”，茂密的样子。

② 晞：音“希”，干（音“甘”）。

③ 湄：音“眉”，水草交接的河滩。

④ 跻：音“机”，升高。

⑤ 坻：音“迟”，水中高地。

三

蒹葭采采[①]，
白露未已。
所谓伊人，
在水之涘[②]。
溯洄从之，
道阻且右[③]。
溯游从之，
宛在水中沚[④]。

蒹葭郁郁苍苍，
露水还没全干。
我思念的那人，
就在江水之旁。
逆流而上去寻访他，
道路崎岖又曲折。
顺流而下去寻访他，
瞧他像在沙洲上。

① 采采：意同“苍苍”。

② 涘：音“寺”，水边。

③ 右：迂回曲折。

④ 沚：音“止”，水中沙洲。

【赏析】

作者反复强调：在秋日清晨的江边，虽然伊人不远（在水流的另一方），但自己不断寻求，却始终求之而不得，不过仍有希望。从而营造了一种清苍幽渺、若即若离的气氛，令全诗显得神韵飘逸，风致嫣然。在质朴犷悍的《秦风》中另成一种格调。

方玉润《诗经原始》说："三章只一意，特换韵耳。其实首章已成绝唱。古人作诗多一意化为三叠，所谓一唱三叹，佳者多有余音。此则兴尽首章，不可不知也。"一意化为三叠，大概是迁就歌曲旋律要反复再现的关系。不过方氏认为此诗首章最佳，却是实情。

这首诗对后人的创作很有影响。屈原《九歌》中的《湘君》和《湘夫人》两首便隐约带有《蒹葭》的影子。如："君不行兮夷犹，蹇谁留兮中洲？美要眇兮宜修，沛吾乘兮桂舟。令沅湘兮无波，使江水兮安流。望夫君兮未来，吹参差兮谁思？"（《湘君》）"帝子降兮北渚，目眇眇兮愁予。袅袅兮秋风，洞庭波兮木叶下……沅有茝兮澧有兰，思公子兮未敢言。荒忽兮远望，观流水兮潺湲。"（《湘夫人》）而东汉张衡的《四愁诗》，造境炼意和它也有一脉相承之处："我所思兮在泰山，欲往从之梁父艰。侧身东望涕沾翰。美人赠我金错刀，何以报之英琼瑶（按，这两句并糅合了《卫风·木瓜》的影响）。路远莫致倚逍遥，何为怀忧心烦劳。""我所思兮在桂林，欲往从之湘水深。侧身南望涕沾襟……"并由此演化为一种具有表达对理想的人、物、境界作不倦追求的优美（或凄美）的象征意义的模式。

清代王士禛赞扬《蒹葭》“言尽意不尽”，对之十分欣赏，大概是从中感悟到“神韵”的魅力吧。

秦风　无衣

【题解】

这当是秦国军人的集体创作（可能由一人草创，传唱中大家改定；也可能是你一句我一句集体哼成的）。乐官配曲时，自然会对它有所修改增饰。诗中的“王”字（代表周王）便透露了其中巧妙。

秦在公元前821年由庄公立国，至公元前221年秦王嬴政统一六国，当上“始皇帝”，建立秦朝，历时六百年之久。秦境在今陕西、甘肃一带，地势高寒，气候干燥，民风俭朴强悍，其君主素重武备，因一面要对抗西戎的侵扰，一面谋求向东方发展，所以举国上下富于尚武精神。

这首军歌，便突出反映了秦人同仇敌忾、英勇无畏的乐战情绪。有着《马赛曲》《义勇军进行曲》般的强劲节奏与励志作用。

【译注】

一

岂曰无衣？	怎么说没有军装？
与子①同袍。	我与你共一件战袍。
王②于③兴师，	王家正兴兵打仗，
修我戈矛④，	修好我的戈和矛，
与子同仇！	我和你同一个仇敌！

① 子：对人的尊称。多指男子。

② 王：指周王。当时周天子是各国诸侯的共主。

③ 于：助词。

④ 戈矛：古代两种长兵器。戈，其突出部位名“援”，与柄垂直，两面有刃，用于横击、钩杀；矛用于直刺。

二

岂曰无衣？	怎么说没有军装？
与子同泽①。	我与你共一件汗衫。
王于兴师，	王家正兴兵打仗，
修我矛戟②，	修好我的矛和戟，
与子偕③作④！	我和你一同奋起！

① 泽：汗衣。后来写作“襗”。

② 戟：古代长兵器，合戈、矛作用为一体，可以直刺和横击。

③ 偕：一同。

④ 作：起来。

三

岂曰无衣？	怎么说没有军装？
与子同裳[①]。	我与你共一件裙裳。
王于兴师，	王家正兴兵打仗，
修我甲[②]兵[③]，	修好我的铠甲刀枪，
与子偕行！	我和你同赴战场！

① 裳：下衣。

② 甲：铠甲。

③ 兵：兵器。

【赏析】

埋藏地下2000余载，在陕西临潼重见天日的秦兵马俑，以其阵容的壮盛、气势的峥嵘和造型的生动、技艺的精美震惊中外，被誉为世界七大奇迹之外的“第八奇迹”。假如我们驰骋遐想，在脑海里重构当年雄赳赳的秦军军阵，一边“步操”前进，一边齐唱这首军歌的情景，那该是多么动人心魄的一幕！

全篇以“岂曰无衣”的反问开端，然后用“与子同袍”“同泽”“同裳”回应，表现了精诚团结、一致对外的精神。后面再接以“同仇”“偕作”“偕行”的又一个“三同”（“偕”也是“同”），令情绪更趋热炽，精神进一步提升，而达致“共患难，同生死”的更高境界。全诗的主题，也就在以“反复”“层递”手法构成的乐章中得到强化，给人留下深刻的印象。后世军中曾并肩浴血的战友互称“同袍”“袍泽”，便道源于这首诗。

不过，从另一方面看，秦国固然凭借其强大的军力削平六国，建立煊赫武功而称雄一时，但单纯尚武而不修文德，甚至发展到“焚书坑儒”那样恣意摧残文化的可憎地步，终究难逃“二世而亡”的厄运，为历史所耻笑——这是我们读这首诗时也不应忘记的。

秦风　权舆

【题解】

权舆，是初始的意思（《尔雅》《毛传》）。一位过去曾经居住豪宅、顿顿享用佳肴美馔的没落贵族，眼看日子一天比一天难过，不禁追怀旧日的风光而大叹今非昔比。

【译注】

一

於[1]，我乎！	唉，我啊！
夏[2]屋渠渠[3]。	住过华堂广厦。
今也每食无余。	今天哪，这顿吃完没有下顿粮。
于嗟乎！	唉呀呀！
不承[4]权舆。	和当初大不一样。

① 於：音“乌”，叹词。

② 夏：大。

③ 渠渠：深广的样子。

④ 承：继续，接续。

二

於，我乎！	唉，我啊！
每食四簋[①]。	从前一餐四大簋。
今也每食不饱。	今天哪，每顿吃都吃不饱。
于嗟乎！	唉呀呀！
不承权舆。	和当初大不一样。

① 簋：音“鬼”，古代盛肴馔、饭食的圆形器皿，以偶数组合使用。据记载，天子用八簋，诸侯六簋，大夫四簋，士二簋。此诗言“每食四簋”，表明“我”原是大夫身份。现在粤语还有“九大簋”的说法。

【赏析】

战国时候，齐人冯煖（音“宣”）在孟尝君处作客，起初不被礼遇，他便弹剑作歌，大发牢骚说：“长铗归来乎，食无鱼！”不久又唱道：“长铗归来乎，出无车！”结果都得到了满足。后来更是立功发迹，享受荣华（《战国策》）。《权舆》的作者恰和他相反，是从安富尊荣的高位滑向贫穷困苦的深渊，因而自叹今不如昔。两者比照，正好相映成趣。

这首诗用词口语化，语言富于个性色彩，刻画的人物形象相当生动。

陈风　东门之枌

【题解】

陈，古国名，在今河南省开封市以东到安徽省亳州市一带。后为楚国吞并。《诗经》有《陈风》10篇。

陈国巫风甚盛，舞风亦盛。这首诗描写的便是良辰吉旦男女欢会跳舞的情景，可能与迎神祭祀有关。

【译注】

一

东门之枌①，	东门长着白榆，
宛丘②之栩③。	宛丘栽着栎树。
子仲④之子，	子仲家的女儿，
婆娑⑤其下。	在树下翩翩起舞。

① 枌：音“坟”，白皮榆树。

② 宛丘：四面高中央低的地方。这里是专名。其地在陈国都城附近。

③ 栩：音“许”，栎树。

④ 子仲：姓氏。

⑤ 婆娑：形容美妙的舞姿。娑，音“梭”。

二

穀[①]旦于[②]差[③]，	趁良辰美景去选个伴，
南方之原。	就在城南的平原。
不绩[④]其麻，	不纺线，不绩麻，
市也婆娑。	市集里起舞翩跹。

① 穀：善，美好。

② 于：助词。

③ 差：音“猜”，选择。一说，“差”读为“徂”，音近古通，往也（于省吾《双剑誃诗经新证》）。

④ 绩：把麻搓成线或绳。

三

穀旦于逝，	趁良辰美景好前往，
越[①]以鬷迈[②]。	大伙儿欢聚同行。
视尔如荍[③]，	我瞧你美如锦葵花，

贻[4]我握椒[5]。　　　　　　你送我香椒一大把。

① 越：发语词，无义。

② 以鬷迈：结伴前行。鬷，音“宗”，通“总”，众。迈，行。

③ 荍：音“乔”，锦葵，夏季开紫或白色花，可供观赏。

④ 贻：音“移”，赠给。

⑤ 椒：音“焦”，有数种，此指花椒，为落叶灌木，果实红色，种子黑色，可供药用或调味。

【赏析】

古代巫师也就是舞师，他们的职业就是“以舞降神”（《说文解字》），所以巫字的构造是个象形字，像人两袖舞形。陈国是巫风甚盛的国家，而一般男女青年便趁着祭祀的日子，也随着巫师一起婆娑起舞。但他们意不在迎神，而在求偶。这首诗把那“歌舞市井，会于道路”“男女聚观，举国若狂”的嘉年华会式的节日风光生动地描绘出来，恰似一幅色彩斑斓的风俗画。末章最后两句还特别暗示了求偶的成功，令全诗作“大团圆”结局。

陈风　衡门

【题解】

衡门即横门，是指用一根横木支撑的门户，表示家居简陋的意思。这是一位安贫乐道者的自白。他认为简朴、自然的生活是最适意的，不必去赶那些潮流，逐什么时髦，追求所谓“高素质”的享受。

【译注】

一

衡门之下，	在横木为门的陋室里，
可以栖迟[①]。	可以从容游息。
泌[②]之洋洋[③]，	滚滚长流的泌泉水，
可以乐[④]饥。	可以疗饿充饥。

① 栖迟：游息，游乐栖息。

② 泌：音“必”，泉水名。

③ 洋洋：水流的样子。

④ 乐：同“疗”，治疗。

二

岂其食鱼，	难道要吃鱼，
必河之鲂[①]？	非吃黄河的鳊鱼不可？
岂其娶妻，	难道要娶妻，
必齐之姜[②]？	非娶齐国姜姓姑娘不行？

① 鲂：音“房”，鳊鱼。

② 姜：齐国国君的姓。姜姓是该国最上层贵族之一。

三

岂其食鱼，	难道要吃鱼，
必河之鲤？	非吃黄河的鲤鱼不可？
岂其娶妻，	难道要娶妻，
必宋之子[①]？	非娶宋国子姓姑娘不行？

① 子：宋国国君的姓。“齐之姜”与“宋之子”，均代表名门望族之女。

【赏析】

安贫乐道不等于无所作为，返璞归真的恬淡生活往往标志着较高的精神境界。《衡门》作者的观点闪烁着理智的光辉，和现代的环保意识可谓不谋而合。

全诗三章。第一章纯从正面着笔；二、三章则采用复叠形式，以有力的反问加强正意，与首章呼应，取得相得益彰的效果。唐代文学家刘禹锡的《陋室铭》："山不在高，有仙则名；水不在深，有龙则灵；斯是陋室，惟吾德馨。苔痕上阶绿，草色入帘青……孔子曰：'何陋之有？'"其创作意念和表现手法都由本诗变化、发展而来，不妨联系起来欣赏。

陈风　月出

【题解】

这是在艺术形式上别饶韵味的恋歌。诗人在月色皎洁的晚上路遇一位面庞俊俏、体态撩人的姑娘，感到心迷意乱，归去后情不能已，于是写成这首诗。

【译注】

一

月出皎兮，	月儿一出明晃晃呀，
佼①人僚②兮。	美人儿长得真俊俏呀。
舒③窈纠④兮，	慢慢走来，身材多窈窕呀，
劳心⑤悄⑥兮。	害得我心头突突跳呀。

① 佼：音“饺”，美好。
② 僚：音“聊”，娇美。
③ 舒：轻盈的样子。
④ 窈纠：风姿绰约、体态婀娜的样子。纠，音“饺”。
⑤ 劳心：忧心。指由于渴慕异性而产生的躁闷心情。
⑥ 悄：音“巧”，心神不安的样子。

二

月出皓[1]兮，	月儿一出光灿灿啊，
佼人懰[2]兮。	美人儿长得真漂亮啊。
舒懮受[3]兮，	慢慢走来，身段多苗条啊，
劳心慅[4]兮。	害得我心头痒搔搔啊。

① 皓：音“浩”，光洁，明亮。
② 懰：音“柳”，义同“僚”。
③ 懮受：义同“窈纠”。懮，音“有”。
④ 慅：音“草”，义同“悄”。

三

月出照兮，	月儿一出银光照啊，
佼人燎[1]兮。	美人儿全身放光彩啊。
舒夭绍[2]兮，	慢慢走来，体态多娇娆啊，

劳心惨[3]兮。　　　　　　害得我心头似火烧啊。

① 燎：音“辽”，明亮。

② 夭绍：义同“窈纠”“懮受”。夭，音“腰”。

③ 惨：当作“懆”，义同“悄”“慅”（朱熹《诗集传》）。

【赏析】

这首诗在形式美上很有特色，是一首音乐性强的双声叠韵诗。除了形容月色的“皎”“皓”“照”，形容女子容貌的“僚”“懰”“燎”，形容心情的“悄”“慅”“惨”分别押韵外（押“宵、幽”部韵），连形容体态的“窈纠”“懮受”“夭绍”等也都是叠韵词（两字的韵相同）。读起来，令你如观芭蕾舞剧《天鹅湖》，或如听贝多芬《月光》奏鸣曲，别有一番温馨愉悦、缠缠绵绵的特殊感受，“不知情之何以移而神之何以畅”，仿佛内容、形式已浑然如一，于情景交融中，但觉“言有尽而意无穷”。

桧风 隰有苌楚

【题解】

桧，又作“郐”“会”，古国名，在今河南省新密市、新郑市一带，春秋初年为郑国所灭。《诗经》有《桧风》4篇。

这首诗借草木传情，表达诗人对一位天真无邪的少女的恋慕。

【译注】

一

隰[①]有苌楚[②]，	洼地旦长着猕猴桃，
猗傩[③]其枝。	它的枝条多么娇美。
天[④]之[⑤]沃沃[⑥]，	水灵灵呀光闪闪，
乐子之无知[⑦]！	真喜欢你无忧无虑！

① 隰：音“习”，洼地。

② 苌楚：即猕猴桃，开紫红色花，果实似桃而细小，为蔓生植物。苌，音“常”。

③ 猗傩：音“婀挪”，娇柔美好的样子。又作“婀娜”“旖旎”。

④ 夭：鲜嫩的样子。

⑤ 之：助词。

⑥ 沃沃：有光泽的样子。

⑦ 无知：言没有烦恼、忧虑。一说，知，匹也（《尔雅》《郑笺》）。则“无知”等于下文的“无家”“无室”。

二

隰有苌楚，	洼地里长着猕猴桃，
猗傩其华[①]。	它的花儿多么娇艳。
夭之沃沃，	水灵灵呀光闪闪，
乐子之无家[②]！	真喜欢你还没成家！

① 华：同“花”。

② 家：与下文“室”皆谓婚配。《左传》：“女有家，男有室。室家，谓夫妇也。”

三

隰有苌楚，	洼地里长着猕猴桃，
猗傩其实。	它的果实多么娇小。

天之沃沃，	水灵灵呀光闪闪，
乐子之无室！	真喜欢你还没成亲！

【赏析】

朱熹《诗集传》说：“政烦赋重，人不堪其苦，叹其不如草木之无知而无忧也。”方玉润《诗经原始》更直指它为“伤乱离”之作。直到今天，《诗经》研究者几乎众口一词认定这是感时伤乱、悲观厌世的诗篇。

但其实，此诗每章的前三句，都是赞扬、称美、欣悦的口吻，而末句的“无知”“无家”“无室”，也是紧承前面少好娇美的赞辞而来，绝无半点悲观自叹的意味，所以，诗作者之“乐”确是真乐。所谓“伤时”“厌世”，只是说诗者拿桧国国势强行比附所作的诠释，并非从诗中自然演绎出来，所以其说实难以成立。我们只要“入乎其内”，细细体味诗意，便不难获得正确的理解。

桧风　匪风

【题解】

一位远行服役的征夫，看着车辆往来如飞的官道，不禁触景伤情，他希望有哪位西归的旅人能给他捎个平安家信，好借以纾解乡愁。

【译注】

一

匪[①]风发兮[②]，	那风呀呼呼地劲吹，
匪车偈兮[③]。	那车呀飞速地奔驰。
顾[④]瞻周道[⑤]，	回头看着王朝的大路，
中心怛[⑥]兮。	心中呀涌起阵阵伤痛。

① 匪：借为“彼”。

② 发兮：犹“发发”，风疾吹的样子。

③ 偈兮：犹“偈偈”，车疾驰的样子。偈，音“杰”。

④ 顾：回头看。

⑤ 周道：周朝的大路。

⑥ 怛：音“达”，忧伤，痛苦。

二

匪风飘兮[1]，	那风呀忽忽地飘旋，
匪车嘌兮[2]。	那车呀飞速地奔驰。
顾瞻周道，	回头看着王朝的大路，
中心吊[3]兮。	心中呀涌起阵阵悲痛。

① 飘兮：犹“飘飘”，风回旋的样子。

② 嘌兮：犹“嘌嘌”，轻快疾速的样子。嘌，音“票”。

③ 吊：伤痛。

三

谁能亨[1]鱼？	谁人能够烹煮鱼餐？
溉[2]之釜[3]鬵[4]。	我便给他备好鼎和锅。
谁将西归？	谁人将回西方故土？
怀[5]之[6]好音[7]。	请给我亲人报个平安。

① 亨：同“烹”。

② 溉：闻一多云，应作“摡”（《经典释文》及《说文解字·手部》引），给予。一云，洗涤。

③ 釜：音“府”，古炊具，犹今天的锅。

④ 鬵：音“秦”，鼎形的炊具。这两句以助人烹鱼比兴（为人）成全好事，从而引出下文。

⑤ 怀：慰抚。

⑥ 之：指家中亲人。

⑦ 音：消息。

【赏析】

这首诗前两章用直言其事的“赋”的手法，并通过复叠，加强内心苦痛予人的印象。后章忽然转用“兴而比”的手法，带来为征人缓解乡愁的一点希望，全诗的调子也从灰暗变得稍稍明朗。这种表现手法连同句式的一起变换，与诗中情绪的起伏变化密切相关，令人细读之下，深觉有“移步换形”之妙。

曹风　下泉

【题解】

曹，古国名，在今山东省菏泽市定陶区一带，公元前487年为宋国所灭。《诗经》有《曹风》4篇。

这首诗慨叹周王朝的国势江河日下，连累弱小的曹国亦难以自保，因而追忆西周盛时，怀念昔日“明王贤伯”的治绩。作者应是一位“在其位，谋其政”，有清醒政治头脑和强烈责任感的“贤士大夫”。

【译注】

一

洌[①]彼下泉，	那冰凉的泉水往下流淌，
浸彼苞[②]稂[③]。	淹没那丛丛的狗尾草。

忾[4]我寤[5]叹，　　我喟然长叹彻夜难眠，
念彼周京[6]。　　怀念那周京的辉煌时光。

① 洌：音“列”，寒冷。

② 苞：草丛生。

③ 稂：音“狼”，狗尾草，又名狼尾草。

④ 忾：叹气的样子。

⑤ 寤：醒着。是说眼睁睁地无法入睡。

⑥ 周京：与下文的“京周”“京师”，均指西周王城。这里用来指代全盛时的西周王朝。

二

洌彼下泉，　　那冰凉的泉水往下流淌，
浸彼苞萧[1]。　　淹没那丛丛的香蒿。
忾我寤叹，　　我喟然长叹彻夜难眠，
念彼京周[2]。　　怀念那京都的辉煌时光。

① 萧：香蒿。青蒿的一种，色青翠，至深秋，余蒿尽黄，此蒿独青，且带芳香（沈括《梦溪笔谈》）。

② 京周：即周京。倒文以协韵。

三

洌彼下泉，
浸彼苞蓍[1]。
忾我寤叹，
念彼京师。

那冰凉的泉水往下流淌，
淹没那丛丛的蓍草。
我喟然长叹彻夜难眠，
怀念那京师的辉煌时光。

① 蓍：音“诗”，草名，古人用来占卦。

四

芃芃[1]黍苗，
阴雨膏[2]之。
四国[3]有王[4]，
郇伯[5]劳[6]之。

茂盛的黍苗蓬勃生长，
有绵绵细雨滋润它们。
四方的诸侯勤于王事，
自有郇伯抚慰他们。

① 芃芃：音“蓬蓬”，草木茂盛的样子。

② 膏：润泽。

③ 四国：各地。

④ 有王：来京城朝见周王，表示效忠于中央政府。

⑤ 郇伯：即郇侯。是文王的儿子，封于郇，任州伯，治诸侯有功。此“郇伯”或为其后人。郇，音“询”。

⑥ 劳：慰问，安抚。

【赏析】

前三章揭露阴暗面：以寒冷的泉水淹没众草，比喻衰乱之世，国民受苛政残虐，小邦被大邦侵凌的可叹局面。第四章全力歌颂光明面：怀念西周全盛时期，有明主在位，贤臣辅佐，所以各国诸侯纷纷来朝的盛况。两相对比，作者的政见和感情倾向也就不言自明。

豳风　七月

【题解】

豳（音“宾”），也作“邠”，古国名，在今陕西省旬邑县、彬县一带，西周末年已不存在，故《豳风》都是西周的作品（但不排除经过后人修改润色）。《诗经》有《豳风》7篇。

《七月》是一首极古老的民歌，描写上古农村从早到晚，一年四季的劳动、生活情景以及时令风习，具有很高的历史文献价值和艺术欣赏价值。

【译注】

一

七月流[①]火[②]，	七月里火星向西移，
九月授衣[③]。	九月里分发寒衣。

一之日[4]觱发[5]，	十一月北风呼啸，
二之日栗烈[6]。	十二月寒气凛冽。
无衣无褐[7]，	要没有布衣、粗麻衣，
何以卒岁？	怎样度过这一年？
三之日于[8]耜[9]，	正月里修好耒耜，
四之日举趾[10]。	二月里下田干活。
同我妇子，	带着我的老婆孩子，
馌[11]彼南亩[12]，	送饭到南边的田里，
田畯[13]至喜。	田官来到见了喜滋滋。

① 流：下行。夏历五月此星位于南方高处，六月之后便偏西下行。

② 火：星宿名，又称大火，即心宿。

③ 授衣：古时制度，每年夏季四至六月、冬季九至十一月由国家配授衣服（参见《睡虎地秦墓竹简·秦律十八种·金布律》）。

④ 一之日：指周历正月的日子，即夏历十一月。此诗凡称“某月”都是用夏历（近乎现在的阴历），称“某之日”都是用周历。

⑤ 觱发：音“必拨”，形容风声的象声词。

⑥ 栗烈：即凛冽，形容寒冷的样子。

⑦ 褐：音“贺”，粗麻衣，取未绩之枲（音“徙”，粗麻）编成，是贫贱者穿的衣服。（《睡虎地秦墓竹简·秦律十八种》）

⑧ 于：助词，无义。

⑨ 耜：音“寺”，古代耕作的农具。这里用为动词，指修理耒耜。

⑩ 举趾：举足（下田）。

⑪ 馌：音“业”，送饭。

⑫ 南亩：田地多在山南朝阳的地方，故称“南亩”。

⑬ 田畯：农官，负责监管、督导农事的官员。畯，音“俊”。

第一段，是从秋冬到春天农村生活、劳动情况的掠影。

二

七月流火，	七月里火星向西移，
九月授衣。	九月里分发寒衣。
春日载[①]阳[②]，	春天日子暖洋洋，
有[③]鸣仓庚[④]。	黄莺儿歌声嘹亮。
女执懿筐[⑤]，	妇女拿着深竹筐，
遵[⑥]彼微行[⑦]，	走在那林间小路上，
爰[⑧]求柔桑。	找到嫩桑采摘忙。
春日迟迟[⑨]，	春天里日子长悠悠，
采蘩[⑩]祁祁[⑪]。	采白蒿的人儿一群群。
女心伤悲，	姑娘心里很悲伤，
殆[⑫]及公子同归。	怕被公子哥儿带回府。

① 载：开始。

② 阳：和暖。

③ 有：助词。

④ 仓庚：黄莺。鸣声悦耳。

⑤ 懿筐：音“意匡”，深筐。

⑥ 遵：沿着。

⑦ 行：音“杭”，道路。

⑧ 爰：乃，于是。

⑨ 迟迟：漫长的样子。

⑩ 蘩：音“繁”，白蒿。据说用白蒿煮水浇在蚕子上，则易孵化。

⑪ 祁祁：音“歧歧”，众多的样子。

⑫ 殆：音“怠”，唯恐。

以上第二段，写妇女们春天采桑的情景，以及她们怕被贵族公子带走的痛苦心情。

三

七月流火，	七月里火星向西移，
八月萑苇[1]。	八月里割取芦苇。
蚕月条桑，	三月里修剪桑树，
取彼斧斨[2]，	拿起那斧头，
以伐远扬[3]，	砍掉过长的枝干，
猗[4]彼女桑[5]。	拉下那柔枝采嫩桑。
七月鸣鵙[6]，	七月里伯劳高声叫，
八月载[7]绩[8]。	八月里开始搓麻线。
载[9]玄载黄[10]，	布帛鲜明又艳丽，
我朱[11]孔[12]阳[13]，	我染的红色最漂亮，
为公子裳。	正好给公子哥儿做衣裳。

① 萑苇：芦荻。这里用为动词，指割取芦荻以作蚕箔。萑，音“桓”，荻，是苇的一种。

② 斨：音“枪”，方孔的斧头。

③ 远扬：指伸展得过长过远的枝丫。

④ 猗：借为“掎”（音“挤”），牵、拉之意。

⑤ 女桑：嫩桑。

⑥ 鵙：音“局”，伯劳鸟，鸣声嘹亮。

⑦ 载：行，从事（于省吾《甲骨文字释林》）。

⑧ 绩：缉麻。

⑨ 载：助词。

⑩ 玄黄：形容织物颜色鲜明艳丽。

⑪ 朱：红色。

⑫ 孔：十分。

⑬ 阳：鲜明。

以上第三段，写妇女采桑、搓麻、织染的青景。

四

四月秀[①]葽[②]，	四月里远志开花，
五月鸣蜩[③]。	五月里知了长嘶。
八月其[④]获，	八月里收割庄稼，
十月陨[⑤]萚[⑥]。	十月里黄叶纷飞。
一之日于[⑦]貉[⑧]，	十一月去猎貉子，
取彼狐狸，	捉到狐狸剥下皮，

为公子裘。	给公子哥儿做衣裘。
二之日其[9]同[10]，	十二月大伙集合齐，
载[11]缵[12]武功[13]。	继续打猎练武艺。
言[14]私其豵[15]，	猎得小兽归自己，
献豜[16]于公[17]。	大野兽献上给公爷。

① 秀：植物开花。

② 葽：音"腰"，植物名，即远志，又名小草，夏日开花，根可入药。

③ 蜩：音"条"，蝉。

④ 其：助词。

⑤ 陨：坠落。

⑥ 萚：音"拓"，草木的落叶。

⑦ 于：助词。

⑧ 貉：音"河"，似狐狸的一种野兽，毛棕灰色，食虫类为生，皮很珍贵。这里用作动词，"猎取貉"之意。

⑨ 其：助词。

⑩ 同：聚集。

⑪ 载：从事。

⑫ 缵：音"纂"，继续。

⑬ 武功：武事。此指结合狩猎进行的军事训练。古代往往如此。直至清代的"木兰秋狝"，即一年一度的皇家大规模围猎活动，仍有"练武"的作用。

⑭ 言：助词。

⑮ 豵：音"宗"，一岁的猪。泛指小野兽。

⑯ 豜：音“坚”，三岁的猪。泛指大野兽。

⑰ 公：指贵族领主，或氏族长之类。

以上第四段，写农事结束后，在冬季打猎、习武的情景。

五

五月斯螽[①]动股，	五月里斯螽弹腿响，
六月莎鸡[②]振羽。	六月里纺织娘振翅膀。
七月在野，	七月蟋蟀在田野，
八月在宇[③]，	八月移到屋檐下，
九月在户，	九月里当门叫，
十月蟋蟀入我床下。	十月躲进我床底。
穹窒[④]熏鼠，	堵死窟窿熏老鼠，
塞向[⑤]墐[⑥]户。	封好北窗，门缝糊上泥。
嗟我妇子，	嗨，我的老婆孩子，
曰[⑦]为改岁，	眼看要过年了，
入此室处[⑧]。	搬进这房子居住。

① 斯螽：即螽斯（详见本书《周南·螽斯》的“题解”），蝗类昆虫，由翅膀振动发声。古人误以为它是靠两腿（股）摩擦作声，故言“动股”。

② 莎鸡：即纺织娘。莎，音“梭”。

③ 宇：屋檐下。

④ 穹窒：穹，音“穷”，洞穴。窒，堵塞。

⑤ 向：朝北的窗户。

⑥ 墐：音“近”，用泥涂抹。古代人家多以竹、木编成门户，缝隙多，故冬天必须以泥涂门缝，以避风寒。

⑦ 曰：语首助词，无义。《汉书》引作“聿”。

⑧ 处：居住。农忙时他们在场上露宿，冬季农闲才搬回屋里住。

以上第五段，写村民们如何收拾房子，准备过年的情景。

六

六月食郁[①]及薁[②]，	六月里吃郁李、山葡萄，
七月亨[③]葵[④]及菽[⑤]。	七月里煮葵菜和豆叶。
八月剥[⑥]枣，	八月里扑打枣子，
十月获稻，	十月里收割稻谷，
为此春酒，	用来酿造这春酒，
以介[⑦]眉寿[⑧]。	喝了好延年益寿。
七月食瓜，	七月里吃瓜，
八月断壶[⑨]，	八月里摘葫芦，
九月叔[⑩]苴[⑪]。	九月拾麻籽。
采荼[⑫]薪[⑬]樗[⑭]，	苦菜勤采挖，臭椿作柴薪，
食我农夫。	就用这些养活咱们种田人。

① 郁：一名郁李，果小而酸，可生食。

② 薁：音“郁”，一名山葡萄，果似桂圆，可生食。

③ 亨：同“烹”，煮。

④ 葵：菜名。

⑤ 菽：音“叔”，豆类的总称。此指豆叶。

⑥ 剥：借为“扑”，敲击。

⑦ 介：助。一说借为“匄（古丐字）”，祈求。

⑧ 眉寿：长寿，高寿。

⑨ 壶：同“瓠”，即葫芦瓜。

⑩ 叔：拾取。

⑪ 苴：音“居”，麻籽，可以吃。

⑫ 荼：音“途”，苦菜。

⑬ 薪：用作动词。

⑭ 樗：音“初”，又名臭椿树，木质粗劣。

以上第六段，写一年四季的饮食。

七

九月筑场圃[①]，	九月里筑好打谷场，
十月纳禾稼：	十月把粮食送进仓：
黍稷重[②]穋[③]，	黄米、高粱及早、晚熟谷物，
禾麻菽麦。	还有小米、麻子、豆和麦。
嗟我农夫，	嗨，咱们这些种田人，
我稼既同[④]，	我这里庄稼已收完，
上[⑤]入执[⑥]宫[⑦]功[⑧]。	还须到宫中去干活。

昼尔[9]于[10]茅[11]，	白天割茅草，
宵尔索绹[12]。	晚上搓绳子。
亟[13]其[14]乘[15]屋，	急急爬上屋顶修房子，
其始播百谷。	很快又要开始播种了。

① 场圃：利用菜园修的打谷场。春夏种菜，秋收后作打谷场，故称“场圃”。圃，菜园。

② 重：同“穜”（音“童”），早种晚熟的谷物。

③ 穋：同“稑”（音“陆”），晚种早熟的谷物。

④ 同：集中。

⑤ 上：同“尚”。

⑥ 执：从事。

⑦ 宫：上古房屋的通称。这里指领主的居室。

⑧ 功：通“工”，事、工作。

⑨ 尔：助词。

⑩ 于：助词。

⑪ 茅：用作动词。

⑫ 索绹：编织绳子。绹，音“陶”，绳索。

⑬ 亟：音“极”，急。

⑭ 其：助词。

⑮ 乘：登。

以上第七段，写秋收冬藏后还须做的其他室内外工作。

八

二之日凿冰冲冲[①]，
三之日纳于凌[②]阴[③]。
四之日其[④]蚤[⑤]，
献羔祭韭[⑥]。
九月肃霜[⑦]，
十月涤场[⑧]。
朋[⑨]酒斯[⑩]飨[⑪]，
曰[⑫]杀羔羊。
跻[⑬]彼公堂[⑭]，
称[⑮]彼兕觥[⑯]，
万寿无疆！

十二月凿冰咚咚响，
正月里把冰往窖里藏。
二月里“早朝”祭祖先，
献上羔羊和韭菜。
九月里天高气爽，
十月里清理打谷场。
两坛美酒同品尝，
还宰杀羔羊。
一起走到大堂上，
举起那犀形大酒杯，
祝福“万寿无疆”！

① 冲冲：象声词。
② 凌：冰。
③ 阴：借为“窨”，地窖（闻一多说）。藏冰于窖以备他日使用。
④ 其：助词。
⑤ 蚤：借为“早”，指“早朝”，是一种祭祀仪式（朱熹说）。
⑥ 韭：韭菜。
⑦ 肃霜：犹言“肃爽”，双声联绵词（王国维说）。
⑧ 涤场：农事已毕，故清理晒场。涤，音“敌”，洗，此泛言清扫。
⑨ 朋：两。
⑩ 斯：助词。

⑪ 飨：音“享”，用酒食款待人，泛指请人享受。

⑫ 曰：助词。

⑬ 跻：音“基”，升，登上。

⑭ 公堂：贵族领主或氏族长用来宴饮、议事的厅堂。

⑮ 称：借作“偁”，举（马瑞辰说）。

⑯ 兕觥：像兕（犀牛）形的青铜大饮杯。兕，音“寺”。觥，音“公”。

以上第八段，以春天祭祖和年终饮宴的热闹场面结束。

【赏析】

这首诗描述一年四季的农村生活，相当于后世的“四季调”。各月份的叙写参差错落，在有意无意之间，充分显示出古朴稚拙之美，就如原始绘画或民间艺术品一样，散发着天真烂漫的气息，自有一种难以企及的动人之处，令人赏心悦目。吴闿生《诗义会通》称赞其“用意之处犹为神行无迹，神妙奇伟，殆有非言语所能曲尽者”，未免把一些偶然效果神秘化、神圣化了。这是往昔文人常有的“佞古”（盲目崇古）通病，不足为怪。

豳风　伐柯

【题解】

这首诗以用斧头砍树制柯作比方，说明娶妻必须依礼法行事。应当是当时豳地流行的一首“婚礼进行曲”。

【译注】

一

伐柯[①]如何？	怎样砍树制个斧柄？
匪[②]斧不克[③]。	没有斧头便不能。
取[④]妻如何？	怎样才能娶妻子？
匪媒不得。	没有媒人便不行。

① 柯：斧柄。

② 匪：同“非”。

③ 克：能。

④ 取：通“娶”。

二

伐柯伐柯，　　砍下树来制斧柄，
其则[①]不远。　　取法的模样在眼前。
我觏[②]之子[③]，　　我和这人儿结同心，
笾[④]豆[⑤]有[⑥]践[⑦]。　　果品佳肴列满筵。

① 则：法则，榜样。既用斧头砍制斧柄，故言所取法的样本不远。

② 觏：音“构”，相见，遇合。引申指婚姻的结合。

③ 之子：这人。

④ 笾：音“边”，古代盛果脯的竹制器皿。

⑤ 豆：盛食品的木制、陶制或青铜制高足器皿。

⑥ 有：助词，起协调音节和强化语气的作用。

⑦ 践：成行列的样子。

【赏析】

全诗都运用“比”的手法。首章以要用斧头才能砍制斧柄，比喻娶妻子非有媒人不可；次章继续以“伐柯”作比，言制斧柄得有

取法的“模式”，所以娶妻子也必须依循礼制行事，不可造次（因此要摆设盛筵）。实际是反复宣扬“非礼勿动”的思想。

豳风　九罭

【题解】

这是女方殷勤挽留男方的情诗。那位男士看来是个衣着华贵，有很高身份、地位的人。

【译注】

一

九罭[①]之鱼鳟[②]鲂[③]。	细密的网儿捕到了鳟鱼、鲂鱼。
我觏[④]之子，	我和这人儿相好，
衮衣[⑤]绣裳。	他穿着锦绣裙裳衮龙衣。

① 九罭：细眼密孔的渔网。九，表虚数，泛言孔眼之多。罭，音“域”，与“緎”同，与“域”皆有界划之义（于省吾说）。

② 鳟：鱼名，体银白略带黑。

③ 鲂：音“防”，似鳊鱼，银灰色。

④ 觏：音“构”，相见，遇合。引申指婚姻的结合。

⑤ 衮衣：绣着盘龙的礼服。王公贵族所穿。衮，音“滚”。

二

鸿飞遵①渚。	鸿雁沿着沙洲飞翔。
公归无所②，	我公一去不知归向何方，
於③女④信处⑤。	不如和您继续同住。

① 遵：循，沿着。

② 无所：不是指没有地方居住，而是说不知其所居何处，有一去无踪之意。

③ 於：与。

④ 女：同“汝”，第二人称代词。

⑤ 信处：住完再住。信，通“申”，有重复、再度之意。处，居住。

三

鸿飞遵陆。	鸿雁沿着陆地飞翔。
公归不复，	我公归去便不再回来，
於女信宿。	不如和您再度良宵。

四

是以有衮衣[1]兮，	所以，穿衮衣的人哪，
无以[2]我公归兮，	我的公爷，您不要归去啊，
无使我心悲兮！	别让我心伤痛苦啊！

① 有衮衣：指穿衮衣的人，即上文的“之子”，也就是“公”。

② 无以：不要。

【赏析】

首章言两人相会，结合；二、三章言所爱之人将会一去无归，所以殷勤留宿；末章挽留的情意更切，从婉言相劝变为激动的恳求，将作品情绪步步推向高潮。

小雅　鹿鸣

【题解】

《小雅》，是宫廷乐歌，在朝廷举行的一般宴会、典礼上演唱。《诗经》有《小雅》74篇，是西周至春秋初期的作品。

《鹿鸣》是《小雅》的第一篇，所谓“四始”之一（详见本书《周南·关雎》的“题解”），描写周王欢宴嘉宾的盛大场面和宾主相得，彼此互勉、同乐的情形，是首著名的乐歌。

【译注】

一

呦呦[①]鹿鸣，	鹿儿呦呦叫，
食野之苹[②]。	野外吃苹草。
我有嘉宾，	我有高贵的客人，

鼓瑟吹笙[3]。	鼓瑟吹笙表欢迎。
吹笙鼓簧[4]，	吹起笙，动簧片，
承[5]筐是[6]将[7]。	捧着满筐礼品来分赠。
人之好我，	在座诸位厚爱我，
示[8]我周行[9]。	指示我光明大道。

① 呦呦：音“幽幽”，鹿鸣声。

② 苹：即藾蒿，草名。两句以鹿吃苹草起兴，引出宴客的主题。

③ 笙：管乐器，用若干根长短不等的簧管制成，用口吹奏。

④ 簧：乐器中的薄片，以金属或苇、竹等制成，吹之振动发声。

⑤ 承：奉，捧（《说文解字》）。《周易·归妹·上六》：“女承筐，无实。”用法同此。

⑥ 是：助词，起加强语气作用。

⑦ 将：献。如《周颂·我将》：“我将我享，维羊维牛。”

⑧ 示：指示，告诉。

⑨ 周行：周朝的大道。引申指正确的道理，包括修身、治国的各种要言妙道。行，音“杭”。

二

呦呦鹿鸣，	鹿儿呦呦叫，
食野之蒿[1]。	野外吃青蒿。
我有嘉宾，	我有高贵的客人，
德音[2]孔[3]昭[4]。	德高望重美名扬。

视[5]民不恌[6]，	忠厚正直，为民表率，
君子是则是效[7]。	君子效法有榜样。
我有旨[8]酒，	我有美酒宴宾客，
嘉宾式[9]燕[10]以敖[11]。	嘉宾快乐情怀畅。

① 蒿：指青蒿，菊科多年生草本植物。

② 德音：美好的声誉。

③ 孔：很，十分。

④ 昭：明，显著。

⑤ 视：借为“示”。

⑥ 恌：音“佻”，轻薄，浮滑。《左传》《说文解字》均引作“佻”。

⑦ 是则是效：犹“则之效之”。是，此，作前置宾语。则，取法。

⑧ 旨：甘美。

⑨ 式：助词，无义。

⑩ 燕：安乐（《毛传》）。

⑪ 敖：也是乐。此句犹《小雅·南有嘉鱼》：“君子有酒，嘉宾式燕以乐。”

三

呦呦鹿鸣，	鹿儿呦呦叫，
食野之芩[1]。	野外吃芩草。
我有嘉宾，	我有高贵的客人，
鼓瑟鼓琴。	鼓瑟弹琴来招待。

鼓瑟鼓琴，	鼓瑟弹琴来招待，
和乐且湛[②]。	融融洽洽乐陶陶。
我有旨酒，	我有美酒宴宾客，
以燕乐[③]嘉宾之心。	让嘉宾尽情欢畅乐开怀。

① 芩：音“琴”，又名黄芩，多年生草本植物。

② 湛：音“耽”，借为“媅”，乐之久或乐之甚（马瑞辰说）。

③ 燕乐：喜乐。

【赏析】

《鹿鸣》作为宫廷乐歌，最初当然是周王欢宴大臣、诸侯、宾客的歌曲，所以用代表周王的第一人称口吻写成。从歌词内容看，周王对他们如此礼重，君臣关系想必融洽，国运也自然兴隆。无怪生活在清帝专制淫威下的方玉润在《诗经原始》中深有感触地说：“文（王）、武（王）之待群臣如待大宾，而后世则直以奴隶视之，何宾之有？难怪君臣上下之情多隔而不通，而政治也越来越不济了……”当然，周朝盛时的君臣关系也未必如此理想，但通过此诗的内容，令人至少可以看到一种渴望求贤和虚怀纳谏的开明的统治者的风度。在二三千年前的时代尚能如此，今天提倡民主、平等的现代社会中，上司和下属、领袖与民众之间的关系该当如何，应是不言而喻的了。

《诗经原始》又说，此诗音节“一片和平，尽善尽美”，所以

“与《关雎》同列四诗之始”。也许正由于此，《鹿鸣》成了古代宴会的“迎宾曲”，流传广远。曹操“横槊赋诗”写的《短歌行》（“对酒当歌”），更干脆袭用了其开端四句。到清代，乡试放榜的次日要举行盛宴，招待考官和新中的举人，那宴会便专门称为“鹿鸣宴”。今天我们在市面上偶然会见到的“鹿鸣酒家”，也是取义于“迎宾”的意思。

小雅　常棣

【题解】

这是宴乐兄弟，咏叹手足情深的诗篇。“脊令在原，兄弟急难”“兄弟阋于墙，外御其侮”等，已成为千载传诵的名言。

常棣，即棠棣，又名棠梨，杨柳科落叶乔木，春天开花，繁盛如雪。此诗以其花与萼的相依、相映，比喻兄弟间相互扶持、救助的密切关系。

【译注】

一

常棣之华[①]，	棠棣的花儿，
鄂[②]不[③]韡韡[④]。	花萼也熠熠生辉。
凡今之人，	如今世上的人，

莫如兄弟。	都不如兄弟相亲。

① 华：古“花”字。

② 鄂：借为“萼”，花托。

③ 不：借为“柎”（音“肤”），萼足，即花蒂（《郑笺》）。

④ 韡韡：音“伟伟”，光鲜的样子。

第一段，以花、萼相辉比兴，说明兄弟手足情深的亲密关系。

二

死丧之威①，	死亡是多么可怕，
兄弟孔②怀。	只有兄弟能真心关怀。
原隰③裒④矣，	就算荒原上尸积如山，
兄弟求矣。	兄弟也会前去寻找。

① 威：通“畏”。

② 孔：十分。

③ 原隰：泛指荒野。隰，音“习”，低湿之地。

④ 裒：音“抔”，聚。指战场上尸体堆叠。

以上第二段，说明兄弟情谊是至死不渝的。

三

脊令[①]在原，	鹡鸰鸟落在平原上，
兄弟急难[②]。	只有兄弟会相救急难。
每[③]有良朋，	纵然有知交好友，
况[④]也永叹。	不过徒增几声长叹。

① 脊令：今作“鹡鸰”，一种水鸟。水鸟落在平野，是失所依，用以比喻遭到患难。

② 急难：急于相救危难。

③ 每：虽然。

④ 况：增益（马瑞辰说）。一说，怳伤貌（方玉润说）。

以上第三段，指出朋友只会给予同情，唯有兄弟才能真正做到危难相救。

四

兄弟阋[①]于墙，	兄弟有时在家中争闹，
外御其务[②]。	却同心合力抵御外侮。
每有良朋，	纵然有知交好友，
烝[③]也无戎[④]。	最终也无人施以援手。

① 阋：音“戏”，争斗。

② 务：借为“侮”。《左传》《国语》均引作“侮”。

③ 烝：音“征”，长久，最终（《毛传》《郑笺》）。一说，众多（戴震《毛郑诗考正》）。

④ 戎：相助。

以上第四段，说明兄弟平日虽然会有纷争，但有事时总能一致对外御敌。

五

丧乱既平，	丧乱已经平息，
既安且宁。	一派安详宁静。
虽有兄弟，	这时虽有兄弟，
不如友生[①]。	却不如朋友如胶似漆。

① 友生：友人。生，语助词。

以上第五段，写出一般人情世态：在平静的日子里，兄弟的情谊反似不如朋友亲密。

六

傧[①]尔笾[②]豆[③]，	摆上大盘小碗菜肴，
饮酒之饫[④]。	全家都来喝个痛快。
兄弟既具[⑤]，	兄弟齐齐聚在一起，

和乐且孺[⑥]。　　融融洽洽，相亲相爱。

① 傧：音“宾”，陈列，摆设。
② 笾：音“鞭”，竹制食器。
③ 豆：陶、木或青铜制高足食器。
④ 饫：音“玉”，饱足。
⑤ 具：同“俱”，聚齐。
⑥ 孺：音“如”，亲睦。

以上第六段，叙述全家欢宴之乐。

七

妻子好合，　　和妻子情投意合，
如鼓瑟琴。　　像合奏琴瑟般和谐。
兄弟既翕[①]，　　兄弟团结友爱，
和乐且湛[②]。　　融融洽洽，亲密无间。

① 翕：音“希”，聚合，和顺。
② 湛：音“耽”，借为“媅”，乐之久或乐之甚（马瑞辰说）。

以上第七段，言兄弟也当如夫妇一样融洽和谐地相处。

八

宜[1]尔室家，	令你的家庭亲爱和睦，
乐尔妻帑[2]。	使你的妻儿愉快幸福。
是[3]究[4]是图[5]，	你认真考虑，仔细想想，
亶[6]其然[7]乎！	觉得确实应当这样吧！

① 宜：使和顺。

② 帑：通“孥”（音“奴”），儿子。

③ 是：此。指上述情况。

④ 究：深入探求。

⑤ 图：反复考虑。“是究是图”犹“究之图之”，“是”作前置宾语。

⑥ 亶：音“胆”，实在，诚然。

⑦ 然：如此。《郑笺》云：“女（汝）深谋之，信其如是。”

以上第八段，奉劝人们永远记住维持兄弟友爱、家庭和睦的好处。

【赏析】

《诗序》说：“《常棣》，燕兄弟也。”《国语·周语》则直指为周公所作，实际并无根据。本诗强调兄弟团结友爱、互相扶持的密切关系，甚至认为“凡今之人，莫如兄弟”，世上只有兄弟最亲。为了突出这一中心，在三、四段以朋友关系对照，说明即使平日如胶似漆的好友，到发生危难时也终不如兄弟那么可信赖。最后两段则与妻儿合咏，足见兄弟友爱与保持家庭和睦同等重要。全篇表达了当时宗法社会中强调的“友于兄弟”（孔子引《尚书》语）的“亲亲”思想（因为家庭、宗族是整个宗法社会的根基，所以必须加以维护）。

小雅　采薇

【题解】

这是一位久经战阵的军人在还乡途中抒写感慨的作品。他把愤恨集中在侵扰疆土的敌人身上，而强烈的忧思则深藏心中，表现出先国后家的可贵精神。

【译注】

一

采薇[1]采薇，	采薇菜呀采薇菜，
薇亦作[2]止[3]。	薇菜长出芽啦。
曰[4]归曰归，	回去吧快回去吧，
岁亦莫[5]止。	一年又到头啦。
靡[6]室靡家，	害得我有家难归，

猃狁[7]之故；	都是猃狁的缘故；
不遑[8]启居[9]，	害得我无法安居，
猃狁之故。	都是猃狁的缘故。

① 薇：一种豆科野生植物，又名大巢菜，或野豌豆苗，可当菜吃。

② 作：生出。

③ 止：语气助词。

④ 曰：助词。“曰归曰归”犹言“归哉归哉”。

⑤ 莫：“暮”的古字。

⑥ 靡：音“米”，无，没有。有家难回，等于无家。

⑦ 猃狁：音“险允”，古代种族名。西周称为“猃狁”（又作“严允”），春秋称为“北狄”，即秦汉时的匈奴。居于中国西北境，经常袭扰中原一带，是古代中国的宿敌。

⑧ 遑：暇。

⑨ 启居：指安居。启，跪。居，安坐。古人席地而坐，两膝着席，臀部贴着足跟，跪时则把腰挺直，臀部离开足跟。

第一段，说明离家征戍的原因和思归心情。

二

采薇采薇，	采薇菜呀采薇菜，
薇亦柔止。	薇菜正柔嫩啊。
曰归曰归，	回去吧快回去吧，
心亦忧止。	心里好忧伤啊。

忧心烈烈[①]，	百虑煎心似火烧，
载[②]饥载渴。	又饥又渴难抵受。
我戍[③]未定，	我征战驻防不固定，
靡使归聘[④]。	无人可传信慰家人。

① 烈烈：极其忧愁的样子。

② 载：助词，此处有关联作用。

③ 戍：军队防守。

④ 聘：问。此指以书信问候家人。

以上第二段，写与亲人音讯隔绝，因而思家越切的心情。

三

采薇采薇，	采薇菜呀采薇菜，
薇亦刚[①]止。	薇菜变粗硬啦。
曰归曰归，	回去吧快回去吧，
岁亦阳[②]止。	转眼到十月啦。
王事靡盬[③]，	王差总是干不完，
不遑启处[④]。	不能有片刻安居。
忧心孔[⑤]疚[⑥]，	我心中万分痛苦，
我行不来[⑦]。	只怕一去不能返家园。

① 刚：坚硬。薇菜从柔嫩变粗硬，说明时间不断消逝。

② 阳：指夏历十月，所谓“十月小阳春”。

③ 盬：音“古”，止息（王引之说）。

④ 启处：义同“启居”。处，居（《郑笺》）。

⑤ 孔：很，十分。

⑥ 疚：音“救”，病痛。

⑦ 来：指返回。或读为“勑”（音“睐”），慰问。不来，指无人慰问。亦通。

以上第三段，担心自己还乡无望。

四

彼尔[1]维[2]何？	那浓浓密密的是什么？
维常[3]之华[4]。	是棠棣的花儿。
彼路[5]斯[6]何？	那高高大大的是什么？
君子[7]之车。	是将帅的兵车。
戎车既驾，	兵车已经驾起来，
四牡[8]业业[9]。	四匹公马气昂昂。
岂敢定居，	哪敢安居在一处，
一月三[10]捷[11]！	每月都厮杀几场！

① 尔：通“薾”，花繁盛的样子。

② 维：判断词“是”的前身。

③ 常：指常棣，又名棠棣（详见本书《小雅·常棣》的“题解”）。

④ 华：古“花”字。

⑤ 路：大（《尔雅·释诂》）。这里是车高大的样子。

⑥ 斯：助词。

⑦ 君子：这里指军中统帅。

⑧ 牡：雄性动物，此指公马。

⑨ 业业：高大雄壮的样子。

⑩ 三：表不多，非实数。

⑪ 捷：借为“接”，指接战。一说，“三捷”指经常调防，多次行军；捷，抄行小路。又一说，捷，胜也。

以上第四段，写战场生活的紧张艰苦。

五

驾彼四牡，	驾起那四匹公马，
四牡骙骙[①]。	四匹公马真强壮。
君子所依，	将帅靠战车来乘载，
小人所腓[②]。	兵士靠战车来防身。
四牡翼翼[③]，	四匹马儿齐步走，
象弭[④]鱼服[⑤]。	象牙嵌弓梢，鱼皮做箭囊。
岂不日戒？	怎能不天天戒备？
猃狁孔亟[⑥]！	猃狁行动快捷又猖狂！

① 骙骙：音“葵葵”，义同“业业”。

② 腓：音“肥”，掩蔽。古代以车战为主，将帅乘车，步兵跟在车后前进。

③ 翼翼：步伐整齐的样子。

④ 弭：弓端受弦的地方。

⑤ 鱼服：用鲨鱼皮制的箭袋。服，借为“箙”，盛箭的囊。

⑥ 亟：音“及”，急。言来势迅猛。

以上第五段，指出战事频繁、生活紧张的原因是由于敌人十分猖獗。

六

昔我往矣，	当初我开往前方，
杨柳依依。	杨柳呀依依飘荡。
今我来思[①]，	如今我返回家乡，
雨雪[②]霏霏[③]。	大雪纷纷飞扬。
行道迟迟，	一路上慢慢走着，
载渴载饥。	感到又饥又渴。
我心伤悲，	我心里充满忧伤，
莫知我哀！	谁了解我痛苦的衷肠！

① 思：语气助词。

② 雨雪：下雪。雨，音“预”，用作动词。

③ 霏霏：音“非非”，雪花飞舞的样子。

以上第六段，写回乡途中的景色和百感交集的心情。

【赏析】

这是《诗经》中的名篇，诗中人物的心态异常矛盾复杂：有矢志卫国与痛苦思家的矛盾；有戎马倥偬、“一月三捷”与个人希求过安定生活的矛盾；有战罢还乡时百感交集，更由于离家已久，消息隔绝，不知家中情况而产生的应喜反悲的矛盾等。但作者（“我”）平时表露的可能多是“敌忾”“家愁”只是深藏心底，所以会有“莫知我哀”的感叹。这些矛盾交织的描绘，令诗中军人的形象血肉丰满，感情也特别真挚动人。

这首诗末段尤其脍炙人口。东晋的谢玄极其欣赏“昔我往矣”等四句，认为是《诗经》中最佳之作（《世说新语·文学》）。清代王夫之说，这是“以乐景写哀，以哀景写乐，一倍增其哀乐”的反衬法的典范（《姜斋诗话》）。不过据笔者看来，这四句的好处是，不但写出了当年出征与现在归来两个不同季候的富有特点的景色，而且还以象征手法，表达了这一“往”一“来”之间，诗中主人公在体能（可能包括年纪）、心境方面的巨大变化：当时年轻力壮，意气风发，所向无前（有如春光烂漫）；现在却是精疲力竭，年华逝去，百虑交煎（仿似岁暮严冬）。所以应当说，作者在这里运用的主要还是对比（通过象征以对比），而不是反衬的手法。

小雅 庭燎

【题解】

这是一首“早朝”诗，描述大臣们从深夜到黎明陆续齐集宫廷，准备朝见周王的情景。

【译注】

一

夜如何其①？	夜色怎么啦？
夜未央②，	夜色正深，
庭燎③之光。	庭中的火炬明晃晃。
君子④至止⑤，	君子们快来到了，
鸾⑥声将将⑦。	听见车子铃儿叮当响。

① 其：音“基”，语气助词，表疑问。

② 未央：未中，未过半。一说，未尽。

③ 燎：音“辽”，又名大烛，即古代的火炬，置于庭院中用以照明，故名“庭燎”。

④ 君子：指上朝的公卿大夫或来朝的诸侯。

⑤ 止：语气助词。

⑥ 鸾：借为“銮”，一种铃，饰于显贵者的车马上。

⑦ 将将：音“枪枪”，铃声。

二

夜如何其？	夜色怎么啦？
夜未艾[1]，	夜还未尽，
庭燎晣晣[2]。	庭中的火炬光闪闪。
君子至止，	君子们快来到了，
鸾声哕哕[3]。	听见车子铃儿响叮当。

① 艾：尽，绝。

② 晣晣：音“哲哲”，较微弱的光。由于夜色将尽，所以火炬的光芒渐形暗淡。

③ 哕哕：音“慧慧”，铃声。

三

夜如何其？	夜色怎么啦？
夜乡[①]晨，	天已黎明，
庭燎有[②]煇[③]。	庭中的火炬烟光闪。
君子至止，	君子们该来到了，
言[④]观其旂[⑤]。	已看见他们的旗子了。

① 乡：同“向”。“向晨”指接近天明。

② 有：助词。

③ 煇：借为“熏”，烟光相杂的样子。天色将明，所以看见火炬的烟气。

④ 言：助词，无义。

⑤ 旂：音“旗”，上绘蛟龙并饰有铃铛的旗子。

【赏析】

朱熹《诗集传》说，这首诗是写周王“将起视朝，不安于寝，而问夜之早晚”。所以有人认为作品主旨是赞扬周王“勤于视朝”。但从实际效果来看，读者的注意力似更集中于宫廷夜色和朝会情景的描绘方面。较为特别的是，全篇设为问答的形式：“夜如何其”是周王问；“夜未央，庭燎之光”是侍臣答。“君子至止”两句则是悬揣之辞——周王的内心独白，或喃喃自语。

王夫之《姜斋诗话》对“庭燎有煇”句极为叹赏，说：“乡晨之景，莫妙于此。晨色渐明，赤光杂烟而叆叇，但以‘有煇’二字写之。唐人《除夕》诗‘殿庭银烛上熏天’之句，写除夕夜之景与此仿佛，而简至不逮远矣！”王氏的意思是，唐人之句是“取法乎上，仅得乎中”。但其实也有相反的情况。如苏轼《洞仙歌》词下阕：“……试问夜如何，夜已三更，金波淡、玉绳低转。但屈指西风几时来，又不道流年，暗中偷换。”以《诗经》成句入词，似信手拈来，而另辟灵境，淡淡哀愁中，显得风神摇曳。可算“脱胎换骨”之作。

小雅　鹤鸣

【题解】

这是一首别具一格的讽喻诗。通篇运用“比”“兴”手法，通过对鱼、鸟、木、石、园林景色的描绘，说明对人或客观事物应作全面了解，用其所长，而不要蔽于一隅之见。这对统治者如何制定及施行其用人、治国的方略、政策，当会有所启发。

【译注】

一

鹤鸣于九皋[①]，	白鹤在幽深的沼泽叫，
声闻于野。	鸣声传遍四野。
鱼潜在渊[②]，	鱼儿潜没在深潭，
或在于渚[③]。	有时在浅滩游动。

乐彼之园，	那可爱的园子里，
爰[4]有树檀[5]，	长着檀树，
其下维[6]萚[7]。	下面还有檡树。
它山之石，	远山的石块，
可以为错[8]。	可以用作磨石。

① 九皋：九曲的大泽。九是虚数，言其曲折幽深。皋，音“高”，沼泽。

② 渊：潭。

③ 渚：音“主”，沙洲，此指水中沙洲旁的浅滩。

④ 爰：句首助词，无义。

⑤ 树檀：檀树，木质优良的乔木。

⑥ 维：表判断。

⑦ 萚：借为“檡”（音“宅”），棘树的一种，较矮小，但木质坚实。王引之《经义述闻》：“言在下者非无可用之才，在王之用之而已。”

⑧ 错：磨石。《毛传》：“错，石也，可以琢玉。举贤用滞，则可以治国。”

二

鹤鸣于九皋，	白鹤在幽深的沼泽叫，
声闻于天。	鸣声传到天上。
鱼在于渚，	鱼儿在浅滩游动，
或潜在渊。	有时潜没在深渊。
乐彼之园，	那可爱的园子里，

原文	译文
爰有树檀，	长着檀树，
其下维榖[①]。	下面还有楮树。
它山之石，	远山的石块，
可以攻[②]玉。	可以琢磨玉器。

① 榖：音“谷”，树名，又名楮（音“楚”），落叶亚乔木，树皮可以制纸。

② 攻：琢磨。

【赏析】

这是“三百篇”中罕见的哲理诗，写作技巧相当高妙。它将许多可此可彼、亦此亦彼、似此而实彼、有此而亦有彼等等的意象并列在一起，以期收到举一反三、触类旁通的效果，从而开拓心胸，启迪思维，令人对事物的多样性、复杂性、矛盾性加深了解。于是，在处理国家政务、社会事务或日常人际关系的种种问题时，可以有更多选择余地，更能挥洒自如、圆融无碍，以避免由单一、片面的思考所引致的烦恼不安，并且进而减少措置的失误。

由于它全篇都使用比喻手法，但所指为何，则始终没有言明，所以包容性显得极为广泛。朱熹说：“《鹤鸣》做得巧，含蓄意思全不发露。”（《朱子语类》）王夫之说：“《鹤鸣》之诗全用比体，不道破一句，三百篇中创调也。要以俯仰物理而咏叹之，用见理随物显，唯人所感，皆可类通。”（《夕堂永日绪论》）便都是指这种特点而言。因此，大家尽可以根据自己的阅历、体会去领略发挥，而不必为他人意见所囿。本篇的“题解”，也只是凭笔者的理解，试图为读者诸君做点“导夫先路”的工作，仅供参考而已。

小雅　祈父

【题解】

这是王室的禁卫军在质问、诘责掌兵的武官，何以令自己常置身可忧、可悲之地（可能是条件艰苦，且充满危机的边境战场），使自己不能过正常生活，好好奉养母亲。

【译注】

一

祈父[①]！	圻父！
予王之爪牙[②]。	我是堂堂的王家卫士。
胡转予于恤[③]，	为何派我到艰危之地？
靡[④]所止居[⑤]！	令我无处安身！

① 祈父：即圻父，职掌军事的卿。又称司马。

② 爪牙：鸟兽用爪、牙做防卫和攻击的武器，所以京城禁卫军自比为“王之爪牙”。

③ 恤：忧虑。此指令人忧虑的地方。

④ 靡：音“米”，无。

⑤ 止居：居留。

二

祈父！	圻父！
予王之爪士[①]。	我是堂堂的王家武士。
胡转予于恤，	为何派我到艰危之地？
靡所厎[②]止！	令我无从安居！

① 爪士：爪牙之士。

② 厎：音“底”，抵达，终止。

三

祈父，	圻父，
亶[①]不聪！	你实在太糊涂！
胡转予于恤，	为何派我到艰危之地？
有母之尸[②]饔[③]！	令母亲要自己操劳！

① 亶：音“胆”，实在。

② 尸：主持。

③ 饔：音“雍”，熟食。这里指代家务劳动。

【赏析】

京城禁军是用来拱卫国都、保护王室的，不能随意征调出征，“且自古兵政，亦无有以禁卫戍边者”（方玉润《诗经原始》），所以本诗作者要怨恨祈父“征调失常”。

全诗三章，每章均以“祈父”这呼告语开头，然后悻悻然加以诘问、指责，最后直斥其昏庸糊涂，激愤达至极点。各章以长短句配合运用，甚见力度。

小雅　无羊

【题解】

这是描写牛羊蕃盛，祝颂年丰人旺的诗篇。写景状物，惟妙惟肖，反映了作者对事物观察之精细和表现技巧之高超，是一首著名的“牧歌”。

【译注】

一

谁谓尔无羊？	谁说你没有羊？
三百①维②群。	一群三百头。
谁谓尔无牛？	谁说你没有牛？
九十③其犉④。	大牛九十头。
尔羊来思⑤，	你的羊儿来了，

其角濈濈[⑥]。　　角儿紧挨角儿。
尔牛来思，　　你的牛儿来了，
其耳湿湿[⑦]。　　耳朵轻摇慢晃。

① 三百：虚数，言其多。
② 维：助词，表判断语气。
③ 九十：也是虚数，言其多（古人每以三或三的倍数表示这种意义）。
④ 犉：七尺的大牛。一说，黄牛黑唇为“犉”。（均见《尔雅》）
⑤ 思：语气助词。
⑥ 濈濈：音“辑辑”，聚拢的样子。或作“戢戢”。
⑦ 湿湿：耳朵摇动的样子。

第一段，描写牛羊的众多和它们成群走动的情景。

二

或[①]降于阿[②]，　　有的走下山坳，
或饮于池，　　有的池边喝水，
或寝或讹[③]。　　有的动弹有的睡。
尔牧来思，　　你的牧人来了，
何[④]蓑何笠，　　披着蓑衣戴竹笠，
或负其糇[⑤]。　　有的背着干粮袋。
三十[⑥]维[⑦]物[⑧]，　　牛羊毛色数十种，
尔牲[⑨]则具[⑩]。　　你的祭牲全不缺。

① 或：有的，分指代词。
② 阿：音“婀”，山曲隅，即山坳。
③ 讹：音“俄”，《玉篇》引作“吪”，动也。
④ 何：同“荷”，负荷，此指披戴。
⑤ 糇：音“侯”，干粮。
⑥ 三十：言其多，虚数。
⑦ 维：助词，表肯定语气。
⑧ 物：类（《汉书·五行志》），这里指牛羊的毛色种类。
⑨ 牲：牺牲，指祭祀用的牲畜。古代某些祭典对用牲的毛色有专门规定。
⑩ 具：齐备。

以上第二段，生动描绘人、畜的各种动态。

三

尔牧来思，	你的牧人来了，
以[①]薪[②]以蒸[③]，	领它们分头吃草料，
以雌以雄[④]。	让它们雌雄相交配。
尔羊来思，	你的羊儿来了，
矜矜兢兢[⑤]，	挤挤挨挨往前走，
不骞[⑥]不崩[⑦]。	整整齐齐不散群。
麾[⑧]之以肱[⑨]，	牧人一挥手，
毕[⑩]来既[⑪]升[⑫]。	全上高地进栏圈。

① 以：连词。

② 薪：指草薪，较粗的草料。用作动词。

③ 蒸：较细嫩的草料。也用作动词。

④ 雌、雄：均用作动词，指区别雌雄，使之及时交配。

⑤ 矜矜兢兢：紧密合群的样子。《毛传》："以言坚强也。"矜、兢，音"京"。

⑥ 骞：音"牵"，亏缺（《毛传》）。

⑦ 崩：离散。

⑧ 麾：音"辉"，指挥。

⑨ 肱：音"公"，手臂。

⑩ 毕：全部。

⑪ 既：尽。

⑫ 升：登高。《毛传》："升入牢也。"牢，养家畜的栅栏。

以上第三段，续写牧人放牧情景。写羊群，实已包括了牛群。

四

牧人[①]乃梦：	牧官于是做了个梦：
众[②]维鱼矣，	蝗虫都变成鱼儿了，
旐[③]维旟[④]矣。	龟蛇旗变鹰旗了。
大人[⑤]占之：	占梦官儿来推详：
众维鱼矣，	蝗虫变成鱼儿了，
实维[⑥]丰年；	预兆定有丰收年；
旐维旟矣，	龟蛇旗变鹰旗了，

室家溱溱⑦。　　　　家中进口又添丁。

① 牧人：官名，掌畜牧、供祭牲（《周礼·地官》）。与上文的“牧”身份、地位不同。

② 众：借为“螽”，即螽（音“终”），蝗虫。据古代传说，蝗虫是由鱼子变成，到丰年水大又会再变为鱼。今牧官有此梦，故为丰年之兆。

③ 旐：音“兆”，画着龟蛇的旗子。

④ 旟：音“余”，画着鸟隼的旗子。《周礼》：“州里建旟，县鄙建旐。”州里人口多于县鄙，故“旐”变“旟”是添人进口之兆。

⑤ 大人：占梦的官，太卜之属。大，音“太”。

⑥ 实维：表示加强肯定的语气。

⑦ 溱溱：音“真真”，众多的样子。

第四段，写牧官做了个吉祥的梦，预兆着年丰人庶、国泰民安的好景。

【赏析】

作者显然十分熟悉畜牧生活和牛羊习性，所以“体物入微处，有画手所不能到”的地方。前三章的刻画，精细传神，俨然一幅《群牧图》。末章以吉梦作结，奇情幻想，变化出新，在写实中加进了浪漫色彩，更增添了诗篇的情趣与魅力。

小雅　十月之交

【题解】

这是《诗经》中有具体创作年月可考的极少数诗篇之一。周幽王六年（公元前776年）十月初一日辰时（早晨七至九时），北中国发生日食。当时正是西周末期，灾祸频仍，政治黑暗腐败，社会动荡不安，人民生活痛苦。诗人认为日食、地震等不寻常现象是上天示警，因而以之发端，痛斥那帮窃据高位的朝中奸佞的罪恶。

【译注】

一

十月[①]之交[②]，	十月之初日月交，
朔月[③]辛卯[④]，	初一那天是辛卯，
日有食之[⑤]，	发生了日食，

亦孔[6]之丑[7]。　　景象凶险真可怖。
彼月而微[8]，　　上次月亮被蚀失清辉，
此日而微。　　这回太阳又暗无光。
今此下民，　　现在这下方小民，
亦孔之哀！　　也真是可悲得很！

① 十月：指周历，相当于夏历八月。

② 交：指日月交会。日月交会在每月初一（朔日）。

③ 朔月：即月朔，每月初一（陈启源《毛诗稽古编》）。

④ 辛卯：古人以干支记日，那天正好是辛卯日。

⑤ 之：助词。按，"有"古通"又"，但'日有食"意为"有日食发生"，并非"又再发生日食"之意。类似例子甲骨文多见。如《左传·昭公十七年》："日有食之，天子不举，伐鼓于社。"亦与此同。（参阅胡厚宣《卜辞"日月又食"说》，刘翔、陈抗、陈初生、董琨《商周古文字读本》）

⑥ 孔：十分。

⑦ 丑：恶。古人认为日食是凶兆，故觉得丑恶可怖。

⑧ 微：昏暗不明。指亏蚀。

第一段，先从日食不祥的景象写起。

二

日月告凶，　　日月显示凶兆，
不用其行[1]。　　不按正轨运行。

四国[②]无政，	四方没有善政，
不用其良。	不能任用贤良。
彼月而食，	上次月亮亏蚀，
则维[③]其常[④]；	还算比较平常；
此日而食，	这回太阳亏蚀，
于[⑤]何不臧[⑥]！	唉，是多么不吉祥！

① 行：音“杭”，道，指运行轨道。

② 四国：即四域，四方。指整个天下。

③ 维：动词，加强判断语气。

④ 常：常度。按，周人以日为君道，月为臣道，所以对月食不如对日蚀那么重视。《春秋》凡发生日食必有记载（共三十六次），月食则不予记载，便是这个缘故。但商代甲骨文则日月食都记载，且记有月食发生后进行祭神祈福活动的情况，如《小屯南地甲骨》726片。可见商人、周人观念有所不同。

⑤ 于：同“吁”，叹词（俞樾说）。

⑥ 臧：音“赃”，善。

以上第二段，从天象联系到人事，指出当时小人当道，政治不良。

三

烨烨[①]震[②]电，	电光闪耀，雷霆轰鸣，
不宁[③]不令[④]。	兆头不佳，天下不宁。
百川沸腾，	无数江河沸涌，

山冢[5]崒崩[6]。	山峰碎裂崩塌。
高岸为谷，	高高崖岸变深谷，
深谷为陵[7]。	深深峡谷变山陵。
哀今之人，	可怜现今世上人，
胡憯[8]莫惩[9]？	为何竟不知自省？

① 烨烨：音"业业"，电光闪耀的样子。

② 震：雷。

③ 宁：安。

④ 令：音"铃"，善，美妙。古人认为雷击电闪也是灾异之象。《郑笺》："雷电过常，天下不安、政教不善之征。"按，这也可能是描写"地鸣""地光"之类的地震前兆。

⑤ 冢：音"肿"，山顶（《毛传》）。

⑥ 崒崩：读为"碎崩"，与上句"沸腾"相对成文（马瑞辰说）。一说，"崒"借为"猝"，急、暴，言山冢猝然崩坏（王引之《经义述闻》），亦可通。

⑦ 陵：大土山。以上四句写大地震的可怕景象。据《国语·周语》及《史记·周本纪》载，周幽王二年（公元前780），西周三川皆震，"三川（泾、渭、洛水）竭，岐山崩"。这里疑即追述其事。

⑧ 憯：音"惨"，借为"暂"，曾也，有竟然之意。

⑨ 惩：戒，知所警诫。

以上第三段，从日食又联系到地震，呼吁当权者及时猛醒，改过自新。

四

皇父[1]卿士[2]，	皇父出掌卿士，
番[3]维司徒[4]。	番生出任司徒。
家伯[5]维宰[6]，	家伯出任太宰，
仲允[7]膳夫[8]。	仲允充当膳夫。
聚[9]子内史[10]，	聚子充当内史，
蹶[11]维趣马[12]。	蹶氏任职趣马。
楀[13]维师氏[14]，	楀氏任职师氏，
艳妻[15]煽[16]方[17]处。	艳妻炙手可热一起处高位。

① 皇父：是那人的字。他和以下六人，都是幽王窃据高位、朋比为奸的执政大臣。父，音“甫”。

② 卿士：六卿之长，最高执政官。

③ 番：音“婆”，是姓氏，名生，字匊，见西周《番生殷》《番匊生壶》（郭沫若《两周金文辞大系图录考释》）。

④ 司徒：六卿之一，掌管土地、人口，负责教化的官员。

⑤ 家伯：是字。

⑥ 宰：即太宰，又名冢宰，为天官之长。掌“建邦之六典”，以佐天子治邦国的官员。

⑦ 仲允：是字。

⑧ 膳夫：掌管天子膳食的官员。

⑨ 聚：音“邹”，姓氏。

⑩ 内史：掌管爵禄、废置等政务的官员，为天子左右手。

⑪ 蹶：音“贵”，姓氏。

⑫ 趣马：掌管天子马匹的官员。趣，音“丑”。

⑬ 楀：音“语”，姓氏。即西周《叔向父殷》之“叔句父禹”，叔向父是禹的字（郭沫若说）。

⑭ 师氏：掌管辅导王室、教育贵族子弟的官员，并负责朝仪得失事宜。一说，掌军旅的武官（于省吾说）。

⑮ 艳妻：指周幽王的王后褒姒。

⑯ 煽：炽盛。指其恃宠擅权，气焰嚣张。

⑰ 方：并，一同。

以上第四段，描述、揭露朝中小人当道、狼狈为奸的情形。

五

抑[1]此皇父，	唉，这个皇父，
岂曰不时[2]？	岂敢说他不对？
胡为我作[3]，	为何要我服役，
不即[4]我谋？	不来找我商量？
彻[5]我墙屋，	拆毁我围墙、房舍，
田卒[6]污[7]莱[8]。	使田地全部丢荒。
曰予不戕[9]，	还说：“我没坑害你们，
礼[10]则然矣！	按规矩该是这样！”

① 抑：通“噫”，叹词。

② 时：是，善，正确。

③ 我作：役作我，役使我。

④ 即：就，靠近。按，作者亦为士大夫阶层的一员，但地位较低，故也受皇父役使。

⑤ 彻：通“撤”，拆毁。

⑥ 卒：全部。

⑦ 污：低地积水。

⑧ 莱：音“来”，田中长草。以上四句写皇父看到政局不妙，便逼民迁徙，随他搬到向邑去（见下文）。

⑨ 戕：音“枪”，残，伤。

⑩ 礼：礼法，制度。

以上第五段，集中指责皇父的罪恶。

六

皇父孔圣[①]，	皇父真是十分“英明”，
作都[②]于向[③]。	在向地建立城邑。
择三有事[④]，	他选定三事大夫，
亶[⑤]侯[⑥]多藏[⑦]。	都是多财的富豪。
不憖[⑧]遗[⑨]一老[⑩]，	不肯留一位元老，
俾[⑪]守[⑫]我王。	让他扶助我王。
择有车马，	挑选有车马的贵族，
以居徂[⑬]向。	全迁往向邑居住。

① 圣：英明。这里是反语讥讽。

② 都：城邑。

③ 向：地名，在周东都王畿内，今河南省尉氏县西南五十里。皇父在此筑城以图移家避祸。当时一些贵族置国家危亡于不顾，纷纷自谋后路，准备东逃（《国语·郑语》）。

④ 三有事：即司徒、司马、司空三公（《郑笺》）。西周《卫盉》《卫鼎》等铭文作“参有”：“土”“马”“工”。又称“三事大夫”（《小雅·雨无正》）。

⑤ 亶：音“胆”，诚然，实在。

⑥ 侯：助词，作用同“维”，加强肯定。

⑦ 多藏：多财之人。藏，音“葬”，指积蓄的钱财。

⑧ 憖：音“印”，愿意。《郑笺》：“憖者，心不欲自强之辞也。”

⑨ 遗：留。

⑩ 老：指元老大臣。

⑪ 俾：使。

⑫ 守：保卫，匡助。

⑬ 徂：往。

以上第六段，继续斥责皇父的贪鄙自私。

七

黾勉[①]从事，	我努力勤勉办事，
不敢告劳[②]。	不敢诉说劳苦。
无罪无辜[③]，	没犯错误、罪过，
谗口嚣嚣[④]。	坏话被说了不少。

下民之孽[5]，	世上人们的祸殃，
匪[6]降自天。	并非降自上天。
噂沓[7]背憎，	当面恭维，背后诿毁，
职[8]竞[9]由人！	罪孽实由这些小人造成！

① 黾勉：努力。黾，音“敏”。

② 告劳：诉说辛苦。《郑笺》：“虽劳不敢自谓劳，畏刑罚也。”

③ 辜：音“姑”，罪。

④ 嚣嚣：又作“謷謷”（音“熬熬”），谗言众多的样子。

⑤ 孽：音“聂”，灾害。

⑥ 匪：通“非”。

⑦ 噂沓：相聚谈说。噂，聚。沓，多言。这里有“当面恭维讨好”之意。

⑧ 职：主（《毛传》）。

⑨ 竞：逐，出力。朱熹《诗集传》：“噂噂沓沓，多言以相说（悦），而背则相憎，专力为此者，皆由谗口之人耳。”

以上第七段，诉说自己的不幸境遇：工作非常劳苦，虽然已埋头苦干，但仍被众多小人谗毁。

八

悠悠我里[1]，	我感到无限哀愁，
亦孔[2]之痗[3]。	心中十分痛苦。
四方有羡[4]，	四处都很悠悠，

我独居[5]忧。	只有我在烦忧。
民莫不逸，	人们无不图自在，
我独不敢休。	只有我不敢休息。
天命不彻[6]，	天命如此反常，
我不敢效我友[7]自逸[8]。	我哪敢学我的朋友自求安逸。

① 里：通“瘇”，忧。

② 孔：十分。

③ 痗：音“昧”，病，指痛苦。

④ 羡：余，余暇。兼指身心闲适。

⑤ 居：处。以上四句两两对比，说明许多人都自私自利，自求多福，全不以国事为念，只有自己一心一意效忠朝廷。

⑥ 不彻：不道，不按常规而行。指前面所述的种种灾异。彻，道（《毛传》）。郝懿行《尔雅义疏》：“彻之言辙，有轨辙可循。”

⑦ 我友：指作者的同僚。

⑧ 自逸：《尚书·酒诰》：“不敢自暇自逸。”句意与此相仿。

第八段，诗人表示，在国难当头的时刻，自己决不会像其他人般逃避、放弃，但谋私利，而要勇于承担，尽自己的职责。

【赏析】

这首诗，根据诗中所言“日有食之”的时间推算，显然作于周幽王时代。所以《诗序》正确指出：“《十月之交》，大夫刺幽王也。”

诗中所言的日食，发生在幽王六年十月一日辰时，即公元前776年9月6日上午7至9时。这是全世界关于日食这种自然现象有确切日期的最早、最可靠的一次记载，比巴比伦人的同类记载要早13年（商代卜辞关于日、月食的记录颇多，但都不知年月）。可见天文观测术在中国发达甚早。

这首诗写成后再过五年（公元前771年），周幽王就被犬戎杀死，平王东迁，西周沦亡。所谓“此日而食，于何不臧”，诗人真是“不幸而言中”了。

有人认为这首诗不是“刺幽王”，而是刺皇父，姚际恒《诗经通论》说：“皇父都向，即平王东迁之兆也，可感也乎！”又有人主张是“刺幽王后族太盛”（魏源《诗古微》、龚橙《诗本谊》）。究其实，这首诗的矛头是直指以周幽王及其“艳妻”为中心的最高统治集团，包括皇父、番生、家伯、仲允、棸子、蹶氏、楀氏等一帮狐群狗党在内。诗人对这帮祸国殃民的家伙极表义愤，所以要把他们的名字一一列出，钉在历史的耻辱柱上，使之永远遭人唾骂。

小雅　蓼莪

【题解】

这是子女自伤不得终养父母的哀歌。所谓“树欲静而风不止，子欲养而亲不待”（《韩诗外传》），全篇感伤恻怛，几至一字一泪，思亲之情极为哀切。据诗中描写来看，似为墓前哭奠时所唱。

【译注】

一

蓼蓼者莪[①]，	高高的莪蒿——
匪[②]莪伊[③]蒿[④]。	哦，不是莪蒿，是青蒿。
哀哀父母，	可怜，可怜我的父母亲，
生我劬劳[⑤]！	抚养我，十分辛劳！

① 诗题“蓼莪”是首句“蓼蓼者莪”的简缩。蓼，音“陆”，蓼是植物

高大的样子。者，作用同“之”。莪，音“俄”，即莪蒿，草本植物名，长于水边。

② 匪：非。

③ 伊：维，是。

④ 蒿：指青蒿，多年生草本植物，长于原野或水边。以上两句描写墓地所见，同时也表现了诗作者极度哀伤时目光瞀乱、看朱成碧的情景。

⑤ 劬劳：劳苦。劬，音“渠”。

二

蓼蓼者莪，	高高的莪蒿——
匪莪伊蔚[①]。	哦，不是莪蒿，是牡蒿。
哀哀父母，	可怜，可怜我的父母亲，
生我劳瘁[②]。	抚养我，辛苦憔悴。

① 蔚：音“尉”，即牡蒿，多年生草本植物。

② 劳瘁：因劳成病。

以上两段即景起兴，感念父母的辛劳。

三

瓶之罄[①]矣，	瓶子倒空了，
维罍[②]之耻。	是大壶的羞耻。

鲜民③之生，	孤苦的人活着，
不如死之久矣！	不如早死了好！
无父何怙④？	失去父亲，还有什么倚靠？
无母何恃？	失去母亲，还有什么凭依？
出则衔⑤恤⑥，	出门去，满怀忧伤；
入则靡至⑦。	进门来，四顾茫然。

① 罄：音“庆”，尽。

② 罍：音“雷”，古代盛器，较瓶为大。这两句比喻自己不能恪尽孝道，奉养父母，是很大的耻辱。

③ 鲜民：孤独无依的人。这里指失去父母的人。鲜，音“藓”。

④ 怙：音“户”，与下句的“恃”，同是“倚靠”的意思。

⑤ 衔：音“咸”，含，怀在心里。

⑥ 恤：忧。

⑦ 靡至：无所至。朱熹《诗集传》：“入则如无所归也。”

以上第三段，抒发失去父母的哀伤。

四

父兮生我，	父亲啊，生了我，
母兮鞠①我。	母亲啊，哺育我。
拊②我畜③我，	爱抚我，养活我，
长我育我。	喂大我，栽培我。

顾[4]我复[5]我，	照料我，呵护我，
出入腹[6]我。	进出提携抱着我。
欲报之[7]德，	想报他们的大德，
昊天[8]罔极[9]！	上天却不许可！

① 鞠：音“居”，养。

② 拊：同“抚”。

③ 畜：养。

④ 顾：照管。

⑤ 复：同“覆”，庇护。

⑥ 腹：怀抱。

⑦ 之：义同“其”，代词。

⑧ 昊天：广大的天。昊，音“浩”。

⑨ 罔极：言天意难测，或不近人情。罔，音“网”，无、没有。极，准则。

以上第四段，深切怀念父母的抚育之恩。姚际恒云：“勾人泪眼全在此无数‘我’字。”（《诗经通论》）

五

南山烈烈[1]，	南山高又高，
飘风[2]发发[3]。	大风呼呼吹。
民莫不穀[4]，	人们生活都称心，
我独何害[5]？	为何偏偏我遭祸？

① 烈烈：借为“嵥嵥”，山高峻的样子（陈奂《诗毛氏传疏》）。

② 飘风：大风，或旋风。

③ 发发：风声。这两句又是墓地所见。

④ 穀：音“谷”，善。指日子过得开心。

⑤ 害：受害，遭殃。

六

南山律律[①]，	南山高巍巍，
飘风弗弗[②]。	大风飒飒吹。
民莫不穀，	人们生活都称心，
我独不卒[③]！	唯我终养父母都不成！

① 律律：义同“烈烈”。

② 弗弗：义同“发发”。

③ 卒：终。指终养。

以上五、六两段，哀叹自己不能终养父母。

【赏析】

这首诗的好处全在一片至情，诗意首尾照应，结构缜密，内容周备：前二章说父母劬劳；后二章说人子不幸；中间两章，一写无亲之苦（与下文“人子不幸”呼应），一写育子之艰（与上文“父母劬劳”相应），均备极沉痛。故方玉润誉为“千古孝思绝作”，并说：“不必问其所作何人，所处何世，人人心中皆有此一段至性至情文字在，特其人以妙笔出之，斯成为一代至文。”（《诗经原始》）

小雅　大东

【题解】

诗题取自本诗第二章首句“小东大东”，意为东方的大小各国（朱熹《诗集传》）。原来在西周初期，周族统治层内某些人曾联合部分殷人遗族起来反叛，于是周公率兵镇压。自东征胜利占领今山东一带之后，周王室便进一步加强对东方地区的统治、控制，当地人要负担苛重的贡赋和徭役，大量财富沿着周朝的国有公路，源源不绝地运往西方。东方各国人对此极表不满。

这首诗据说就是由当时谭国一位大夫所作。谭国在今山东省历城区东南，为残存的殷人子姓国家，后来于鲁庄公十年（公元前684年）为齐国所灭。除谭国外，当时山东一带尚有许多小国，如姜姓的曩、莱、纪、淳于等国，姒姓的杞、娄、诸等国，那些原是夏、商以来的封国，周初为缓和东方人的反周情绪，所以暂时一仍其旧，未加改变（王献唐《山东古国考》）。后来才予以蚕食鲸吞。

【译注】

一

有[1]饛[2]簋[3]飧[4]，	盘中满满的佳肴，
有捄[5]棘[6]匕[7]。	舀以弯弯长长棘木匙。
周道[8]如砥[9]，	官路像磨石般平，
其直如矢。	又如箭杆一般直。
君子所履，	贵族老爷在上面走，
小人[10]所视。	小民百姓在旁边看。
睠言[11]顾之，	我回头一望啊，
潸焉[12]出涕[13]。	止不住眼泪涟涟。

① 有：助词。

② 饛：音“蒙”，盛满的样子。

③ 簋：音“轨”，古代盛食物的器皿，圆口，两耳。

④ 飧：音“孙”，熟食。

⑤ 捄：音“求”，长而弯曲的样子。

⑥ 棘：酸枣树。

⑦ 匕：音“比”，羹匙、汤勺之类。以上两句用匙舀食物作比，暗示东国人被周王室榨取掠夺。

⑧ 周道：周朝的大路，可直通西周王畿。二章“周行”（音“杭”）与此同。

⑨ 砥：音“底”，磨刀石。比喻官路的宽平。

⑩ 小人：指平民百姓。

⑪ 睠言：即睠然，反顾的样子。睠，音“眷”。

⑫ 潸焉：流泪的样子。潸，音“山”。

⑬ 涕：泪。朱熹《诗集传》：“今乃顾之而出涕者，则以东方之赋役，莫不由是而西输于周也。”

第一段，诗人望着西方贵族来往的大道，想到东方人身受的压榨欺凌，不禁凄然下泪。

二

小东大东，	东方的大小各国，
杼柚[①]其空[②]！	织机上空空如也！
纠纠[③]葛屦[④]，	密致的葛布鞋，
可以履霜[⑤]；	可以踏寒霜；
佻佻[⑥]公子，	衣冠楚楚的周公子，
行彼周行。	走在那官路上。
既[⑦]往既来，	他们来来往往，
使我心疚[⑧]。	使我心里悲伤。

① 杼柚：指织机。杼，音“柱”，梭，持纬线。柚，又作“轴”，持经线。

② 空：指织成的布帛已被搜刮一空。

③ 纠纠：纠结缭绕的样子，此指鞋子缝得细针密缕。

④ 葛屦：葛布鞋。屦，音“句”。

⑤ 履霜：葛布鞋本夏天所穿，此言可以“履霜”，是指其做工细致结实。

⑥ 佻佻：《韩诗》作“嬥嬥”，美好的样子。此指衣裳鲜丽。

⑦ 既：表已然。这里兼作关联词语。

⑧ 疚：忧病。

以上第二段，写东方各国几乎已民穷财尽，而周王室贵族仍频频来去，不停搜掠。

三

有[1]冽[2]氿泉[3]，	从旁涌出的寒泉水，
无浸获[4]薪。	别浸泡砍下的柴薪。
契契[5]寤[6]叹，	伤心叹息难入睡，
哀我惮[7]人！	可怜我们受苦人。
薪[8]是[9]获薪，	要用这砍下的柴薪，
尚可载也。	还把它用车子载起。
哀我惮人，	可怜我们受苦人，
亦可息也！	也该歇一歇啦！

① 有：助词。

② 冽：音“列”，寒冷。

③ 氿泉：从侧面流出的泉水。氿，音“鬼”。

④ 获：斩刈。这两句以柴薪不宜浸湿，比喻对劳苦的东方人不应过度摧残。

⑤ 契契：愁苦的样子。

⑥ 寤：醒着。

⑦ 惮：音“但”，《鲁诗》作“瘅”，劳苦而致病。

⑧ 薪：作动词，“把……作柴薪”之意。

⑨ 是：此，这些。

以上第三段，通过反复设喻，说明东方人已被役使得精疲力竭，希望周贵族高抬贵手，与民休息。

四

东人之子，	东方各国的子弟，
职[①]劳不来[②]。	终年服役无人惜。
西人[③]之子，	西方周人的子弟，
粲粲[④]衣服。	穿着漂亮的衣裳。
舟人之子，	连船上人家子弟，
熊罴[⑤]是[⑥]裘[⑦]。	也穿起熊皮袄。
私人[⑧]之子，	甚至家奴的子弟，
百僚[⑨]是试[⑩]。	都可当官做吏。

① 职：专主。

② 来：同“勑”（音“睐”），慰劳（马瑞辰说）。

③ 西人：指来自西周王畿的人。

④ 粲粲：鲜明华丽的样子。

⑤ 熊罴：用作前置宾语。罴，音“卑”，熊的一种，又名马熊。

⑥ 是：此。复指“熊罴”，兼作宾语前置标志。

⑦ 裘：皮衣。这里用作动词，“以……为皮衣”之意。这两句专门写在东方的“西人”中某一地位低下的阶层。下两句同。

⑧ 私人：私家奴仆。

⑨ 百僚：指各级官职。

⑩ 试：用。本句句法与“熊罴是裘”相同。

以上第四段，以“东人”与“西人”对比，显出双方经济、政治地位的悬殊。

五

或[1]以[2]其酒，	有人只饮那醇酒，
不以其浆[3]。	不要那薄酒。
鞙鞙[4]佩璲[5]，	只佩带珍贵的宝玉，
不以其长[6]。	不要那普通的长佩。
维[7]天有汉[8]，	天上有条银河，
监[9]亦有光。	照人徒有光亮。
跂[10]彼织女，	那叉开两脚的织女，
终日七襄[11]。	一天移动七次。

① 或：有的，分指代词。这里指“西人”。

② 以：用。此指饮用。

③ 浆：薄酒。

④ 鞙鞙：音“宣宣”，又作“琄琄”，佩玉的样子。

⑤ 璲：即“瑞”，一种珍贵的玉器。

⑥ 长：指长佩，由一些小玉、石串成的佩饰，较普通。

⑦ 维：句首助词，无义。

⑧ 汉：银河。

⑨ 监：同“鉴”，指以镜照形。这两句说银河空有河名，却不能照见人影。

⑩ 跂：音“其”，《说文解字》引作“歧”，分岔之意。织女有三星，下两星如两足分立。

⑪ 襄：变更，移动。从旦至暮有七个时辰（自卯时到酉时），织女星每辰移动位置一次，七辰共变更七次，故云“七襄”（《郑笺》、胡承珙《毛诗后笺》）。

以上第五段，前四句承接上文，写“西人”生活的骄奢；后四句引起下文，历数天上星宿的有名无实。姚际恒评道：“以下忽入天文志，光怪陆离，非人世所有。”（《诗经通论》）

六

虽则七襄，	虽然七次移动，
不成报[①]章[②]。	却不能织成纹样。
睆[③]彼牵牛[④]，	那明亮的牵牛星，
不以[⑤]服[⑥]箱[⑦]。	也不能拉车载重。
东有启明[⑧]，	东边有颗启明星，
西有长庚。	西边有颗长庚星。
有捄[⑨]天毕[⑩]，	长柄弯弯的天毕，
载[⑪]施[⑫]之行[⑬]。	却张开在路上。

① 报：复，返回。织布时须纬线一来一往，才成纹理；现在织女星只一直向西移动，不向东来，所以说不能往返成章。

② 章：指布帛的纹理，也就是指布帛。

③ 睆：音“缓”，星明亮的样子。

④ 牵牛：星名。

⑤ 以：用。

⑥ 服：负，驾。

⑦ 箱：指车厢。

⑧ 启明：与下句“长庚”，都是金星的异名。早晨出现在东方，先日而出，叫“启明”；黄昏出现在西方，后日而入，叫“长庚”。“庚”是接续、延续之意。

⑨ 捄：长而弯曲的样子。

⑩ 天毕：星宿名，二十八宿之一，由八颗星组成，形状像毕，故称。毕，打猎用的长柄网。

⑪ 载：助词，无义。

⑫ 施：张设。

⑬ 行：音“杭”，道路。毕网张于路上，自然没有用处。

以上第六段，指出天上的织女、牵牛和天毕诸星都是有虚名无实用，以“见出不合理的事无处不存在”（余冠英《诗经选译》）。

七

维南有箕[1]，　　　　南边有箕星，

不可以簸扬[2]。　　不能用来簸米糠。
维北有斗[3]，　　北边有斗星，
不可以挹[4]酒浆。　　不能用来舀酒浆。
维南有箕，　　南边有箕星，
载翕[5]其舌[6]。　　舌头缩起似吞噬。
维北有斗，　　北边有斗星，
西柄之揭[7]。　　柄儿高举向西方。

① 箕：音“基”，星宿名，二十八宿之一，由四颗星组成，形状底狭口宽，有如簸箕，所以诗人联想到“簸米扬糠”的事。
② 簸扬：用簸箕颠动米粮，扬去糠秕和灰尘。
③ 斗：指箕星北面的南斗星，由六颗星组成，形状如斗，有柄。
④ 挹：舀取。
⑤ 翕：收敛。
⑥ 舌：指组成箕星的下面两颗星。《史记·天官书·索隐》云：“箕为天口，主出气。”古人认为它主口舌，故有此喻。
⑦ 揭：高举。南斗的柄常指西方而上扬。

以上第七段，言箕星和南斗不但有名无实，而且还似助纣为虐，协助西人向东方吞噬、攫取。

【赏析】

前四章基本写实，“将东国愁怨，与西人骄奢，两两相形”，已极为沉痛；后三章更驰骋想象，畅游星空，历数天上星宿的有名无实：银河照不见人影，织女不会织布，牵牛不会拉车，天毕（网）星却张设在路上，箕星不能用来簸米扬糠，斗星不能用来舀酒浆；不仅如此，箕星还似欲向东人吞噬，而斗星也像协助西人肆意搜刮……从而更进一步倾诉出困于沉重赋役的“大东小东”国人的填胸悲愤。

此诗的艺术性极为世人所称道。吴闿生认为“‘维天’以下，奇情异采，层见迭出”，“文情俶诡奇幻，不可方物，在《风》《雅》中为别调，开词赋之先声。后半措辞运笔，极似《离骚》，实三代上之奇文也”（《诗义会通》）。确实，以奇特的想象去抒写郁结的愁思，是本诗的特色，而这也正是屈子《离骚》所用浪漫手法的直接来源。人们往往以《诗》《骚》并称，说屈原继承、发扬了《诗经》的传统，这首诗便是有力的证据之一。

小雅　青蝇

【题解】

青蝇，即苍蝇，这首诗以之比喻奸佞小人。诗人对其深恶痛绝，斥责他们搬弄是非，害人乱政，并呼吁治国者千万不要听信谗言。

【译注】

一

营营[①]青蝇，	嗡嗡飞舞的苍蝇，
止于樊[②]。	落在篱笆上。
岂弟[③]君子，	平易可亲的君子，
无信谗言！	千万别听信谗言！

① 营营：苍蝇往来飞动的声音。

② 樊：音“凡”，篱笆。

③ 岂弟：音“凯剃”，同“恺悌”，平易近人。

二

营营青蝇，	嗡嗡飞舞的苍蝇，
止于棘[①]。	落在酸枣树上。
谗人罔[②]极[③]，	谗人极其缺德，
交乱四国[④]。	专门搅乱四方。

① 棘：酸枣树。

② 罔：音“网”，无，没有。

③ 极：准则。此指做人的道德标准。

④ 四国：指四方，即整个天下。如《小雅·十月之交》：“四国无政，不用其良。”

三

营营青蝇，	嗡嗡飞舞的苍蝇，
止于榛[①]。	落在榛子树上。
谗人罔极，	谗人极其缺德，
构[②]我二人。	离间我们两人。

① 榛：音“真”，落叶灌木或小乔木，果实叫榛子。

② 构：搬弄是非，挑拨离间。

【赏析】

这首诗以金头苍蝇比喻谗人，以它们飞动的嗡嗡声比喻谗言，相当贴切生动。

苍蝇既肮脏又无赖，到处钻营，无孔不入，驱之复来，专门淆乱是非，玷污黑白，传播疾病，不但无聊可厌，实在可怖可憎。千百年来，谗人乱政、谗害忠良的事不知凡几，所以诗人特地以“青蝇”相比，历数谗人之害，劝“君子”万勿听信谗言。这番忠告，对今天社会里许多大大小小的当权者，仍不乏现实意义。

小雅　黍苗

【题解】

西周时候，周宣王（公元前827年至公元前782年在位）移封其母舅申伯于谢地（今河南省唐河县南），并命召穆公先行率众为其修建城邑，以助镇抚南方。这是营建谢邑竣工后诗人赞颂之辞。

【译注】

一

芃芃[①]黍苗，	蓬勃、茂盛的黍苗，
阴雨[②]膏[③]之。	有好雨滋润它们。
悠悠南行，	南行的漫漫长路，
召伯[④]劳[⑤]之。	靠召伯抚慰他们。

① 芃芃：音“蓬蓬”，草木茂盛的样子。

② 阴雨：绵绵细雨。

③ 膏：音“告”，用作动词，滋润。

④ 召伯：指召穆公，姓姬，名虎。是召公奭的后代，周宣王时代的名将、贤臣。召，音“绍”。

⑤ 劳：音“酪”，慰劳。

二

我[1]任[2]我辇[3]，	我们背扛又拉车，
我车我牛。	有的用牛车运载。
我行[4]既集[5]，	此行任务已完成，
盖[6]云[7]归哉！	何不回家去休整呢！

① 我：诗人代筑城者自称。

② 任：负载。

③ 辇：人力推挽的车。这里用作动词，指拉车运载。古人以牛牵拉的载重车，名为“大车”。《周易·大有》：“大车以载。”孔颖达《周易正义》：“大车，谓牛车也。”

④ 行：指行役之任务（营建谢邑）。

⑤ 集：完成。

⑥ 盖：借为“盍”，何不。用反诘语气表肯定。

⑦ 云：助词，无义，用以协调音节。

三

我徒[①]我御[②]，	我们步兵或车兵，
我师我旅[③]。	队伍成旅又成师。
我行既集，	此行任务已完成，
盖云归处[④]！	何不回家去休息！

① 徒：步行者，指步兵。

② 御：驾车者，指车兵。

③ 旅：古兵制五百人为一旅，五旅为一师。

④ 处：居住，歇息。

四

肃肃[①]谢功[②]，	宏伟的谢邑工程，
召伯营之。	是召伯一手策划经营。
烈烈[③]征[④]师[⑤]，	威武的南行大军，
召伯成之[⑥]。	靠召伯统领完成使命。

① 肃肃：整肃貌。这里形容工程之浩大壮观。

② 功：事。指营邑之事。

③ 烈烈：形容阵容盛大威武。

④ 征：行。

⑤ 师：众，队伍。

⑥ 成之：使之获致成就。成，用作使动动词。

五

原隰[①]既平[②]，	原野、洼地已经平整，
泉流既清。	泉水、河流都已浚清。
召伯有成，	召伯大功已告成，
王心则宁。	君王自然心安宁。

① 原隰：高平曰原，下湿曰隰。即高平的田野和低湿的洼地。隰，音“习”。

② 平：整治好。

【赏析】

召穆公虎是西周的良臣、名将，曾平定南方的淮夷（《大雅·江汉》和传世金文《召伯虎簋铭》便是歌颂其事），在周宣王的“中兴”事业中屡建殊勋。这首诗专门表彰他另一件业绩——奉宣王之命，为申伯经营谢城，建筑宫室，平治土地，修筑水利，使之成为镇抚南国的重镇。在召伯指挥下，士夫用命，经过艰苦卓绝的劳动，终于大功告成，了却周宣王一件心头大事。

由于诗歌以颂扬召伯为主，所以筑城的经过只用了少许笔墨（集中在二、三章），劳动场面也不作铺张描绘，而将主要笔墨放在

一、四、五三章里。首章颂扬召伯如化雨春风，在长途跋涉中善于抚慰队伍，是工程顺利开展的前提；第四章颂扬其在营建过程中发挥了主脑、核心作用，堪称领导有方；最后写整个工程取得圆满成功，令宣王深感满意。全诗也就在一片对召伯的颂扬、赞美声中结束。

小雅 隰桑

【题解】

隰（音“习”）桑，意为低洼地的桑树。作者以桑喻人，尽情吐露对自己心上人的倾慕之情。“中心藏之，何日忘之”，爱得是何等深沉而热烈哟！

【译注】

一

隰桑有[①]阿[②]，	洼地的桑树长得美，
其叶有难。	桑叶密稠稠。
既见君子，	见到了我倾慕的人，
其乐如何！	心里多么快乐！

① 有：助词。

② 阿：与下句“有难”的“难”（音“娜”）结合，是阿难（即婀娜）之意，形容美盛的样子。

二

隰桑有阿，	洼地的桑树长得美，
其叶有沃[①]。	桑叶绿油油。
既见君子，	见到了我倾慕的人，
云[②]何不乐！	心里怎不快乐！

① 沃：润泽有光的样子。

② 云：句首助词，无义。

三

隰桑有阿，	洼地的桑树长得美，
其叶有幽[①]。	桑叶青幽幽。
既见君子，	见到了我倾慕的人，
德音[②]孔[③]胶[④]！	美好话语记心头！

① 幽：借为“黝”，青黑色，“叶之盛者色青而近黑”（马瑞辰说）。

② 德音：美好的声誉或美好的话语。此指后者。

③ 孔：很，十分。

④ 胶：牢固。

四

心乎爱矣①，	心中爱着他哟，
遐②不谓③矣？	怎么不说出来呀？
中心藏之，	深深藏在心坎里，
何日忘之！	哪一天能够忘记！

① 乎、矣：均语气助词。

② 遐：通“何”，怎么。

③ 谓：告诉。屈原《九歌·湘夫人》：“思公子兮未敢言。”便是表现同一种心态。

【赏析】

这首诗糅合了《郑风·风雨》和《桧风·隰有苌楚》的表现手法，而在最后一段却突破单纯“复沓”的形式，另出新意，把主题加以升华，给读者留下美好难忘的印象，技巧上更胜一筹。

小雅　渐渐之石

【题解】

这是周朝将士奉王命东征，跋山涉水，经历险远，自叹劳苦的作品。末章雨景的描写异常生动逼真。

【译注】

一

原文	译文
渐渐[①]之石，	巉岩的山石，
维其[②]高矣。	是多么高峻啊。
山川悠远[③]，	山长水又远，
维其劳矣。	是多么辛劳啊。
武人东征，	武士们东征，
不皇[④]朝[⑤]矣！	无暇计及日多少啊！

① 渐渐：音“缠缠”，借为“巉巉”，山石高峻的样子。

② 维其：犹“何其”，表强调。

③ 悠远：遥远。悠，远。

④ 不皇：同“不遑”，无暇之意。

⑤ 朝：用作动词，“点算时日”之意。下文“不皇出”“不皇他”，句式与此同。

二

渐渐之石，	巉岩的山石，
维其卒[①]矣。	是多么险陡啊。
山川悠远，	山长又又远，
曷[②]其没[③]矣？	何时到尽头啊？
武人东征，	武士们东征，
不皇出[④]矣！	无暇顾及脱险境啊！

① 卒：通“崒”，高而险的样子（马瑞辰说）。

② 曷：何，疑问代词。

③ 没：尽（《毛传》）。朱熹《诗集传》：“言所登历何时而可尽也。”

④ 出：脱离。与“曷其没”句呼应。胡承珙《毛诗后笺》：“山川长远，何时可尽。则入险而不暇出险，军行死地，劳困可知。”

三

有豕[1]白蹢[2]，	野猪白蹄子，
烝[3]涉波矣。	成群涉水而过啊。
月离[4]于毕[5]，	月亮靠近毕星，
俾[6]滂沱[7]矣。	使得大雨滂沱啊。
武人东征，	武士们东征，
不皇他[8]矣！	无暇顾及其他啊！

① 豕：音“始”，猪。

② 蹢：音“的”，蹄。

③ 烝：音“蒸”，众（《郑笺》）。这两句是描写眼前实景。

④ 离：靠近，附着。一作“丽”。

⑤ 毕：二十八宿之一，共八颗星组成，状如田猎用的长柄网。古代传说认为，月亮接近毕宿，是大雨的征兆。正因为大雨滂沱，才有“众豕涉波”的现象。

⑥ 俾：使。

⑦ 滂沱：雨下得很大。

⑧ 不皇他：朱熹《诗集传》引张子云：“此言久役又逢大雨，甚劳苦而不暇及他事也。”

【赏析】

本诗共三章。头两章从时间之漫长和空间之广阔去表现征行之久、征途之远，对将士的劳苦作宏观、概略的描述。末章集中刻画大雨景象，用微观特写手法：月离毕，猪涉水，将士们则肯定是全身湿透，人困马乏，极为狼狈地挣扎于泥涂，所以已无暇顾及其他。作品通过点面结合的描写，令东征将士的苦楚仿佛可感可见，他们的怨叹之声也似乎清晰可闻。

小雅　苕之华

【题解】

这首诗反映荒年饥馑、民不聊生的凄惨景象，估计作于西周末期。

【译注】

一

苕[1]之华[2]，	凌霄花，
芸[3]其黄矣。	开得黄澄澄啊。
心之忧矣，	心里忧伤啊，
维其[4]伤矣！	是多么的悲痛啊！

① 苕：音“条”，即凌霄，又名陵苕，木本蔓生植物，花黄赤色，夏天开放。

② 华：古“花”字。

③ 芸：音“云”，黄色浓艳的样子。王引之说：“言其盛，非言其衰。”（《经义述闻》）

④ 维其：义同“何其”，表强调。王引之说：“物自盛而人自衰，诗人所以叹也。”这里使用了反衬手法。

二

苕之华，	凌霄花，
其叶青青[①]。	叶子一片青葱。
知我如此，	早知我这样活着，
不如无生！	不如不出生更好！

① 青青：同“菁菁”，叶子葱茏茂密的样子。

三

牂羊[①]坟[②]首，	母绵羊剩个大脑袋，
三星[③]在罶[④]。	鱼篓里只有星光。
人可以食，	人们就算可糊口，
鲜[⑤]可以饱！	又有谁能吃得饱！

① 牂羊：母绵羊。牂，音“赃”。

② 坟：大。朱熹《诗集传》：“羊瘠则首大。”可见饥饿之甚。

③ 三星：即参（音“申”）星，二十八宿之一。

④ 罶：音“柳”，捕鱼的竹篓。朱熹云：“罶中无鱼而水静，但见三星之光而已。言饥馑之余，百物凋耗如此。”

⑤ 鲜：音“藓”，少。

【赏析】

一、二章用反衬法，以凌霄花的繁茂鲜美对照人世的饥乱痛伤，所谓“以乐景写哀”，使得倍增其哀。第三章是实写，“牂羊”两句，抓住具有典型意义的细节作重点描绘，给人留下深刻印象：“牂羊坟首，野无青草之故；三星在罶，水无鱼鳖可知。生意尽矣！”（范家相《诗渖》）“苕华芸黄，尚未写得十分深痛，至‘牂羊坟首，三星在罶’真极为深痛矣，不忍卒读矣！太平之日，虽堇荼亦如甘饴（按，参阅《大雅·绵》‘周原膴膴，堇荼如饴’），饥馑之年，即稻蟹亦无遗种。举一羊而陆物之萧索可知，举一鱼而水物之凋耗可想。”（郝懿行、王照圆《诗说》）《苕之华》这种结构安排，和上篇《渐渐之石》前两章用泛写，后一章用特写的表现方法，可谓同一机杼，而效果则各有千秋。

小雅　何草不黄

【题解】

这是《小雅》的最后一篇。以“何草不黄”起兴，兼做比喻，怨叹征役不息，举国劳瘁，自己远行服役，受着非人待遇，四处奔波之余，还得露宿旷野，与野兽为伍，生活简直牛马不如，是西周衰乱时期的“亡国之音”。《诗序》说：“《何草不黄》，下国刺幽王也。四夷交侵，中国（按，即‘国中’‘域中’）背叛，用兵不息，视民如禽兽，君子忧之，故作是诗也。”除诗作者为谁可以商榷外，较恰切地揭示了本诗的写作背景。

【译注】

一

何草不黄？	什么草儿不枯黄？
何日不行？	哪一天不要奔忙？

何人不将[①]，　　什么人不用出行，
经营[②]四方？　　东西南北跑四方？

① 将：行。《毛传》云："言万民无不从役也。"马瑞辰《毛诗传笺通释》云："'何日不行'，言日日行也；'何人不将'，言人人行也。"

② 经营：指往来奔走。东西为经，南北为营。《后汉书·冯衍传》"经营五山"李贤注："经营，犹往来。"

二

何草不玄[①]？　　什么草儿不枯萎？
何人不矜[②]？　　哪个人不当光棍？
哀我征夫，　　可怜我们行役者，
独为匪民[③]！　　偏偏不被当人看！

① 玄：与上章"黄"字组成"玄黄"一词，是萎病的样子，比喻征人之劳瘁。

② 矜：音"关"，通"鳏"，无妻曰鳏；此言长期在外奔走，有妻等于无妻（《郑笺》）。一说，读为"瘝"（音"鳏"），病也（马瑞辰说）。

③ 匪民：非人。

三

匪[①]兕[②]匪虎，　　那些犀牛和老虎，

率③彼旷野。	在那旷野里游荡。
哀我征夫，	可怜我们行役者，
朝夕不暇！	从早到晚无休歇！

① 匪：通“彼”。

② 兕：音“寺”，雌性犀牛。

③ 率：循，沿着。姚际恒说：“以兕、虎‘率彼旷野’兴征夫朝夕在途，与下以狐‘率彼幽草’兴栈车行于周道，同为一例语。”（《诗经通论》）意见十分正确。

四

有①芃②者③狐，	毛儿蓬松的狐狸，
率彼幽草④。	在那草丛里出没。
有栈⑤之车⑥，	高高大大的车子，
行彼周道⑦。	在那官道走不停。

① 有：助词。

② 芃：音“蓬”，毛茸茸的样子。

③ 者：用同“之”。

④ 幽草：深草。幽，深。

⑤ 栈：音“站”，通“㠭”，高大的样子（马瑞辰说）。

⑥ 车：指役车（《毛传》），一种运载着器具、供服役用的大车。

⑦ 周道：周朝的大路。

【赏析】

作品开头用连串质疑性的设问，已表达出行役者对时世的悲观和对当局的严重不满。至“哀我征夫，独为匪民”两句，更以直接感叹的形式，宣泄心中极度愤懑、悲痛之情，掀起全诗高潮，令人读来有惊心动魄的感觉。最后两段是对“独为匪民”的具体申诉，也是对征夫所受种种非人道待遇的控诉。所谓“怨之至也，周衰至此，其亡岂能久待”，故“编《诗》者以此殿《小雅》之终”（方玉润《诗经原始》）。

古人说：“亡国之音哀以思。”（《礼记·乐记》）读这首诗，我们可得到一次具体的印证。

大雅　绵

【题解】

《大雅》是宫廷乐歌，用于较隆重的宴会、典礼。《诗经》有《大雅》31篇，基本是西周作品。

武王灭纣，建立商朝，是我国古史上一件大事，特别是经过小说《封神演义》的渲染，可说已经家喻户晓了。但武王这赫赫功业的基础，却是由他父亲——文王及其曾祖父——太王一手奠定的。《绵》这首史诗，就颂扬了两位开基创业的人。

【译注】

一

绵绵[1]瓜瓞[2]。	连绵不绝，大瓜连小瓜。
民之初生，	我们民族的发祥，

自土[3]沮漆[4]。	就在杜水、漆沮水流域。
古公亶父[5]，	古公亶父率领族人，
陶[6]复[7]陶穴[8]，	挖窑洞、地室安身，
未有家室[9]。	那时还未有房屋居住。

① 绵绵：不绝的样子。

② 瓞：音“迭”，小瓜。这句以瓜生的蔓延不绝，比喻周民族不断发展。

③ 土：《汉书·地理志》班固自注引诗作“杜”，为水名，渭水支流。

④ 沮漆：二水名，合称“漆沮水”，与杜水合流，注入渭水。杜、漆、沮均在今陕西省咸阳市西渭河北岸，周人始祖后稷，就建国于这一流域的邰（音“台”）地（今陕西省武功县）。到后稷的曾孙公刘，为避夏桀的暴政，率族迁往邠（即“豳”，今陕西省旬邑县西）。十传至古公亶父，因受北方戎狄人（即秦汉时的匈奴）的逼迫，又率众迁回这一流域的岐山脚下。由此奠定了周人发展、壮大，终至后来灭商的基础。沮，音“居”。

⑤ 古公亶父：周文王的祖父。古公是称号，亶父是名字；文、武称王后，被追尊为“太王”。亶，音“胆”。

⑥ 陶：借为“掏”。

⑦ 复：《说文解字》引作“寝”（音“复”），地室。

⑧ 穴：洞穴。

⑨ 家室：又作“室家”，指居室。如《尚书·周书·梓材》：“若作室家，既勤垣墉。”

第一段，描述古公亶父（即太王）率族南迁，初到漆沮水流域的情况。

二

古公亶父，	古公亶父，
来朝走马。	次日清晨驱着马。
率①西水浒②，	沿着西面漆沮河岸，
至于岐③下。	一直走到岐山下。
爰④及姜女⑤，	他带着姜氏夫人，
聿⑥来胥宇⑦。	来勘察建房的基址。

① 率：沿着。

② 浒：音“虎”，水边。

③ 岐：指岐山，在今陕西省岐山县东北十里。沿漆沮水西行，可至岐山脚下。

④ 爰：音“援”，于是。

⑤ 姜女：指太王之妃，姓姜氏，又称“太姜”。

⑥ 聿：音“育”，句首助词，无义。此有补足音节作用。

⑦ 胥宇：相宅。指观察地形，选择兴建房屋的基址。胥，音“须”，相，视。宇，居所。《尚书·洛诰》：“公不敢不敬天之休，来相宅。”又《尚书·召诰》：“惟太保先周公相宅。”句意均与此相仿。

以上第二段，写古公亶父夫妇亲自到岐山南麓考察地势，选址建房。

三

周①原膴膴②，	周地的原野多么肥美，
堇③荼④如饴⑤。	堇菜、苦荼甜得像糖。
爰始⑥爰谋，	于是一起商量谋划，
爰契⑦我龟。	刻灼龟甲占一卦。
曰止曰时⑧，	神意要我们“留下”，
筑室于兹⑨。	“就在此地建房子”。

① 周：岐山南面地名。周民族及后来的国号即以此得名。

② 膴膴：音“武武”，肥沃的样子。按，“周”古文字作[illegible]，像田地肥美之象。

③ 堇：音“仅”，野菜名，味苦。

④ 荼：音“途”，苦菜。

⑤ 饴：音“移”，麦芽糖。

⑥ 始：义同“谋”（马瑞辰《毛诗传笺通释》）。

⑦ 契：用刀雕刻。刻龟是为了占卜。人们先将龟腹甲（或牛胛骨）加以钻凿，然后在所凿处以火烧灼，根据裂纹推测神意，判断吉凶。有时还将所问的事和占卜结果以文字记下来，刻在龟甲上，以备日后验证，那便是“甲骨卜辞”。近年出土的“周原甲骨”，便是早期周人占卜的遗物。

⑧ 止、时：都是占卜的结果。时，借为“跱”，与“止”同义（王念孙《广雅疏证》）。

⑨ 兹：此。指周原。

以上第三段，描写他们征询神意后，决定在周原兴建房屋定居。

四

迺[①]慰[②]迺止，	于是安居下来，
迺左迺右。	于是区别左右。
迺疆[③]迺理[④]，	于是划分疆界，整理田土，
迺宣[⑤]迺亩[⑥]。	挖好沟渠再种地。
自西徂[⑦]东，	从西直到东，
周爰执事[⑧]。	在周原上辛勤劳作。

① 迺：即“乃”字，起关联作用。《诗经》各篇通用“乃”，唯此篇与《大雅·公刘》“迺”“乃”杂用。

② 慰：安居，与“止”同义（马瑞辰说）。

③ 疆：用作动词，划分疆界。

④ 理：区分，整理。

⑤ 宣：泄。指挖掘排灌沟渠。

⑥ 亩：整治田亩。

⑦ 徂：音“殂”，往。

⑧ 周爰执事：此句读为“于周执事”。周，指周原，宾语前置。爰，介词，于。执事，即工作，干活，做事。金文《秦公钟》：“于秦执事。”句法与此略同。

以上第四段，叙述定居周原后，马上整治田土，投入大规模生产劳作。

五

乃召司空①，	于是召来司空，
乃召司徒②，	于是召来司徒，
俾立室家。	让他们负责建房子。
其绳③则直，	绳墨测量先取直，
缩④版⑤以载⑥，	再将模板树起来，
作庙翼翼⑦。	建座宗庙好气派。

① 司空：掌管兴建营造的官员。

② 司徒：掌管调配人役的官员。

③ 绳：指绳墨，用来测量取直。

④ 缩：束，捆缚。

⑤ 版：古代夯筑土墙用的夹板。

⑥ 载：借为“栽”，树立（马瑞辰说）。古代筑墙时，需两旁树立模板，再倾泥于其中，用杵捣击使结实，称为“版筑”。

⑦ 翼翼：庄严雄伟的样子。按，据陕西周原考古队《陕西岐山凤雏村西周建筑基址发掘简报》报道，近年在该处发现的西周宗庙远址，“房基南北长45.2米，东西宽32.5米，共计1469平方米。南北向，偏西北10度。以门道、前堂和过廊居中，东西两边配置门房、厢房，左右对称，布局整齐有序”。其修建的程序是：“在夯筑成整座台基后，再挖去院子和门道的夯土，并把台基、院子四边切齐，依次完成开沟排水，挖洞立柱，筑墙建屋的工序。房屋的隔墙大部用黄土以圆夯头分层夯筑而成。”

以上第五段，描述委派官员在早周都城岠邑（今陕西岐山县贺家乡一带）兴建宗庙宫室的情景。

六

捄[1]之陾陾[2]，	盛土的声音响仍仍，
度[3]之薨薨[4]。	填土的声音闹哄哄。
筑[5]之登登[6]，	夯起二来登登登，
削屡[7]冯冯[8]。	削起墙来嘭嘭嘭。
百堵[9]皆兴[10]，	百堵墙同时兴建，
鼛[11]鼓弗胜。	助兴的鼓声也响不赢。

① 捄：音“居”，盛土于箩。

② 陾陾：音“仍仍”，盛土的声音。

③ 度：音“铎”，投，装填。指把土倾倒于板中。

④ 薨薨：音“轰轰”，投土的声音。

⑤ 筑：捣击。

⑥ 登登：捣土的声音。

⑦ 屡：借为“塿”，音“搂”，指墙上凹凸不平之处。马瑞辰《毛诗传笺通释》云：“削屡，即削去其墙土之隆高者，使之平且坚也。”

⑧ 冯冯：音“凭凭”，削墙的声音。

⑨ 堵：方丈为堵。《郑笺》：“五版为堵。”

⑩ 兴：起。

⑪ 鼛：音“高”，大鼓。《毛传》：“长一丈二尺。或鼛或鼓，言劝事乐

功也。”

以上第六段，描写建筑工地现场的紧张热闹气氛。

七

迺[1]立皋门[2]，	建成了王都外城门，
皋门有伉[3]。	城门是多么雄伟。
迺立应门[4]，	建成了王宫正门，
应门将将[5]。	宫门是多么庄严。
迺立冢土[6]，	建成了大社祭土神，
戎丑[7]攸[8]行[9]。	大家都前来告祭。

① 迺：即“乃”字。

② 皋门：王都的郭门。《毛传》：“王之郭门曰皋门。”皋，音“高”，王都的外城门。

③ 伉：音“抗”，高大雄伟的样子。

④ 应门：王都的正门。《毛传》：“王之正门曰应门。”

⑤ 将将：音“枪枪”，严正的样子。

⑥ 冢土：大社，即祭土地神的大坛。冢，音“肿”，大。

⑦ 戎丑：大众。戎，大；丑，众（《毛传》、朱熹《诗集传》）。

⑧ 攸：音“悠”，所。

⑨ 行：往。按，《毛传》云：“起大事，动大众，必先有事乎社而后出，谓之宜。”古代如国家有大事需要劳师动众时，一定先告祭于土神（社），然后行动。

以上第七段，介绍陆续建成的各种主要建筑物。

八

肆[1]不殄[2]厥[3]愠[4]，	对敌人的愤恨不消除，
亦不陨[5]厥问[6]。	文王的声誉并无损。
柞[7]棫[8]拔矣，	柞棫等杂树清除了，
行道[9]兑[10]矣。	道路畅通无阻了。
混夷[11]駾[12]矣，	昆夷仓皇逃跑了，
维其[13]喙[14]矣。	他们一蹶不振了。

① 肆：承上启下之词，有“所以现在……”之意，但意义较虚。

② 殄：灭，绝。

③ 厥：音“决”，其。指周文王姬昌。

④ 愠：怒。

⑤ 陨：音“允”，坠落，丧失。

⑥ 问：通“闻”，声誉。

⑦ 柞：音“作”，灌木名，栎树的一种。

⑧ 棫：音“域”，又名白桵，灌木名，丛生，有刺。

⑨ 行道：道路。行，音“杭”。

⑩ 兑：音“对”，开通。

⑪ 混夷：即昆夷，古代种族名，又叫犬戎，属西戎的一支。文王初年，周人常受其侵扰，后国势日盛才用武力把他们赶走。

⑫ 駾：音“退”，奔突逃窜。

⑬ 维其：何其，多么。

⑭ 喙：借为“瘃”（音“诲”），极度疲困。

以上第八段，写文王继承了太王的功业，振兴周族，打败并赶跑了外敌昆夷。

九

虞芮[①]质[②]厥成[③]，	虞芮两国结盟好，
文王蹶[④]厥生[⑤]。	文王感发其善性。
予曰[⑥]有疏附[⑦]，	我们有令疏者亲附之臣，
予曰有先后[⑧]。	我们有前后辅佐之臣。
予曰有奔奏[⑨]，	我们有勤勉祭祀之臣，
予曰有御侮[⑩]。	我们有抵御外敌之臣。

① 虞、芮：均姬姓古国名。虞国在今山西省平陆县东北，芮国在今陕西省大荔县东南。芮，音“锐”。

② 质：成。

③ 成：相好，友好。

④ 蹶：音“决”，动，启发。

⑤ 生：同“性”。《毛传》云，虞、芮两国君争田，相约找文王评理，入周境后，被周人的礼让之风深深感动，于是也互相谦让起来，四周闻此而归附文王的达到四十多国。

⑥ 曰：助词，无义。《楚辞》王逸注引作“聿”。

⑦ 疏附：指率下亲上，善于安抚、团结百姓和邻近小国的大臣。

⑧ 先后：指在国君近旁辅佐之臣。

⑨ 奔奏：又作“奔走”，指从事外交活动、喻德宣誉的大臣。或指负责宗教祭祀的大臣（详见本书《周颂·清后》“骏奔走在庙”句注）。

⑩ 御侮：指率兵抗敌的武臣。

以上第九段，颂扬文王的德政和朝中文武人才的鼎盛。

【赏析】

这是周民族的英雄史诗之一，叙述了周朝建立前，周民族发展壮大的历史。

在商代末期（约公元前1200年），周人在古公亶父（太王）率领下，从豳地南迁到岐山南麓，占领肥沃的渭河平原（今陕西扶风、岐山县一带），建立村落、城市和国家机构。古公亶父的儿子季历进一步开拓疆土，逐渐消灭周围的土著部落，向东方的渭河下游发展，成为商朝的劲敌。季历的儿子姬昌，就是周文王，继承了祖、父的遗愿，更是雄心勃勃。他驱逐了昆夷，消除外患之后，便联合虞、芮等友邦，企图问鼎中原。这一宏图伟业，终于由他儿子姬发（武王）实现了。

这首诗侧重讴歌太王的事迹，对自豳迁岐的经过叙之特详，而文王事迹只用最后两章作简洁的描述。由此可见，周朝立国的基础首先是由太王奠定的。

从章法来看，由对太王（前七章）到文王（后二章）的描述颂美之间，有较大的跳跃，其中若断若续，手法空灵。而八、九两章的末四句，都各用同样结构的直陈句一气贯注，排比而下，显得甚有气势。两者相结合，令这首诗具有中国传统艺术美学主张的“密不透风，疏能走马”的妙处。

大雅　灵台

【题解】

灵台，据传是周文王时建筑的一座用以游观和举行祀典的台殿，故址在今陕西省西安市西，沣水河畔。灵是美称，有“善”之意（《广雅·释诂》）。这首诗大概是庆祝灵台落成时演唱的乐歌。其中对园林池沼各种动物生态的描绘十分真切生动。

【译注】

一

经[①]始灵台，	开始筹划建灵台，
经之营之。	精心设计，积极施工。
庶民攻[②]之，	民众齐心并力干，
不日[③]成之。	高台很快便落成。

经始勿亟[4]，
庶民子来[5]。

原来的计划并不急，
民众踊跃来参与。

① 经：度，筹划。
② 攻：做，营建。
③ 不日：不多几天。
④ 亟：音“极”，急迫。
⑤ 子来：“众民各以子成父事而来”（《郑笺》）。是说如儿子为父亲工作一般，迅速、乐意地前来。

二

王在灵囿[1]，
麀鹿[2]攸[3]伏。
麀鹿濯濯[4]，
白鸟[5]翯翯[6]。
王在灵沼[7]，
於[8]牣[9]鱼跃！

君王在灵囿，
雌鹿悠然自躺卧。
雌鹿肥壮毛色亮，
白鸟羽毛光闪闪。
君王在灵沼，
啊，满池的鱼儿在欢跳！

① 灵囿：指周王畜养禽兽的园林。囿，音“又”。
② 麀鹿：母鹿。麀，音“幽”。
③ 攸：音“优”，助词，无义，起协调音节作用。
④ 濯濯：音“茁茁”，肥壮润泽的样子。
⑤ 白鸟：白鹤、白鹭之类。

⑥ 翯翯：音“赫赫”，羽毛洁白有光彩的样子。

⑦ 沼：园中的水池，当指辟廱的环水（详见下一章）。今陕西沣河侧有灵沼河。

⑧ 於：音“乌”，叹词。

⑨ 牣：音“仞”，充满。

三

虡①业②维③枞④，	乐器架子上露崇牙，
贲鼓⑤维镛⑥。	大鼓大钟一字儿排。
於论⑦鼓钟！	啊？鼓声钟声旋律美！
於乐辟廱⑧！	啊！离宫一派乐融融。

① 虡：音“巨”，悬挂乐器的木架子。

② 业：虡上横木安装的大板。

③ 维：助词，在此有连接作用。

④ 枞：音“匆”，业（大板）上刻的一排锯齿，涂上彩色，用来悬挂乐器。又名“崇牙”。

⑤ 贲鼓：大鼓。贲，音“坟”。

⑥ 镛：音“庸”，大钟。

⑦ 论：通“伦”，有秩序、有节度的样子。这里形容乐音和谐有序。

⑧ 辟廱：周王离宫名（马瑞辰引戴震《毛郑诗考正》说）。廱，音“庸”。辟又作“璧”，廱又作“雝”“雍”。据今人考证，“辟（璧）廱”是指环水及环于水中的土丘及其上的建筑。合而言之曰璧廱，分

而言之曰池与台，池即灵沼。池中丘上的建筑有明堂、灵台等（陈梦家《西周铜器断代》）。西周《麦尊》铭文：“王……在璧盥（雝），王乘于舟为大丰（典礼名）。”即指其处。

四

於论鼓钟！	啊！鼓声钟声旋律美。
於乐辟廱！	啊！离宫一派乐融融。
鼍鼓①逢逢②，	鼍皮大鼓响蓬蓬，
矇瞍③奏公④。	盲人奏乐在宫中。

① 鼍鼓：鼍皮制的鼓。鼍，音“驼”，即扬子鳄。

② 逢逢：音“蓬蓬”，鼓声。

③ 矇瞍：都是盲人。有眸子而不见者叫矇，无眸子者叫瞍。古代乐师都以盲人担任，因为他们听觉敏锐，辨音力强。矇，音“萌”。瞍，音“叟”。

④ 公：指宫廷。如《鲁颂·有駜》：“夙夜在公，在公饮酒。”

【赏析】

此诗借庆贺灵台落成而歌颂台的主人——周文王。首章写由于民众乐助，所以营造迅速，比原先的计划提前建成，以见周王之得民心。次章写游览园林，鸟兽游鱼都各适其性，悠然自得，以见周王之仁爱及物。末两章写离宫设乐，以劝游兴（也可能是祭祀），充分表现太平气象。

诗中描述的高台、园池、离宫，应当是位于文王所都的丰邑（今陕西省长安区澧河西侧）附近，彼此互为呼立，联成一个整体的建筑群落（也就是“辟廱”）。所以全篇的结构实际十分紧凑，并无闲笔。后武王迁都镐京（今沣河东侧，昆明池遗址西北的洛水村、斗门镇一带，距丰京二十五里），也建有辟廱，在明堂中祀上帝与文王，故《大雅·文王有声》有“镐京辟廱”之句。

大雅　生民

【题解】

周族是发祥于中国西北黄土高原的一支古老的部族，其始祖据传是姜嫄履上帝足迹所生的后稷。这首诗便是周人奉祀后稷的祭歌。诗中记述了他诞生、成长的神话传说，颂扬了他发明谷物种植，领导周人以邰地为根基发展农业生产，令周族逐步壮大的杰出贡献。

【译注】

一

厥[①]初生民[②]，	最初生下我们周人，
时维[③]姜嫄[④]。	就是那位姜嫄。
生民如何？	我们周人怎样诞生？

克[5]禋克祀[6]，	姜嫄虔诚祭祀天神，
以弗[7]无子。	祓除不祥求生子。
履[8]帝武[9]敏[10]歆[11]，	她踏着上帝足趾印，怦然心动，
攸[12]介[13]攸止[14]。	于是受神庇祐得赐福。
载[15]震[16]载夙[17]，	她怀了孕，小心谨慎，
载生载育，	生下孩子，养育长大，
时维后稷[18]。	便是我们始祖后稷。

① 厥：其。

② 民：人。指周族人。

③ 时维：即是维、实维，表示加强肯定的语气。

④ 姜嫄：周民族始祖后稷的母亲。姓姜，名嫄（也可能是谥号。《韩诗》作“原”，即取本原之意），传说为有邰氏的女儿，帝喾的妃子。嫄，音“原”。

⑤ 克：能。

⑥ 禋、祀：精洁、虔诚地祭祀。禋，音“因”，敬（《毛传》）。

⑦ 弗：借为“祓”（音“服”），禳除不祥之祭。此指姜嫄祀禖（主生子之神）于郊。

⑧ 履：践踏。

⑨ 武：足迹。

⑩ 敏：通“拇”，脚大拇指。

⑪ 歆：动。言有所感应。一说，读为“忻（欣）”（马瑞辰《毛诗传笺通释》），高兴。

⑫ 攸：助词，这里有连接作用。

⑬ 介：同“祄”，祐。

⑭ 止：同“祉”，福。这里用作动词，指获得福祐。

⑮ 载：助词，起连接作用。

⑯ 震：借为“娠”（音“身”），怀孕。

⑰ 夙：借为“肃”，谨慎。

⑱ 后稷：姓姬名弃，为传说中周人的始祖。曾任尧舜时主管农事的“后稷”之官（“稷”为百谷之长），故后人称为“后稷”。《史记·周本纪》：“号曰后稷，别姓姬。”稷，音“季”。

第一段，写姜嫄踩踏上帝足迹，感孕而生后稷。

二

诞[①]弥[②]厥[③]月，	姜嫄怀孕足了月，
先生如达[④]。	起先生下个羊胞胎。
不坼[⑤]不副[⑥]，	产门不破又不裂，
无菑[⑦]无害。	母亲安然无灾害。
以赫[⑧]厥灵，	如此这般显威灵，
上帝不宁。	莫非上帝不安宁。
不康[⑨]禋祀，	不满意我的祭祀，
居然生子？	竟然让我生怪子？

① 诞：句首助词，无义。下同。

② 弥：音“迷”，满。

③ 厥：其。

④ 达：借为“羍”（音“达”），初生的羊。小羊羔初生，胞衣完具（俗称“羊胞胎”），堕地之后，母羊才为它弄破胞衣，故生产时容易。而人的婴儿则胞衣先破，才脱离母体。现在后稷裹着胞衣出生，有如羊羔，故引起惊异（马瑞辰《毛诗传笺通释》引陶元淳说）。

⑤ 坼：音“撤”，裂开。

⑥ 副：音“僻”，分裂。

⑦ 菑：同“灾”。

⑧ 赫：显示。

⑨ 康：安，乐，最后四句是姜嫄疑惧的问话。

以上第二段，描述后稷初生时由于与普通婴儿有异，所以引起姜嫄惊恐。

三

诞置①之隘②巷，	把他扔在小巷里，
牛羊腓③字④之。	牛羊庇护、爱抚他。
诞置之平林⑤，	把他扔在树林里，
会⑥伐平林。	刚好有人来砍树。
诞置之寒冰，	把他扔在寒冰上，
鸟覆翼之。	鸟儿用翅膀孵育他。
鸟乃去矣，	鸟儿后来飞走了，
后稷呱⑦矣。	后稷呱呱地啼哭了。
实⑧覃⑨实訏⑩，	哭声又长又响亮，

厥声载[11]路。	整条路上都听得见。

① 置：放，搁。

② 隘：音“爱”，狭小。

③ 腓：音“肥”，隐蔽。

④ 字：爱（《毛传》）。

⑤ 平林：平原上的树林。

⑥ 会：适逢。这句说因为有人砍树，怕被看见，所以没有把后稷扔下。

⑦ 呱：音“姑”，啼哭声。按，这时胞衣破裂，所以才听闻哭声。

⑧ 实：助词，是，有加强语气作用。

⑨ 覃：音“谭”，深。

⑩ 訏：音“虚”，大。

⑪ 载：满，充满。以上三句写后稷经鸟儿孵育，破胞衣而出。

以上第三段，描写后稷被弃不死的种种灵异（所以后稷名“弃”）。

四

诞实[1]匍匐[2]，	后稷刚会地上爬，
克[3]岐[4]克嶷[5]，	他便知情又识意，
以就[6]口食。	能自己找寻吃食。
蓺[7]之[8]荏菽[9]，	他种植大豆，
荏菽旆旆[10]，	大豆长得很丰茂，
禾役[11]穟穟[12]，	种下禾苗苗挺秀，
麻麦幪幪[13]，	麻麦茫茫盖满田，

瓜瓞[14]唪唪[15]。　　　　大瓜小瓜连成串。

① 实：是。表示加强肯定。

② 匍匐：爬，手足并行。

③ 克：能。

④ 岐：知意。

⑤ 嶷：《说文解字》引作“㘈”，有识见。

⑥ 就：靠近，寻求。《周易·颐卦》：“自求口食。”

⑦ 蓺：音“艺”，种植。

⑧ 之：助词，补足音节。

⑨ 荏菽：大豆。荏，音“忍”，通“壬”，大（马瑞辰说）。菽，音“淑”，豆类总称。

⑩ 旆旆：音“配配”，茂美的样子。

⑪ 禾役：《说文解字》引作“禾颖”。颖，禾尖。

⑫ 穟穟：音“遂遂”，禾苗美好的样子（《毛传》）。

⑬ 幪幪：音“懵懵”，茂密的样子。

⑭ 瓞：音“叠”，小瓜。

⑮ 唪唪：借作“菶菶”，果实累累的样子。

以上第四段，赞扬后稷的早慧，以及种主稼的特殊才能。

五

诞后稷之穑[1]，　　　　后稷种庄稼，

有相[2]之道：　　　　自有增产的好办法：

茀[3]厥丰草，	除去众多杂草，
种之黄茂[4]。	种下良种谷物。
实方[5]实苞[6]，	苗儿长得齐又密，
实种[7]实褎[8]。	茎秆粗壮节节高。
实发[9]实秀[10]，	发青抽条，扬花吐穗，
实坚实好。	籽粒坚实又饱满。
实颖[11]实栗[12]，	禾穗沉沉大又多，
即[13]有邰[14]家室。	他就到邰地建家园。

① 穑：音“色”，指稼穑，种庄稼。

② 相：帮助。相之道，指助其成长的方法。

③ 茀：音“服”，拔除，除去（《毛传》《方言》）。

④ 黄茂：良种谷物。黄，嘉谷。茂，美（《毛传》）。

⑤ 方：整齐的样子（《郑笺》）。

⑥ 苞：音“包”，稠密的样子（《郑笺》）。

⑦ 种：借为“肿”，指苗茎增粗（孔颖达《毛诗正义》）。

⑧ 褎：音“柚”，长高。

⑨ 发：拔节。

⑩ 秀：秀穗。

⑪ 颖：禾穗沉重下垂的样子。

⑫ 栗：众多的样子。

⑬ 即：就，去。

⑭ 有邰：即邰，地名，在今陕西省武功县西。相传尧时后稷为农官，由于发展农业有功，所以被封在邰。那里就成了周人最早的根据地。

邰，音“台”。

以上第五段，介绍后稷因种植农作物取得良好成绩，而被封于邰。

六

诞降嘉种：	上天赐降好谷种：
维秬①维秠②，	有黑黍秬，双粒的秠，
维穈③维芑④。	红苗的穈，白苗的芑。
恒⑤之秬秠，	满田种上秬和秠，
是⑥获是亩⑦；	收割完毕堆地里；
恒之穈芑，	满田种上穈和芑，
是任⑧是负⑨，	抱着背着运回去，
以归肇⑩祀。	回家开始祭上帝。

① 秬：音“巨”，黑黍。

② 秠：音“丕”，黑黍的一种，一粒谷内有两颗米。

③ 穈：音“门”，又名赤粱粟，初生时苗呈红赤色的良种谷物。

④ 芑：音“起”，又名白粱粟，初生时苗呈白色的良种谷物。

⑤ 恒：借为“亘”，遍，满，指遍植。

⑥ 是：此，指所种的谷物。作前置宾语。

⑦ 亩：用作动词，“放在田亩”之意。

⑧ 任：抱。

⑨ 负：背。以上四句“互文见义”，是说到种满秬、秠、穈、芑，收割后先堆放田头，再运回村里。

⑩　肇：始。

以上第六段，颂扬后稷发现、培植了许多良种谷物，使农业得到丰收。

七

诞我祀如何？	我们怎样做祭祀？
或[①]舂[②]或揄[③]，	有的舂米，有的舀米，
或簸或蹂[④]；	有的簸糠，有的揉搓细；
释[⑤]之叟叟[⑥]，	洗起米来声嗖嗖，
烝[⑦]之浮浮[⑧]。	蒸起米来气腾腾。
载[⑨]谋载惟[⑩]。	郑重商量细考虑。
取萧[⑪]祭脂[⑫]，	拿些香蒿涂脂油，
取羝[⑬]以軷[⑭]，	捉来公羊剥去皮，
载燔[⑮]载烈[⑯]，	烧的烧，烤的烤，
以兴[⑰]嗣岁[⑱]。	祈求来年的好收成。

①　或：有的。

②　舂：音“冲”，把东西放在石臼里捣掉皮壳或捣碎。

③　揄：音“由”，《说文解字》引诗作“舀”，指把米从臼中舀出。

④　蹂：《说文解字》作“䋽”，即今“揉”（音“柔”）字，指用手揉搓，使米细滑。

⑤　释：淘米。

⑥ 叟叟：淘米声。

⑦ 烝：同“蒸”。

⑧ 浮浮：《说文解字》引作“烰烰”（音“浮浮”），热气上腾的样子。

⑨ 载：助词。

⑩ 惟：思考。

⑪ 萧：草名，即香蒿。

⑫ 祭脂：祭牲（如牛、羊等）的脂油。

⑬ 羝：音“低”，公羊。

⑭ 軷：音“拔”，同“跋”，借为“拨”，谓拨除其皮（于省吾《双剑誃诗经新证》）。一说，祭路神（《毛传》）。

⑮ 燔：音“烦”，烧。

⑯ 烈：烤炙。

⑰ 兴：使兴旺。

⑱ 嗣岁：来年。嗣，音“寺”。

以上第七段，写丰收后举行盛大祭祀以酬谢神恩的情景。

八

卬[①]盛于豆[②]，	我把祭品盛盘里，
于[③]豆于[④]登[⑤]。	盛在木盘和瓦登。
其香始升。	它的香气正升起。
上帝居[⑥]歆[⑦]，	上帝安然来享用，
胡[⑧]臭[⑨]亶[⑩]时[⑪]。	“浓浓的气味实在好。”
后稷肇祀，	从后稷开始做祭祀，

庶[12]无罪悔[13]，	幸好无罪无过失，
以迄[14]于今。	一直平安到如今。

① 卬：音“昂”，我。

② 豆：高足盛器，盛肉酱一类食物。

③ 于：是介词，在。

④ 于：连词，与（这种用法，甲骨文、西周金文多见）。

⑤ 登：古代陶制盛肉食器皿，形略似豆。

⑥ 居：安。

⑦ 歆：音“新”，飨，享用。

⑧ 胡：大（《广雅》）。

⑨ 臭：气息。此指香气。

⑩ 亶：音“胆”，诚然，实在。

⑪ 时：善（《广雅》）。《仪礼·士冠礼》：“嘉荐亶时。”与此句句法相似。按，这一句是上帝对祭品表示满意的话。

⑫ 庶：幸。

⑬ 悔：指困厄，过失。

⑭ 迄：音“气”，到。

以上第八段，写上帝安享祭品，庥庇后稷的后人。

【赏析】

《诗序》说：“《生民》，尊祖也。后稷生于姜嫄，文武之功起于后稷，故推以配天焉。”就是说，这是饮水思源，推尊后稷，把他和上天相配而加以祭祀的诗歌。就反映时代的先后来说，它比《绵》更早，是描写周民族发祥的第一篇史诗。

后稷是周人的始祖，又是“五谷之神”，播百谷的发明者，仅次于“神农”的农神，因此，他的诞生，他的禀赋，他的功业，显得与众不同。本诗在叙述有关传说时，充满了奇异的神话色彩，令人读来兴味盎然。

有趣的是，这种始祖卵生，被弃不死，最后终成大业的灵异故事，不但流传于周人中，也广泛流传于古代商族（如见于《诗经·商颂·玄鸟》的“天命玄鸟，降而生商”传说）及后来的朝鲜族、满族中，可见这是不少北方民族都共有的神话传说。而其中反映的那种“只知有母，不知有父”的蒙昧状况，足以证明，当时人们还生活于以女性为中心的母系氏族的原始社会中。而从后稷开始，社会步入了一个新阶段——农耕时代，也是以男性为中心的父系氏族的时代。这首诗除了艺术上的生动描绘足资鉴赏外，还为我们提供了见证人类历史这一重大变迁的早期传说资料，所以值得珍视。

大雅　泂酌

【题解】

《诗序》说："《泂酌》，召康公戒成王也。言皇天亲有德，飨有道也。"但细审诗意，并无确实证据。所以我们大可以灵活一点，把它理解为颂扬中含劝诫的作品，而对象则是某一位周王。诗中说，只要君主能普施仁德，做到人尽其才、物尽其用，便可以令百姓亲附、天下归心，国家也就"长治久安"了。

【译注】

一

泂酌[1]彼行潦[2]，	远远舀来那流潦水，
挹[3]彼注兹[4]，	从那里舀来灌这里，
可以餴[5]饎[6]。	可以蒸饭酿酒煮美食。

岂弟[7]君子[8]，	和乐可亲的君子，
民之父母。	民众敬爱你如父母。

① 泂酌：从远处汲取。泂，音“迥”，远。酌，舀取。

② 行潦：流水。潦，音“老”，雨水，积水。

③ 挹：舀取。

④ 兹：此。

⑤ 餴：音“芬”，蒸饭。

⑥ 饎：音“炽”，酒食。这里用作动词，指制备祭祀用的酒食。一说，饎为祭名（郭沫若说）。

⑦ 岂弟：音“凯剃”，同“恺悌”，和乐可亲，平易近人。

⑧ 君子：这里指周王。

二

泂酌彼行潦，	远远舀来那流潦水，
挹彼注兹，	从那里舀来灌这里，
可以濯[1]罍[2]。	可用来洗净酒坛子。
岂弟君子，	和乐可亲的君子，
民之攸[3]归。	民众都来归附你。

① 濯：洗涤。

② 罍：音“雷”，古代一种较大的盛酒器，类似酒坛。

③ 攸：音“悠”，所。

三

泂酌彼行潦，	远远舀来那流潦水，
挹彼注兹，	从那里舀来灌这里，
可以濯溉[①]。	可用来洗净酒瓶子。
岂弟君子，	和乐可亲的君子，
民之攸塈[②]。	你是民众的好归依。

① 溉：借为“概”，一种盛酒的漆樽（王引之说）。

② 塈：音“戏”，安息。

【赏析】

这首诗虽然属于“大雅”，但体格则近“国风”。篇幅虽短，而含意颇深。每章前三句都用比兴，后两句才是称颂、告诫之辞。流水尽管在远处，但都能专程取来派上各种用场，这种“不遗在远”的精神，不正是君主“爱民若子，一体同视”的“仁德”表现吗？而只要施政者有此慈祥恺悌之念，下民百姓就自然会有亲附来归之诚：这便是诗作者打算传达的主要信息。所以方玉润《诗经原始》认为：本篇“词若褒美而意实劝诫”，非一般泛泛的恭维之作可比。而能够用这样常见的事物作比方，三言两语便说明一番驭民治国的大道理，作者驱遣文字的本领，也实在非同一般。

周颂　清庙

【题解】

周颂，是周朝的颂歌，部分（无韵的）作于西周初年。《诗经》有《周颂》31篇。

清庙，意为清静庄严的宗庙。这是在周王祭祀祖先的典礼上演唱的乐歌。赞扬参与祭祀的人们之恭谨勤勉，祈求祖宗神灵永加庇祐。

【译注】

於[1]穆[2]清[3]庙！	啊，美好庄严的宗庙！
肃雍[4]显[5]相[6]，	显贵的助祭者恭敬谦和，
济济[7]多士[8]，	众多参祭者整齐有序，
秉[9]文之德[10]，	他们秉持优良的品德，
对越[11]在天，	报答、称扬文武在天之灵，

骏[12]奔走[13]在庙。	不断勤勉祭祀庙中的先人。
不显[14]不承[15]，	祖宗的荣光永远显耀，
无射[16]于人斯[17]！	请保佑我们哟，不要厌弃！

① 於：音“乌”，叹词。

② 穆：美。

③ 清：整洁安静。

④ 肃雍：肃敬和顺。

⑤ 显：显耀。指地位尊贵，如诸侯、公卿之类。

⑥ 相：助祭的人。

⑦ 济济：整齐的样子。

⑧ 多士：指众多的参祭者。

⑨ 秉：音“丙”，执持。

⑩ 文之德：即文德，犹明德。对德行的美称。如《国语·周语》：“昭显文德。”金文《虢叔旅钟》：“穆穆秉元明德。”旧说指文王之德，误（于省吾《双剑誃诗经新证》）。

⑪ 对越：犹“对扬”（金文多见），指答谢、称扬。如《大雅·江汉》：“虎拜稽首，对扬王休。”王引之《经义述闻》云：“扬、越一音之转。”“言对扬文、武在天之神也。”

⑫ 骏：大也，长也。如金文《颂鼎》：“畯（骏）臣天子。”言永远臣服于天子（郭沫若《两周金文辞大系图录考释》）。

⑬ 奔走：勤勉恭谨之意，为周代常用语，多与祭祀有关。如金文《周公毁》：“克奔走上下帝，无终命于有周追孝。”

⑭ 不显：同“丕显”，光耀之意。不，通“丕”，大。

⑮ 承：继续，接续。

⑯ 射：音“亦”，通“斁”，厌倦。

⑰ 斯：语气词。“无射于人”即“对人无厌”，乃主动句，非被动句，是求神保佑的用语。如金文《师询簋》：“肆皇帝亡（无）斁，临保我有周。”（按，“皇帝”指上帝，“皇”为美称）《毛公鼎》：“肆皇天无斁，临保我有周。”都是祈求上天永远庇祐周朝之意。

【赏析】

这是《周颂》的第一篇，所谓“四始”之一（详见本书《周南·关雎》的“题解”），特点是全首无韵。它和一般散文的区别，主要通过吟唱时以特定的节奏和抑扬声调表现出来，感情也显得较为激切（如开头的“於穆清庙”和结束的“无射于人斯”，都用了感叹句）。这正是原始诗歌的特征。

《诗经》共有九首完全不押韵的诗篇，另有数首则部分无韵，它们全部集中在《周颂》，应产生于西周前期。可见《周颂》是《诗经》里年代最早的一批作品。而西周的早、中期正是中国诗歌从无韵走向有韵，也就是从原始诗歌向古典诗歌递嬗、演变的时期（商代甲骨文未发现押韵现象。而金文的韵文要到西周中、晚期才出现，和《周颂》情况相合）。在中国韵文史上，这是值得大书一笔的。

周颂　天作

【题解】

这是祭祀岐山的乐歌。岐山在今陕西省岐山县，是周民族重要的发祥地。周人加以祭祀，有不忘所自之意。《诗经原始》引季明德说：“《易·升卦》六四爻曰：‘王用享于岐山。’则周本有岐山之祭。”正可与此诗互相印证。

【译注】

天作[1]高山[2]，	上天生成高高的岐山，
大王[3]荒[4]之。	太王首先开垦了它。
彼作[5]矣，	太王把岐山整治之后，
文王[6]康[7]之。	文王又继承了他的事业。
彼徂矣岐[8]，	那险阻的岐山，
有夷[9]之行[10]。	从此有了平坦的道路。

子孙保之！　　　　　　　　　子子孙孙定要永远保有它！

① 作：生成。

② 高山：指岐山。山形如柱，故又名“天柱山”。

③ 大王：即太王，周文王祖父古公亶父的尊号。他率领族人从豳地（今陕西省旬邑县）迁移到岐山下的周原，开荒种植，大兴土木，广建宫室，奠定了周王国发展壮大的根基。文、武称王后，被追尊为“太王”，在周人宗庙里被奉为周朝始祖，首加祭祀。大，音“太”。

④ 荒：垦荒，拓荒（方玉润引辅广说）。

⑤ 作：整治，垦辟。

⑥ 文王：周文王姬昌。

⑦ 康：借为“赓”，继续。

⑧ 彼徂矣岐：这句《后汉书·西南夷传》引作“彼徂者岐”。徂，借为“岨”，山势不平的样子。者，助词，作用同“之”，作定语的标志。句例与“彼茁者葭”（《召南·驺虞》）相同。这句一般释为“彼徂矣，岐有夷之行”，实误。

⑨ 夷：平。

⑩ 行：音“杭”，道路。

【赏析】

《周颂》的诗全部不分乐章，这首也一样。它前六句以“荒”“康”“行”隔句押古阳部韵（据王力《诗经韵读》），末句不押韵，还保持着原始诗歌向古典诗歌过渡的痕迹。

全诗忆述岐山开发的历史，颂扬太王、文王的功绩。最后勉励后世子孙要“绳其祖武”，永远保持、巩固王业的根基，切勿失坠。

周颂　噫嘻

【题解】

噫嘻，是叹美之声。这首诗颂扬周成王（姬诵）关心农事，描述他在虔敬祭祀之后，便督责农官率领农夫努力耕种。从中反映了周初统治者对农耕的重视以及农业生产规模之巨大，耕作场面之壮观。

【译注】

噫嘻成王！	啊，成王！
既昭假[1]尔[2]。	已做了虔诚的祭祀。
率时[3]农夫，	快率领这些农夫，
播厥[4]百谷。	播种那种种谷物。
骏[5]发尔[6]私[7]，	大大开垦你们的田地，
终[8]三十里[9]。	直到方圆三十里。

亦[10]服[11]尔耕，	你们要努力耕种，
十千维[12]耦[13]。	上万人一对对地劳动。

① 昭假：虔诚祭祀。昭，明，言明白地表示自己的诚敬。假，音“格”，借为“格”，至，使心意上达于神，即祭告之意。《诗经》中凡言“昭假”，都指祭祀而言（戴震、王先谦说）。如《大师虘豆》铭文：“用邵（昭）洛（格）朕文祖考。”《鲁颂·泮水》：“昭假烈祖。”皆可证。

② 尔：语助词。

③ 时：同“是”，此，指示代词。从这句开始，以下都是成王的训诫。

④ 厥：其，那，指示代词。

⑤ 骏：大（详见本书《周颂·清庙》注）。

⑥ 尔：人称代词，你，你们。

⑦ 私：民田（《毛传》）。

⑧ 终：尽。

⑨ 三十里：据《周礼·地官·遂人》“夫一廛，田百亩”计算，万夫所耕之地约三十三方里，言“三十”是举其成数（《郑笺》）。

⑩ 亦：助词（王引之《经传释词》）。

⑪ 服：事，从事（金文多见）。

⑫ 维：助词。

⑬ 耦：音“偶”，两人各持一耜（状似犁的古代农具），并肩耕作。

【赏析】

每年春耕开始，古代帝王要举行一种象征性的亲耕仪式，有劝农之意，这种隆重的仪式称为“籍田”。西周《令鼎》铭文便有“王大耤（籍）农于諆田”的记载。这首无韵诗可能是在“籍田”仪式上演唱的，也可能是“春夏祈谷于上帝”时，用来祭神的乐歌。本诗内容表明，当时“土地是国家的所有，作着大规模的耕耘。耕田者的农夫是有王家官吏管率着的。这情形和殷代卜辞里面所见的别无二致”（郭沫若《青铜时代》）。

由此我们还可了解到，《齐风·东方未明》中，“折柳樊圃，狂夫瞿瞿”的所谓“狂夫”，到底是怎样一种职责、身份的人物。

另外，根据本诗的创作年代推断，至少到周成王（武王之子）时，汉语诗歌还是无韵的。这又证明，在中国，从原始诗歌到古典诗歌的嬗变，确是发端、完成于西周的早中期。

周颂　武

【题解】

这是歌颂武王伐纣赫赫功业的乐歌。《左传·宣公十二年》载楚子云：“武王克商，作《武》，其卒章曰‘耆定尔功’。”便是指这首诗。旧说又谓这是当时所作大型乐舞《大武》之乐的第一曲。总之，据诗句内容考订，此篇确属西周初年的作品无疑。

【译注】

於[①]皇[②]武王！	啊，伟大的武王！
无竞[③]维[④]烈[⑤]。	你的功业无与伦比。
允[⑥]文[⑦]文王，	文王确有超卓品德，
克[⑧]开厥后[⑨]。	能为子孙开创基业。
嗣[⑩]武[⑪]受之[⑫]，	武王你继承了文王衣钵，
胜殷遏[⑬]刘[⑭]，	战胜殷商，制止虐杀，

耆[15]定[16]尔功。　　　　　　　　终至达成你的大功勋。

① 於：音“乌”，叹词。

② 皇：大。

③ 无竞：无比。竞，比拼。

④ 维：助词。

⑤ 烈：功业。

⑥ 允：确实，诚然。

⑦ 文：指文德，即明德、美德（详见本书《周颂·清庙》“秉文之德”句注）。

⑧ 克：能。

⑨ 厥后：指后世子孙。厥，其。

⑩ 嗣：继承。

⑪ 武：指武王。

⑫ 受之：指接受文王开创的基业。西周《大盂鼎》铭文：“不（丕）显玟王受天有大令（命），在珷王，嗣玟乍（作）邦……”与此意同。

⑬ 遏：音“鄂”，阻止。

⑭ 刘：杀（《毛传》）。指纣王对民众的虐害、残杀。

⑮ 耆：音“棋”，致，达到（《毛传》）。

⑯ 定：成，成就。

【赏析】

这又是一篇无韵诗，创作年代比《噫嘻》《清庙》更早。除了文辞之古奥，多用字之本义（如“竞”“刘”等字）外，没有句末语气助词也表现出西周前期作品的特色（句中助词也仅有“维”字，那是早见于商代甲骨文的虚词）。不过，全篇都用四言句令它具有一种整齐之美，那已是格律因素的萌芽，使诗歌在审美形式上逐渐和散文拉开了距离。后来加上押韵的出现，诗、文的区别便更加显著。汉语诗歌也就向前跨进一大步，从原始阶段迈向初期古典阶段；犹如人类之告别童年，而踏入体智渐长的少年时代。各种优秀作品便随之纷至沓来。

鲁颂　有駜

【题解】

鲁颂，是春秋前期鲁国的颂歌。鲁国在今山东省西南部，都曲阜，周武王封周公之子伯禽于此。为褒扬周公的卓越功勋，故鲁国可以有“颂”。《诗经》有《鲁颂》4篇。

这是描写在宫廷赐宴、有舞蹈助兴、大家不醉无归的诗歌，最后作善颂善祷之辞。

【译注】

一

有駜①有駜，	真肥壮啊真肥壮，
駜彼乘黄②。	那四匹拉车的黄马真肥壮。
夙③夜在公④，	诸位日夜辛劳在朝廷，

在公明明[5]。	**在朝廷勤勉办公事。**
振振[6]鹭[7]，	**白鹭纷纷扇动翅膀，**
鹭于[8]下。	**白鹭轻盈地往下翩翔。**
鼓咽咽[9]，	**伴奏的鼓声渊渊响，**
醉言[10]舞。	**带着醉意，翩翩起舞。**
于[11]胥[12]乐兮！	**大家多快乐啊！**

① 有駜：犹"駜駜"，形容马匹身强力壮的样子。有，助词。駜，音"必"。

② 乘黄：四匹黄马。古代一车四马为一乘。故乘可作四（马）的代称。乘，音"剩"。

③ 夙：音"肃"，早。

④ 公：此指朝堂、宫廷。于省吾《双剑誃诗经新证》云："经传及金文凡言夙夜，皆寓早夜勤慎之意。"甚是。

⑤ 明明：通"勉勉"，勤快努力之意（马瑞辰说）。

⑥ 振振：群飞振翅的样子。

⑦ 鹭：指手持鹭羽模仿白鹭动态的舞蹈者。

⑧ 于：助词。

⑨ 咽咽：一作"鼝鼝"（《经典释文》），形容鼓声。

⑩ 言：助词，在此有连接作用。"醉言舞"者是指饮宴之人。

⑪ 于：语首助词。

⑫ 胥：音"须"，相。

二

有駜有駜，	真肥壮啊真肥壮，
駜彼乘牡[①]。	那四匹拉车的公马真肥壮。
夙夜在公，	诸位日夜辛劳在朝廷，
在公饮酒。	公余在朝堂同饮酒。
振振鹭，	白鹭纷纷扇动翅膀，
鹭于飞。	白鹭轻盈地展翅飞翔。
鼓咽咽，	伴奏的鼓声渊渊响，
醉言归。	带着醉意，尽兴而散。
于胥乐兮！	大家多快乐啊！

① 牡：音“母”，雄性的鸟或兽。

三

有駜有駜，	真肥壮啊真肥壮，
駜彼乘駽[①]。	那四匹铁青色马儿真肥壮。
夙夜在公，	诸位日夜辛劳在朝廷，
在公载燕[②]。	公余在朝堂同欢乐。
自今以始，	祝愿从今以后，
岁其有[③]。	年年岁岁丰收。
君子有穀[④]，	君子享有福禄，

诒[5]孙子[6]。　　　　传给子孙受用。

于胥乐兮！　　　　大家多快乐啊！

① 駽：音“宣”，青黑色的马。又名“铁骢”。

② 载燕：行乐。载，行，从事（于省吾《甲骨文字释林》）。燕，通“宴”“匽”，与“喜”“乐”均为同义词。如金文《陶氏钟》：“用匽（燕）用喜，用乐嘉宾。”

③ 有：多。此指丰收。《小雅·鱼丽》首章：“君子有酒，旨且多。”下两章分别作“多且旨”“旨且有”。又《周易·杂卦》：“大有，众也。”均可证。故丰年亦称“有年”“大有年”。

④ 穀：善。此指福禄等。

⑤ 诒：音“移”，传给。

⑥ 孙子：即子孙，指子孙后代。如金文《帅隹鼎》：“用自念于周公孙子。”《毕段》：“念毕仲孙子。”“孙子”均指子孙。

【赏析】

这首诗以赞扬驾车的四马身强力壮起兴（肥壮才能负重致远，冲锋陷阵），进而称赞大夫们之忠于职守，勤于政事；一番嘉勉后，再接写饮宴舞蹈的欢乐场面；最后，用末章的祝颂语结束。从内容可见，它显然是鲁国国君宴乐群臣时演唱助兴的歌曲。各章长短句的穿插运用，使音节显得跌宕有致。

商颂　那

【题解】

这首诗是由殷商王室后裔的宋国君主保存下来的祭祀乐歌，描绘了奏乐跳舞，隆重致祭祖先成汤的盛大场面。

《商颂》前三篇是经春秋时宋国人加工整理过的商朝颂歌，其余两篇则是宋国人仿古之作。《诗经》有《商颂》五篇。《那》是第一篇。

【译注】

一

猗与那[①]与[②]！	多么盛大呀多堂皇！
置[③]我鞉鼓[④]。	摆放好我的鞉鼓。
奏鼓简简[⑤]，	奏起鼓来咚咚响，

衎[6]我烈祖[7]。	愉乐我显赫的先祖。

① 猗那：音“婀挪”，又作“旖旎”“猗傩”“阿难”，美盛的样子。

② 与：同“欤”，语气助词。

③ 置：树立。

④ 鞉鼓：一种有柄的摇鼓。鞉，音“桃”。

⑤ 简简：鼓声。郭沫若《两周金文辞大系图录考释》云：“《那》‘奏鼓简简’，言乐声之和。”春秋《王孙遗者钟》：“简简和钟。”形容钟声之和。

⑥ 衎：音“看”，乐。这里意为“使快乐”。

⑦ 烈祖：有功业的祖先。烈，功业。

二

汤孙奏[1]假[2]，	成汤的子孙在致祭，
绥[3]我思[4]成[5]。	愿祖宗神灵赐我福祉。
鞉鼓渊渊[6]，	鞉鼓渊渊响不停，
嘒嘒[7]管声。	应和着呜呜箫管声。
既和且平，	乐音谐协又和平，
依我磬[8]声。	一切依从我玉磬声。
於[9]赫[10]汤孙！	啊！成汤显赫的子孙，
穆穆[11]厥[12]声。	演奏的音乐真动听。

① 奏：进。

② 假：借为“格”，祭告。《尚书·君奭》：“格于上帝。”即祭祀上帝。

③ 绥：遗，诒，赐（马瑞辰说）。

④ 思：助词，起协调音节作用。

⑤ 成：备，福（马瑞辰说）。

⑥ 渊渊：鼓声。

⑦ 嘒嘒：音“慧慧”，管乐声。

⑧ 磬：音“庆”，古代打击乐器。以玉或石制成，形如曲尺，悬于架上，击之以节乐。

⑨ 於：音“乌”，叹词。

⑩ 赫：音“褐”，光辉显耀。

⑪ 穆穆：和美之意。

⑫ 厥：其。

三

庸[①]鼓有[②]斁[③]，	敲钟击鼓声洪亮，
万舞[④]有奕[⑤]。	万舞阵容真盛壮。
我有嘉客，	我的助祭嘉宾们，
亦不[⑥]夷怿[⑦]。	一个个心花怒放。
自古在昔，	从很久以前开始，
先民有作[⑧]。	先人已做出榜样。
温恭[⑨]朝夕，	终日温文而恭敬，
执事[⑩]有[⑪]恪[⑫]。	严肃谨慎地从事。
顾[⑬]予烝尝[⑭]，	请享用我的祭品，

汤孙之将[15]！　　　　这是成汤子孙的奉献！

① 庸：通“镛”，大钟。

② 有：助词。

③ 斁：音“亦”，盛。此指乐音之美盛。

④ 万舞：即大舞，兼有文舞（羽舞）和武舞（干舞）。

⑤ 奕：音“亦”，大。此指规模宏大，场面壮观。一说，“奕”是有秩序的样子。

⑥ 不：通“丕”，大。

⑦ 夷怿：喜悦。夷，喜悦。怿，音“亦”，欢喜。“亦不夷怿”，即皆大欢喜。

⑧ 有作：有所作为。此指做出虔敬祭祀的榜样。

⑨ 温恭：温和，恭谨。

⑩ 执事：从事，办事。这里指举行祭祀。

⑪ 有：助词。

⑫ 恪：音“克”，谨慎，恭敬。

⑬ 顾：看，关注。

⑭ 烝尝：泛指祭祀。烝，音“蒸”，冬祭。尝，秋祭。

⑮ 将：音“枪”，进献。

【赏析】

汤是商朝的开国君主，所以殷商后人饮水思源，每以盛大仪式加以祭祀。这篇可能本是商朝君主祀祖的乐歌，传至宋国宫廷（周公东征，讨平武庚与管叔、蔡叔的叛乱后，成王封纣的庶兄微子启于宋，以奉商祀），经过改编修订后，仍继续使用，所以语言比较古朴。

这首诗原来不分章，现按其用韵情况和歌词内容分为三段以便欣赏。首段“鼓”“祖”押上古“鱼”部韵（据王力《诗经韵读》，下同），内容是概述“祭祖”的主题。次段“成”“声”“平”“声”“声”押“耕”部韵，描写雍容美盛的音乐。三段“斁”“奕”“客”“怿”“昔”“作”“夕”“恪”押“铎”部韵，再由“尝”“将”转押“阳”部韵结束；内容从音乐转向舞蹈，进而描写祭祀场面，最后并向神灵呼告。全篇层次井然。

通过这首诗的描述，我们大体可了解到古代祭祀那种以歌、乐、舞配合，由国君主祭，有嘉宾助祭、观礼的极为排场的仪式，到底是怎么一回事。

论《诗经》的“加词”

（附录）

一、《诗经》的语法特点

中国是诗之国，诗歌艺术的传统源远流长。而《诗经》更是我国第一部诗歌总集，对后世诗歌的发展，从内容到形式，都有极其深广的影响。要弄清我国诗歌的特点，《诗经》研究是一把很好的钥匙。前人在这方面做了不少工作，但主要侧重于内容和艺术手法的探讨，至于对语言特点，特别是句法特点做专门研究的，则甚寥寥。[①]至于把《诗经》和后世诗歌的句法有机地联系起来，作整体考察，以弄清我国诗歌句法总的特点及其成因，这方面，基本还是个空白。本文拟就这一问题进行初步的探讨。

《诗经》中的三百零五篇诗都是入乐的，它们就是我国最早一批歌曲的歌词。《尚书·尧典》云：“诗言志，歌永言，声依永，律和声。”节奏鲜明，悦耳动听，是对诗和歌的共同要求。但除此之外，作为“言志”的诗，还要求精炼、浓缩，用最经济、最集中的语言手段，在有限的形式中抒发强烈的情感，表达隽永、深刻的内容；而作为“永言”的歌（无论是宗教颂歌、宫廷乐歌或是一般民歌），又要求令人听起来感到清楚明了。这样，简约与明晰两个方面，便构成了一对矛盾，它们和别的因素一起，互相制约，互相依存，形成了《诗经》有别于散文的一整套语法特点。具体表现有如下几方面：

1. 句子任何地方都可以插进语气助词。

2. 各种成分都可以复叠。

3. 句子任何部分都可以省略。

4. 词序、语序可以灵活变换，适当调整。

5. 音句重于义句，即当声律和语义发生矛盾的时候，往往首先照顾声律的要求。

二、《诗经》的“加词”

（一）《诗经》灵活的句法结构

在《诗经》里，只要需要，几乎任何位置都可以插进语气助词。这种灵活的句法结构，是一般散文所没有的，我们称之为“加词”。这是《诗经》句法最显著的特点之一。例如：

> 击鼓其镗，踊跃用兵。（《邶风·击鼓》）
>
> 绿兮衣兮，绿衣黄里……绿兮丝兮，汝所治兮。（《邶风·绿衣》）
>
> 哀我人斯，亦孔之嘉！（《豳风·破斧》）

第一例“其”插在补语之前。第二例“兮”插在形容词定语与中心词之间。在散文中，这里不加助词，充其量也只能加结构助词“之”。第三例的“孔”是程度副词（即很、甚）作状语，后面不能带结构助词“之”，句中的“之”是语气助词。试比较“其新孔嘉，其旧如之何”（《豳风·东山》）、“孔嘉元成，用盘饮酒”（金文《沇儿钟》）、“九江孔殷”（《尚书·禹贡》）末句《史记·夏本纪》对译为“九江甚中”，均无“之”字。

以上是语助词插进偏正结构中。以下是插进联合结构和联动结构中：

絺兮綌兮，凄其以风。（《邶风·绿衣》）

（比较《论语·乡党》：“当暑，袗絺綌，必表而出。”）

父兮母兮，畜我不卒。（《邶风·日月》）

（比较《小雅·蓼莪》：“哀哀父母，生我劬劳。”）

载笑载言。（《卫风·氓》）

弋言加之，与子宜之。（《郑风·女曰鸡鸣》）

甚至它还可以插入到结合紧密的连绵词、叠音词中去。如：

优哉游哉，亦是戾矣。（《小雅·采菽》）

（比较《大雅·卷阿》：“伴奂尔游矣，优游尔休矣。”朱注：“伴奂、优游，闲暇之意。”按，优、游，古同属幽部，叠韵联绵词。）

悠哉悠哉，辗转反侧。（《周南·关雎》）

（比较《郑风·子衿》："青青子衿，悠悠我心。"）

简兮简兮，方将万舞。（《邶风·简兮》）

（比较《商颂·那》："奏鼓简简。"《郑笺》："其声和大简简然。"）

（二）《诗经》中的实词虚用

《诗经》里还有一种"实词虚用"的特殊语法现象，那"虚用"的词也是插到偏正或联动结构中去。如：

为谋为毖，乱况斯削。（《大雅·桑柔》）

（毖：谨慎。为谋谨慎，即慎于为谋。第二个"为"字是助词，置于补语之前。）

匪安匪游，淮夷来求。（《大雅·江汉》）

（匪：即"非"。非安然出游。此例前人已经指出。[2]杨伯峻先生称后一个"匪"为衬字，甚确。[3]）

匪载匪来，忧心孔疚。（《小雅·杕杜》）

（朱注："言征夫不装载而来归。"后一"匪"字也是语气助词。）此外，介词虚用的一例也附在这里：

有命自天，命此文王，于周于京。（《大雅·大明》）

（《郑笺》："于周京之地。"朱注："言天既命文王于周之京矣。"后一个"于"作助词。）

这些例子主要见于《大雅》（仅一例见于《小雅》），可见这是一种比较古老的语言现象。这种“虚用”的词容易引起误解，所以后来在《国风》里已经绝迹。这反映了汉语语法正不断趋于完善。

（三）“加词”的作用

《诗经》的“加词”包括置于句首、句中和句末的语气助词，以及一般称为词头、词尾或前缀、后缀的附加成分（如“其”“有”“于”“思”“斯”）等。这种附加成分，潘允中先生形象地称之为“词嵌”。并指出：它们是一种“颇为空灵的语助词”，“不是词的组成部分，而是句的足成部分”，其主要作用“是足成这个句子的音节”。[④]我完全赞同这一看法。但还须再作补充：在《诗经》里，所有那些“加词”，它们除了补足音节，使得节奏鲜明、声调谐美，从而增强诗句的音乐性之外，还有另外一些特殊的作用：

1. 作为引子（表示歌曲的开始）、“换头”（表明新乐段的开始）或者简短的“过渡”（带出新的乐句），以引起听众的注意。那些句首的语气词大都起着这样的作用。例如《大雅·生民》共八章，从第二章到第七章，每章开头都用上一个“诞”字，便是配合音乐，表示“换头”的。

2. 传达各种微妙细致、丰富复杂的感情。比如同是提及父母的几首诗，《鄘风·柏舟》“母也天只，不谅人只”，感情是何等的激切愤懑；而《邶风·日月》“父兮母兮，畜我不卒”，更是一片怨怒之声；可是在《小雅·蓼莪》中“父兮生我，母兮鞠我，拊我畜我，长我育我……”，却充满了感人至深的痛悼之情。可以想象，在歌唱的时候，这些截然不同的感情色彩，一定是通过置于句中、句末的“也”“只”“兮”等语气助词委曲尽情地吐露出来的。这些字眼大致相当于一种“拖腔”，我们今天在一些艺术歌曲和地方戏曲中，仍可以看到它们充分发展了的各种形态。闻一多先生分析得好：“（我们先民那些‘啊’‘哦’‘呜呼’‘噫嘻’一类的声音）是音乐的萌芽，也是孕而未化的语言。声音可以拉得很长，在声调上也有相当的变化，所以是音乐的萌芽。那不是一个词句，甚至不是一个字，然而代表一种颇复杂的涵义，所以是孕而未化的语言。”[5]

3. 在表达语气、渲染气氛的同时，做成意念上的“停顿”，让人可以从容品味词句的含义，充分领略其中的佳趣。

上述三点，再加上“上下五百年，纵横几千里”的时间和地域因素的影响，所有这些，便是《诗经》中语助词特别多，出现频率特别高，而有些用法亦分外显得与众不同的缘故。

除上面提到的之外，还有如下面一些语助词（或其用法）是罕见甚至不见于其他典籍的：

采采芣苢，薄言采之。（《周南·芣苢》）

不念昔者，伊予来塈。（《邶风·谷风》）

缟衣綦巾，聊乐我员。（《郑风·出其东门》）

叔善射忌，又良御忌。（《郑风·大叔于田》）

日居月诸，照临下土。（《邶风·日月》）

其虚其邪，既亟只且！（《邶风·北风》）

俟我于著乎而。（《齐风·著》）

朋酒斯飨。（《豳风·七月》）

思皇多士。（《大雅·文王》）

君子乐胥。（《小雅·桑扈》）

（四）“加词”的独特性

《诗经》这种随处可以嵌入助词的特点，是继承口语而来的，不但为散文所无，便是后世的诗词一般也是没有的。只有乐府诗、曲和民歌能加“衬字”这一点和它比较相像。如：

鸜之鹆之，公出辱之……鸜鹆鸜鹆，往歌来哭。（《左传》引鲁国童谣《鸜鹆歌》）

（嵌入联绵词中。）

谩抚银筝，暂也那消停。（李唐宾《望远行》）

（嵌入偏正结构中。）

听了些晨钟的这暮鼓。（王实甫《西厢记》）

（嵌入联合结构中。）

我可便踌也波躇。（无名氏《渔樵记》）

（嵌入联绵词中。）

鸡蛋壳壳点灯半哟半炕明。（陕北民歌《拿上个死命和你交》）

（嵌入偏正结构中，兼复叠。）

提起了那哥哥呀走西呀口，止不住小妹妹泪蛋蛋流。

一把把哪拉住那哥哥的手，说下个日子呀你再走。你要那个走来我不叫你走，扭住你胳膊呀拉住你手。扯烂你的袖口呀我给你缝，这一遭口外你走不成！（山西民歌《提起哥哥走西口》）

（分别嵌入动宾结构、主谓结构、偏正结构、联合结构和复合词中。）

这正是口语文学，特别是歌唱性口语文学的特色。

周锡韨

（原载《中国语文研究》第十期，
香港中文大学吴多泰中国语文研究中心出版，1992年）

【注解】

① 研究《诗经》句法的文章主要有：黎锦熙，《三百篇"主""述"倒文句例》，载《师大月刊》1933年第2期；杨伯峻，《〈诗经〉句法偶谈》，载《中国语文》1978年第1期。

② 参见杨伯峻：《〈诗经〉句法偶谈》引黄以周说。黄说中尚有"匪安匪舒"（《江汉》）、"匪绍匪游"（《常武》）两例，亦与此同。另有"爰始爰谋"（《绵》）、"乃宣乃亩"（同上）、"是剥是菹"（《信南山》）三例则非是。盖"始"有"谋"义（马瑞辰说）；"宣"谓"导其沟洫"（朱熹说），与"亩"（整治田亩）是平列字；末句两"是"

字均指示代词，作前置宾语。这三例皆与“实词虚用”的句式不同。

③ 杨文中还补充了“匪居匪康”与“何斯违斯”两例。按，“居”释为“安”，与“康”同义，两字平列，“匪”仍作“不”解。“何斯”之“斯”确为助词，但“斯”字常作助词，故不算实词虚用。而语助词插入疑问代词状语与动词谓语之间，这种现象亦见于散文（如《国语·越语》：“如寡人者，安与知耻？”），故本文不列入这方面的例子。《小雅·伐木》：“神之听之，终和且平。”情况亦与此相类。

④ 见潘允中：《汉语语法史概要》，中州书画社1982年版。关于“有”“其”“思”“斯”等的性质，笔者有另文专述（《论“有、其、斯、思”的词性》，载《中山大学学报（社会科学版）》1988年第2期），这里不详加讨论。

⑤ 参见闻一多：《歌与诗》，载《神话与诗》，古籍出版社1956年版。

图书在版编目（CIP）数据

诗经精读 / 周锡韈编选. —杭州 : 浙江人民出版社, 2018.8

ISBN 978-7-213-08772-1

Ⅰ. ①诗… Ⅱ. ①周… Ⅲ. ①古体诗-诗集-中国-春秋时代②《诗经》-注释③《诗经》-译文 Ⅳ. ①I222.2

中国版本图书馆CIP数据核字(2018)第108707号

诗经精读

周锡韈　编选

出版发行: 浙江人民出版社（杭州市体育场路347号　邮编　310006）
市场部电话:(0571)85061682　85176516

集团网址: 浙江出版联合集团　http://www.zjcb.com

责任编辑: 余慧琴

责任校对: 姚建国　徐永明

封面设计: 嫁衣工舍

电脑制版: 杭州天一图文制作有限公司

印　　刷: 浙江新华印刷技术有限公司

开　　本: 880毫米×1230毫米　1/32

印　　张: 11

字　　数: 239千字

版　　次: 2018年8月第1版

印　　次: 2018年8月第1次印刷

书　　号: ISBN 978-7-213-08772-1

定　　价: 38.00元